中国留学会話百科
―――留学準備から帰国まで

王　占華
水本敬子
G. アナトラ

駿河台出版社

まえがき

　外国語マスターの近道は、その国に行って生活してみることである。これは、テープレコーダーすらなかった時代から、インターネットによって、すぐさま欲しい外国の情報が手にはいる時代になっても、変わることがない。言うまでもなく、ことばは、人と人とが面と向かって話してこそ、その真意が理解できるからである。

　近年、中国との人と物の交流は、これまでにないほどの高まりを見せ、留学に関する情報や、中国語のテキスト、書籍類は増え続けている。しかし、実際の留学生活に即した会話集は未だ記されていない。本書は、40の留学に関する具体的な場面を設けた、言わば、会話による中国留学ガイドの性格を持っている。中国語を話してみたい人なら、留学目的の人はもちろん、短期の出張や旅行で中国に行く方たちにも十分に役立つ内容である。いずれにしても、発音や基本的な文法を学習し終えたレベルの学習者が対象となる。

　本書は40のシーンにつき、3～4個の小タイトルを設けているが、以下のようにそれぞれ、本文の他、"文法のポイント"、"覚えましょう"、"注意しましょう"、"補充単語"、"ミニ知識"で構成されている。

　"文法のポイント"では、文法的に重要な言い方を説明と、例文で示した。
　"覚えましょう"では、その場面で最もふさわしい言い方と、聞き取ってほしい言い方を説と聴という形で示した。
　"注意しましょう"では、日本人が陥りやすい、まちがった言い方を取り出し、本文の正しい言い方と対比している。
　"補充単語"では、本文の内容と関係のある単語や常用文を豊富に示し、実際の会話の幅を広げられるようにした。

　この他、全ての中国語にピンインと日本語の対訳をつけ、本書自体が辞書と参考書の役割を持つように配慮した。また、巻末の索引からも、各シーンの骨格をなす単語や言い方を調べられるようにした。

全編を通して、会話を練習するうちに、留学に関する基本的な知識を得られるようにしただけでなく、日本と中国の習慣や考え方の違いなどがわかる内容にしている。

私達は、皆さんが実際の留学生活を経験される中で、本書を50シーンにも100シーンにも拡大して、ご自身のものにしていかれるよう、心から願っている。

最後になりましたが、本書の「1．留学の準備」の本文を執筆してくださった高田敬輔氏と、今回の出版の機会を与えてくださった、駿河台出版社社長の井田洋二氏に、心からの謝意を表します。

2002年8月

著　者

目 次

まえがき …………………… 3

1. 留学の準備(留学准备) … 13
(1) 学校を選ぶ(选择学校)
　　 …………………………… 13
(2) 入学願書について
　　(入学申请书的填法) …… 16
(3) 入学通知書が届かない
　　(入学通知书还没收到) … 18
ミニ知識 留学先の選び方

2. ビザ申請(申请签证) … 23
(1) 領事館に電話する
　　(给领事馆打电话) ……… 23
(2) 査証室で(在签证室) …… 26
(3) ビザを申請する(办签证)
　　 …………………………… 28
(4) ビザを受取る(领签证) … 30
ミニ知識 国内移動にもパスポート?

3. 機内にて(在飞机上) … 33
(1) 離陸まで(上飞机) ……… 33
(2) 新聞はありますか
　　(有报纸吗?) …………… 35

(3) 機内食はいかが?
　　(机内用餐) …………… 37
ミニ知識 中国の航空会社

4. 空港到着(到达机场) … 41
(1) 乗り継ぎ(继乘) ………… 41
(2) 入国審査(办入境手续)
　　 …………………………… 43
(3) 僕のトランクはどうしてまだ出てこないのか
　　(我的皮箱怎么还没出来?)
　　 …………………………… 45
(4) 両替(换钱) …………… 48
ミニ知識 中国の国家機関

5. 空港で(在机场) ……… 53
(1) 空港バスに乗る
　　(坐机场公交车) ………… 53
(2) 乗車券を買う(车上买票)
　　 …………………………… 54
(3) 乗り過ごした(坐过站)
　　 …………………………… 56
(4) 乗り換える(换车) ……… 58
ミニ知識 中国の交通機関

6. タクシーに乗る(坐出租汽车) … 61
(1) タクシーを呼ぶ(打的) ……………………… 61
(2) メーターが壊れている (计价器坏了) …………… 63
(3) タクシーをチャーターする (包车) …………… 65

ミニ知識 ＩＣカードで乗車

7. 学校に着く(到学校) … 69
(1) 寮に着く(到宿舍) ……… 69
(2) 部屋で(在房间) ………… 71
(3) メールを送る(发电子邮件) ……………………… 72
(4) 入学手続をする (办入学手续) …………… 75

ミニ知識 中国の教育制度1

8. 学生食堂で(在学生食堂) … 81
(1) 学生食堂に行く(去学生食堂) … 81
(2) 食堂で(在食堂) ………… 83
(3) 食券を買う(买饭票) …… 85

ミニ知識 中国人の宗教

9. 授業が始まるまで(开学之前) … 89
(1) 授業はいつから？ (什么时候开学？) ……… 89
(2) クラス分けテスト(分班考试) ……………………… 92
(3) 教材を買う(买教材) ……………………… 94

ミニ知識 中国の教育制度2

10. はじめての授業(初次上课) … 97
(1) 自己紹介(自我介绍) …… 97
(2) テストについて(关于测验) ……………………… 100
(3) 教室用語(课堂用语) … 102

ミニ知識 中国の伝統劇

11. 買い物(买东西) ……… 109
(1) 自転車を買う(买自行车) ……………………… 109
(2) シャツを買う(买衬衫) ……………………… 112
(3) 靴を買う(买鞋) ……… 114
(4) 靴を返品する(退鞋) … 116
(5) ＣＤを買う(买CD) … 118

ミニ知識 ＶＣＤ

12. レストランで(在餐厅) … 123
(1) 中華料理を食べる(吃中餐) …………………… 123
(2) ファーストフード店で(在快餐店) ……… 126
(3) 喫茶店で(在咖啡厅) … 128
(4) 屋台の食べ歩き(吃大排档) …………………… 129

ミニ知識 中国人の三食

13. 旅行の準備をする(做旅游的准备) … 135
(1) 列車の乗車券を予約する(订火车票) ………… 135
(2) ホテルの予約(订房间) …………………… 137
(3) 乗船券を予約する(订船票) 139
(4) 北戴河日帰り旅行(北戴河一日游) ……… 141

ミニ知識 中国の列車名表記

14. ホテルで(在饭店) …… 145
(1) 宿泊手続(住宿登记) … 145
 ①空き部屋がありますか(有没有空房间？) …… 145
 ②もう一度調べて下さい(请再查查看) ………… 146
(2) 客室で(在客房) ……… 149
 ①水が止まらない(水流个不停) …… …… 149
 ②ルームサービス(客房服务) …………… 151
(3) チェックアウト(退房) …………………… 152

ミニ知識 魔法瓶

15. 病院で(看病) ………… 157
(1) 受付をする(挂号) …… 157
(2) 診察室で(在诊室) …… 159
(3) 医学的諸検査(化验和透视) …………………… 161
(4) 薬局で(在取药处) …… 163

ミニ知識 「西葫芦」

16. 入院(住院) …………… 167
(1) 入院(入院) …………… 167
(2) 点滴(点滴) …………… 170
(3) お見舞い(探望) ……… 171
(4) 退院(出院) …………… 174

ミニ知識 中国人の結婚式(農村)

17. 郵便局で(在邮局) …… 177
(1) 本を送る(寄书) ……… 177
(2) 小包を送る(寄包裹) … 179
(3) 小包検査(包裹检查) … 180
(4) 小包を受取る(取包裹)
　………………………… 182
(5) 記念切手を買う(买纪念邮票)
　………………………… 184

ミニ知識 中国の郵便局

18. 忘れ物(忘东西) ……… 189
(1) バスに携帯電話を忘れる
　(手机忘在公车上了) … 189
(2) 終着駅で(在终点站) … 190
(3) 美術館にカメラを忘れる
　(相机忘在美术馆了) … 192
(4) タクシーにバッグを忘れる
　(手提包忘在出租汽车上了)
　………………………… 194
(5) バッグが見つかった
　(手提包找到了) ……… 196

ミニ知識 「非常口」と「安全門」

19. 春節(春节) …………… 201
(1) 新年交歓会(迎春联欢会)
　………………………… 201

(2) 餃子を作る(包饺子) … 203
(3) 新年の挨拶(拜年) … 205

ミニ知識 中国の祝祭日

20. 一時帰国(临时回国) … 209
(1) 再入国ビザ申請
　(申请再入境签证) …… 209
(2) 公安局で(在公安局) … 210
(3) 学生ビザ延長(延长签证)
　………………………… 212

ミニ知識 梁山伯と祝英台

21. 観光旅行(旅游) ……… 215
(1) 観光バスの予約をする
　(订游览车) …………… 215
(2) 友人とはぐれる
　(跟朋友走散了) ……… 217
(3) ちょっと写していただけませんか(请帮我照一下)
　………………………… 220

ミニ知識 棗とハミグア

22. 転校する(转学) ……… 225
(1) 転校先を訪問する
　(联系新学校) ………… 225
(2) 退学手続(退学手续) … 228

(3) 引越し（搬家）………… 230
ミニ知識　中国の住宅事情1

23. 中国人学生との交流(和中国学生交流)… 233
(1) 先生に相談をもちかける
　　（和老师商量）………… 233
(2) 交流会で（在交流会上）
　　………………………… 235
(3) 間違いやすい中国語
　　（容易说错的汉语）…… 239
ミニ知識　中国人の交友習慣

24. 銀行で（在银行）……… 245
(1) 銀行口座を開設する
　　（在银行开户）………… 245
(2) ＡＴＭの故障
　　（自动提款机故障）…… 247
(3) 送金（汇款）…………… 249
ミニ知識　中国の住宅事情2

25. 弁論大会（演讲比赛）… 253
(1) タイトル決め（决定题目）
　　………………………… 253
(2) 結果発表（比赛结果）… 256
(3) 新聞の購読（订报纸）… 258
ミニ知識　中国のお茶

26. 娯楽（娱乐活动）……… 263
(1) 映画を見る（看电影）… 263
(2) 映画のあとで（看完电影之后）
　　………………………… 264
(3) カラオケに行く
　　（去卡拉OK）………… 266
(4) 京劇を見る（看京剧）… 268
ミニ知識　中国のテレビ番組

27. 写真館で（在照相馆）… 273
(1) 写真を撮る（照相）…… 273
(2) フィルムを現像する
　　（冲洗胶卷儿）………… 275
(3) 写真を取りに（取照片）
　　………………………… 277
(4) 郵送してもらえませんか
　　（给邮寄吗？）………… 279
ミニ知識　龍の伝説

28. サッカー観戦（看足球赛）… 283
(1) サッカーについて話す
　　（谈足球）……………… 283
(2) 競技場で（在比赛场）… 285
(3) 入場券を買う（买票）… 286
(4) 学内サッカー大会
　　（校内足球比赛）……… 289

ミニ知識　中国サッカー小史

29. 運動会（运动会）………293

(1) 参加種目を相談する
　　（商量項目）……………293
(2) 予選をする（預赛）……296
(3) 運動会当日（运动会召开）
　　……………………………297

ミニ知識　2008年北京オリンピック

30. 交通事故（车祸）………303

(1) 車にぶつけられた
　　（被车撞了）……………303
(2) 警察を呼ぶ（叫警察）…305
(3) 免許を取る（考驾驶证）
　　……………………………307

ミニ知識　「海棠」と「苹果梨」

31. 自炊をする（在宿舍做饭）…313

(1) 日用品の買い出し（买日用品）
　　……………………………313
(2) チャーハンを作る（做炒饭）
　　……………………………315
(3) 食品売り場で（在食品柜台）
　　……………………………317

ミニ知識　「干豆腐」と「豆腐干」

32. 印鑑を作る（刻印章）…325

(1) 先生に印鑑屋を紹介しても
　　らう（求老师介绍刻字店）
　　……………………………325
(2) 印鑑屋さんで（在刻字店）
　　……………………………326
(3) にせものをつかまされた
　　（买了假货）……………329

ミニ知識　中国人の姓

33. チャイナドレスをあつらえる（订做旗袍）…337

(1) 生地を買いに（买布料）
　　……………………………337
(2) 採寸する（量尺寸）……339
(3) 袖がきゅうくつです
　　（抬裉有点儿紧）………340

ミニ知識　中国人の服装

34. 図書館に本を借りに行く（去图书馆借书）…345

(1) 学内図書館で
　　（在学校图书馆）………345
(2) 図書館利用証を作る
　　（办读者卡）……………347
(3) 本を借りる、本を返す
　　（借、还书）……………350

ミニ知識　中国の国花

35. ネットカフェで(在网吧) … 353
(1) 会員になりたい(我想入会) …………………… 353
(2) ちょっと教えてください(请教一下) ………… 356
(3) どうやって中国語を入力する？(怎么打中文？) …………………… 358

ミニ知識　中国語の外来語

36. 学内銭湯(校内浴池) … 367
(1) 銭湯に行く(去浴池) … 367
(2) 美容院で(在理发店) … 369
(3) トイレが水びたし(厕所里泛水了) ……… 372

ミニ知識　「細糧」と「粗糧」

37. 天気の話題(谈天气) … 377
(1) 暖房(暖气) ………… 377
(2) 黄砂(黄沙) ………… 379
(3) 天気予報(天气預報) … 381
(4) 故郷の気候(故乡的天气) …………………… 384

ミニ知識　北京時間

38. 呼称(称呼) ………… 391
(1) 何て呼んだらいい？(怎么称呼？) ………… 391
(2) 親族の呼称(亲属称呼) 393
(3) 一般の人に対する呼称(一般称呼) ……… 396

ミニ知識　呼び名のいろいろ

39. 結婚式に出席する(参加婚礼) … 403
(1) 招待状を受取って(接到请帖) ………… 403
(2) 結婚披露宴に出席する(参加结婚宴会) ……… 405
(3) バレンタインデー(情人节) …………………… 407

ミニ知識　中国人の結婚式(都市)

40. 帰国(回国) …………… 413
(1) 先生に別れの挨拶をする(跟老师告别) ……… 413
(2) 友達との別れ(跟朋友们告别) …………………… 415
(3) 空港での別れ(机场告别) …………………… 417

ミニ知識　「莴笋」

50音順キーワード索引 …… 421

留学の準備

Liúxué zhǔnbèi
留学 准备

1 学校を選ぶ／选择 学校 (Xuǎnzé xuéxiào)

田中 王先生、こんにちは。留学のことについて伺いたいのですが。

Wáng lǎoshī, nín hǎo. Wǒ xiǎng gēn nín qǐngjiào yíxia qù liúxué de shì.
王 老师，您 好。我 想 跟 您 请教 一下 去 留学 的 事。

王老师 どこに行くつもりですか。

Nǐ dǎsuan qù nǎr?
你 打算 去 哪儿？

田中 私もよくわかりません。どこに行ったらいいと思いますか。

Wǒ yě ná bu zhǔn zhǔyi, nín kàn qù nǎr hǎo?
我 也 拿 不 准 主意，您 看 去 哪儿 好？

王老师 南部の気候は日本に近くて、生活環境もいいです。でも言語環境は北部がいいでしょう。

Nánfāng de qìhou hé Rìběn jiējìn, shēnghuó tiáojiàn hǎo yìxiē. Dànshì yǔyán huánjìng háishi běifāng gèng lǐxiǎng.
南方 的 气候 和 日本 接近，生活 条件 好 一些。但是 语言 环境 还是 北方 更 理想。

田中 私は中国語を勉強するのが目的ですから、北部にしましょう。でも北部といっても広いですね。

Wǒ shì xué Hànyǔ, nà jiù qù běifāng ba. Búguò běifāng yě hěn dà ya.
我 是 学 汉语，那 就 去 北方 吧。不过 北方 也 很 大 呀。

王老师 そうだね。大学は北京が一番多いけど、日本人留学生も多い。天津、河北や東北地方もいいですよ。

Shì a, Běijīng de dàxué zuì duō, búguò Rìběn liúxuéshēng yě hěn duō, Tiānjīn,
是 啊，北京 的 大学 最 多，不过 日本 留学生 也 很 多，天津、

Héběi hé Dōngběi dōu kěyǐ kǎolǜ.
河北 和 东北 都 可以 考虑。

田中 学費は違いますか。

Gègè xuéxiào de xuéfèi bù yíyàng ma?
各个 学校 的 学费 不 一样 吗？

王老师 もちろん。学費だけでなく、カリキュラム、生活費も違います。一般的に言って中小の都市の方が安いですね。

Dāngrán bù yíyàng. Bùguāng shì xuéfèi, kèchéng、shēnghuófèi yě bù yíyàng. Yìbān
当然 不 一样。不光 是 学费，课程、生活费 也 不 一样。一般

de shuō, zhōng xiǎo chéngshì piányi yìxiē.
地 说，中 小 城市 便宜 一些。

田中 例えば…。

Bǐfang shuō……．
比方 说……。

王老师 例えば、ハルピン、長春、大連、それにチンタオの言語環境はなかなかいいですよ。

Bǐfang, Hā'ěrbīn、Chángchūn、Dàlián hé Qīngdǎo de yǔyán huánjìng dōu búcuò.
比方，哈尔滨、长春、大连 和 青岛 的 语言 环境 都 不错。

田中 具体的な大学としては？

Jùtǐ de dàxué ne?
具体 的 大学 呢？

王老师 じゃあ、まずインターネットで幾つか大学を探して、それからまた相談しましょう。

Zhèiyàng ba, nǐ xiān zài Yīntèwǎng shang chá cha, zhǎo chu jǐ ge xuéxiào lai,
这样 吧，你 先 在 因特网 上 查 查，找 出 几 个 学校 来，

ránhòu wǒmen zài shāngliang yíxia.
然后 我们 再 商量 一下。

田中 どうやって探すのですか。

Zěnme chá ne?
怎么 查 呢?

王老师 まず、ヤフージャパンからヤフー中国にいって、"大学"で検索したらいいですよ。大学を決めたら、手紙で入学願書を請求するといいですね。

Xiān lìyòng Rìwén Yǎhǔ zhǎo dao Zhōngwén Yǎhǔ, zài jiǎnsuǒ "dàxué" jiù xíng.
先 利用 日文 雅虎 找 到 中文 雅虎,再 检索 "大学" 就 行。

Juédìng dàxué yǐhòu, zài xiě xìn yào rùxué shēnqǐng biǎo.
决定 大学 以后,再 写 信 要 入学 申请 表。

文法のポイント

① 您(你)看去哪儿好?

「您(你)看」、「我看」の形で考え方、提案などを表す。(「他看～」とは言えない)。「～好」の形で「～のほうがいい」という意味になる。「～」の部分はほとんどの場合が動詞フレーズか文である。例えば、

Nǐ kàn zhèi jiàn shàngyī zěnmeyàng?
你 看 这 件 上衣 怎么样?／この上着、君はどう思う?

Wǒ kàn míngtiān qù hǎo.
我 看 明天 去 好。／わたしは明日行く方がいいと思う。

② 不光是学费,课程、生活费也不一样。

「不光～也～」は、「～だけでなく～も」という意味である。例えば、

Bùguāng Hànyǔ, Rìyǔ yě yòng hànzì.
不光 汉语,日语 也 用 汉字。／中国語だけでなく日本語も漢字を使う。

Tā bùguāng qù guo Ōuzhōu, yě qù guo Àodàlìyà.
他 不光 去 过 欧洲,也 去 过 澳大利亚。
／彼はヨーロッパに行ったことがあるばかりでなくオーストラリアにも行ったことがある。

■ 覚えましょう ■

说 我想跟您请教一下。
听 天津、河北和东北都可以考虑。

16　入学願書について（入学申请书的填法）

◆ 注意しましょう ◆

× 我想请教一下您去留学的事儿。→　我想跟您请教一下去留学的事儿。
△ 您想去哪儿好？→　您看去哪儿好？

2　入学願書について／入学 申请 书 的 填法
Rùxué shēnqǐng shū de tiánfǎ

田中　もしもし、外国語大学ですか。

喂，请问，您是外语大学吗？
Wèi, qǐngwèn, nín shì Wàiyǔ dàxué ma?

职员A　はい、そうです。どちらさまですか。

对，您是哪位？
Duì, nín shì něi wèi?

田中　田中といいます。何日か前、入学願書が届きました。でも、わからないところが少しあるので、教えていただけますか。

我 姓 田中，前 几 天 收 到 了 留学 申请 表，可是 有 几 个 地方 不 太 明白，想 请教 一下。
Wǒ xìng Tiánzhōng, qián jǐ tiān shōu dao le liúxué shēnqǐng biǎo, kěshì yǒu jǐ ge dìfang bú tài míngbai, xiǎng qǐngjiào yíxia.

职员A　そうですか、少々お待ちください。電話を漢語学院につなぎます。

那 好，请 稍 等 一下，我 帮 你 把 电话 转 到 汉语 学院。
Nà hǎo, qǐng shāo děng yíxia, wǒ bāng nǐ bǎ diànhuà zhuǎn dao Hànyǔ xuéyuàn.

职员B　もしもし、漢語学院です。

喂，汉语 学院 办公室。
Wèi, Hànyǔ xuéyuàn bàngōngshì.

田中　すみません、入学願書の「中国国内の住所」はどう書いたらいいですか。

请问，入学 申请 表 里面 的"在 华 地址"怎么 填？
Qǐngwèn, rùxué shēnqǐng biǎo lǐmian de "zài Huá dìzhǐ" zěnme tián?

职员B　そこは外国語大学の住所を書けばいいですよ。

写 上 我们 学校 的 地址 就 可以。
Xiě shang wǒmen xuéxiào de dìzhǐ jiù kěyǐ.

田中 「今の中国語のレベル」はどう書いたらいいですか。

"Xiànzài de Hànyǔ shuǐpíng" zěnme tián hǎo?
"现在 的 汉语 水平" 怎么 填 好?

职员B あなたは、HSKを受けたことありますか。

Nǐ cānjiā guo Hànyǔ shuǐpíng kǎoshì ma?
你 参加 过 汉语 水平 考试 吗?

田中 ありません。

Méi cānjiā guo.
没 参加 过。

职员B では、どのくらい勉強したかを書けばいいですよ。

Nà xiě shang xué guo duō cháng shíjiān jiù xíng le.
那 写 上 学 过 多 长 时间 就 行 了。

田中 それと、「健康診断書」は自分で書くのではないですよね。

"Tǐjiǎn biǎo" bú shì zìjǐ tián de ba.
"体检 表" 不 是 自己 填 的 吧。

职员B そうです。自分で書かずに、病院に行って医者に書いてもらってください。

Duì, bù néng suíbiàn tián, děi qù yīyuàn jiǎnchá, ràng yīsheng tián.
对, 不 能 随便 填, 得 去 医院 检查, 让 医生 填。

文法のポイント

有几个地方不太明白，想请教一下。

「有＋名＋動」は「有」の目的語を後ろから修飾する。意味的には、「有＋（動＋名）」の形式に相当する。例えば、

Wǒ yǒu yí ge péngyou huì shuō Fǎyǔ.
我 有 一 个 朋友 会 说 法语。

／私には、フランス語が話せる友達がいる。

Rìběn yǒu hěn duō chéngshì yǒu dìtiě.
日本 有 很 多 城市 有 地铁。

／日本には、地下鉄がある都市がたくさんある。

18　入学通知が届かない（入学通知书还没收到）

■ 覚えましょう ■

说　现在的汉语水平怎么填好？
听　写上我们学校的地址就可以了。

◆ 注意しましょう ◆

△ 〈電話で〉你是谁？ → 您是哪位？

3　入学通知書が届かない／入学 通知 书 还 没 收 到
Rùxué tōngzhī shū hái méi shōu dao

田中　外国語大学ですか。
　　　Wèi, Wàiyǔ dàxué ma?
　　　喂，外语 大学 吗？

总机　そうです。どこにおつなぎしますか。
　　　Shì a. Nín yào nǎr?
　　　是 啊。您 要 哪儿？

田中　外事事務室をお願いします。
　　　Qǐng zhuǎn wàibàn.
　　　请 转 外办。

总机　申し訳ございません、話し中のようです。少しお待ち下さい。
　　　Duìbuqǐ, hǎoxiàng zhànxiàn, qǐng shāo děng yíxia.
　　　对不起，好像 占线，请 稍 等 一下。

职员　もしもし、誰にご用ですか。
　　　Wèi, nín zhǎo shéi?
　　　喂，您 找 谁？

田中　趙軍さん、いらっしゃいますか。
　　　Wǒ zhǎo Zhào Jūn xiānsheng, tā zài ma?
　　　我 找 赵 军 先生，他 在 吗？

职员　趙主任は、今日は出張でいません。あなたは…？
　　　Zhào zhǔrèn bú zài, tā jīntiān chūchāi le. Nín shì něi wèi?
　　　赵 主任 不 在，他 今天 出差 了。您 是 哪 位？

田中 私は田中と申します。来学期の留学を申込んでいるものです。

Wǒ jiào Tiánzhōng Yīláng, bàomíng dào nǐmen dàxué liúxué.
我 叫 田中 一郎, 报名 到 你们 大学 留学。

职员 ああ、田中君ですね。私は馬といいます。こんにちは。何か？

Ā, nǐ jiù shì Tiánzhōng. Wǒ xìng Mǎ. Nǐ hǎo! Yǒu shénme shì ma?
啊, 你 就 是 田中。我 姓 马。你 好! 有 什么 事 吗?

田中 こんにちは。僕が送った申込書は届きましたでしょうか。

Nín hǎo! Qǐngwèn, wǒ jì de shēnqǐng biǎo, nǐmen shōu dao le méiyou?
您 好! 请问, 我 寄 的 申请 表, 你们 收 到 了 没有?

马 受取りましたよ。

Shōu dao le.
收 到 了。

田中 あの、まだ、そちらの入学通知書が届かないので、ビザがとれないのですが。

Búguò rùxué tōngzhī shū hái méi dào, wǒ xiànzài bàn bu liǎo qiānzhèng.
不过 入学 通知 书 还 没 到, 我 现在 办 不 了 签证。

马 そうですか。一週間前に出しましたから、もうそろそろ着くと思いますよ。

Shì ma? Shàng xīngqī yǐjing jì chu qu le, kěnéng kuài dào le ba.
是 吗? 上 星期 已经 寄 出 去 了, 可能 快 到 了 吧。

田中 そうですか。じゃあ、待ってみます。それと、お尋ねしますが、申込み料は先に払わなければなりませんか。

Shì ma? Nà wǒ zài děng deng ba. Wǒ hái xiǎng qǐngwèn nín, bàomíng fèi xiànzài jiù děi jiāo ma?
是 吗? 那 我 再 等 等 吧。我 还 想 请问 您, 报名 费 现在 就 得 交 吗?

马 いいえ、その必要はないです。こちらに来てからでいいですよ。

Bú yòng. Dào zhèr yǐhòu jiāo jiù kěyǐ.
不 用。到 这儿 以后 交 就 可以。

田中 わかりました。

Míngbai le.
明白 了。

马 飛行機の便名がわかったら知らせてください。空港に迎えに行きますから。では。

Dìng xia lai fēijī yǐhòu, qǐng gàosu wǒmen, wǒmen qù jīchǎng jiē nǐ.
定 下 来 飞机 以后，请 告诉 我们，我们 去 机场 接 你。

文法のポイント

定下来飞机以后

「V＋下来」でその動作の結果が「確定」あるいは「安定」した形になってくることを表す。例えば、

Chūfā de shíjiān yǐjing dìng xia lai le.
出发 的 时间 已经 定 下 来 了。／出発の時間はもう決まった。

Děng yíxià, wǒ bǎ zhèi ge diànhuà hàomǎ jì xia lai.
等 一下，我 把 这 个 电话 号码 记 下 来。
　　　　　　　　　／ちょっと待って、その電話番号を控えるから。

■ 覚えましょう ■

说 入学通知书还没到。
听 上星期一已经寄出去了，可能快到了吧。

◆ 注意しましょう ◆

× 到这儿以后就可以交。 → 到这儿以后交就可以。

補充単語

華東地方	华东	Huádōng	西北地方	西北	Xīběi
食費	伙食费	huóshífèi	寮費	住宿费	zhùsùfèi
西南地方	西南	Xīnán			

ミニ知識

留学先の選び方

　留学先を選ぶ時、まず考えなければならないのは、留学の目的である。もちろん、自分の中国語のレベルアップを図るためであることは言うまでもないが、その力をどこにいかそうとするのか、慎重に考える必要がある。貿易に携わりたい人と中国文学を研究しようとする人、また少数民族に関心がある人と、観光業につきたい人とでは当然選ぶ大学や地域が違ってくる。例えば将来貿易に携りたいという人は、対外貿易大学や財経学院等を選べばいいし、又、地区としては、発達した貿易港である上海、広州、大連等が最も望ましい。文学を研究したい人は、自分が興味を持っているテーマに造詣の深い専門家のいる地域や、その方面で有名な大学を選ぶといいだろう。更に、少数民族が集中している昆明、貴州等へ行くのもいいし、名所旧跡が多い北京、西安、洛陽等の都市を選ぶのもいい。

　目的がはっきりしていれば、情報収集をする視点や方法も、おのずから決まる。今では、ネット上で各大学のホームページを見ることができるばかりでなく、留学した人や旅行、仕事で中国へ行ったことのある人の体験談等も読むことができる。できる限り幅広い情報を集め、それぞれの地域や大学の特徴を知り、比較対照した後、どこへ行くかを決定すれば、留学の成果は、何倍にもなってあなたに返ってくる。

付録　　入学案内書の請求

　留学申し込みの際には、留学を斡旋している業者に申し込みを代行してもらうこともできるが、そうでない場合は、自分で入学案内書を請求することになる。請求文の一例を示す。

长江大学汉语学院留学生部：
　　您好。最近看到了中国留学的有关介绍，得知贵校情况。我非常希望能到贵校留学，学习中文及中国文化。
　　盼能将贵校中文教学的详细介绍和入学申请表格寄一份给我，以便参考报名，拜托。谢谢。

铃木一郎
〇〇〇〇年〇月〇日

長江大学漢語学院留学生課御中
　このほど、中国留学のガイドブックで貴校について知り、是非貴校に留学し、中国語と中国文化を勉強したいと思っています。つきましては、中国語教育の詳しいパンフレットと、入学願書を一部お送りください。申し込みの参考にしたいと思いますので、どうぞよろしくお願いします。

〇〇〇〇年〇月〇日　鈴木一郎

ビザ申請
Shēnqǐng qiānzhèng
申请 签证

Gěi lǐngshìguǎn dǎ diànhuà
領事館に電話する／给 领事馆 打 电话

佐藤 中国領事館ですか。私は中国に留学しようと思っているのですが、ビザの申請はどうしたらいいか教えていただけますか。

Nín shì Zhōngguó lǐngshìguǎn ma? Wǒ xiǎng qù Zhōngguó liúxué, xiǎng qǐngjiào yíxia
您 是 中国 领事馆 吗? 我 想 去 中国 留学, 想 请教 一下
zěnme bàn qiānzhèng.
怎么 办 签证。

领事馆 短期留学ですか、長期ですか。

Duǎnqī liúxué, háishi chángqī liúxué?
短期 留学, 还是 长期 留学?

佐藤 二年の予定です。

Wǒ zhǔnbèi qù liǎng nián.
我 准备 去 两 年。

领事馆 長期ですね。必要な書類を言いますので。

Nà shì chángqī le, wǒ gàosu nǐ xūyào de cáiliào.
那 是 长期 了, 我 告诉 你 需要 的 材料。

佐藤 あっ、ちょっと待ってください。メモの用意をしますので。

Qǐng děng yíxia. Wǒ jì xia lai.
请 等 一下。我 记 下 来。

领事馆 はい

Hǎo.
好。

24　領事館に電話する（给领事馆打电话）

佐藤　はい、どうぞ。

Hǎo, nín shuō ba.
好，您 说 吧。

領事館　全部で五種類の書類が必要です。まず、パスポート、留学が二年ですから、それ以上の残存期間が必要ですね。つぎに中国の受け入れ大学の入学通知書と大学が発行する「JW202」という書類。それと、ビザ申請表、これはこちらにありますので、来てから書き込めばいいです。

Yígòng xūyào wǔ zhǒng. Yī shì hùzhào. Nǐ qù liǎng nián, suǒyǐ hùzhào bìxū
一共 需要 五 种。一 是 护照。你 去 两 年，所以 护照 必须
yǒu liǎng nián yǐshàng de yǒuxiào qī. Èr. sān shì Zhōngguó dàxué fā gei nǐ de
有 两 年 以上 的 有效期。二、三 是 中国 大学 发 给 你 的
rùxué tōngzhī shū hé «JW èrlíngèr». Sì shì qiānzhèng shēnqǐng biǎo. Wǒmen zhèr yǒu.
入学 通知 书 和《JW202》。四 是 签证 申请 表。我们 这儿 有。
Nǐ lái le yǐhòu, tián shang jiù xíng.
你 来 了 以后，填 上 就 行。

領事館　最後に健康診断書がいりますが、これも所定の用紙があります。

Zuìhòu yào yí fèn wàiguó rén tǐjiǎn biǎo. Wǒmen zhèr yě yǒu.
最后 要 一 份 外国 人 体检 表。我们 这儿 也 有。

佐藤　留学先からも健康診断書を出すように言われているのですが。

Wǒ yào qù de dàxué yě yào tǐjiǎn biǎo.
我 要 去 的 大学 也 要 体检 表。

領事館　それなら、大学の検査用紙を持ってきて、健康診断項目が一致すれば、こちらはコピーでもいいですよ。

Nà qǐng nǐ bǎ dàxué de tǐjiǎn biǎo dài lai, yàoshi jiǎnchá xiàngmù yíyàng
那，请 你 把 大学 的 体检 表 带 来，要是 检查 项目 一样
dehuà, fùyìnjiàn yě kěyǐ.
的话，复印件 也 可以。

佐藤　そうですか。それは良かった。では提出書類の確認をしますけど。いいですか。

Shì ma, nà tài hǎo le. Wǒ xiǎng gēn nín quèrèn yíxià xūyào de cáiliào,
是 吗，那 太 好 了。我 想 跟 您 确认 一下 需要 的 材料，
hǎo ma?
好 吗？

領事館 いいですよ。どうぞ。

Hǎo, nǐ shuō ba.
好，你 说 吧。

佐藤 パスポート、入学許可通知書、「JW202」、ビザ申請書、それと健康診断書でよかったですね。

Hùzhào, rùxué tōngzhī shū,《JW èrlíngèr》, qiānzhèng shēnqǐng biǎo hé tǐjiǎn biǎo, duì
护照、入学 通知 书、《JW202》、签证 申请 表 和 体检 表，对
bu duì?
不 对？

領事館 そうです。来られるときは身分証明書になるようなものを持参してください。

Duì. Lái de shíhou, qǐng zài dài yí ge néng zhèngmíng shēnfen de zhèngjiàn lai.
对。来 的 时候，请 再 带 一 个 能 证明 身份 的 证件 来。

佐藤 もう一つおたずねしますが、受付時間は？

Zài qǐngwèn yíxia bànlǐ de shíjiān.
再 请问 一下 办理 的 时间。

領事館 月曜から金曜の9時から11時半です。日本と中国の祭日も休みです。

Cóng xīngqī yī dào xīngqī wǔ, měitiān shàngwǔ jiǔ diǎn dào shíyī diǎn bàn. Zhōng Rì
从 星期 一 到 星期 五，每天 上午 9 点 到 11 点 半。中 日
liǎng guó de jiéjiàrì dōu xiūxi.
两 国 的 节假日 都 休息。

文法のポイント

短期留学还是长期留学？

「A 还是 B ?」という形で、「A かそれとも B か」という意味を表す。例えば、

Nǐ (shì) tóngyì, háishi bù tóngyì?
你（是）同意，还是 不 同意？

／君は同意しますか、それとも同意しないですか。

Chī Zhōngcān, háishi chī Xīcān?
吃 中餐，还是 吃 西餐？／中華料理にしますか、それとも洋食にしますか。

■ 覚えましょう ■

说 请教一下怎么办签证。
听 请再带一个能证明身份的证件来。

◆ 注意しましょう ◆

△ 我要去两年。 → 我准备去两年。

2 査証室で／在 签证 室
Zài qiānzhèng shì

门卫A どんなご用ですか。
你 有 什么 事儿？
Nǐ yǒu shénme shìr?

佐藤 あの、ビザの申請手続きに来たんですが。
我 是 来 申请 签证 的。
Wǒ shì lái shēnqǐng qiānzhèng de.

门卫A 塀に沿って右に曲がり、横の入り口がそうです。
沿 着 墙 往 右 拐，侧面 有 一 个 门 就 是。
Yán zhe qiáng wǎng yòu guǎi, cèmian yǒu yí ge mén jiù shì.

佐藤 ビザの申請はここでいいですか。
申请 签证 在 这儿 吗？
Shēnqǐng qiānzhèng zài zhèr ma?

门卫B はい、ここです。身分証明書を見せてください。…いいです。どうぞ。
对，请 给 我 看 看 你 的 身份 证。……好 了，进 去 吧。
Duì, qǐng gěi wǒ kàn kan nǐ de shēnfen zhèng. ……Hǎo le, jìn qu ba.

佐藤 すみません。ビザ申請用紙と健康診断書の用紙はどこですか。
请问，签证 申请 表 和 体检 表 在 哪儿？
Qǐngwèn, qiānzhèng shēnqǐng biǎo hé tǐjiǎn biǎo zài nǎr?

领事馆 そこの机にありますよ。
在 那 张 桌子 上。
Zài nèi zhāng zhuōzi shang.

佐藤 すみません。健康診断はどこの病院でしてもいいですか。

<small>Qǐngwèn, tǐjiǎn zài něi ge yīyuàn dōu kěyǐ ma?</small>
请问，体检在哪个医院都可以吗？

領事館 いいえ、国公立の病院でしてください。国立が一番無難ですね。

<small>Bù xíng, děi zài guólì huò gōnglì yīyuàn. Zuìhǎo shì guólì yīyuàn.</small>
不行，得在国立或公立医院。最好是国立医院。

佐藤 写真はスピード写真でもかまいませんか。それにカラーと白黒どちらがいいですか。

<small>Zhàopiàn kěyǐ yòng kuàixiàng ma? Yào cǎisè de háishi hēibái de?</small>
照片可以用快相吗？要彩色的还是黑白的？

領事館 どちらでも。スピード写真でもいいですよ。

<small>Dōu kěyǐ, kuàixiàng yě kěyǐ.</small>
都可以，快相也可以。

佐藤 それから申請書の電話番号は携帯でもいいですか。

<small>Shēnqǐng biǎo de diànhuà hàomǎ, xiě shǒujī de kěyǐ ma?</small>
申请表的电话号码，写手机的可以吗？

領事館 いいです。

<small>Kěyǐ.</small>
可以。

文法のポイント

体检在哪个医院都可以吗？

「疑問詞＋都」の形でその疑問詞の示すものに例外がないことを表す。「誰でも〜、どこでも〜、何でも〜」というような言い方に相当する。例えば、

<small>Nǐ shénme shíhou lái dōu xíng.</small>
你什么时候来都行。／いつでも来ていいですよ。

<small>Shéi dōu bú qù.</small>
谁都不去。／誰も行かない。

28 ビザを申請する（办签证）

■ 覚えましょう ■

说 我是来申请签证的。
听 请给我看看你的身份证。

◆ 注意しましょう ◆

× 我是申请签证来的。→ 我是来申请签证的。

  ビザを申請する／办 签证
Bàn qiānzhèng

佐藤 これでいいですか。
Qǐng nín kàn yíxia zhèi xiē cáiliào xíng ma?
请 您 看 一下 这 些 材料 行 吗？

領事館 入学通知書の原本を持って来ていますか。
Nǐ yǒu rùxué tōngzhī shū de yuánjiàn ma?
你 有 入学 通知 书 的 原件 吗？

佐藤 はい。
Yǒu.
有。

領事館 確認しますので、ちょっと待ってください。この受取証を記入してください。
Wǒ duì yíxia, qǐng děng yi děng. Qǐng nǐ tián shang zhèi zhāng biǎo.
我 对 一下，请 等 一 等。请 你 填 上 这 张 表。

領事館 これは、ビザを受取りに来るとき、必ず持ってきてください。それと、発行料が3千円かかります。
Zhèi zhāng biǎo lǐng qiānzhèng de shíhou bìxū dài lai. Lìngwài hái yào jiāo sānqiān
这 张 表 领 签证 的 时候 必须 带 来。另外 还 要 交 三千
rìyuán de shǒuxù fèi.
日元 的 手续 费。

佐藤 今払うんですか。

Xiànzài jiāo ma?
现在 交 吗?

領事館 いいえ、受領するとき払えばいいですよ。

Bù, lǐng qiānzhèng de shíhou jiāo.
不,领 签证 的 时候 交。

佐藤 いつ、受取れますか。

Shénme shíhou néng lǐng?
什么 时候 能 领?

領事館 来週の金曜日に来てください。

Qǐng xià xīngqī wǔ lái.
请 下 星期 五 来。

佐藤 金曜は用事があって来られないのですが、その前にはだめですか。

Xīngqī wǔ wǒ yǒu shìr bù néng lái, néng bu néng tíqián?
星期 五 我 有 事儿 不 能 来,能 不 能 提前?

領事館 早めに発行できますよ。費用は倍になりますが、明日受取れますよ。

Yào tíqián kěyǐ bàn tèjí, dàn fèiyòng yào jiābèi. Tèjí míngtiān jiù kěyǐ qǔ.
要 提前 可以 办 特急,但 费用 要 加倍。特急 明天 就 可以 取。

佐藤 そんなに高いんですか。代理人でも受取れますか。

He, zhème guì. Biérén dài lǐng kěyǐ ma?
嗬,这么 贵。别人 代 领 可以 吗?

領事館 代理人でもいいですよ。それから、受取りが一週間以上遅れると、一日につき1,000円加算されますので注意してください。

Yě kěyǐ. Búguò qǐng nǐ zhùyì, lái wǎn yí ge xīngqī yǐshàng dehuà, měitiān yào jiā shōu yìqiān rìyuán de bǎoguǎn fèi.
也 可以。不过 请 你 注意,来 晚 一 个 星期 以上 的话,每天 要 加 收 一千 日元 的 保管 费。

文法のポイント

来晚一个星期以上的话，……。

「来晚」のように、動詞の後に「晚」や「早」を置いて、前の動作が時間的に早かったか遅かったかを表す。例えば、

快　走　吧，去　晚　了　赶　不　上　末班车　了。
／早く行きなさい。遅くなると最終バスに間に合わなくなるよ。

我　来　早　了，他们　还　都　没　来。
／私は早く来たので、彼らはまだ来ていない。

■ 覚えましょう ■

[说] 能不能提前？
[听] 要提前可以办特急，……。

◆ 注意しましょう ◆

△　你有入学通知书的原本吗？　→　你有入学通知书的原件吗？

4 ビザを受取る／领签证

佐藤 ビザを受取りに来たのですが。

我是来领签证的。

領事館 受取証をください。…佐藤理惠さんですね。では、3,000円、隣の会計で払ってから、領収証をこちらへ出してください。

请给我看看收据。……您是佐藤理惠小姐吗？请您先到旁边的窗口交三千日元的手续费，然后把收据给我。

佐藤 はい、領収証です。

Zhè shì shōujù.
这 是 收据。

領事館 これがあなたのパスポートです。

Zhè shì nín de hùzhào.
这 是 您 的 护照。

佐藤 どうも…。あれっ、これ、有効期限が1年しかないですよ。私は2年留学するのに。

Xièxie···. Yí, wèishénme yǒuxiào qīxiàn zhǐ yǒu yì nián. Wǒ yào liú liǎng nián xué.
谢谢…。咦，为什么 有效 期限 只 有 一 年。我 要 留 两 年 学。

領事館 大丈夫です。中国に行ってから、在留の延長ができますよ。

Méi wèntí. Dào Zhōngguó yǐhòu, yòng zhèi ge qiānzhèng kěyǐ bàn yáncháng jūliú.
没 问题。到 中国 以后，用 这 个 签证 可以 办 延长 居留。

文法のポイント

我要留两年学。

「两年」という時間の量は、普通、動詞の後に置かれるが、「留学」という動詞は「V＋O」の構造をもった離合詞なので、「两年」はV「留」とO「学」の間に置く。同類の用例に、

Tā zài Běijīng shàng le sì nián xué.
他 在 北京 上 了 四 年 学。／彼は北京で4年間学校に行った。

Xià xīngqī yǒu dàxué jì, tíng sān tiān kè.
下 星期 有 大学 祭，停 三 天 课。

／来週は大学祭のため、3日間休講になる。

■ 覚えましょう ■

| 说 | 我是来领签证的。|
| 听 | 请给我看看收据。|

◆ 注意しましょう ◆

△ 我要留学两年。 → 我要留两年学。

補 充 単 語

観光ビザ（観光、親族訪問）L 签证　qiānzhèng
居留ビザ（定住目的）D 签证　qiānzhèng
取材ビザ（短期または長期で取材目的）J 签证　qiānzhèng
就職ビザ（中国で就業する現地駐在者とその家族）Z 签证　qiānzhèng
通過ビザ（中国を通過する者）G 签证　qiānzhèng
乗員ビザ（国際船舶、航空機、鉄道の乗務員）C 签证　qiānzhèng
訪問ビザ（半年以上の商用、科学技術、文化交流の研修、実習）F 签证　qiānzhèng
留学ビザ（半年以上の留学）X 签证　qiānzhèng

═══════════════════ ミニ知識 ═══════════════════

国内移動にもパスポート？

　1979年4月、中国に経済特別区が設置された。現在では深圳、珠海、汕頭、アモイ、海南省と5つの経済特別区がある。また、1997年と1999年に香港とマカオが返還され、行政特別区に指定された。経済特別区は、社会主義市場経済のけん引役として、また行政特別区は、一国二制度の試行区として、両者は共に重要な役割を果たしている。この二つの地区に入ろうとすれば、外国人がパスポートが必要なことはもちろんのこと、中国人でも通行許可証がないと入れない。特別区以外でも、中国は外国人が勝手に移動できないところも多いので、旅行の時は注意を要する。例えば、チベットに行く時は、事前にチベット観光局か、海外駐在事務所の許可を得ておくことが必要だ。

3 機内にて
在 飞机 上
Zài fēijī shang

 離陸まで／上 飞机
Shàng fēijī

空姐 こんにちは。
Nín hǎo!
您 好！。

乗客 すみません、どこが禁煙席ですか。
Qǐngwèn, nǎibianr shì jìnyān qū?
请问，哪边儿 是 禁烟 区？

空姐 右側です。
Yòubianr shì.
右边儿 是。

田中 あのー、16 G はどこでしょうか。
Qǐngwèn, shíliù G zài nǎr?
请问，16 G 在 哪儿？

空姐 16列目の窓側がそうです。
Dì shíliù pái kào chuānghu de zuòwèi jiùshì.
第 十六 排 靠 窗户 的 座位 就是。

田中 すみません、座席の上の棚がもういっぱいですけど、このかばんは下においてもかまいませんか。
Duìbuqǐ, zuòwèi shàngmian de xínglixiāng yǐjing mǎn le. Zhèi shǒutíbāor fàng xiàmian yě xíng ma?
对不起，座位 上面 的 行李箱 已经 满 了。这 手提包儿 放 下面 也 行 吗？

空姐 少しお待ち下さい。棚をつめてみます。もし、はいらなかったら、後の方の棚にいれますので、降りられる時は決してお忘れにならないようにお願いします。

<small>Qǐng děng yíxia, wǒ gěi nín jǐ yíxia. Yàobu fàng zai hòumian de xínglixiāng</small>
请 等 一下，我 给 您 挤 一下。要不 放 在 后面 的 行李箱
<small>li ba, xià fēijī shí kě búyào wàng le.</small>
里 吧，下 飞机 时 可 不要 忘 了。

空姐 乗客の皆様、本機はまもなく離陸いたしますので、安全ベルトがしっかりと装着されているかご確認ください。また、離陸時には、安全のため、携帯電話、パソコン、その他の電子機器の電源をお切りください。なお、ご用の際はいつでも係り員までお知らせください。

<small>Gè wèi chéngkè, fēijī jíjiāng qǐfēi, qǐng nín zài jiǎnchá yíxia ānquándài</small>
各 位 乘客，飞机 即将 起飞，请 您 再 检查 一下 安全带
<small>shìfǒu jì hǎo. Wèile fēijī de ānquán, qǐfēi shí qǐng tíngyòng xiédài diànhuà,</small>
是否 系 好。为了 飞机 的 安全，起飞 时 请 停用 携带 电话、
<small>bǐjìběn diànnǎo hé qítā diànzǐ shèbèi. Yǒu shì qǐng suíshí gēn fúwùyuán</small>
笔记本 电脑 和 其他 电子 设备。有 事 请 随时 跟 服务员
<small>liánxi.</small>
联系。

文法のポイント

要不放在后面的行李箱里吧。

「要不」は、「前に仮定したことができないのなら」という前提のもとに用い、「なんなら……」というような意味を表す。例えば、

<small>Yàobu nǐ xiān wèn wen lǎoshī.</small>
要不 你 先 问 问 老师。／なんなら、まず先生に尋ねてみたら。

<small>Yàobu wǒmen mǎi zhèi ge ba.</small>
要不 我们 买 这 个 吧。／なんなら、僕達はこれを買おう。

■ 覚えましょう ■

|说| 这手提包儿放下面也行吗？
|听| 要不放在后面的行李箱里吧。

◆ 注意しましょう ◆

△ 座位上面的行李架已经满了。 → 座位上面的行李箱已经满了。

2 新聞はありますか／有 报纸 吗？
Yǒu bàozhǐ ma?

田中 新聞はありますか。

Qǐngwèn, yǒu bàozhǐ ma?
请问，有 报纸 吗？

空姐 ございます。しばらくお待ち下さい。

Yǒu, qǐng shāo děng yíxia.
有，请 稍 等 一下。

田中 日本語ですよね。中国語のはありませんか。

Shì Rìwén de ya? Méi yǒu Zhōngwén de ma?
是 日文 的 呀？ 没 有 中文 的 吗？

空姐 ございます。申し訳ありません。わたしはてっきり…。

Yǒu, yǒu, duìbuqǐ. Wǒ hái yǐwéi……
有，有，对不起。我 还 以为……。

乗客 何か雑誌はありませんか。

Yǒu shénme zázhì méi yǒu?
有 什么 杂志 没 有？

空姐 航空会社のものだけになりますが、よろしいでしょうか。

Zhǐ yǒu hángkōng gōngsī de zázhì, xíng ma?
只 有 航空 公司 的 杂志，行 吗？

乗客 それも日本語ですか。

Yě shì Rìwén ma?
也 是 日文 吗？

空姐 中国語、日本語、英語がございます。

Zhōng、Rì、Yīngwén dōu yǒu.
中、日、英文 都 有。

乘客 では、中国語のをください。
Qǐng gěi wǒ ná Zhōngwén de ba.
请 给 我 拿 中文 的 吧。

田中 すみません、ちょっと寒いのですが。毛布はありますか。
Duìbuqǐ, wǒ juéde yǒudiǎnr lěng. Yǒu máotǎn ma?
对不起, 我 觉得 有点儿 冷。有 毛毯 吗?

空姐 ございます。暫くお待ち下さい。お持ちいたします。
Yǒu, qǐng děng yíxia, wǒ qù gěi nín ná.
有, 请 等 一下, 我 去 给 您 拿。

乘客 すみません。私は飛行機に酔いやすいのですが、今日は薬を忘れてしまいました。
Duìbuqǐ, wǒ yùn fēijī, jīntiān wàng le dài yào.
对不起, 我 晕 飞机, 今天 忘 了 带 药。

空姐 大丈夫です。ございますよ。すぐにお持ちします。
Wǒmen yǒu, wǒ mǎshàng jiù gěi nín ná lai.
我们 有, 我 马上 就 给 您 拿 来。

田中 すみません。このイヤホーンの差し込みはどこですか。
Qǐngwèn, ěrjī chākǒu zài nǎr ne?
请问, 耳机 插口 在 哪儿 呢?

空姐 お座席のひじ置きの下の部分にございます。
Zài nín zuòwèi de fúshǒu xiàbian.
在 您 座位 的 扶手 下边。

文法のポイント

觉得有点儿冷。

「有点儿」は「少し～」という意味を表す副詞であるが、話し手にとって、都合の悪いことを表すことが多い。例えば、

Zhèi jiàn shì yǒudiǎnr máfan.
这 件 事 有点儿 麻烦。／このことは少し面倒だ。

Wǒ yǒudiǎnr bù hǎoyìsi.
我 有点儿 不 好意思。／私は少しきまりが悪い。

3. 機内にて（在飞机上） 37

■ 覚えましょう ■

说 有什么杂志没有？
听 中、日、英文都有。

◆ 注意しましょう ◆

× 我觉得冷点儿。有毛毯吗？ → 我觉得有点儿冷。有毛毯吗？

3 機内食はいかが？／机内用餐
Jī nèi yòng cān

空姐 乗客の皆様、ただ今より昼食をお運びいたします。座席の前のテーブルをご準備ください。

各位乘客，现在供应午餐。请您协助放下前面的小桌板。
Gè wèi chéngkè, xiànzài gōngyìng wǔcān. Qǐng nín xiézhù fàng xia qiánmian de xiǎo zhuōbǎn.

空姐 パン食になさいますか。ご飯になさいますか。

请问，您要面食还是要米饭？
Qǐngwèn, nín yào miànshí háishi yào mǐfàn?

田中 ご飯の方はどんなおかずがありますか。

米饭是什么菜？
Mǐfàn shì shénme cài?

空姐 ヤオグオと鶏肉を炒めたものです。

腰果炒鸡丁。
Yāoguǒ chǎo jī dīng.

田中 ヤオグオって何ですか。果物ですか。

腰果是什么？是水果吗？
Yāoguǒ shì shénme? Shì shuǐguǒ ma?

空姐 植物の果実のようなものです。おいしいですよ。

是一种植物的果实，很好吃。
Shì yì zhǒng zhíwù de guǒshí, hěn hǎo chī.

田中 じゃあ、ご飯の方にします。
　　　Nà jiù mǐfàn ba.
　　　那 就 米饭 吧。

空姐 お飲み物は？
　　　Hē shénme yǐnliào?
　　　喝 什么 饮料？

田中 ウーロン茶はありますか。
　　　Yǒu wūlóngchá ma?
　　　有 乌龙茶 吗？

空姐 ございます。
　　　Yǒu.
　　　有。

乗客 ホットコーヒーのおかわりをください。
　　　Qǐng zài gěi wǒ yì bēi rè kāfēi.
　　　请 再 给 我 一 杯 热 咖啡。

空姐 かしこまりました。これはデザートのお菓子です。
　　　Hǎo, zhè shì xiǎo diǎnxīn.
　　　好, 这 是 小 点心。

乗客 このご飯の容器を片付けてもらえますか。それから、リンゴジュースをもう一杯ください。
　　　Qǐng bǎ fàn hér shōushi yíxia. Zài gěi wǒ yì bēi píngguǒ zhī.
　　　请 把 饭 盒儿 收拾 一下。再 给 我 一 杯 苹果 汁。

文法のポイント

请您协助放下前面的小桌板。

　「動詞＋上／下」で動作の方向あるいは結果を表す。例えば、

Tā zhāi xia yǎnjìngr, cā le cā.
他 摘 下 眼镜儿, 擦 了 擦。／彼は眼鏡をはずして、ちょっと拭いた。

Jiǎnchá wán le, qǐng nín guān shang xiāngzi.
检查 完 了, 请 您 关 上 箱子。
　　　　　　／検査が終わりましたので、トランクを閉めてください。

■ 覚えましょう ■

|说| 请把这饭盒儿收拾一下。
|听| 您要面食还是米饭？

◆ 注意しましょう ◆

× 是植物的一种果实。 → 是一种植物的果实。

補 充 単 語

〈ア行〉
エコノミークラス　　经济舱　　jīngjì cāng

〈カ行〉
救命胴衣　　救生衣　　jiùshēngyī
現地時間　　本地时间　　běndì shíjiān

〈サ行〉
酸素マスク　　氧气罩　　yǎngqì zhào
時差　　时差　　shíchā

〈タ行〉
（シートを）調節する　　调节　　tiáojié
通路側のシート　　靠过道的座位　　kào guòdào de zuòwèi
定期便　　定期班机　　dìngqī bānjī
手荷物　　手提行李　　shǒutí xíngli

〈ハ行〉
パラシュート　　降落伞　　jiàngluòsǎn
飛行機を乗りかえる　　转机　　zhuǎnjī
非常口　　太平门、安全门　　tàipíng mén, ānquán mén
ファーストクラス　　头等舱　　tóuděng cāng
フライトナンバー　　航班号　　hángbān hào

〈マ行〉
免税品　　免税品　　miǎnshuì pǐn

〈ラ行〉
リクライニングシート　　可调座席　　kětiáo zuòxí
臨時便　　临时航班　　línshí hángbān

〈ヤ行〉
呼び出しボタン　　呼唤钮　　hūhuàn niǔ

=== ミニ知識 ===

中国の航空会社

　かつて、中国の航空会社は、国内線と国際線がそれぞれ僅か1社ずつであった。現在では、経営範囲や地域別に、国際航空、東方、南方、北方、西北、西南航空等の数社に分かれている。最近の情報によると、また合併するとのことだ。

　航空会社各社には、日本との定期便があり、主要な航空路線は東京、関西、名古屋、福岡と北京、上海、広州、西安、大連、武漢、厦門を結ぶ。

　また、国内線との乗り継ぎにも便利である。

　一般的に、中国の航空料金は比較的安価で、どうかすると他国の半額ぐらいというのもある。

　国際線に使用されるのは、全て、ボーイング社、エアバス社、MD社等の最新式の飛行機で、安全上何ら問題はない。日本から中国のどの都市へ飛ぶにしても、飛行距離はさほど遠くないが、飲み物や機内食が用意されており、中華、和食、洋食の中から選ぶことができる。機内でのサービスは、時として行き届かないこともあり、乗務員の態度は他国の航空会社に比べて、丁寧さに欠けることもある。

　中国に留学しようとする人であれば、中国の航空機を利用して、中国式のサービスを体験するのもいいし、乗務員や乗客と中国語で話すのもなかなかおもしろい"実習"になる。

4 空港到着

到达 机场
Dàodá jīchǎng

1 乗り継ぎ／继 乘
Jì chéng

广播 この飛行機は、大連経由北京行き2596便です。乗客の皆様には大連で入国の手続をしていただきます。今から入国カードをお書きください。

您 乘坐 的 是 途径 大连 飞 往 北京 的 2596 次 航班。各位
Nín chéngzuò de shì tújìng Dàlián fēi wǎng Běijīng de èrwǔjiǔliù cì hángbān. Gèwèi

乘客 要 在 大连 办理 入境 手续。现在 请 大家 填 写 入境 卡。
chéngkè yào zài Dàlián bànlǐ rùjìng shǒuxù. Xiànzài qǐng dàjiā tián xiě rùjìng kǎ.

田中 あのー、私達は大連で乗りかえるのでしょうか。

请问, 我们 在 大连 换 飞机 吗？
Qǐngwèn, wǒmen zài Dàlián huàn fēijī ma?

空姐 いいえ、このままです。

不 换, 还 是 这 架 飞机。
Bú huàn, hái shì zhèi jià fēijī.

田中 では、荷物も動かさなくていいのですか。

那, 行李 不 动 也 可以 吗？
Nà, xíngli bú dòng yě kěyǐ ma?

空姐 いいえ、手続をされる時にはお持ち下さい。

不行, 办 手续 时 也 请 您 带 着。
Bùxíng, bàn shǒuxù shí yě qǐng nín dài zhe.

田中 そこは遠いですか。どのくらい時間がかかります？

远 不 远？得 多 长 时间？
Yuǎn bu yuǎn? Děi duō cháng shíjiān?

空姐 遠くはございません。飛行機を降りられたところです。手続にはそんなにお時間はかかりません。ですが、この飛行機は、1時間ほどここで待機いたします。

Bù yuǎn, xià fēijī jiù shì. Bàn shǒuxù yòng bu liǎo duō cháng shíjiān. Búguò fēijī yào zài zhèr tíng yí ge xiǎoshí.
不远,下飞机就是。办手续用不了多长时间。不过飞机要在这儿停一个小时。

田中 じゃあ、先に手続がすんだ人はどうするのですか。

Nà, xiān bàn wán shǒuxù de rén zěnme bàn?
那,先办完手续的人怎么办?

空姐 終わられましたら、ひとまず、待合室の方でお待ち下さい。搭乗のときにアナウンスがあります。

Bàn wán shǒuxù, qǐng nín xiān zài hòujī shì li děng yíxia. Dēng jī shí yǒu guǎngbō.
办完手续,请您先在候机室里等一下。登机时有广播。

文法のポイント

办手续用不了多长时间。

「多长时间」の「多」のような数を指す疑問詞は、名詞の前に置いて平叙文に用いると不定を表すフレーズを作る。他には「多少」「几」などがあり、普通は否定形を取る。例えば、

Mǎi chēpiào bú yòng duōshǎo qián.
买车票不用多少钱。/乗車券を買うのに、いくらもいらない。

Lí kǎoshì méi yǒu jǐ tiān le.
离考试没有几天了。/試験まで幾日もない。

■ 覚えましょう ■

说 得等多长时间?
听 大概一个小时吧。

◆ 注意しましょう ◆

× 恐怕一个小时吧。 → 大概一个小时吧。

2 入国審査／办 入境 手续
Bàn rùjìng shǒuxù

审査人 パスポートを見せてください。旅行で来られたのですか。

Qǐng gěi wǒ kàn kan nín de hùzhào. Nín shì lái lǚyóu de ma?
请 给 我 看 看 您 的 护照。您 是 来 旅游 的 吗？

田中 いいえ、僕は留学です。長期の。

Bù, wǒ shì lái liúxué de. Chángqī liúxué.
不，我 是 来 留学 的。长期 留学。

审査人 長期ですか。どのぐらいですか。

Chángqī? Duō cháng shíjiān?
长期？多 长 时间？

田中 一年です。

Yì nián.
一 年。

审査人 申告書は記入されましたか。

Nín de shēnbào dān tián le ma?
您 的 申报 单 填 了 吗？

田中 まだです。どんなものを申告すればいいのですか。

Hái méiyou. Dōu něixiē dōngxi xūyào shēnbào?
还 没有。都 哪些 东西 需要 申报？

审査人 ここに説明が書いてありますので、読んでください。２０００元を超える高いものは全部申告してください。申告したものは、帰国の時に持ち帰らなければなりません。

Zhèr yǒu shuōmíng, qǐng nín kàn yíxia. Chāoguò liǎngqiān yuán de dàjiàn dōu děi
这儿 有 说明，请 您 看 一下。超过 两千 元 的 大件 都 得
shēnbào. Shēnbào de dōngxi, nín huí guó shí děi dài hui qu.
申报。申报 的 东西，您 回 国 时 得 带 回 去。

田中 もし、友達にあげたら？

Yàoshi sòng gei péngyou ne?
要是 送 给 朋友 呢？

审查人 高いものは税金を払わなければなりません。

Dà jiànr děi shàng shuì.
大 件儿 得 上 税。

田中 では、他の方を先にしてください。記入してから来ます。

Nà qǐng nín xiān gěi biérén bàn ba, wǒ tián wán zài lái.
那 请 您 先 给 别人 办 吧，我 填 完 再 来。

文法のポイント

都哪些东西需要申报？

「都＋疑問詞」でその答えにあたるものを全部答えることを期待する。例えば、

Nǐ jiā dōu yǒu shénme rén?
你 家 都 有 什么 人？

／あなたのご家族はどんな方がいらっしゃいますか。

Nǐ zuótiān mǎi de dōu shì shénme dōngxi?
你 昨天 买 的 都 是 什么 东西？

／あなたが昨日買ったのは何々ですか。

Nǐ bān li dōu yǒu shéi?
你 班 里 都 有 谁？／あなたのクラスには誰誰いますか。

■ 覚えましょう ■

说 都哪些东西需要申报？
听 大件儿得上税。

◆ 注意しましょう ◆

△ 我是来留学的，长期。 → 我是来留学的，长期留学。

③ 僕のトランクはどうしてまだ出て来ないのか

Wǒ de píxiāng zěnme hái méi chū lai?
／我的皮箱怎么还没出来?

田中 すみません、僕のトランクがずっと出て来ないのですが、どうしたらいいでしょうか。

Qǐngwèn, wǒ de xiāngzi yìzhí méi chū lai, zěnme bàn hǎo?
请问，我的箱子一直没出来，怎么办好?

中国人 カウンターに行って尋ねてみたら。

Nǐ qù fúwùtái wèn wen ba.
你去服务台问问吧。

田中 あのー、僕のトランクがまだ出て来ないのですが……。

Duìbuqǐ, wǒ de xiāngzi méi chū lai……．
对不起，我的箱子没出来……。

服务员 そうですか。ちゃんと見ておられましたか。

Shì ma? Nín kàn zhǔn le ma?
是吗? 您看准了吗?

田中 間違いないです。僕は一つ一つよく見ましたよ。

Méi cuò, wǒ yí ge yí ge de dōu zǐxì kàn le.
没错，我一个一个地都仔细看了。

服务员 では調べてみましょう。まず、この用紙に、便名、あなたの姓名、パスポートナンバーと荷物の引換証の番号を記入してください。

Nà jiù děi chá le, qǐng nín xiān tián yíxia zhèi zhāng biǎo, tián shang hángbān,
那就得查了，请您先填一下这张表，填上航班、

xìngmíng, hùzhào hàomǎ hé xíngli piào hàomǎ.
姓名、护照号码和行李票号码。

田中 この「連絡先」は、中国のですか、日本のですか。

"Liánluò dìdiǎn" shì zhǐ Zhōngguó de, háishi Rìběn de?
"联络地点"是指中国的，还是日本的?

46 僕のトランクはどうしてまだ出てこないのか（我的皮箱怎么还没出来？）

服务员 中国のです。あなたは留学生でしょう？大学の名前と電話番号を書いてください。

Zhōngguó de. Nín shì liúxuéshēng ba, xiě shang dàxué míng hé diànhuà jiù xíng.
中国 的。您 是 留学生 吧，写 上 大学 名 和 电话 就 行。

田中 わかりました。

Hǎo.
好。

服务员 あなたのトランクはどんなものですか。

Nín de xiāngzi shì shénme yàng de?
您 的 箱子 是 什么 样 的？

田中 キャスターがついた普通のトランクです。

Jiù shì yìbān de lǚxíngxiāng, dài lúnzi.
就 是 一般 的 旅行箱，带 轮子。

服务员 色は？中には何が入ってますか。

Yánsè ne? Lǐmian yǒu shénme?
颜色 呢？里面 有 什么？

田中 色は、グレーです。中身は、全部服と本です。

Huī sè de. Lǐmian dōu shì yīfu hé shū.
灰色 的。里面 都 是 衣服 和 书。

服务员 見つかったら、随時連絡します。もし、3週間すぎても見つからなかった場合は、航空会社があなたに弁償します。

Zhǎo dao wǒmen suíshí tōngzhī nǐ. Yàoshi guò sān ge xīngqī hái zhǎo bu dào
找 到 我们 随时 通知 你。要是 过 三 个 星期 还 找 不 到
dehuà, hángkōng gōngsī gěi nín péi kuǎn.
的话，航空 公司 给 您 赔 款。

田中 いくら弁償してくれるんですか。

Péi duōshao qián?
赔 多少 钱？

服务员 重さに応じて計算します。1 kg 10ドルです。荷物の重さは？

Àn zhòngliàng suàn, yì gōngjīn péi shí měiyuán. Nín de xíngli yǒu duō zhòng?
按 重量 算，一 公斤 赔 十 美元。您 的 行李 有 多 重？

田中　たぶん20 kgぐらいです。
> Hǎoxiàng èrshí gōngjīn ba.
> 好像 20 公斤 吧。

文法のポイント

① 你去服务台问问吧。

「问问」という動詞の重ね型で、「ちょっと～する」という意味を表す。同じ働きをするものに「動詞＋一＋動詞」、「動詞＋一下」の言い方もある。例えば、

Zánmen shāngliang shāngliang ba.
咱们 商量 商量 吧。／ちょっと相談しましょう。

Shì yi shì jiù zhīdao le.
试 一 试 就 知道 了。／試してみたらすぐわかる。

Qǐng nín zài zhèr děng yíxia.
请 您 在 这儿 等 一下。／ここで少しお待ち下さい。

② 按重量算。

「按～……」という形で「～によって（応じて）…する」という意味を表す。例えば、

Àn tā qiántiān líkāi Kūnmíng suàn lai, xiànzài yǐjing dào le Guìlín.
按 他 前天 离开 昆明 算 来，现在 已经 到 了 桂林。
／おととい、昆明を出発したことから計算すると、彼は今ごろ、もう桂林に着いているだろう。

Chēfèi àn jùlí suàn.
车费 按 距离 算。／運賃は距離に応じて計算する。

■ 覚えましょう ■

听　您的行李有多重？
说　20公斤。

◆ 注意しましょう ◆

△ 我一个一个地都好好看了。　→　我一个一个地都仔细看了。

4 両替／换 钱
Huàn qián

田中 すみません、空港の付近に中国銀行はありませんか。

Qǐngwèn, jīchǎng fùjìn yǒu Zhōngguó yínháng ma?
请问，机场 附近 有 中国 银行 吗？

服务员 空港内にありますよ。

Jīchǎng li jiù yǒu.
机场 里 就 有。

田中 ありましたけど、今は閉まってますよ。僕は少し両替したいんです。

Yǒu shì yǒu, dànshì xiànzài guān le. Wǒ xiǎng huàn diǎnr qián.
有 是 有，但是 现在 关 了。我 想 换 点儿 钱。

服务员 そうでしたか。じゃあ、タクシーに乗ってホテルで両替したらいいですよ。

Shì ma? Nà jiù děi zuò chūzū qìchē qù fàndiàn huàn le.
是 吗？那 就 得 坐 出租 汽车 去 饭店 换 了。

田中 外国語大学までお願いします。

Qǐng dào Wàiyǔ dàxué.
请 到 外语 大学。

司机 はい。荷物は、ないですか。

Hǎo. Méi yǒu xíngli ma?
好。没 有 行李 吗？

田中 あります。これです。もし、途中に外貨を両替できるホテルがあったら、ちょっと止めてください。両替をしたいので。

Yǒu, zài zhèr. Yàoshi lù shang yǒu néng huàn wàibì de fàndiàn, qǐng tíng yíxia.
有，在 这儿。要是 路 上 有 能 换 外币 的 饭店，请 停 一下。

Wǒ xiǎng huàn diǎnr qián.
我 想 换 点儿 钱。

司机 わかりました。

Hǎo.
好。

……

田中 日本円を人民元に替えたいのですが。

Wǒ xiǎng yòng rìyuán huàn diǎnr rénmínbì.
我 想 用 日元 换 点儿 人民币。

服务员 ではまず、この両替伝票に記入してください。いくら替えられますか。

Qǐng xiān tián yíxia zhèi zhāng duìhuàn dān. Nín xiǎng huàn duōshao?
请 先 填 一下 这 张 兑换 单。您 想 换 多少?

田中 4万円分替えます。

Huàn sì wàn rìyuán.
换 4 万 日元。

服务员 日本円4万円は、2860元です。確かめてください。

Sì wàn rìyuán huàn liǎngqiānbābǎiliùshí yuán rénmínbì. Qǐng diǎn yíxia.
4 万 日元 换 2860 元 人民币。请 点 一下。

田中 あのー、どうも50元少ないようですが。

Duìbuqǐ. Hǎoxiàng shǎo wǔshí kuài.
对不起。好像 少 50 块。

服务员 そうですか。もう一度調べてみましょう。…申し訳ございません。確かに50元少ないです。50元を100元だと思ってしまいました。本当にすみません。

Shì ma? Wǒ zài kàn kan. ……Duìbuqǐ, shì shǎo wǔshí kuài. Wǒ bǎ wǔshí kuài
是 吗? 我 再 看 看。……对不起, 是 少 50 块。我 把 50 块

de kàn cheng yìbǎi kuài de le, zhēn duìbuqǐ.
的 看 成 100 块 的 了, 真 对不起。

田中 いいですよ。僕はこんなにたくさん大きな紙幣はいらないです。いくらか細かいお金にくずしてもらえますか。

Méi guānxi. Wǒ bù xiǎng yào zhème duō zhěng qián, gěi wǒ pò diǎnr líng de
没 关系。我 不 想 要 这么 多 整 钱,给 我 破 点儿 零 的

kěyǐ ma?
可以 吗?

服务员 よろしいですよ。どんなふうにくずしますか。

Kěyǐ, nín xiǎng yào shénme yàng de líng de?
可以, 您 想 要 什么 样 的 零 的?

両替（換钱）

田中 50元札と10元札を、それぞれ10枚ずつください。それに5元札を20枚。

<small>Wǔshí yuán de hé shí yuán de, yíyàng yào shí zhāng, zài yào èrshí zhāng wǔ yuán de.</small>
50元的和10元的，一样要十张，再要20张5元的。

服务员 もう一度お確かめください。伝票の控えも保管しておいてください。

<small>Qǐng zài diǎn yíxia, duìhuàn dān yě qǐng bǎocún hǎo.</small>
请再点一下，兑换单也请保存好。

文法のポイント

我想用日元换点儿人民币。

「用A换B」という形で「AをBに換える」という意味を表す。例えば、

<small>Yòng líng qián huàn zhěng qián.</small>
用零钱换整钱。／小銭をお札に換える。

<small>Qù yínháng huàn diǎnr měiyuán.</small>
去银行换点儿美元。／銀行に行ってドルに換える。

■ 覚えましょう ■

|说| 给我破点儿零的可以吗？
|听| 请先填一下这张兑换单。

◆ 注意しましょう ◆

× 又要20张5元的。 → 再要20张5元的。

補充単語

ルーブル	卢布 lúbù	ウォン	韩元 hányuán
ユーロ	欧元 ōuyuán	ポンド	英镑 yīngbàng
カナダドル	加元 jiāyuán		
シンガポールドル	新加坡元 Xīnjiāpōyuán		
オーストラリアドル	澳元 àoyuán	スイスフラン	瑞士法郎 Ruìshìfǎláng
台湾元	台币 táibì	バーツ	泰铢 tàizhū
香港ドル	港元、港币 gǎngyuán.gǎngbì		

ドン　　　越南盾　Yuènándùn　　　　パタカ　　澳門元　Àoményuán
健康申告カード　健康卡　jiànkāng kǎ
滞在する　呆、逗留　dāi, dòuliú
トランク　手提箱　shǒutíxiāng
待合室（駅の）　候车室　hòuchē shì、（病院の）候诊室　hòuzhěn shì、
（船の）候船室　hòuchuán shì
両替レート　兑换率　duìhuànlǜ

ミニ知識

中国の国家機関

　中国の最高国家権力機関は全国人民代表大会、略称「人大」である。人大は中国の22の省、5つの自治区、4つの直轄市と軍から、人口に比例して選出された代表で構成され、常務委員会と国家主席を選出する。

　常務委員会は、委員長、副委員長若干名と数人の委員によって組織されており、全人大が閉会中に法律の批准など日常の政務を行う。国家主席は名目上の国家の最高指導者である。人大は、日本の国会に相当する。

　日本の内閣に相当する国家の行政部門は国務院である。国務院は、国家主席が任命した総理、若干名の副総理、国務委員数名からなる。日本の外務省等に相当するのは「～部」（例えば、「外交部、司法部」等）と「～委」（「国家教育委員会、国家経済委員会」等）である。

　中国は一党制国家で、執政党は中国共産党である。このため、共産党総書記は事実上の国家の最高指導者である。各地の党員が選出した共産党の中央委員会とその政治局が党の重要な方針・政策を決議する。

　共産党以外にも、中国にはいくつかの政党がある。これらの「非執政党」は共産党の盟友であり、共産党とこの盟友を中心として全国政治協商委員会―略称「政協」が組織されている。政協も、各省、自治区、直轄市等から代表が選出され、代表の任期も5年である。

↑ 国际、港澳办票
Check-in

↑ 中心广场
Meeting point

↑ 电梯
Lift

↑ 停车库 / 职工餐厅、美食城
Parking / Restaurant & Gourmet plaza

↑ 电话
Telephone

↑ 医疗急救
First aid

国内办票 →
Domestic check-in

商业区 →
Shopping area

↑ 大众物流 市内快递   洗手间 →
Dazhong Logistics   Toilet

38484500   电话问讯
38484500 Telephone information

5 空港で
在 机场
Zài jīchǎng

1 空港バスに乗る／坐 机场 公交车
　　　　　　　　　　 Zuò jīchǎng gōngjiāochē

田中 あのー、外国語大学に行きたいのですが、どこでバスに乗ったらいいでしょうか。

请问，我 想 去 外语 大学，在 哪儿 坐 车 好？
Qǐngwèn, wǒ xiǎng qù Wàiyǔ dàxué, zài nǎr zuò chē hǎo?

职员 前の出口から右へ曲がると、バス停です。でも、大学直通のバスはないから、途中で乗り換えなくてはいけませんよ。

到 前面 的 出口 往 右 拐 就 是 车站。不过，机场 没 有
Dào qiánmian de chūkǒu wǎng yòu guǎi jiù shì chēzhàn. Búguò, jīchǎng méi yǒu
直接 到 外大 的 车，得 在 中途 换 车。
zhíjiē dào Wàidà de chē, děi zài zhōngtú huàn chē.

田中 どこで乗り換えたらいいですか。

在 哪儿 换 车 好 呢？
Zài nǎr huàn chē hǎo ne?

职员 ショッピングセンター行きのバスに乗って人民広場で降り、そこで6番のバスに乗り換えてください。

你 坐 去 商业 中心 的 车 到 人民 广场 下，在 那儿 换 6
Nǐ zuò qù shāngyè zhōngxīn de chē dào Rénmín guǎngchǎng xià, zài nàr huàn liù
路 公共汽车。
lù gōnggòngqìchē.

田中 ショッピングセンター行きのバスは何番ですか。

去 商业 中心 的 车 是 几 路？
Qù shāngyè zhōngxīn de chē shì jǐ lù?

职员 空港バスは番号では分けてないんです。ショッピングセンター行きのバスは青色で、3番乗り場から出ますよ。

机场巴士不分路，去商业中心的车是蓝色的，在3号站台。

文法のポイント

从前面的出口往右拐就是车站。

「往」は方向を表す前置詞で、「往＋方向＋動詞」の介詞フレーズを作る。「就是…」は「すぐ…です」という意味で、空間的時間的な間がないことを表す。例えば、

从学校大门往左拐就是个快餐店。
／学校の正門を左へ曲がるとファーストフードの店です。

一到三月就是春天了。／3月になるともう春です。

■ 覚えましょう ■

|说| 请问，我想去外语大学，在哪儿坐车好？
|听| 到前面的出口往右拐就是车站。

◆ 注意しましょう ◆

× 去商业中心的车是几号？ → 去商业中心的车是几路？

2 乗車券を買う／车上买票

田中 すみません、これはショッピングセンターに行きますか。

请问，这是去商业中心的车吗？

售票员 行きますよ。どこへ行かれますか。

Duì, nín qù nǎr?
对，您 去 哪儿？

田中 人民広場です。…あの、人民広場までいくらですか。

Wǒ qù Rénmín guǎngchǎng. ……mǎi yì zhāng Rénmín guǎngchǎng, duōshao qián?
我 去 人民 广场。……买 一 张 人民 广场，多少 钱？

售票员 人民広場ですね、6元です。あ、100元ですか。細かいのはありませんか。

Rénmín guǎngchǎng, liù kuài yì zhāng. Á, yìbǎi kuài de? Nín méi líng qián ma?
人民 广场，六 块 一 张。啊，100 块 的？ 您 没 零 钱 吗？

田中 細かいのですか。ちょっと待って、探してみます。…50元はありますけど、いいですか。

Líng qián? Nín děng yíxià, wǒ zhǎo zhao kàn. ……Yǒu wǔshí kuài de, xíng ma?
零 钱？您 等 一下， 我 找 找 看。……有 50 块 的，行 吗？

售票员 50元でも、今はおつりがありません。もう少し待ってください。

Wǔshí kuài de xiànzài yě zhǎo bu kāi. Qǐng shāo děng yíxià.
50 块 的 现在 也 找 不 开。请 稍 等 一下。

文法のポイント

人民广场，六块一张。

「～块（元）一～」は品物の値段の言い方で、日本語の語順と違う。例えば、

Dàngāo wǔ kuài yí kuàir.
蛋糕 5 块 一 块儿／ケーキ一つ5元

Shí yuán yì běn.
10 元 一 本／一冊10元

■ 覚えましょう ■

说 请问，这是去……的车吗？
听 您去哪儿？

56　乗り過ごした（坐过站）

◆ 注意しましょう ◆

△　买一张去人民广场的票，多少钱？→　买一张人民广场，多少钱？

3　乗り過ごした／坐过站 Zuò guò zhàn

田中　すみません、人民広場は幾つ目のバス停ですか。（隣の乗客に尋ねる）

Qǐngwèn, dào Rénmín guǎngchǎng děi zuò jǐ zhàn? (wèn pángbiān de chéngkè)
请问，到 人民 广场 得坐几站？（问 旁边 的 乘客）

乗客　多分六つ目だと思いますよ。私もよくわからないんだけど。着いたら車掌さんに声をかけてもらいましょう。

Kěnéng shì liù zhàn ba, wǒ yě bú tài qīngchu. Ràng shòupiàoyuán dào zhàn jiào
可能 是 六 站 吧，我 也 不 太 清楚。让 售票员 到 站 叫
nǐ yì shēng ba.
你 一 声 吧。

田中　バス停に書いてある行く先を見ますからいいですよ。…すみません、人民広場に着きましたか。

Bú yòng le. Wǒ kàn lù shang de chēpái ba. ……Qǐngwèn, Rénmín guǎngchǎng dào
不 用 了。我 看 路 上 的 车牌 吧。……请问，人民 广场 到
le ma?
了 吗？

售票员　人民広場ですか。もう幾つも前に通り過ぎましたよ。

Rénmín guǎngchǎng? Yǐjing guò le hǎo jǐ zhàn le.
人民 广场？已经 过 了 好 几 站 了。

田中　えー！どうしたらいいんでしょうか。

Zhēn zāogāo, nà zěnme bàn hǎo?
真 糟糕，那 怎么 办 好？

售票员　どちらへ行かれますか。

Nín qù nǎr?
您 去 哪儿？

田中 外大です。

Wàidà.

外大。

售票员 それなら、次のバス停で降りて、そのまま500mぐらい歩くと108番のトロリーバスに乗れますから、それに乗っても外大に行けますよ。

Nà nín xià zhàn xià chē, zài wǎng qián zǒu wǔbǎi mǐ zuǒyòu, zuò yāolíngbā lù wúguǐ yě xíng.

那您下站下车,再往前走500米左右,坐108路无轨也行。

文法のポイント

让售票员到站叫你一声吧。

「让…」は「してもらう」という意味を表す。例えば、

Ràng tā shùnbiàn gěi nín dài yì běn ba.

让他顺便给您带一本吧。

／ついでに彼に、あなたに一冊持って来てもらいましょう。

Ràng tā qù ba, wǒ méi shíjiān.

让他去吧,我没时间。

／彼に行ってもらいましょう。私は時間がないので。

■ 覚えましょう ■

|说| 请问,到人民广场得坐几站?
|听| 可能是六站吧。

◆ 注意しましょう ◆

× 真糟糕了,那怎么办好? → 真糟糕,那怎么办好?

4 乗り換える／换车 (Huàn chē)

田中 すみません、これは108番のバスですか。

Qǐngwèn, zhè shì yāolíngbā lù wúguǐ ma?
请问，这 是 108 路 无轨 吗？

售票员 そうですけど、どこに行かれますか。

Duì, nín qù nǎr?
对，您 去 哪儿？

田中 外大に行きますけど、これでいいですか。

Qù Wàidà, duì ma?
去 外大，对 吗？

售票员 外大は、反対方向のバスに乗ってください。バス停は道の向こう側です。

Qù Wàidà zuò xiāngfǎn fāngxiàng de chē. Chēzhàn zài lù duìmiàn.
去 外大 坐 相反 方向 的 车。车站 在 路 对面。

田中 外大は遠いですか。どのくらいかかります？

Yuǎn bu yuǎn, děi duō cháng shíjiān?
远 不 远，得 多 长 时间？

售票员 けっこう遠いですよ。次のバス停で降りて、そこで快速に乗り換えた方がいいです。

Tǐng yuǎn de, nín zuìhǎo xiān zuò dao qián yí zhàn xià, zài nàr huàn kuàichē.
挺 远 的，您 最好 先 坐 到 前 一 站 下，在 那儿 换 快车。

文法のポイント

您最好先坐到前一站下，在那儿换快车。

「最好」は「～するのが一番いい」という意味であるが、日本語の語順と違い、動詞の前に置く。例えば、

Zuìhǎo nín qīnzì qù yí tàng.
最好 您 亲自 去 一 趟。／あなたご自身が行かれるのが一番いいですよ。

Nǐ zuìhǎo shìxiān zuò ge zhǔnbèi.
你 最好 事先 做 个 准备。／あなたは、前もって準備をした方がいい。

■ 覚えましょう ■

|说| 去外大，对吗？
|听| 车站在路对面。

◆ 注意しましょう ◆

× 去外大，好吗？ → 去外大，对吗？

補 充 単 語

〈ア行〉

| 青い | 蓝 | lán | 赤 | 红色 | hóng sè |
| 運転手 | 司机 | sījī | | | |

〈カ行〉

黄色	黄色	huáng sè	黒	黑色	hēi sè
車に乗る	上车	shàngchē	車を降りる	下车	xiàchē
グレー	灰色	huī sè			

〈サ行〉

| 白 | 白色 | bái sè | 始発駅 | 始发站 | shǐfāzhàn |
| 終着駅 | 终点站 | zhōngdiǎnzhàn | 乗車券 | 车票 | chēpiào |

〈タ行〉

| タクシー | 出租汽车 | chūzū qìchē | タクシーを拾う | 打的 | dǎdí |
| 定期券 | 月票 | yuèpiào | 地下鉄 | 地铁 | dìtiě |

〈ナ行〉

| 乗り間違える | 坐错车 | zuò cuò chē |

〈ハ行〉

バス　　公共汽车、大巴、巴士　gōnggòng qìchē、dàbā、bāshì
バックする　倒车　dàochē
ピンク　　粉色、桃红色　fěn sè、táohóng sè

〈マ行〉

ミニバス　小公共汽车、小巴　xiǎo gōnggòng qìchē、xiǎobā
左、右、東、南、西、北へ　往左、右、东、南、西、北
　　　　　　　　　　　　wǎng zuǒ、yòu、dōng、nán、xī、běi

〈ワ行〉
ワゴン車のタクシー　面的　miàndí

=== ミニ知識 ===

中国の交通機関

　中国の市民の足と言えば、やはり、自転車だ。しかし、オートバイや小型の自家用車の普及も、目を見張るものがある。いくつかの都市では、オートバイや車の都心への乗り入れを規制しているところもあるくらいだ。また、都市高速道路の拡充も盛んである。

　ほとんどの国民には、車はまだ高嶺の花といったところであるが、ほどなく、先進国並みに渋滞や駐車場不足という問題が生じるだろう。

　公共の交通機関の主役は、何と言ってもバスである。このごろでは、多くの都市で、エアコンを装備した「空調车」（kōngtiáo chē）が走るようになったが、台数や路線の数ということでは、なかなか需要に追いつかない。

　大都市の地下鉄の整備計画があがっている中で、上海などの都市では、鉄道による環状線の敷設の計画もある。

　長距離の主要な交通手段は、汽車であるが、常に満員で、時間に遅れる。また、ここ数年、中国政府は、毎年鉄道建設に数百億元規模の投資を行っている。「十五」（第10次5ヵ年）計画中に、北京―上海の高速鉄道の完成が見込まれている。

6 タクシーに乗る
Zuò chūzū qìchē
坐 出租 汽车

1 タクシーを呼ぶ／打的 (Dǎ dí)

田中 外国語大学までお願いします。
Qǐng dào Wàiyǔ dàxué.
请 到 外语 大学。

司机 外国語大学ですね。わかりました。
Wàiyǔ dàxué ma? Hǎo.
外语 大学 吗？ 好。

田中 ここから遠いですか。どのくらい時間かかります？
Lí zhèr yuǎn ma? Děi zǒu duō cháng shíjiān?
离 这儿 远 吗？ 得 走 多 长 时间？

司机 遠くはないですけど、今ちょうどラッシュで渋滞しやすいですから、30分ぐらいかかるでしょう。お客さんは北京に旅行で来られたんですか。
Yuǎn dào bù yuǎn, dàn xiànzài zhèng shì gāofēng shíjiān, róngyì dǔ chē, kěnéng děi bàn ge xiǎoshí. Nín lái Běijīng lǚyóu ma?
远 倒 不 远，但 现在 正 是 高峰 时间，容易 堵 车，可能 得 半 个 小时。您 来 北京 旅游 吗？

田中 いいえ、留学です。外国語大学に行って中国語を勉強します。
Bú shì, lái liúxué de, dào Wàiyǔ dàxué xué Hànyǔ.
不 是，来 留学 的，到 外语 大学 学 汉语。

司机 今の中国語だってなかなかのものですよ。
Nín xiànzài de Hànyǔ yě búcuò ya.
您 现在 的 汉语 也 不错 呀。

田中 中国に来る前に1年勉強しましたけど、まだまだです。すみませんけど、もう少しスピードをあげてもらえますか。

Wǒ zài Rìběn xué le yì nián, búguò hái chà de yuǎn. Máfan nín kāi kuài
我 在 日本 学 了 一 年, 不过 还 差 得 远。麻烦 您 开 快
diǎnr xíng ma?
点儿 行 吗?

司机 この時間は車が多くて速く行けないですよ。もうすぐ着きますから。

Zhèi ge shíjiān chē duō, kuài bu qi lai, jiù yào dào le.
这 个 时间 车 多, 快 不 起 来, 就 要 到 了。

田中 学校が閉まる前に着かないといけないのですが。

Wǒ děi zài xuéxiào xiàbān zhī qián gǎn dao.
我 得 在 学校 下班 之 前 赶 到。

司机 着きましたよ。どこに止めましょうか。

Dào le, tíng zai nǎr ne?
到 了, 停 在 哪儿 呢?

田中 門のところにお願いします。

Jiù tíng zai ménkǒur ba.
就 停 在 门口儿 吧。

文法のポイント

远倒不远，但现在正是高峰时间，容易堵车。

「倒」は軽い逆接を表す副詞で「倒＋不（太／怎么）」の形で「それはそれでいいが、しかし…」というような「譲歩＋逆接」を表す。例えば、

Guì dào bú guì, kě wǒ mǎi le yě méi yòng.
贵 倒 不 贵, 可 我 买 了 也 没 用。
／高くはないが、買っても使い道がない。

Lèi dào bú lèi, jiùshi dùzi yǒudiǎnr è.
累 倒 不 累, 就是 肚子 有点儿 饿。
／疲れてはいないが、お腹がちょっとすいた。

■ 覚えましょう ■

说 麻烦你开快点儿行吗?
听 这个时间车多，快不起来。

◆ 注意しましょう ◆

× 留学来的，到外语大学学汉语。 → 来留学的，到外语大学学汉语。

2 メーターが壊れている／计价器 坏 了
Jì jià qì huài le

田中 南銀ビルまで行ってください。

Qǐng dào Nányín dàxià.
请 到 南银 大厦。

司机 はい、40元です。

Hǎo ba, sìshi yuán.
好 吧, 40 元。

田中 ええ？メーターで計算するんじゃないんですか。どうして先に40元なんて言うのですか。

Ái? Bú shì àn lǐchéng suàn ma? Wèi shénme xiān shuō sìshi yuán?
哎？ 不 是 按 里程 算 吗？ 为 什么 先 说 40 元？

司机 メーターが壊れているんですよ。すみませんが、今使えません。

Jì jià qì huài le, xiànzài bù néng yòng, duìbuqǐ.
计价器 坏 了, 现在 不 能 用, 对不起。

田中 40元はちょっと高いですよ。ここから南銀ビルまではいくら遅くても10分で着くって聞いてますよ。

Sìshi yuán yǒudiǎnr guì. Tīng shuō cóng zhèr dào Nányín dàxià dǐng duō shí fēn zhōng.
40 元 有点儿 贵。 听 说 从 这儿 到 南银 大厦 顶 多 10 分 钟。

司机 高くないですよ。メーターで計算してもいっしょです。私はわかってますから。

Bú suàn guì, àn lǐchéng yě yíyàng, wǒ yǒu jīngyàn.
不 算 贵, 按 里程 也 一样, 我 有 经验。

田中 ちょっと待ってくださいよ。僕はやはりメーター通り計算する車をさがします。

Nǐ děng yíhuìr ba, wǒ háishi zhǎo yí ge àn jì jià qì suàn de chē.
你 等 一会儿 吧, 我 还是 找 一 个 按 计价器 算 的 车。

司机 それじゃあ、少しサービスしますよ。35元でどうですか。

Nà hǎo, shǎo suàn nín yìdiǎnr, sānshiwǔ zěnmeyàng?
那 好, 少 算 您 一点儿, 35 怎么样?

田中 35元、やっぱりちょっと高いですね。30元にしてよ。

Sānshiwǔ, háishi yǒudiǎnr guì, gěi nǐ sānshí ba.
35, 还是 有点儿 贵, 给 你 30 吧。

司机 30元で決まり!お客さん、ほんとに値切るのがうまいんだから。

Sānshí jiù sānshí ba. Nín zhēn néng jiǎngjiàr.
30 就 30 吧。您 真 能 讲价儿。

文法のポイント

听说从这儿到南银大厦顶多10分钟。

「顶多」は「最も多くても」という譲歩の意味を表す。後に来る数量詞の性質によって、「(最も)遅くても」や「(最も)高くても」などの意味になる。例えば、

Zhè dǐng duō zhí yìbǎi yuán.
这 顶 多 值 100 元。／これは高くても100元です。

Zhèi diǎnr dǐng duō néng yòng yí ge xīngqī.
这 点儿 顶 多 能 用 一 个 星期。
／このぐらいでは長くても一週間しか使えない。

■ 覚えましょう ■

|说| 不是按里程算吗？
|听| 那好，少算您一点儿，35 怎么样？

◆ 注意しましょう ◆

× 35 还是一点儿贵，给你 30 吧。 → 35 还是有点儿贵，给你 30 吧。

3 タクシーをチャーターする／包车 (Bāo chē)

田中 お尋ねしますが、車をチャーターすると、いくらかかるんでしょうか。

Qǐngwèn, wǒ xiǎng bāo ge chē. Duōshao qián?
请问，我 想 包 个 车。多少 钱？

杨先生 市内と郊外では値段が違いますよ。君はどっちにするの。

Shìnèi hé jiāowài de dìngjià bù yíyàng. Nín bāo něi zhǒng?
市内 和 郊外 的 定价 不 一样。您 包 哪 种？

田中 僕は万里の長城と明の十三陵に行くんですけど、市内になるんですか。郊外ですか。

Wǒ qù Wàn lǐ chángchéng hé Shísānlíng, suàn shìnèi háishi jiāowài?
我 去 万 里 长城 和 十三陵，算 市内 还是 郊外？

杨先生 郊外になりますね。一日借りるの、それとも時間で借りるの。

Suàn jiāowài. Nín shì bāo quántiān, háishi àn shíjiān bāo ne?
算 郊外。您 是 包 全天，还是 按 时间 包 呢？

田中 どっちが安いですか。

Něi zhǒng piányi xiē?
哪 种 便宜 些？

杨先生 もし時間的に長くなるなら、当然日借りする方がいいよね。

Yàoshi shíjiān cháng dehuà, dāngrán quántiān de hésuàn.
要是 时间 长 的话，当然 全天 的 合算。

田中 じゃあ、日借りにしましょう。

Nà jiù bāo quántiān de ba.
那 就 包 全天 的 吧。

杨先生 土曜日でしょう。500元になります。

Shì xīngqī liù ba? Qǐng jiāo wǔbǎi yuán.
是 星期 六 吧？请 交 500 元。

田中 はい、もし何かあったり、雨が降ったりしたら、日にちを変えてもいいですか。

Hǎo, wànyī yǒu biànhuà huòzhě xià yǔ, gǎi shíjiān kěyǐ ma?
好，万一 有 变化 或者 下 雨，改 时间 可以 吗？

杨先生 いいですよ。でも前もって必ず連絡してくださいね。

Kěyǐ, búguò děi tíqián gēn wǒmen liánxì.
可以，不过 得 提前 跟 我们 联系。

文法のポイント

万一有变化或者下雨，改时间可以吗？

「万一」は「万が一～ならば」、「もしも～なら」という仮定を表す。例えば、

Wànyī yǒu ge sān cháng liǎng duǎn, wǒ kě dāndāng bu qǐ.
万一 有 个 三 长 两 短，我 可 担当 不 起。
　　　　　　／もしものことがあったら、私はとても責任がもてない。

Wànyī yǒu shénme biàndòng, wǒ huì dǎ diànhuà de.
万一 有 什么 变动，我 会 打 电话 的。
　　　　　　／もしも変更があったらきっと電話します。

■ 覚えましょう ■

|说| 算市内还是郊外？
|听| 市内和郊外的定价不一样。您包哪一种？

◆ 注意しましょう ◆

× 那就包天的吧。→ 那就包全天的吧。

補充単語

〈ア行〉
アウディ	奥迪	Àodí
運転免許証	驾驶证	jiàshǐzhèng
往復	往返	wǎngfǎn

〈カ行〉
銀行	银行	yínháng
クラウン	皇冠	Huángguàn

〈サ行〉
サンタナ	桑塔纳	Sāngtǎnà

職員証	工作证	gōngzuòzhèng
出張	出差	chūchāi

〈タ行〉
タクシー	的士	díshì
	计程车	jìchéngchē

〈ハ行〉
初乗り料金	起步价	qǐbùjià
BMW	宝马	Bǎomǎ
ベンツ	奔驰	Bēnchí

=== ミニ知識 ===

ICカードで乗車

　香港では、すっかりおなじみのICカードだが、最近上海でも爆発的普及を遂げている。このカードの名前は、上海公共交通カード、通称「一卡通」という。小銭がないと不便な思いをするのが、各種交通機関だが、このカードさえあれば、上海市内の地下鉄、電車、渡し船、タクシーとどれでも利用できる。上海の三大タクシー会社では、去年の段階で、2万台あまりのタクシーに読み取り機を設置したし、今後も逐次増設していくということだ。

　カードの残高が不足すれば、駅構内、銀行など市内数百箇所で加金することができる。上海のコンピューター化とデジタル化は、交通機関以外の分野でも、ハイスピードで普及しつつある。

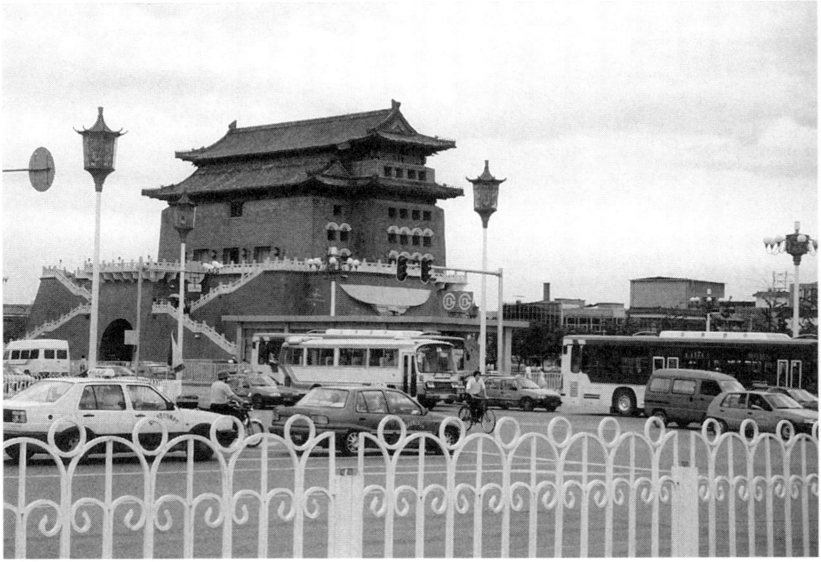

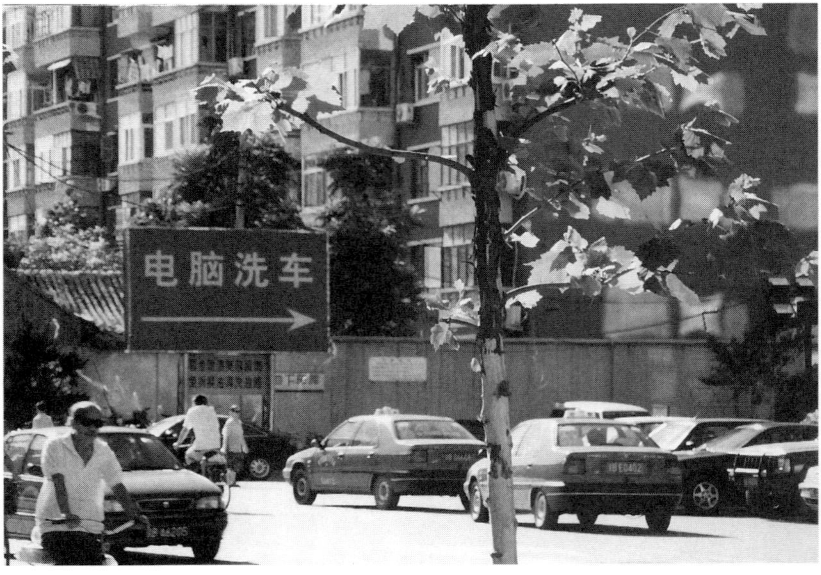
电脑洗车

7 学校に着く
Dào xuéxiào
到 学校

1 寮に着く／到 宿舍 (Dào sùshè)

田中 こんにちは。僕は田中一郎と言います。今日、日本から来ました。

Nǐ hǎo! Wǒ jiào Tiánzhōng Yīláng, jīntiān cóng Rìběn lái de.
你 好！ 我 叫 田中 一郎， 今天 从 日本 来 的。

値班 こんにちは。いらっしゃい。よく来ましたね。

Nǐ hǎo! Huānyíng! Huānyíng!
你 好！ 欢迎！ 欢迎！

田中 僕の部屋はどこですか。

Wǒ de fángjiān zài nǎr?
我 的 房间 在 哪儿？

値班 五階の502です。これは鍵。

Zài wǔ lóu wǔlíngèr. Zhè shì yàoshi.
在 五 楼 502。 这 是 钥匙。

田中 二人部屋だそうですが、もう一人の人はどこの国の人ですか。

Tīngshuō shì shuāngrén fángjiān, lìng yí wèi shì něi guó rén?
听说 是 双人 房间， 另 一 位 是 哪 国 人？

値班 韓国人の留学生で、先週来ましたよ。

Shì Hánguó liúxuéshēng, shàng xīngqī lái de.
是 韩国 留学生， 上 星期 来 的。

文法のポイント

今天从日本来的。

「是今天从日本来的」とも。「是……的」の形をとり、完了した動作について、その時間、方式、場所、目的、動作主、対象などを取り立てて述べる。「是」は省略することができる。例えば、

Nèi jiàn yīfu shì zài nǎr mǎi de?
那 件 衣服 是 在 哪儿 买 的？（場所）
　　　　　　　　　　　／その服はどこで買ったのですか。

Zhèi ge cài shì wǒ māma zuò de.
这 个 菜 是 我 妈妈 做 的。（動作主）
　　　　　　　　　　　／この料理は私の母がつくったものです。

また、目的語がある場合には動詞と目的語の間に置かれるのが普通である。例えば、

Tā shì qiánnián qù de Zhōngguó.
他 是 前年 去 的 中国。（時間）／彼はおととし中国に行きました。

否定形は「是」の前に「不」を置いてつくる。

Wǒ bú shì zuò chē lái de, shì zǒu zhe lái de.
我 不 是 坐 车 来 的，是 走 着 来 的。（方式）
　　　　　　　　　　　／私は車で来たのではなく、歩いて来たのです。

■ 覚えましょう ■

|说| 我的房间在哪儿？
|听| 在五楼 502。

◆ 注意しましょう ◆

× 我姓田中一郎。 → 我叫田中一郎。

2 部屋で／在 房间
Zài fángjiān

（田中が呼びリンを押す）

Tiánzhōng àn ménlíng
（田中 按 门铃）

同屋 どなたですか。

Shéi ya?
谁 呀？

田中 田中です。今日着きました。

Wǒ xìng Tiánzhōng, shì jīntiān xīn lái de.
我 姓 田中，是 今天 新 来 的。

同屋 ああ、どうぞ、どうぞ。君が田中君。君のことはもう聞いてました。僕は李春輝。韓国からの留学生です。会えてうれしいです。

Ō, qǐng jìn! Qǐng jìn! Nǐ jiù shì Tiánzhōng a. Wǒ zǎojiù tīngshuō le.
噢, 请 进！请 进！你 就 是 田中 啊。我 早就 听说 了。

Wǒ jiào Lǐ Chūnhuī, shì Hánguó liúxuéshēng. Rènshi nǐ hěn gāoxìng!
我 叫 李 春辉，是 韩国 留学生。认识 你 很 高兴！

田中 ぼくもです。よろしく。

Wǒ yě hěn gāoxìng! Yǐhòu qǐng duō guānzhào!
我 也 很 高兴！以后 请 多 关照！

同屋 疲れたでしょう。

Lù shang lèi le ba?
路 上 累 了 吧？

田中 ありがとう。さすがに疲れました。ところで、僕の荷物はどこに置いたらいいですか。

Xièxie, shì yǒudiǎnr lèi. Duìbuqǐ, wǒ de xíngli fàng zai nǎr hǎo?
谢谢，是 有点儿 累。对不起，我 的 行李 放 在 哪儿 好？

同屋 そこに洋服ダンスがあるけど、二人で使うことになっています。そのベッドと机は君ので、この本棚も共有です。

Nàr yǒu dà yī guì, shì wǒmen liǎ gòngyòng de. Zhèi zhāng chuáng, hái yǒu
那儿 有 大衣柜, 是 我们 俩 共用 的。这 张 床, 还 有
zhuōzi shì nǐ de. Zhèi ge shūjià yě shì gòngyòng de.
桌子 是 你 的。这 个 书架 也 是 共用 的。

文法のポイント

是有点儿累。

「是」は副詞で「確かに」という意味を表す。例えば、

Jīntiān shì yǒudiǎnr lěng.
今天 是 有点儿 冷。／今日は確かに少し寒い。

Xiāngshān de hóngyè shì piàoliang.
香山 的 红叶 是 漂亮。／香山の紅葉は確かに美しい。

■ 覚えましょう ■

|说| 我的行李放在哪儿好？
|听| 路上累了吧？

◆ 注意しましょう ◆

× 我们两 → 我们俩

3 メールを送る／发 电子 邮件
Fā diànzǐ yóujiàn

田中 日本からノートパソコンを持って来たんだけど、ここは電話の差し込みはありますか。

Wǒ cóng Rìběn dài lai le yì tái bǐjìběn diànnǎo. Zhèr yǒu méi yǒu
我 从 日本 带 来 了 一 台 笔记本 电脑。这儿 有 没 有
diànhuà chākǒu?
电话 插口？

同屋 あるけど、型が違うから、接続の部品を買わなくちゃだめですね。

Yǒu shì yǒu. Dànshì xíngzhuàng bù yíyàng, děi mǎi yí ge jiētóur.
有 是 有。但是 形状 不 一样，得 买 一 个 接头儿。

田中 どこで売っていますか。

Nǎr yǒu mài de?
哪儿 有 卖 的？

同屋 ここからそう遠くない所に、コンピュータ街があって、そこには何でもあるよ。僕もパソコンを買おうと思っているから、落ち着いたらいっしょに行きましょう。

Lí zhèr bù yuǎn yǒu yí ge diànnǎo shāngdiàn jízhōng de dìfang, nàr shénme dōu yǒu. Wǒ yě dǎsuan mǎi yì tái diànnǎo, guò liǎng tiān zánmen yìqǐ qù ba.
离 这儿 不 远 有 一 个 电脑 商店 集中 的 地方，那儿 什么 都 有。我 也 打算 买 一 台 电脑，过 两 天 咱们 一起 去 吧。

田中 それはいいですね。でも、早く両親にメールをしたいんですが…。

Nà tài hǎo le! Búguò, wǒ xiǎng zǎo diǎnr gěi fùmǔ fā ge diànzǐ xìn……
那 太 好 了！不过，我 想 早 点儿 给 父母 发 个 电子 信……。

同屋 じゃあ、まず電話したらいいですよ。だけどこの電話は201カードしか使えないんだった。

Nà nǐ xiān dǎ ge diànhuà ba, búguò zhèi ge diànhuà zhǐ néng yòng èrlíngyāo kǎ.
那 你 先 打 个 电话 吧，不过 这 个 电话 只 能 用 201 卡。

田中 201カード？ぼくは持ってないけど、どこで買えるんですか。

Èrlíngyāo kǎ? Wǒ méi yǒu, qù nǎr mǎi?
201 卡？我 没 有，去 哪儿 买？

同屋 受付で買えるけど、今はもう閉まってるから、僕のをとりあえず使って、買ったら返してくださいね。

Fúwùtái jiù mài, kě xiànzài xiàbān le, nǐ xiān yòng wǒ de ba, mǎi le zài huán wǒ.
服务台 就 卖，可 现在 下班 了，你 先 用 我 的 吧，买 了 再 还 我。

田中 ありがとう。明日、外事事務室に行っていろいろ手続して来ようと思うけど、何を持って行ったらいいのかな。

Xièxie. Wǒ míngtiān xiǎng qù wàibàn bàn gèzhǒng shǒuxù, dōu děi dài shénme qù?
谢谢。 我 明天 想 去 外办 办 各种 手续，都 得 带 什么 去？

同屋 始めに公安局に行って居留証を申請しなくては。それから外事事務室に行くといいですよ。

Nǐ děi xiān qù gōng'ānjú shēnqǐng jūliú zhèng, ránhòu zài qù wàibàn.
你 得 先 去 公安局 申请 居留 证，然后 再 去 外办。

田中 そうなんだ。で、公安局はどこにあるんですか。

Shì ma? Gōng'ānjú zài nǎr?
是 吗？ 公安局 在 哪儿？

同屋 安定門にあるよ。ぼくのところに北京の地図があるから、あとで調べておいてください。公安に行く時は、パスポートと写真を何枚か持って行かなくては。

Zài Āndìngmén. Wǒ zhèr yǒu zhāng Běijīng dìtú, nǐ yíhuìr kàn yíxiàr.
在 安定门。 我 这儿 有 张 北京 地图，你 一会儿 看 一下儿。

Qù gōng'ānjú shí děi dài hùzhào hé jǐ zhāng zhàopiàn.
去 公安局 时 得 带 护照 和 几 张 照片。

文法のポイント

有是有。

「A是A」の形で譲歩を表し、後続の文は、「但是」、「可是」、「就是」などで導かれる。「〜ことは〜だけど…」という意味を表す。例えば、

Tā de fāyīn búcuò shì búcuò, jiùshi shuō de tài màn.
他 的 发音 不错 是 不错, 就是 说 得 太 慢。
　　　　　／彼の発音はいいことはいいのだが、話すのがとても遅い。

Nèi ge diànyǐng kàn guo shì kàn guo, kěshì dōu wàng le.
那 个 电影 看 过 是 看 过, 可是 都 忘 了。
　　　　　／私はその映画を見たことは見たのだが、内容は全部忘れてしまった。

■ 覚えましょう ■

说　哪儿有卖的？
听　那儿什么都有。

◆ 注意しましょう ◆

× 明天我想去外办做各种手续。
→ 明天我想去外办办各种手续。

4　入学手続をする／办 入学 手续
Bàn rùxué shǒuxù

田中　こんにちは。私は昨日来た田中です。

　　Nǐ hǎo! Wǒ shì zuótiān lái bàodào de Tiánzhōng.
　　你 好! 我 是 昨天 来 报到 的 田中。

主任　やあ、よく来ましたね。私は趙軍といいます。外事事務室の主任です。

　　Nǐ hǎo! Huānyíng nǐ lái liúxué. Wǒ jiào Zhào Jūn, shì wàibàn zhǔrèn.
　　你 好! 欢迎 你 来 留学。我 叫 赵 军, 是 外办 主任。

田中　入学手続をしたいんですけど。

　　Wǒ xiǎng bàn rùxué shǒuxù.
　　我 想 办 入学 手续。

主任　写真などは持ってきましたか。

　　Zhàopiàn shénme de dōu dài lai le ma?
　　照片 什么 的 都 带 来 了 吗?

田中 全部そろってます。

Dōu dài lai le.
都 带 来 了。

主任 私に見せてください。あれ、健康証明書に血沈のオリジナルがついていませんね。

Qǐng gěi wǒ kàn kan. Ō, jiànkāng zhèngmíng shū méi yǒu xuèchén de yuánběn.
请 给 我 看 看。噢，健康 证明 书 没 有 血沉 的 原本。

田中 えっ？もともと必要だとは書いてなかったようですが。

Ái? Yuánlái hǎoxiàng méi shuō yào wa.
唉？ 原来 好像 没 说 要 哇。

主任 そうですか。こっちの資料に明記してなかったからですね。すみませんが、もう一度検査を受けてください。

Shì ma? Guài wǒmen de cáiliào méi xiě qīngchu. Nǐ zài jiǎnchá yí cì ba.
是 吗？ 怪 我们 的 材料 没 写 清楚。 你 再 检查 一 次 吧。
Duìbuqǐ.
对不起。

田中 いつ受けるのですか。

Shénme shíhou chá ne?
什么 时候 查 呢？

主任 他の手続が終わってからのことにしましょう。その時には検査料２００元を用意してください。

Bàn wán qí tā shǒuxù zàishuō ba. Nà shíhou qǐng nǐ zhǔnbèi èrbǎi kuài qián
办 完 其 他 手续 再说 吧。 那 时候 请 你 准备 200 块 钱
de jiǎnchá fèi.
的 检查 费。

田中 わかりました。各種の支払いはどうしたらいいですか。

Hǎo ba. Gèzhǒng fèiyòng zěnme fù hǎo?
好 吧。 各种 费用 怎么 付 好？

主任 授業料は一年分前払いです。部屋代は毎月払いですが、半年分を先に払うなら、一割引きです。

Xuéfèi qǐng nǐ xiān fù yì nián de, fángfèi kěyǐ yí ge yuè yí ge yuè de fù. Rúguǒ xiān fù bàn nián dehuà, kěyǐ dǎ jiǔ zhé.
学费 请 你 先 付 一 年 的，房费 可以 一 个 月 一 个 月 地 付。如果 先 付 半 年 的话，可以 打 九 折。

田中 では半年分払います。トラベラーズチェックで払ってもいいですか。

Nà wǒ xiān fù bàn nián de ba. Kěyǐ yòng lǚxíng zhīpiào ma?
那 我 先 付 半 年 的 吧。可以 用 旅行 支票 吗？

主任 いいえ。人民元でないとだめです。

Bùxíng. Děi yòng rénmínbì.
不行。得 用 人民币。

田中 この近くに両替できるところがありますか。

Zhè fùjìn yǒu néng huàn qián de dìfang ma?
这 附近 有 能 换 钱 的 地方 吗？

主任 あります。バス停三つ目のところに「新世紀」という新しいホテルがありますけど、そこで換えられますよ。

Yǒu, zuò sān zhàn chē yǒu yí ge fàndiàn, jiào "Xīnshìjì jiǔjiā". Nàr néng huàn.
有，坐 三 站 车 有 一 个 饭店，叫"新世纪 酒家"。那儿 能 换。

田中 どうも。両替してから明日また来ます。

Xièxie. Wǒ huàn le qián, míngtiān zài lái.
谢谢。我 换 了 钱，明天 再 来。

主任 留学生向けの通知は、全部3号掲示版に貼り出していますから、いつもよく見ておいてください。

Gěi liúxuéshēng de tōngzhī dōu tiē zai sān hào bùgào pái shang. Yǐhòu qǐng suíshí zhùyì kàn.
给 留学生 的 通知 都 贴 在 3 号 布告 牌 上。以后 请 随时 注意 看。

78　入学手続きをする（办入学手续）

文法のポイント

办完其他手续，再说吧。

　　「再说吧」は「～してからのことにしよう」という意味を表す。例えば、

春游 的 事儿 看 天气 再说 吧。
Chūnyóu de shìr kàn tiānqì zàishuō ba.
／遠足のことは、天気をみてからのことにしよう。

先 订 机票，其他 以后 再说 吧。
Xiān dìng jīpiào, qítā yǐhòu zàishuō ba.
／まず、航空チケットを予約し、その他のことはまたにしよう。

■ 覚えましょう ■

|説| 我想办入学手续。
|听| 得用人民币。

◆ 注意しましょう ◆

× 关系文件　→　有关文件

補 充 単 語

各種カード		
IC カード	IC 卡	ICkǎ
IP カード	IP 卡	IPkǎ
クレジットカード	信用卡	xìnyòngkǎ
誕生日カード	生日卡	shēngrì kǎ
年賀状	贺年片	hènián piàn
クラス担任	班主任	bānzhǔrèn
コメ印（＊）	米字键	mǐzì jiàn
5割引にする	打对折	dǎ duìzhé
コンセント	插座（插口）	chāzuò (chākǒu)
シャープ（＃）	井字键	jǐngzì jiàn
スイッチ	开关	kāiguān
スーツケース	旅行箱、皮箱	lǚxíngxiāng, píxiāng

整理ダンス	多屉柜	duōtiguì
ソファー	沙发	shāfā
テーブルタップ	桌台插座	zhuōtái chāzuò
電気スタンド	台灯	táidēng
電話コード	电话线	diànhuà xiàn
ドレッサー	化妆台	huàzhuāngtái
プラグ	插头	chātóu

=== ミニ知識 ===

中国の教育制度 1

　中国の学制は、小学校から大学まで全く日本と同じである。ただ、大学院は、日本とは逆に修士が3年、博士課程が2年となっている。法律が定める義務教育は、9年間で、中学までである。大学の総数は日本と変わらないが、人口が日本の10数倍ということからすると、大学へ進学する人は少なくて、かなり激烈な受験戦争を経なければならない。中国は80年代から一人っ子政策を実施しており、どの親も自分のこどもを大学まで行かせたいと思うので、競争に拍車がかかる。都市において競争は、幼稚園から始まり、小学校に入ると多くの小学生が補習を受ける。小学生で中国から日本へ転入してきた子どもは、日本の方が楽だと言い、親は中国に帰ってからついていけなくなると心配するといった状況をよく耳にする。重点高校（エリートを養成するため国が指定した高校）を受験するため、中学生は朝早くから夜遅くまで勉強し、帰宅してから2、3時間の宿題をするのはごく普通のことである。高校生も、勉強の他に空いた時間はほとんどないが、日本のように塾や予備校がないので、学生達は学校か家で勉強している。

　中国の大学はほとんどが国立か公立だが、どちらも学費は同じくらいである。毎年夏、全国で、統一大学入試（5科目）が実施される。その成績と受験生の志望によって大学合格が決まる。だから、各大学は独自の入試は行わない。中国の新学期は9月からで、7月に卒業する。1年2学期制で、夏休みと冬休みがあるだけで、春休みはない。

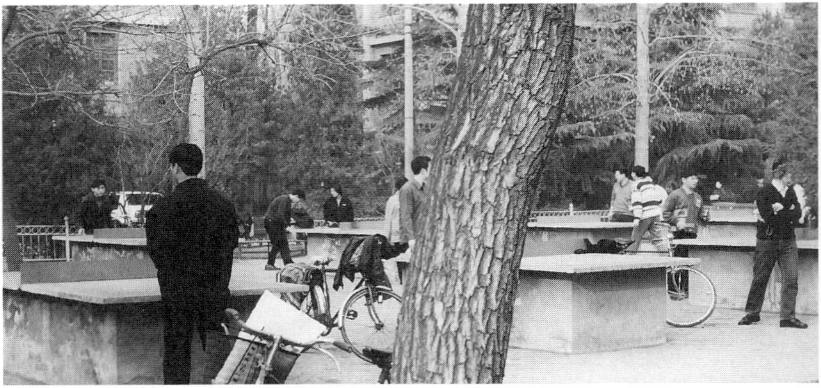

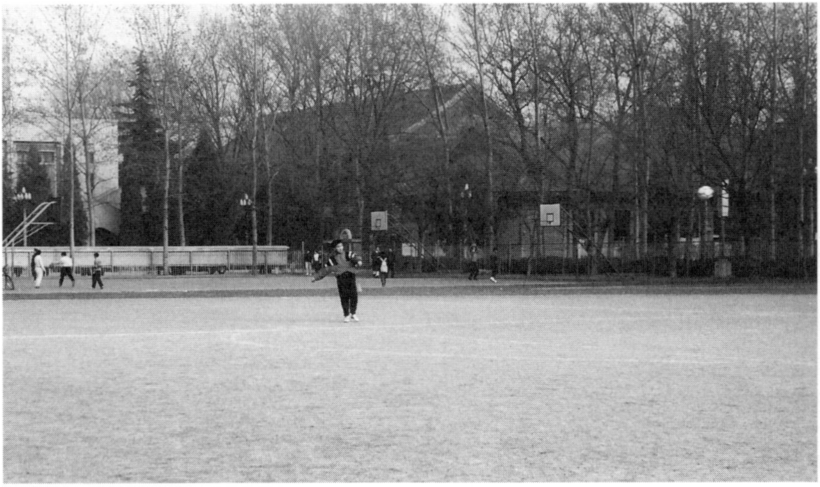

8 学生食堂で
在 学生 食堂
Zài xuésheng shítáng

1 学生食堂に行く／去 学生 食堂
Qù xuésheng shítáng

李平 田中さん、昼ご飯食べに行きませんか。

田中，午饭 一起 吃 吧？
Tiánzhōng, wǔfàn yìqǐ chī ba?

田中 いいですよ。どこにしましょうか。

好 哇，在 哪儿 吃？
Hǎo wa, zài nǎr chī?

李平 午後授業があるでしょう、学生食堂に行きましょう。

下午 不 是 还 有 课 吗？ 就 去 学生 食堂 吧。
Xiàwǔ bú shì hái yǒu kè ma? Jiù qù xuésheng shítáng ba.

田中 いいですね。僕はまだ行ったことがないんです。

好 哇，食堂 我 还 没 去 过。
Hǎo wa, shítáng wǒ hái méi qù guo.

李平 そうですか。この食堂はまあまあですよ。メニューは豊富だし、値段も安いです。中華は慣れましたか。

是 吗！ 食堂 的 条件 不错，饭菜 的 种类 多，也 不 算 贵。
Shì ma! Shítáng de tiáojiàn búcuò, fàncài de zhǒnglèi duō, yě bú suàn guì.

你 吃 得 惯 中国 菜 吗？
Nǐ chī de guàn Zhōngguó cài ma?

学生食堂に行く（去学生食堂）

田中 ええ、慣れました。日本で中華料理はとても人気があります。レストランも多いですよ。そうだ、北京に日本料理の店ありますか。

Méi wèntí. Zài Rìběn, Zhōngguó cài hěn shòu huānyíng, Zhōngguó cài de fàndiàn yě
没 问题。在 日本, 中国 菜 很 受 欢迎, 中国 菜 的 饭店 也
bù shǎo. ……Duì le, Běijīng yǒu Rìběn cài ma?
不 少。……对 了, 北京 有 日本 菜 吗？

李平 あるけど、あまり多くないです。

Yǒu shì yǒu, dàn bú tài duō.
有 是 有, 但 不 太 多。

田中 学生食堂は土曜日と日曜日は休みでしょう。

Xuésheng shítáng zhōu liù. zhōu rì xiūxi ba?
学生 食堂 周 六、周 日 休息 吧？

李平 いえ、開いていますが、朝ご飯と昼ご飯しかありません。

Bù, shàngbān. Dàn zhǐ gōngyìng zǎofàn hé wǔfàn.
不, 上班。但 只 供应 早饭 和 午饭。

田中 じゃあ、日曜日の夜、僕を日本料理の店に連れて行ってくれませんか。

Nà xīngqītiān wǎnshang nǐ lǐng wǒ qù yì jiā Rìběn fàndiàn zěnmeyàng?
那 星期天 晚上 你 领 我 去 一 家 日本 饭店 怎么样？

文法のポイント

……对了，北京有日本菜吗？

「对了」は「あっ、そうだ」に相当し、一つのことについて話している途中に他の話題を持ち出すとき用いる。例えば、

Duì le, míngtiān nǐ yǒu shíjiān ma?
对 了, 明天 你 有 时间 吗？ ／そうだ、明日時間ある？

Duì le, nǐ yǒu ≪Xiàndài Hànyǔ yǔfǎ≫ ma?
对 了, 你 有《现代 汉语 语法》吗？

／そうだ、君『現代中国語法』の本持ってる。

■ 覚えましょう ■

|说| 学生食堂周六、周日休息吧？
|听| 不，上班。但只供应早饭和午饭。

◆ 注意しましょう ◆

× 对了，北京有日本料理吗？ → 对了，北京有日本菜吗？

2 食堂で／在 食堂
Zài shítáng

田中 人がたくさん並んでいますね。学校中の学生がここで食べるのですか。

Zhème duō rén páiduì ya. Quán xiào de xuésheng dōu zài zhèr chī ma?
这么 多 人 排队 呀。全 校 的 学生 都 在 这儿 吃 吗？

李平 職員食堂に行く学生もいますよ。あそこは食器を持参する必要がないですから。

Yě yǒu qù zhígōng shítáng de, nàr bú yòng dài wǎn kuài.
也 有 去 职工 食堂 的，那儿 不 用 带 碗 筷。

田中 ここは持参の食器が要るんですか。じゃあ、私たちはどうしましょう。

Zhèr hái děi dài wǎn kuài ya! Nà wǒmen?
这儿 还 得 带 碗 筷 呀！ 那 我们？

李平 使い捨てのものがありますよ。

Yě yǒu yí cì xìng de wǎn kuài.
也 有 一 次 性 的 碗 筷。

田中 ご飯もらうのとお金払うのは同じ所ですか。

Dǎ fàn hé jiāo qián zài tóng yí ge chuāngkǒu ma?
打 饭 和 交 钱 在 同 一 个 窗口 吗？

李平 そうです、でも現金は使えません。カードか食券が必要です。

Duì, dàn bù néng yòng xiànjīn. Yào yòng fànkǎ huò fànpiào.
对，但 不 能 用 现金。要 用 饭卡 或 饭票。

食堂で（在食堂）

田中 じゃあ、先にそれを買わないと…。

Nà wǒ děi xiān qù mǎi…….
那我得先去买……。

李平 カードと食券は食堂課に行って買うようになってますけど、今回は私がおごりますよ。

Jīntiān zhèi dùn, wǒ qǐng nǐ. Fànkǎ hé fànpiào yào dào huǒshikē qù mǎi.
今天这顿，我请你。饭卡和饭票要到伙食科去买。

田中 じゃ、今日はごちそうになります。どうもすみません。

Nà hǎo ba, zhēn bù hǎoyìsi.
那好吧，真不好意思。

文法のポイント

那好吧，真不好意思。

「真不好意思」は「本当に申し訳ない」という意味で、きまりが悪いときに使う。

例えば、

Zhēn bù hǎoyìsi, hái ràng nǐ sòng yí tàng.
真不好意思，还让你送一趟。
　　　　　　　　　　　／送っていただいて、本当に申し訳ないです。

Zhēn bù hǎoyìsi, gěi nǐ tiān zhème duō máfan.
真不好意思，给你添这么多麻烦。
　　　　　　　　　　　／こんなにご迷惑おかけして本当に申し訳ありません。

■ 覚えましょう ■

|说| 打饭和交钱在同一个窗口吗？
|听| 对，但不能用现金。

◆ 注意しましょう ◆

× 这儿还得带茶碗和筷子呀？ → 这儿还得带碗筷呀？

3 食券を買う／买 饭票
Mǎi fànpiào

田中 すみません、食堂課はどこですか。

Qǐngwèn, huǒshíkē zài nǎr?
请问，伙食科 在 哪儿？

工作人员 行政棟の二階右側です。ドアの上に標札があります。

Zài xíngzhèng lóu èr lóu de yòucè, mén shang guà zhe páizi.
在 行政 楼 二 楼 的 右侧，门 上 挂 着 牌子。

田中 カードと食券はここにありますか。

Qǐngwèn, fànkǎ hé fànpiào shì zài zhèr mài ma?
请问，饭卡 和 饭票 是 在 这儿 卖 吗？

工作人员 はい、食券とカードどちらにしますか。

Duì, nǐ shì mǎi fànpiào háishi mǎi fànkǎ?
对，你 是 买 饭票 还是 买 饭卡？

田中 どれが便利ですか。

Něi ge fāngbiàn?
哪 个 方便？

工作人员 もちろんカードです。おつりをもらったり、足りなかったらまたお金を追加したりという手間がいらなくて、カードを通すだけでいいですからね。

Dāngrán shì fànkǎ le, bú yòng duō tuì shǎo bǔ, mǎi fàn shí guāng shuā kǎ jiù xíng.
当然 是 饭卡 了，不 用 多 退 少 补，买 饭 时 光 刷 卡 就 行。

田中 じゃあ、カードを作ってください。

Nà gěi wǒ mǎi ge fànkǎ ba.
那 给 我 买 个 饭卡 吧。

工作人员 カードに入れるお金はいくらでもいいですよ。一ヶ月分でもいいし、二ヶ月分でもいいし。

Kǎ mǎi duō qián de, nín suíbiànr. Yí ge yuè de huǒshí fèi yě xíng, liǎng ge yuè de yě xíng.
卡 买 多 钱 的，您 随便儿。一 个 月 的 伙食 费 也 行，两 个 月 的 也 行。

田中 じゃあ、とりあえず、200元にします。

Nà xiān mǎi èrbǎi yuán de ba.
那 先 买 200 元 的 吧。

文法のポイント

您随便儿。

「随便儿＋動詞」でその動作が自由に行われることを表す。例えば、

Wǒ bù mǎi shénme, suíbiànr kàn kan.
我 不 买 什么, 随便儿 看 看。
／何も買わないけど、ぶらぶらして見るだけです。

Nǐ suíbiànr zuò, kě bié kèqi.
你 随便儿 坐, 可 别 客气。／遠慮しないで楽にしてください。

■ 覚えましょう ■

说 请问伙食料在哪儿？
听 在行政楼二楼的右侧，门上挂着牌子。

◆ 注意しましょう ◆

× 那先买200元的份儿吧。 → 那先买200元的吧。

補 充 単 語

学生会	学生会 xuéshenghuì	回民（イスラム）食堂	回民食堂 Huímín shítáng
学生コインランドリー	学生洗衣房 xuésheng xǐyī fáng	生協	学联 xuélián
漢食堂	汉族食堂 Hànzú shítáng	列に割り込む	加(夹)塞儿、夹队 jiā (jiā) sàir. jiāduì

===== ミニ知識 =====

中国人の宗教

　中国人の主な宗教は、仏教、道教、キリスト教、それにイスラム教である。もちろん、～教というのでは、儒教もあるが、これは哲学思想である。

　現在では、人々は一種の「無宗教状態」で、この点は日本人と似ている。大多数の中国人にとって、お寺や道観（道教の寺院）は観光の名所にすぎない。ここ数年、キリスト教に興味を持つ若者が増えてきたが、中には、『聖書』を文学作品として読んだり、クリスマスのときに互いにカードをやりとりしている程度の人々もいる。

　イスラム教は、少数民族が信仰している宗教である。例えば、ウイグル族、ハサク族、ウズベク族、回族、キルギス族などはイスラム教を信仰していて、豚肉は絶対に食べない。このため、中国のレストランには、「清真」(qīngzhēn)、「回民」、「伊斯兰」(Yīsīlán)（いずれも「イスラム教の」という意味）などの看板が出ていて、青い吹流しが掲げてある。また赤い吹流しは、普通の中華料理店に揚げてある。これは、学生食堂でも同様の区別があり、宗教上の習慣は尊重されている。

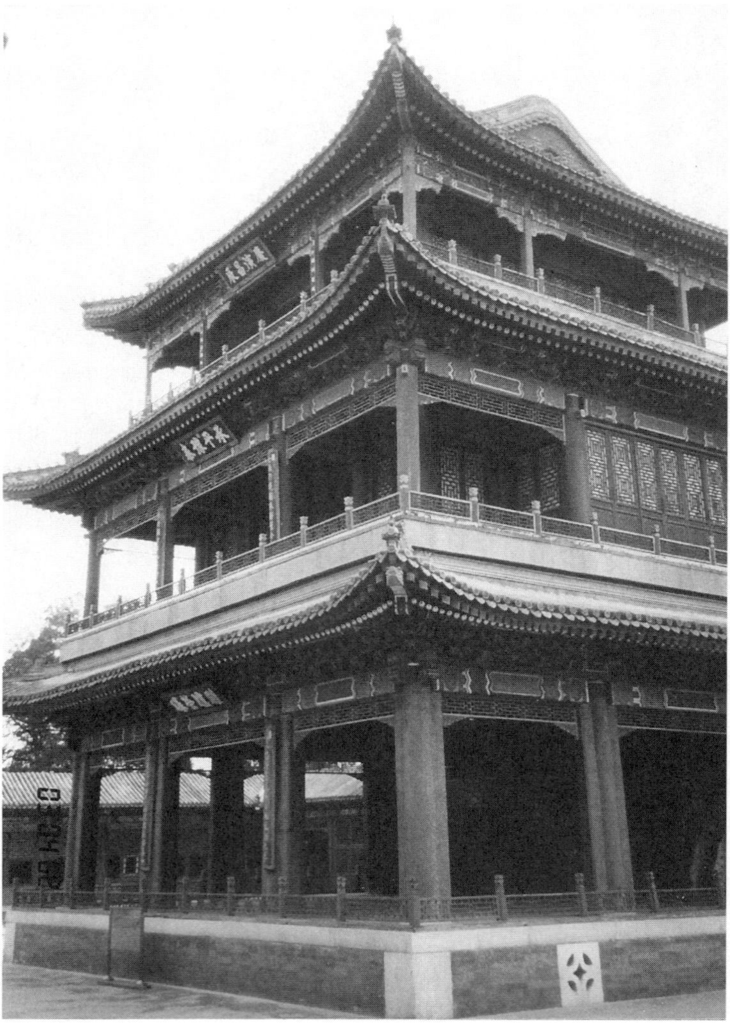

9 授業が始まるまで

开学 之前
Kāixué zhīqián

1 授業はいつから？／什么 时候 开学？
Shénme shíhou kāixué?

田中 張先生、授業はいつからですか。

张 老师，什么 时候 开始 上课？
Zhāng lǎoshī, shénme shíhou kāishǐ shàngkè?

张老师 来週月曜日からです。

下 星期 一。
Xià xīngqī yī.

田中 どんな授業があるのですか。

我们 都 有 什么 课？
Wǒmen dōu yǒu shénme kè?

张老师 ここに時間割がありますので、見てください。

这儿 有 课程 表。你 自己 看 看 吧。
Zhèr yǒu kèchéng biǎo. Nǐ zìjǐ kàn kan ba.

田中 あんまり授業は多くないですね。授業の空き時間に他の授業の聴講をしてもいいですか。

课 不 太 多, 没 课 的 时候, 我 可以 旁听 别 的 课 吗？
Kè bú tài duō, méi kè de shíhou, wǒ kěyǐ pángtīng bié de kè ma?

张老师 ここの学部なら、全然問題はないですが、他の学部の授業なら、科目によっては別にお金を払う必要があります。

我们 系 的 课，那 一点儿 问题 也 没 有。要是 其他 系 的
Wǒmen xì de kè, nà yìdiǎnr wèntí yě méi yǒu. Yàoshi qítā xì de

课，还 得 按 科目 另外 交 钱。
kè, hái děi àn kēmù lìngwài jiāo qián.

田中 他の学部の授業は聞いてもわかりません。この学部の授業を受けたいです。

Bié de xì de kè wǒ yě tīng bu dǒng, jiù tīng zánmen xì de kè ba.
别 的 系 的 课 我 也 听 不 懂, 就 听 咱们 系 的 课 吧。

张老师 それなら、2年制の予科クラスの中国語の授業を受けるといいでしょう。

Nà nǐ jiù qù tīng èrnián zhì yùkē bān de kè ba.
那 你 就 去 听 二年 制 预科 班 的 课 吧。

田中 そのクラスではどんな授業があるのでしょうか。

Zhèi ge bān dōu shàng shénme kè?
这 个 班 都 上 什么 课?

张老师 上級、中級、初級に分かれていて、それぞれカリキュラムも違います。まず、カリキュラムを見て決めて、それからまた相談しましょう。

Fēn kuài, zhōng, màn bān, gè bān de kèchéng ānpái yě bù yíyàng. Nǐ xiān kàn
分 快、中、慢 班, 各 班 的 课程 安排 也 不 一样。你 先 看

kan kèchéng biǎo, juédìng yǐhòu, wǒmen zài shāngliang.
看 课程 表, 决定 以后, 我们 再 商量。

田中 張先生、僕は『中国語精読』と聴解の授業を受けたいです。それと、6時限目の作文の授業も受けたいのですが、それは5時40分からですか。

Zhāng lǎoshī, wǒ xiǎng tīng «Hànyǔ jīngdú» hé tīnglì kè. Háiyǒu, dì liù jié
张 老师, 我 想 听 《汉语 精读》和 听力 课。还有, 第 六 节

xiězuò kè shì wǔ diǎn sìshí kāishǐ ma?
写作 课 是 5 点 40 开始 吗?

张老师 えっ、君はどういうふうに計算してるんですか。1時限は50分ですよ。午前8時に始まって、12時が昼休み、昼休みが1時間半だから、5時限目は1時40分に始まりますよ。

Ài, nǐ zěnme suàn de shíjiān? Yì jié kè wǔshí fēnzhōng. Shàngwǔ bā diǎn shàngkè,
哎, 你 怎么 算 的 时间? 一 节 课 50 分钟。上午 8 点 上课,

shí'èr diǎn wǔxiū, wǔxiū yí ge bàn xiǎoshí, dì wǔ jié kè shì yì diǎn sìshí
12 点 午休, 午休 一 个 半 小时, 第 五 节 课 是 1 点 40

fēn kāishǐ.
分 开始。

田中 そうですか。僕は、日本の時間割から計算していました。

<small>Shì ma? Wǒ shì àn Rìběn de shíjiān biǎo suàn de.</small>
是 吗? 我 是 按 日本 的 时间 表 算 的。

张老师 教室はわかりますか。W 305 というのは、Wが文学棟を表していて、その棟の3階の5号教室です。S 207 というのは、実験棟の2階の7号の聴音室のことですよ。

<small>Jiàoshì dōu zhīdao ma? W sānlíngwǔ, W zhǐ de shì wénkē lóu, jiù shì zhèi</small>
教室 都 知道 吗? W 305, W 指 的 是 文科 楼, 就 是 这
<small>zuò lóu sān céng de wǔ hào jiàoshì. S èrlíngqī shì shìyàn lóu èr céng qī hào</small>
座 楼 3 层 的 5 号 教室。S 207 是 试验 楼 2 层 7 号
<small>yǔyīn jiàoshì.</small>
语音 教室。

文法のポイント

我们系的课,那一点儿问题也没有。

「一点儿～也没(不)～」は「少しも～ない」という意味で全面否定を表す慣用的な言い方である。例えば、

<small>Tā yìdiǎnr yě bù rènzhēn.</small>
他 一点儿 也 不 认真。／彼は少しも真面目ではない。

<small>Wǒ duì shūfǎ yìdiǎnr yě bù gǎn xìngqù.</small>
我 对 书法 一点儿 也 不 感 兴趣。／私は書道には少しも興味がない。

■ 覚えましょう ■

|说| 我可以旁听其他的课吗?
|听| 还得按科目另外交钱。

◆ 注意しましょう ◆

△ 课不很多,没课的时候,我可以旁听其他课吗?
→ 课不太多,没课的时候,我可以旁听其他课吗?

2 クラス分けテスト／分班 考试
<small>Fēnbān kǎoshì</small>

老师 明日は、模擬試験です。場所はＳ205教室で、時間は朝8時から10時までです。

<small>Míngtiān shì mónǐ kǎoshì, kǎoshì dìdiǎn zài S èrlíngwǔ shì, shíjiān shì zǎochéng bā diǎn dào shí diǎn.</small>
明天 是 模拟 考试，考试 地点 在 S 205 室，时间 是 早晨 8 点 到 10 点。

田中 えーっ、先生、僕達は来たばっかりで、まだ授業も受けてないし、何の準備もしていませんよ…。

<small>Ài? Lǎoshī, wǒmen gāng lái, kè hái méi shàng, yě méi zuò shénme zhǔnbèi……,</small>
哎？ 老师，我们 刚 来，课 还 没 上，也 没 做 什么 准备……。

老师 今度の試験は、君達は何も準備する必要はありません。ただ、私達教師が君達の今の中国語の能力を知るために実施するものです。その上で成績によってクラス分けをします。

<small>Zhèi cì kǎoshì, búyòng zuò rènhé zhǔnbèi, wǒmen jiùshì xiǎng liǎojiě yíxia nǐmen xiànzài de Hànyǔ nénglì. Ránhòu àn chéngjì fēn bān.</small>
这 次 考试，不用 做 任何 准备，我们 就是 想 了解 一下 你们 现在 的 汉语 能力。然后 按 成绩 分 班。

田中 月曜は授業じゃないんですか。

<small>Bú shì xīngqī yī shàngkè ma?</small>
不 是 星期 一 上课 吗？

老师 そうです。試験が終わったらすぐに採点して、明日には成績とクラス名簿を発表します。

<small>Duì ya, kǎoshì jiéshù wǒmen jiù pàn juànr, míngtiān jiù fābiǎo chéngjì hé fēn bān míngdān.</small>
对 呀，考试 结束 我们 就 判 卷儿，明天 就 发表 成绩 和 分 班 名单。

……

田中 先生、僕は中級のクラスになっていましたが、聞く力は弱いし、発音もまだうまくできません。皆についていけないんじゃないかと心配です。

Lǎoshī, wǒ fēn dao zhōng bān le. Wǒ de tīnglì hé fāyīn hái hěn chà, pà gēn bu shàng.
老师，我 分 到 中 班 了。我 的 听力 和 发音 还 很 差，怕 跟 不 上。

老师 だいじょうぶ。聞くこと話すことの練習をたくさんやって、時間があればできるだけ多く文章を読みなさい。「何事も始めは難しい」ものですが、慣れればうまくいくものです。

Bú yàojǐn, duō liànxí tīng, shuō, yǒu kòngr duō kàn diǎnr wénzhāng. "Wànshì kāitóu nán", xíguàn le jiù hǎo le.
不 要紧，多 练习 听，说，有 空儿 多 看 点儿 文章。"万事 开头 难"，习惯 了 就 好 了。

文法のポイント

你们不用做任何准备，我们就是想了解一下你们现在的汉语能力。

「就是」で「ただ～だけ」という意味を表す。例えば、

Jiùshi pèng pò le yìdiǎnr pí, búyòng dānxīn.
就是 碰 破 了 一点儿 皮，不用 担心。
／ぶつかってちょっと皮が剥けただけです、心配はしないで。

Bú jiùshì jǐ bǎi yuán de shìr ma, méi shénme dà bu liǎo de.
不 就是 几 百 元 的 事儿 吗，没 什么 大 不 了 的。
／数百元だけのことじゃないですか、大したことはありません。

■ 覚えましょう ■

|说| 我的听力和发音还很差，怕跟不上。
|听| 万事开头难，习惯了就好了。

◆ 注意しましょう ◆

△ 考试场所在 S205 室，……。 → 考试地点在 S205 室，……。

3 教材を買う／买 教材
Mǎi jiàocái

田中 先生、この教科書類はどこで売っていますか。

Lǎoshī, zhèixiē kèběn zài nǎr mài?
老师，这些 课本 在 哪儿 卖？

老师 教材課で売っていますよ。

Zài jiàocái kē.
在 教材 科。

田中 教材課はどこですか。

Jiàocái kē zài nǎr?
教材 科 在 哪儿？

老师 管理棟の1階にあります。

Zài xíngzhèng lóu de yì céng.
在 行政 楼 的 一 层。

田中 文房具もそこで売っていますか。

Nà jiàoxué yòngpǐn yě zài nàr mài ma?
那 教学 用品 也 在 那儿 卖 吗？

老师 それはお店に行って買わないとね。学校の購買部にもたぶんあるでしょう。そうだ、君は『現代漢語辞典』を持ってますか。

Jiàoxué yòngpǐn, nǐ děi qù shāngdiàn mǎi. Xuéxiào de xiǎomàibù kěnéng yě yǒu.
教学 用品，你 得 去 商店 买。学校 的 小卖部 可能 也 有。

Duì le, nǐ yǒu «Xiàndài Hànyǔ cídiǎn» ma?
对 了，你 有 《现代 汉语 词典》吗？

田中 ぼくは日漢辞典だけ持ってきました。

Wǒ zhǐ dài le yì běn Rì Hàn cídiǎn.
我 只 带 了 一 本 日 汉 词典。

老师 それなら『現代漢語辞典』を買いに行った方がいいです。ないととても不便ですよ。

Nà nǐ qù mǎi běnr «Xiàndài Hànyǔ cídiǎn» ba, méi yǒu hěn bù fāngbiàn.
那 你 去 买 本儿《现代 汉语 词典》吧，没 有 很 不 方便。

田中 教材課にもありますか。

Jiàocái kē yě yǒu ma?
教材 科 也 有 吗?

老师 ありません。学校の近くに「新華書店」がありますが、そこにはありますよ。

Méi yǒu. Xuéxiào fùjìn yǒu ge "Xīnhuá shūdiàn", nàr yǒu.
没 有。学校 附近 有 个 "新华 书店", 那儿 有。

田中 他に準備しなくてはいけないものはありますか。

Hái yǒu shénme yào zhǔnbèi de ma?
还 有 什么 要 准备 的 吗?

老师 教室を一度確認した方がいいと思います。それから、授業や休み時間をもうまちがえないでくださいね。

Nǐ zuìhǎo quèrèn yíxia jiàoshì. Háiyǒu, zuòxī shíjiān búyào zài gǎo cuò le.
你 最好 确认 一下 教室。还有, 作息 时间 不要 再 搞 错 了。

文法のポイント

还有什么要准备的吗?

「什么~吗」は「何か」のような不確定な疑問を表す。「什么」以外の疑問詞にもこの言い方がある。例えば、

Nǐ hái yǒu shénme xiǎng mǎi de ma?
你 还 有 什么 想 买 的 吗?

／あなたは、まだ何か買いたい物がありますか。

Shǔjià nǐ qù nǎr le ma?
暑假 你 去 哪儿 了 吗? ／夏休みどこか行きましたか。

■ 覚えましょう ■

|説| 老师, 这些课本在哪儿卖?
|听| 学校附近有个 "新华书店", 那儿有。

◆ 注意しましょう ◆

× 我只一本日汉词典带了。 → 我只带了一本日汉词典。

補充単語

〈カ行〉
会話	会话课	huìhuà kè
基礎科目	基础课	jīchǔ kè
期末試験	期末考试	qīmò kǎoshì

〈サ行〉
作文	写作	xiězuò
書道	书法课	shūfǎ kè
選択科目	选修课	xuǎnxiū kè

| 総合科目 | 公共课 | gōnggòng kè |

〈タ行〉
| 中間試験 | 期中考试 | qīzhōng kǎoshì |

〈ハ行〉
| 必修科目 | 必修课 | bìxiū kè |

〈ラ行〉
| 理論科目 | 理论课 | lǐlùn kè |

===== ミニ知識 =====

中国の教育制度 2

　日本の高校は普通科と職業学校があるが、中国も同様である。普通科としての高級中学の他、中等専門学校（略称「中専」4 年）、農業中学、職業中学、技術労働者学校がある。普通教育と職業教育を受ける学生の割合はほぼ半々くらいになる。

　大学は、4 年制の大学の他に、専科大学（略称「大専」、2 年制か 3 年制）、短期職業大学（2 年制か 3 年制）、それに成人教育を行っている社会人大学、夜間大学、放送大学等がある。

　かつて大学生は授業料、宿舎費、医療費が免除されていて、大学院に入ると全ての費用が免除されるばかりでなく、同年齢の公務員の給料に相当するほどの生活手当が受取れた。学部生、院生ともに卒業後の就職先も国家が分配していた。1980 年代半ばから教育にも経済の市場原理が導入され、学生は費用を自己負担しなければならなくなり、学生への給与型奨学金はごく少数の特別に経済的に困難な学生か成績優秀な学生にしぼられ、新たに貸与型のものも導入された。国家による卒業後の就職先の分配も行なわれなくなった。

10 はじめての授業

初次 上课
Chūcì shàngkè

1 自己紹介／自我 介绍
Zìwǒ jièshào

陈老师 皆さんこんにちは。

 你们 好！
 Nǐmen hǎo!

学生们 こんにちは。

 老师 好！
 Lǎoshī hǎo!

陈老师 私は、陳学友と言います。前期の会話の授業を担当します。今日は、初めての授業なので、互いに自己紹介をしましょう。いいですか。

 我 叫 陈 学友，担任 上 学期 的 会话 课。今天 是 第 一 次
 Wǒ jiào Chén Xuéyǒu, dānrèn shàng xuéqī de huìhuà kè. Jīntiān shì dì yí cì
 课，我们 先 做 一下 自我 介绍，好 不 好？
 kè, wǒmen xiān zuò yíxia zìwǒ jièshào, hǎo bu hǎo?

学生们 はい。

 好！
 Hǎo!

陈老师 では、まず、私から。私は、この大学の文学系で現代漢語を教えています。出身は長春市で、北京師範大学を卒業しました。授業は皆さんのほかに、他の高級クラスの文法も受け持っています。今年、35歳、既婚、子供は女の子が一人。この授業では、皆さんに中国語らしい自然な会話を身につけてもらいたいと思っています。以上。では、今度は君達に名簿順に自己紹介してもらいましょう。では、田中君から。

 那，我 先 来 吧。我 在 中文 系 教 现代 汉语，是 长春
 Nà, wǒ xiān lái ba. Wǒ zài Zhōngwén xì jiāo xiàndài Hànyǔ, shì Chángchūn

rén, Běijīng shīfàn dàxué bìyè, chúle nǐmen yǐwài, wǒ hái jiāo gāojí bān
人，北京 师范 大学 毕业，除了 你们 以外，我 还 教 高级 班

de yǔfǎ kè. Wǒ jīnnián sānshiwǔ suì, yǐjing jiéhūn, yǒu yí ge nǚ háir.
的 语法 课。我 今年 35 岁，已经 结婚，有 一 个 女 孩儿。

Xīwàng dàjiā tōngguò zhèi mén kè dōu néng huì shuō zìrán de Hànyǔ. Xiàmian
希望 大家 通过 这 门 课 都 能 会 说 自然 的 汉语。下面

qǐng dàjiā àn shùnxù lái zuò zìwǒ jièshào. Tiánzhōng, cóng nǐ kāishǐ ba.
请 大家 按 顺序 来 做 自我 介绍。田中，从 你 开始 吧。

田中 はい。僕は田中一郎と申します。日本人で、東京から来ました。大学3年生で、専攻は経済学です。今後、ますます、日本と中国の経済交流が盛んになると思ったので、中国語を選択し、2年間勉強しました。以後、どうぞ、よろしくお願いします。

Hǎo. Wǒ jiào Tiánzhōng Yīláng, shì Rìběnrén, cóng Dōngjīng lái. Jīnnián dàxué sān
好。我 叫 田中 一郎，是 日本人，从 东京 来。今年 大学 三

niánjí, zhuānyè shì jīngjì xué. Wǒ rènwéi jīnhòu Rìběn hé Zhōngguó de jīngjì
年级，专业 是 经济 学。我 认为 今后 日本 和 中国 的 经济

jiāoliú huì yuè lái yuè duō, suǒyǐ xuǎn xué le Hànyǔ, xué le liǎng nián le.
交流 会 越 来 越 多，所以 选 学 了 汉语，学 了 两 年 了。

Yǐhòu qǐng dàjiā duō duo zhǐjiào.
以后 请 大家 多 多 指教。

李春辉 僕は李春輝です。韓国から来ました。高校を卒業したばかりです。最近は中国人が韓国に来ることが多くなってきました。僕は通訳をめざしてがんばりたいと思っています。終わり。

Wǒ jiào Lǐ Chūnhuī, cóng Hánguó lái, gāozhōng gāng bìyè. Zuìjìn fǎngwèn Hánguó
我 叫 李 春辉，从 韩国 来，高中 刚 毕业。最近 访问 韩国

de Zhōngguó rén hěn duō. Wǒ xiǎng nǔlì xué Hànyǔ, yǐhòu dāng fānyì. Wán le.
的 中国 人 很 多。我 想 努力 学 汉语，以后 当 翻译。完 了。

麦克 みなさん、こんにちは。ぼくはマイクです。ぼくの故郷はイギリスのスコットランドで、とても美しいところです。大学で中国文化を研究しています。漢字を覚えるのは、難しいけど、おもしろいです。それと、イギリスでは、僕の話す中国語が英語訛りになってしまうと中国人の先生によく注意されました。だから、ここで、発音をしっかり学びたいです。

你们好。我叫麦克。我的故乡是苏格兰,是一个很美丽的地方。我在大学专攻中国文化。虽然学汉字很难,但是很有意思。在英国的时候,我的中国老师常说我的汉语有英语味儿。所以我想好好儿学发音。

……

陈老师 はい、みなさん、ありがとう。それぞれ個性のある、いい自己紹介でした。
好,你们说得都不错,又都很有特点。

文法のポイント

希望大家通过这门课都能会说自然的汉语。

「通过~」は「~によって」、「~を通じて」という意味で手段や仲介を表わす。例えば、

他们是通过朋友的介绍认识的。

／彼らは友人の紹介を通じて知り合った。

通过多次协商,两国达成了协议。

／幾度も協議を重ね、両国は合意に達した。

■ 覚えましょう ■

|说| 我在大学专攻中国文化。
|听| 下面请大家按顺序来做自我介绍。

◆ 注意しましょう ◆

× 高中刚毕业了。 → 高中刚毕业。

2 テストについて／关于 测验
Guānyú cèyàn

陈老师 次に授業の進め方について説明します。この会話の授業では、テキストの予習・復習はしてきているものとして、すすめていきます。また、毎回小テストをします。

下面 我 说明 一下 课 的 上法。为 了 收 到 好 效果，每
Xiàmian wǒ shuōmíng yíxia kè de shàng fǎ. Wèi le shōu dao hǎo xiàoguǒ, měi
一 课 都 要求 预习、复习。另外，每 节 课 都 有 小 测验。
yí kè dōu yāoqiú yùxí, fùxí. Lìngwài, měi jié kè dōu yǒu xiǎo cèyàn.

李春辉 先生、質問があります。

老师，我 有 个 问题。
Lǎoshī, wǒ yǒu ge wèntí.

陈老师 何ですか。

什么？说 吧。
Shénme? Shuō ba.

李春辉 テストは筆記試験ですか、それとも口頭試験ですか。

小 测验 是 笔试 还是 口试？
Xiǎo cèyàn shì bǐshì háishi kǒushì?

陈老师 はい、どちらもします。例えば、一つの課の終わりに問題がありますが、そのような形式の筆記試験をします。だいたい10分で終わるくらいの量にします。また、筆記以外にも、時には、前課の暗誦、ディクテイションもしますし、私の質問に答えてもらったりもします。

两 种 都 有。举 个 例子 说，每 课 的 后面 都 有 练习 题，
Liǎngzhǒng dōu yǒu. Jǔ ge lìzi shuō, měi kè de hòumian dōu yǒu liànxí tí,
小 测验 也 跟 这些 题 差不多。每 次 大概 用 10 分 钟
xiǎo cèyàn yě gēn zhèixiē tí chàbuduō. Měi cì dàgài yòng shí fēn zhōng
左右。其他 测验 方法，比方 说，有 时候 让 你们 背诵 前 一
zuǒyòu. Qítā cèyàn fāngfǎ, bǐfang shuō, yǒu shíhou ràng nǐmen bèisòng qián yì
天 学 的 课文、听 写 生词 或 回答 我 的 问题 等。
tiān xué de kèwén, tīng xiě shēngcí huò huídá wǒ de wèntí děng.

田中 中間テストや期末テストはありますか。

Yǒu méi yǒu qīzhōng kǎoshì hé qīmò kǎoshì?
有 没 有 期中 考试 和 期末 考试？

陈老师 ありますよ。

Dōu yǒu.
都 有。

田中 それは、進級に影響ありますか。

Kǎoshì de chéngjì hé shēngjí yǒu guānxi ma?
考试 的 成绩 和 升级 有 关系 吗？

陈老师 はい、中間テストの成績によっては、クラスが上がったり、下がったりする可能性はあります。

Yǒu. Gēnjù qīzhōng kǎoshì de chéngjì, yǒu de rén jìn gāojí bān, yǒu de rén
有。根据 期中 考试 的 成绩，有 的 人 进 高级 班，有 的 人
jiàng dao dījí bān.
降 到 低级 班。

文法のポイント

考试的成绩和升级有关系吗？

「和（跟）～有关系」で「～と関係がある」という意味を表す。例えば、

Tīngshuō zhèi zhǒng bìng hé huánjìng wūrǎn yǒu guānxi.
听说 这 种 病 和 环境 污染 有 关系。

／このような病気と環境汚染は関係があるそうだ。

Zhè wánquán shì ǒurán shìjiàn, hé mìngyùn méi guānxi.
这 完全 是 偶然 事件，和 命运 没 关系。

／これは完全に偶然だ。運命とは関係ない。

■ 覚えましょう ■

|说| 我有个问题。
|听| 每节课都有小测验。

3 教室用語／课堂 用语
Kètáng yòngyǔ

陈老师 授業の前にこれからよく使う教室用語を確認したいと思います。では、例えば、「教科書を開いて、……」。

上课 之前，我们 先 学 一些 上课 时 经常 用 的 句子。比如，
Shàngkè zhīqián, wǒmen xiān xué yìxiē shàngkè shí jīngcháng yòng de jùzi. Bǐrú,

打开 课本，……。
dǎkāi kèběn, …….

田中 すみません。黒板に書いてもらえますか。

老师，能 不 能 写 在 黑板 上？
Lǎoshī, néng bu néng xiě zai hēibǎn shang?

陈老师 いいですよ。

好。
Hǎo.

麦克 先生。

老师。
Lǎoshī.

陈老师 何ですか。マイク。

麦克，你 说。
Màikè, nǐ shuō.

麦克 よく見えないので、前の席に替わっていいですか。

我 看 不 清楚，换 到 最 前 排 可以 吗？
Wǒ kàn bu qīngchu, huàn dao zuì qián pái kěyǐ ma?

陈老师 いいですが、誰が替わってくれますか。

当然 可以。谁 跟 他 换 一下？
Dāngrán kěyǐ. Shéi gēn tā huàn yíxia?

李春辉 はい、ぼくが替わります。

老师，我 可以 换。
Lǎoshī, wǒ kěyǐ huàn.

麦克 ありがとう。

Xièxie.
谢谢。

文法のポイント

我看不清楚，……。

「動詞+（不）清楚」でその動作の結果がはっきりしている、或いは、はっきりしていないことを表す。例えば、

Wǒ tīng bu qīngchu, qǐng dà diǎnr shēng.
我 听 不 清楚，请 大 点儿 声。
／はっきり聞こえない。もう少し大きな声で言ってください。

Nǐ méi bǎ wèntí shuō qīngchu.
你 没 把 问题 说 清楚。／君の説明はよくわからなかった。

■ 覚えましょう ■

|说| 能不能写在黑板上？
|听| 谁跟他换一下？

◆ 注意しましょう ◆

× 开开课本。 → 打开课本。

補 充 文 例

〔教室用語〕

1、授業を始めます。

　　Xiànzài kāishǐ shàngkè.
　　现在 开始 上课。

2、出席をとります。

　　Xiànzài diǎnmíng.
　　现在 点名。

3、席に着いてください。
  Qǐng zuò.
  请 坐。

4、教科書を開きなさい。
  Dǎkāi shū.
  打开 书。

5、テキストの12ページを開けなさい。
  Fān dao dì shí'èr yè.
  翻 到 第 十二 页。

6、私のあとについて読みなさい。
  Gēn wǒ niàn.
  跟 我 念。

7、もう一度読みなさい。
  Zài niàn yí biàn.
  再 念 一 遍。

8、ゆっくり、大きな声で読みなさい。
  Màn diǎnr, dà shēng niàn.
  慢 点儿、大 声 念。

9、はい、そこまで。木村君、続けて読みなさい。
  Hǎo, dào zhèr. Mùcūn jiē zhe niàn.
  好，到 这儿。木村 接 着 念。

10、前（次）のページを見てください。
  Qǐng kàn qián hòu yí yè.
  请 看 前（后）一 页。

11、このことば（文）はどういう意味ですか。説明しなさい。
  Zhèi ge cí jùzi shì shénme yìsi? Nǐ shuō yíxia.
  这 个 词（句子）是 什么 意思？你 说 一下。

12、そうです。それでいいです。
  Hǎo, nǐ shuō de duì.
  好，你 说 得 对。

13、先へすすみます。

    Zài wǎng xià kàn.
    再 往 下 看。

14、このことばはどういう意味で使われていますか。

    Zhèi ge cí zěnme yòng?
    这 个 词 怎么 用?

15、"全部"という意味で使われています。

    Dāng "quánbù" jiǎng.
    当 "全部" 讲。

16、山本さん、前に出て発表してください。

    Shānběn, qǐng dào qiánbian lái shuō.
    山本, 请 到 前边 来 说。

17、本を閉じて、見てはいけません。

    Qǐng bǎ shū hé shang, búyào kàn.
    请 把 书 合 上, 不要 看。

18、私が話すのを聞いてください。

    Qǐng tīng.
    请 听。

19、わかりましたか。

    Tīng dǒng le ma?
    听 懂 了 吗?

20、聞き取れませんでしたので、もう少しゆっくり説明していただけませんか。

    Wǒ méi tīng dǒng. Qǐng zài màn diǎnr shuō.
    我 没 听 懂。请 再 慢 点儿 说。

21、では質問します。

    Xiànzài wǒ tíwèn.
    现在 我 提问。

22、何かわからないところがありますか。

    Yǒu shénme bù dǒng (bù míngbai) de dìfang ma?
    有 什么 不 懂 (不 明白) 的 地方 吗?

23、下から、2行目の文のところから読みなさい。

Cóng dào shǔ dì èr háng qǐ niàn yí biàn.
从倒数第二行起念一遍。

24、ノートを提出してください。

Qǐng bǎ běnzi jiāo shang lai.
请把本子交上来。

25、書きとめてください。

Qǐng jì xia lai.
请记下来。

26、今からプリント（試験問題）を配ります。一人一部ずつとって、後に回してください。

Xiànzài fā shìtí, měi rén ná yí fèn, ránhòu chuán gei hòumian.
现在发试题，每人拿一份，然后传给后面。

27、解答を後から前に渡して、最後の人は私のところまで持って来てください。

Bǎ dájuànr chuán dao qiánbian lái, qǐng zuì qiánmian de tóngxué ná dao wǒ zhèr lái.
把答卷儿传到前边来，请最前面的同学拿到我这儿来。

28、宿題を出します。

Xiànzài liú zuòyè.
现在留作业。

29、このことばを使って文を三つ作りなさい。

Yòng zhèi ge cí zào sān ge jùzi.
用这个词造三个句子。

30、宿題の提出はいつまでですか。

Zuòyè shénme shíhou jiāo?
作业什么时候交？

31、例を二、三あげなさい。

Jǔ liǎng, sān ge lìzi ba.
举两、三个例子吧。

32、前回までの復習をします。

    Fùxí dào shàng cì xué wán de nèiróng.
复习 到 上 次 学 完 的 内容。

33、この（　）の中に当てはまることばを入れてください。

    Qǐng tián zhèi ge kòng.
请 填 这 个 空。

34、今日はここまでで終わります。

    Jīntiān jiù jiǎng dao zhèr, xiàkè.
今天 就 讲 到 这儿，下课。

35、来週は休講です。

    Xià xīngqī de kè bú shàng, xiūxi yícì.
下 星期 的 课 不 上，休息 一次。

36、高橋さんは、どうして来ていないんですか。

    Gāoqiáo zěnme méi lái?
高桥 怎么 没 来？

37、熱が高くて、欠席するそうです。

    Tīngshuō tā fā gāo shāo, suǒyǐ méi lái.
听说 他 发 高 烧，所以 没 来。

38、欠席、遅刻は事前に届けてください。緊急の場合は事後でもいいです。

    Quèkè hé chídào, qǐng shìxiān gàosu wǒ. Lái bu jí de shíhou, shìhòu yě xíng.
缺课 和 迟到，请 事先 告诉 我。来 不 及 的 时候，事后 也 行。

===== ミニ知識 =====

中国の伝統劇

　中国を代表する伝統劇と言えば京劇である。京劇は清代に生まれ、「唱」(うた)、「念」(せりふ)、「做」(しぐさ)、「打」(立ち回り) という4つの要素から成り立っている。舞台では象徴的な背景や道具が多く用いられる。

　役者の顔の隈取は、「脸谱」(liǎnpǔ) といい、色によって人物の特徴を表す。衣裳も華麗である。しかし、歌詞やせりふは文言が多く、字幕なしでは、わかりにくい。伝統的な京劇の演目は1000余もあり、歴史的な物語や民間の伝説等に題材をとっているので、京劇を見ることは、中国文化を知る上でも大いに助けとなる。

　その他の伝統歌劇は地方的性格を持つ。そのうち、比較的大きなものでは、東北、河北の評劇、河南の豫劇、安徽の黄梅戯、四川の川劇、上海の滬劇、浙江の越劇、広東の粤劇などがある。

　評劇、豫劇、黄梅戯は基本的には標準語で上演される。内容も日常生活を扱ったものが多く、比較的わかりやすい。その他は、いずれも、素晴らしい芸術の域に達しているが、方言で上演されるので、方言を知らなければ聞き取りにくいのが惜しい。

11 買い物

Mǎi dōngxi
买 东西

1 自転車を買う／买 自行车 (Mǎi zìxíngchē)

田中 李平、僕、街に買い物に行きたいんだけど、どこがいい？

Lǐ Píng, wǒ xiǎng shàng jiē mǎi diǎnr dōngxi. Qù nǎr hǎo ne?
李 平，我 想 上 街 买 点儿 东西。去 哪儿 好 呢？

李平 何を買いたいの。

Nǐ xiǎng mǎi shénme?
你 想 买 什么？

田中 買いたいものはたくさんあるけど、ずっと行く時間がなくてね。

Xiǎng mǎi de kě bù shǎo, yìzhí méi shíjiān qù.
想 买 的 可 不 少，一直 没 时间 去。

李平 じゃあ、前門に行ったら。あそこには大きいショッピングセンターがあるし、値切って買うこともできるよ。

Nà nǐ qù Qiánmén ba, nàr yǒu ge hěn dà de shāngmào chéng, yě kěyǐ tǎo jià huán jià.
那 你 去 前门 吧，那儿 有 个 很 大 的 商贸 城，也 可以 讨 价 还 价。

田中 自転車は売ってるのかな。

Yǒu zìxíngchē ma?
有 自行车 吗？

李平 ある、ある。買いたいものは何でもあるよ。日用品から電気製品までそろってるよ。

Yǒu, yǒu. Yào shénme yǒu shénme. Cóng rìcháng yòngpǐn dào jiādiàn yìng yǒu jìn yǒu.
有，有。要 什么 有 什么。从 日常 用品 到 家电 应 有 尽 有。

自転車を買う（买自行车）

田中 すみません、自転車は何階にありますか。

Qǐngwèn, zìxíngchē zài jǐ lóu?
请问，自行车 在 几 楼？

售货员 地下1階にあります。

Zài dìxià yī céng.
在 地下 一 层。

田中 自転車を買いたいのですが。

Wǒ xiǎng mǎi tái zìxíngchē.
我 想 买 台 自行车。

售货员 どれが気に入りましたか。このマウンテンバイクはどうですか。よく売れますよ。今年一番の流行です。

Nín kànzhòng le něi zhǒng? Zhèi zhǒng sàichē zěnmeyàng? Mài de kě kuài le,
您 看中 了 哪 种？ 这 种 赛车 怎么样？ 卖 得 可 快 了，

shì jīnnián zuì liúxíng de.
是 今年 最 流行 的。

田中 いくらですか。

Duōshao qián?
多少 钱？

售货员 ６８０元。

Liùbǎibāshi kuài.
680 块。

田中 ちょっと高いですね、もっと安いのがいいです。

Yǒudiǎnr guì, wǒ xiǎng mǎi piányi yìdiǎnr de.
有点儿 贵, 我 想 买 便宜 一点儿 的。

售货员 こちらは少し古い型なので値下げしたばかりですが、どうですか。

Zhèi tái yàngzi yǒudiǎnr guòshí, gāng jiàngjià. Zěnmeyàng?
这 台 样子 有点儿 过时, 刚 降价。 怎么样？

田中 いくらですか。

Duōshao qián?
多少 钱？

售货员 安いですよ、たったの３８０元。

Piányi, cái sānbǎibāshí kuài.
便宜，才 380 块。

田中 これもいいですね、じゃあこれにしましょう。黒い車体のものはありますか。

Zhèi tái yě búcuò, jiù mǎi tā ba. Yǒu hēi sè de ma?
这 台 也 不错，就 买 它 吧。有 黑 色 的 吗？

售货员 黒ですか…、倉庫に行って見て来ますので少々お待ちください。…残念ですが、黒は売り切れです。ダークブルーはどうでしょう。

Hēi sè ya, qǐng shāo děng yíxià, wǒ qù cāngkù li kàn kan……. Zhēn bù
黑 色 呀，请 稍 等 一下，我 去 仓库 里 看 看……。真 不

qiǎo, hēi sè de mài wán le. Shēn lán sè de xíng bù?
巧，黑 色 的 卖 完 了。深 蓝 色 的 行 不？

田中 いいですよ。どこでお金を払いますか。

Yě xíng, zài nǎr jiāo qián?
也 行，在 哪儿 交 钱？

售货员 前のレジでお願いします。

Zài qiánmian de shōukuǎn tái.
在 前面 的 收款 台。

……

收款员 では、領収書を発行します。これがレシートと保証カードです。一年間保証です。

Gěi nín fāpiào. Zhèi zhāng shōujù hé bǎoxiū kǎ qǐng shōu hǎo. Bǎoxiū yì nián.
给 您 发票。这 张 收据 和 保修 卡 请 收 好。保修 一 年。

文法のポイント

这台也不错，就买它吧。

「就～吧」の形で「それでは～しよう」という意味を表す。例えば、

Zhèi ge yánsè hǎo, jiù mǎi zhèi ge ba.
这 个 颜色 好，就 买 这 个 吧。／この色がいい、じゃこれを買おう。

■ 覚えましょう ■

|说| 请问，自行车在几楼？
|听| 在地下一层。

◆ 注意しましょう ◆

× 有点儿贵，我想买一点儿便宜的。 → 有点儿贵，我想买便宜一点儿的。

2 シャツを買う／买 衬衫 (Mǎi chènshān)

田中 すみません、あのシャツを見せてください。

Xiǎojiě, qǐng gěi wǒ ná nèi jiàn chènshān kàn kan.
小姐，请 给 我 拿 那 件 衬衫 看 看。

售货员 この白いものですか。

Shì zhèi jiàn bái sè de ma?
是 这 件 白 色 的 吗？

田中 違います。横の乳白色のものです。生地は何ですか。

Bù, shì pángbiān de nèi jiàn rǔbái sè de. Qǐngwèn, zhè shì shénme liào de?
不，是 旁边 的 那 件 乳白 色 的。请问，这 是 什么 料 的？

售货员 シルクです、夏は涼しいですよ。

Zhēnsī de, xiàtiān chuān hěn liángkuai.
真丝 的，夏天 穿 很 凉快。

田中 シワになり易いでしょう。

Róngyì zhòu ba.
容易 皱 吧。

售货员 そうですね、洗たくした後アイロンもあまりきかないですね。こちらは形状記憶のものです。シワになりにくいし、デザインもいいです。

Nèi dào shì, xǐ le yǐhòu bú tài hǎo yùn. Zhèi jiàn shì miǎn tàng dìngxíng de,
那 倒 是,洗 了 以后 不 太 好 熨。这 件 是 免 烫 定 型 的,
bù róngyì zhòu, yàngzi yě búcuò.
不 容易 皱,样子 也 不错。

田中 そうですね、これでもいいです。42号はありますか。

Ng, zhèi jiàn yě kěyǐ, yǒu sì'èr de ma?
嗯, 这 件 也 可以, 有 42 的 吗?

售货员 ありますよ。身長はどのくらいですか。

Yǒu, shēncháng yào duōshao de?
有, 身长 要 多少 的?

田中 私もよくわからないので、ちょっと量ってもらえますか。

Wǒ yě shuō bu zhǔn, nín bāng wǒ liángliang ba.
我 也 说 不 准, 您 帮 我 量 量 吧。

文法のポイント

那倒是,洗了以后不太好熨。

「那倒是」は相手から指摘されて、「それもそうだ」と納得したときに用いる。例えば、

Míngtiān qù ba, jīntiān tài wǎn le.   Nà dào shì, dōu jiǔ diǎn bàn le.
A:明天 去 吧,今天 太 晚 了。B:那 倒 是,都 9 点 半 了。
／A:明日行ったら。今日はもう遅くなったよ。B:あ、本当だ。もう9時半だ。

Huā qián xiūli, bùrú mǎi xīn de.   Nà dào shì, xiūli yě bù piányi.
A:花 钱 修理,不如 买 新 的。B:那 倒 是,修理 也 不 便宜。
／A:修理にお金払うなら、新しいのを買った方がいいよ。B:そうだね。修理代も安くないからね。

■ 覚えましょう ■

说 请给我拿那件衬衫看看。
听 是这件吗？

◆ 注意しましょう ◆

× 请问，这是什么生地的？ → 请问，这是什么料的？

3 靴を買う／买 鞋 (Mǎi xié)

田中 この靴を見せてもらっていいですか。
　Duìbuqǐ, wǒ xiǎng kàn kan zhèi shuāng xié.
　对不起，我想看看这双鞋。

售货员 これですか。サイズはどのくらいですか。
　Shì zhèi zhǒng ma? Nín chuān duō dà de?
　是这种吗？您穿多大的？

田中 25です。
　Èrshiwǔ hào de.
　25 号的。

售货员 すみません、このサンダルの25は売り切れです。別のものをごらんください。
　Duìbuqǐ, zhèi zhǒng liángxié èrshiwǔ hào de mài wán le. Nín zài kàn kan qítā de ba.
　对不起，这种凉鞋25号的卖完了。您再看看其他的吧。

田中 なら、これは25がありますか。
　Nà zhèi zhǒng yǒu èrshiwǔ hào de ma?
　那这种有25号的吗？

售货员 ありますよ、どうぞお試しください。
　Yǒu, nín shì yi shì ba.
　有，您试一试吧。

田中 ヒモとか、ないものがいいんですが。

Gěi wǒ ná shuāng bú jì dàir de.
给 我 拿 双 不 系 带儿 的。

售货员 すみません、これはヒモのあるものしかないんです。これをはいてみてはいかがですか。

Zhēn duìbuqǐ, zhèi zhǒng zhǐ yǒu jì dàir de le. Nín kàn zhèi shuāng zěnmeyàng?
真 对不起,这 种 只 有 系 带儿 的 了。您 看 这 双 怎么样?

田中 これはピッタリです。はき心地もいい。これは牛皮ですか。

Zhèi shuāng tǐng héshì, chuān zhe yě hěn shūfu. Zhè shì niúpí de ma?
这 双 挺 合适, 穿 着 也 很 舒服。这 是 牛皮 的 吗?

售货员 はい。そうです。底はブタの皮です。

Miànr shì niúpí, dǐr shì zhūpí.
面儿 是 牛皮, 底儿 是 猪皮。

田中 それならいいです。これください。安くしてもらえますか。

Nà xíng, mǎi yì shuāng. Néng jiǎngjià ma?
那 行, 买 一 双。能 讲价 吗?

售货员 すみません。私どもの店は国営ですので、値段の交渉には応じられません。

Duìbuqǐ, wǒmen shì guóyíng shāngdiàn, bù néng jiǎngjiàr.
对不起, 我们 是 国营 商店, 不 能 讲价儿。

文法のポイント

给我拿双不系带儿的。

　　量詞の前の数詞が「一」である場合は、話し言葉では「一」を省略する。例えば、

Wǒ xiǎng mǎi jiàn yǔróngfú.
我 想 买 件 羽绒服。/私はダウンジャケットを買いたい。

Gěi nín lái wǎn dòufu tāng, hǎo ma?
给 您 来 碗 豆腐 汤, 好 吗?/豆腐のスープをおつぎしましょうか。

■ 覚えましょう ■

说 那这种有 25 号的吗?
听 有，您试一试吧。

◆ 注意しましょう ◆

× 给我拿双没有带儿的。 → 给我拿双不系带儿的。

4 靴を返品する／退鞋 (Tuì xié)

田中 すみません、これはこちらで三日前に買った靴なんですが、昨日雨にぬれて底が破れました。返品したいのですが。

小姐，这是我三天前在这儿买的鞋，昨天淋了雨，鞋底就开胶了。请给我退了吧。
(Xiǎojiě, zhè shì wǒ sān tiān qián zài zhèr mǎi de xié, zuótiān lín le yǔ, xiédǐ jiù kāijiāo le. Qǐng gěi wǒ tuì le ba.)

售货员 そうですか。それは確かですか。ここで買われたのですか。

是吗？您记准了吗，是在我们店买的吗？
(Shì ma? Nín jì zhǔn le ma, shì zài wǒmen diàn mǎi de ma?)

田中 もちろん。ほら、これは靴の箱でしょ、それにこの店のビニール袋ですよ。

那当然。你看，这是装鞋的纸盒，还有你们店的塑料袋。
(Nà dāngrán. Nǐ kàn, zhè shì zhuāng xié de zhǐ hé, háiyǒu nǐmen diàn de sùliào dài.)

售货员 それは申し訳ございませんでした。返品できますよ。レシートまだありますか。

真对不起。我给您退。您还留着收款条吗？
(Zhēn duìbuqǐ. Wǒ gěi nín tuì. Nín hái liú zhe shōukuǎntiáo ma?)

田中 レシート？ついうっかり捨ててしまいました。

收款条？让我随手扔了。
(Shōukuǎntiáo? Ràng wǒ suíshǒu rēng le.)

售货员 それは困りましたね。規定では、レシートがないと返品ができません。

Zhè kě nán bàn le, àn guīdìng méi yǒu shōukuǎntiáo bù néng tuì.
这 可 难 办 了, 按 规定 没 有 收款条 不 能 退。

田中 うっかりしてたのは悪かったですが、靴が三日で壊れるなんて誰だって思いませんよ。店長と相談してみてくださいよ。

Guài wǒ mǎhu, kě shéi néng xiǎng dao sān tiān jiù huài ya. Nín gēn diànzhǎng
怪 我 马虎, 可 谁 能 想 到 三 天 就 坏 呀。您 跟 店长
shāngliang yíxia zěnmeyàng?
商量 一下 怎么样?

售货员 少々お待ちください、調べてみます。…よろしいですよ、交換します。

Qǐng děng yíxia, wǒ qù chá cha kàn. ……Hǎo, gěi nín huàn ba.
请 等 一下, 我 去 查 查 看。……好, 给 您 换 吧。

文法のポイント

怪我马虎，可谁能想到三天就坏呀。

「怪～」は動詞で「～のせい、～を責める」という意味がある。例えば、

Dōu guài nǐ, méi zhùyì diànyā.
都 怪 你, 没 注意 电压。
／みんな君のせいだよ、電圧に注意してなかったから。

Guài wǒ méi shuō qīngchu, zàishuō, dāngshí nǐ yě méi wèn wǒ.
怪 我 没 说 清楚, 再说, 当时 你 也 没 问 我。
／私がはっきり言わなかったせいでもあるけど、その時君も聞かなかったからだよ。

Bié guài tā, tā yě méi bànfǎ.
别 怪 他, 他 也 没 办法。
／彼を責めないで、彼にもどうしょうもないんだ。

■ 覚えましょう ■

|说| 请给我退了吧。
|听| 您还留着收款条吗?

CDを買う（买CD）

◆ 注意しましょう ◆

× 您跟店长商谈一下怎么样？ → 您跟店长商量一下怎么样？

5 CDを買う／买 CD
Mǎi CD

田中 すみません。今一番流行している曲はどんなのがありますか。

Qǐngwèn. Xiànzài něixiē gēr zuì liúxíng?
请问。现在 哪些 歌儿 最 流行？

售货员 そこに今月のトップ10が並べてありますよ。

Zhèi ge yuè de páiháng bǎng zài zhèr. Shàngmian shì qián shí míng.
这 个 月 的 排行 榜 在 这儿。上面 是 前 10 名。

田中 試聴できますか。

Kěyǐ shì tīng ma?
可以 试 听 吗？

售货员 ええ、そのヘッドホンをかけて聞いていいですよ。

Kěyǐ. Qǐng yòng nèi ge ěrjī.
可以。请 用 那 个 耳机。

田中 それと、みんながよく知ってる曲をまとめたようなものはありませんか。

Duìbuqǐ, yǒu méi yǒu yìbān rén dōu zhīdao de gēqǔ xuǎn shénme de?
对不起，有 没 有 一般 人 都 知道 的 歌曲 选 什么 的？

售货员 それなら、この『世紀を越える歌』というのはどうですか。実力派の歌手が10人くらいでふきこんでますよ。

Yǒu wa, zhèi zhāng «Kuà shìjì zhī gē» jiù shì. Zěnmeyàng? Zhè shì shí wèi
有 哇，这 张 《跨 世纪 之 歌》就 是。怎么样？这 是 10 位

yǒumíng gēshǒu de CD.
有名 歌手 的 CD。

田中 いいですね。こっちの特売品は、やけに安いですけど、海賊版じゃないでしょうね。

Nà wǒ mǎi yì zhāng. Nèixiē jiǎnjià de CD zěnme nàme piányi ya? Shì dàobǎn ma?
那 我 买 一 张。那些 减价 的 CD 怎么 那么 便宜 呀？是 盗版 吗？

售货员 うちには海賊版は置いてませんよ。特別のルートで仕入れてますから、安いんですよ。

Wǒmen diàn bú mài dàobǎn. Zhèixiē CD shì tèbié jìn huò, suǒyǐ bǐjiào piányi.
我们 店 不 卖 盗版。这些 CD 是 特别 进货，所以 比较 便宜。

田中 こっちのは何ですか。

Zhè shì shénme?
这 是 什么？

售货员 それはＶＣＤです。

Nà shì VCD.
那 是 ＶＣＤ。

田中 えっ、ＤＶＤじゃないんですか。

Yí, bú shì DVD ba?
咦，不 是 ＤＶＤ 吧？

售货员 ＤＶＤじゃないですよ。ＶＣＤはビデオコンパクトディスクのことです。ＤＶＤプレイヤーでも見れますよ。

Bú shì DVD. VCD shì lùxiàng guāngpán. Yòng DVD jī yě kěyǐ kàn.
不 是 ＤＶＤ。ＶＣＤ 是 录像 光盘。用 ＤＶＤ 机 也 可以 看。

田中 パソコンでも見れますか。

Yòng diànnǎo yě néng kàn ma?
用 电脑 也 能 看 吗？

售货员 大丈夫ですよ。ただし、ソフトは必要ですけど。

Diànnǎo yě kěyǐ kàn. Búguò, děi yòng zhuānmén de ruǎnjiàn.
电脑 也 可以 看。不过，得 用 专门 的 软件。

田中 でも、凄い種類あるもんですね。この中国映画、テレビの番組、それに中国語教材なんかは日本では手に入りませんよ。

<small>Zhǒnglèi kě zhēn bù shǎo, zhèixiē Zhōngguó diànyǐng. diànshì jiémù hé Zhōngwén jiàocái,</small>
种类 可 真 不 少, 这些 中国 电影、电视 节目 和 中文 教材,

<small>zài Rìběn dōu mǎi bu dào.</small>
在 日本 都 买 不 到。

售货员 では、ごゆっくりお探しください。

<small>Qǐng nín màn mānr tiāo ba.</small>
请 您 慢 慢儿 挑 吧。

文法のポイント

有没有一般人都知道的歌曲选什么的？

「～什么的」は「などなど、といったようなもの、…とか」という意味で、一つまたは列挙されたいくつかの事例のあとにつけて、その類のものを表す。例えば、

<small>Tā jiù xǐhuan kàn tuīlǐ xiǎoshuō shénme de.</small>
他 就 喜欢 看 推理 小说 什 么 的。

／彼は推理小説のようなものを読むのが好きだ。

<small>Sònglǐ háishi chuántǒng de gōngyìpǐn shénme de hǎo.</small>
送礼 还是 传统 的 工艺品 什么 的 好。

／贈り物には、やはり伝統的な工芸品のようなものがよい。

■ 覚えましょう ■

|说| 可以试听吗？
|听| 请您慢慢儿挑吧。

◆ 注意しましょう ◆

× 这些ＣＤ是特别入手。 → 这些ＣＤ是特别进货。

補充単語

〈ア行〉

ウール	羊毛	yángmáo
ウールのセーター	毛衣	máoyī
運動靴	球鞋	qiúxié

〈カ行〉

混紡	混纺	hùnfǎng
靴下	袜子	wàzi
高級	高档	gāodàng
コート	大衣	dàyī
古典音楽	古典音乐	gǔdiǎn yīnyuè
コマ送り	分格放	fēn gé fàng

〈サ行〉

再生	放	fàng
シンガーソングライター	自己做词作曲自己演唱的歌手	zìjǐ zuò cí zuò qǔ zìjǐ yǎnchàng de gēshǒu
スリッパ	拖鞋	tuōxié
女性用	女式	nǚshì
人工皮革	人造革	rénzàogé
白（真っ白）	雪白	xuěbái

〈タ行〉

男性用	男式	nánshì
Tシャツ	T恤衫	Txùshān
トレッキングシューズ	旅游鞋	lǚyóu xié
トランク	皮箱	píxiāng

〈ナ行〉

ナイロン	尼龙	nílóng
長袖	长袖	chángxiù
長靴（ブーツ）	靴子	xuēzi
贋ブランド品	冒牌货	màopái huò

〈ハ行〉

バイク	摩托车	mótuōchē
パジャマ	睡衣	shuìyī
肌着	汗衫	hànshān
半袖	短袖	duǎnxiù
早送り	快放	kuàifàng
ブランド	名牌	míngpái
ポータブルVCDプレイヤー	袖珍VCD机	xiùzhēn VCDjī
ポップス	通俗歌曲	tōngsú gēqǔ
本革	真皮	zhēnpí

〈マ行〉

巻き戻し	回缠	huíchán
民謡	民歌	míngē
棉100%	纯棉	chúnmián

〈ラ行〉

ロック	摇滚乐	yáogǔnyuè
レーザーディスク（LD）	激光视片、影碟	jīguāng shìpiàn、yǐngdié

===== ミニ知識 =====

VCD

　VCDはビデオCDの略称で、画像と音声が収録されている。普通の音楽CDほどのボディー1枚に、1時間余りの音声・動画等を収録でき、画像はDVDほど良くないが、テレビや音楽CDの性能と少しも遜色はない。

　中国は早くからVCDが普及しており、量の点から言っても、世界一である。映画はもちろん、テレビドラマ、カラオケ等々、多方面の記録媒体として使用されている。価格も1枚20、30元程度と手に入りやすいので、中国語学習や中国文化理解に活用したり、資料として残すのもいいし、また、友人にプレゼントするのもいいだろう。

　VCDはDVDプレーヤーや、専用のVCDプレーヤー、それに日本に出回っているDVDプレーヤーでも直接見ることができる。松下電器、東芝などもVCDプレーヤーを製造しているが、価格は普通のビデオデッキと変わらない。中国でDVDプレーヤーを購入する時には、日中両国の電圧で使えるものであるかどうか確認することが必要だ。

12 レストランで
在 餐厅
Zài cāntīng

1 中華料理を食べる／吃 中餐
Chī Zhōngcān

服务员 いらっしゃいませ、何人様でしょうか。

欢迎 光临！请问 您 几 位？
Huānyíng guānglín! Qǐngwèn nín jǐ wèi?

田中 私一人だけです。

就 我 一 个 人。
Jiù wǒ yí ge rén.

服务员 中華料理にされますか？ 西洋料理にされますか。

您 吃 中餐，还是 吃 西餐？
Nín chī Zhōngcān, háishi chī Xīcān?

田中 中華料理にします。

中餐。
Zhōngcān.

服务员 中華料理は2階です。

中餐 在 二 楼。
Zhōngcān zài èr lóu.

服务员 どうぞおかけください、何になさいますか。

请 坐，您 吃 点 什么？
Qǐng zuò, nín chī diǎn shénme?

田中 こちらは何がおすすめ料理ですか。

有 什么 拿手 饭菜 吗？
Yǒu shénme náshǒu fàncài ma?

服务员 それはお客さんのお好み次第です。本レストランの料理は種類も豊富で味もすばらしいです。まず、こちらのメニューをご覧ください。

Nà jiù kàn nín de kǒuwèi le. Wǒmen diàn fàncài zhǒnglèi duō, wèidào hǎo. Nín xiān kàn kan zhèi ge càidān.
那就看您的口味了。我们店饭菜种类多，味道好。您先看看这个菜单。

田中 すみません、このメニューは読めません。サンプルはありませんか。

Duìbuqǐ, zhè càidān wǒ kàn bu dǒng. Yǒu méi yǒu yàngpǐn?
对不起，这菜单我看不懂。有没有样品？

服务员 ございません。でも、こちらに写真がございますので、ご説明いたしましょう。

Méi yǒu, búguò zhèr yǒu zhàopiàn, wǒ kěyǐ gěi nín shuōmíng yíxia.
没有，不过这儿有照片，我可以给您说明一下。

田中 この。「三丝」というのはどんな料理ですか。

Zhè "bàn sān sī" shì shénme cài?
这"拌三丝"是什么菜？

服务员 「三丝」は、はるさめ、人参、ピーマンで作った前菜で美味しいですよ。

"Sān sī" shì fěnsī, húluóbo hé qīngjiāo zuò chéng de liángcài hěn hǎo chī.
"三丝"是粉丝、胡萝卜和青椒做成的凉菜，很好吃。

田中 えっ、この「霸王別姬」も、料理の名前なんですか。

Āi, zhè "Bàwáng bié jī" yě shì cài míng ma?
哎，这"霸王别姬"也是菜名吗？

服务员 それは、スッポンと黒鳥のスープです。スープ類の中では有名な物です。

Duì, nà shì jiǎyú wūjī tāng. Tānglèi li suàn de shàng shì hěn yǒumíng de.
对，那是甲鱼乌鸡汤。汤类里算得上是很有名的。

田中 じゃあ、三丝、魚のしょう油煮込み、ご飯、それと、この霸王別姫にします。
それから生ビールも。

Nà gěi wǒ lái yí ge bàn sān sī, yí ge hóngshāoyú, yì wǎn mǐfàn hé
那 给 我 来 一 个 拌 三 丝, 一 个 红烧鱼, 一 碗 米饭 和

zhèi ge Bāwáng bié jī. Zài lái bēi shēng píjiǔ.
这 个 霸王 别 姬。再 来 杯 生 啤酒。

服务员 他にございませんか。

Hái yào bié de ma?
还 要 别 的 吗?

田中 まず、これだけにして、足りなかったら、また考えます。

Xiān lái zhèixiē ba. Bú gòu zàishuō.
先 来 这些 吧。不 够 再说。

文法のポイント

汤类里算得上是很有名的。

「算得上」は「～と言える」という意味で、否定形は「算不上／不能算」という。
例えば、

Zhèi ge fàndiàn shì sān xīng jí, zài zhèr suàn de shàng gāojí de.
这 个 饭店 是 三 星 级, 在 这儿 算 得 上 高级 的。
／このホテルは3つ星で、ここでは高級なホテルと言える。

Tā de Yīngyǔ suàn bu shàng hǎo, kě yě hái dōu shuō de tōng.
他 的 英语 算 不 上 好, 可 也 还 都 说 得 通。
／彼の英語はうまい方ではないが、話すとまあまあ通じる。

■ 覚えましょう ■

|说| 那给我来一个……。
|听| 请坐，您吃点儿什么?

◆ 注意しましょう ◆

× 还来杯生啤酒。 → 再来杯生啤酒。

ファーストフード店で／在 快 餐 店
Zài kuài cān diàn

田中 小ロンポー6個下さい。

Qǐng gěi wǒ lái liù ge xiǎolóngbāo.
请 给 我 来 六 个 小笼包。

服务员 すみませんが、パオズの作り置きは全部売り切れてしまいましたので、しばらくお待ちください。

Duìbuqǐ, bāozi xiànchéng de gāng mài wán, qǐng shāo děng yíhuìr ba.
对不起，包子 现成 的 刚 卖 完，请 稍 等 一会儿 吧。

田中 どのくらい待つんですか。

Yào děng duō cháng shíjiān.
要 等 多 长 时间。

服务员 10分ぐらいです。

Shí fēn zhōng zuǒyòu.
10 分 钟 左右。

田中 焼きギョーザは、ありますか。

Guōtiē yǒu xiànchéng de ma?
锅贴 有 现成 的 吗？

服务员 あります、どのくらいさし上げましょうか。

Yǒu. Nǐ yào duōshao?
有。你 要 多少？

田中 4両（200g）。

Sì liǎng.
四 两。

服务员 ここで食べられますか、お持ち帰りですか。

Nín shì zài zhèr chī, háishi dài zǒu?
您 是 在 这儿 吃，还是 带 走？

田中 ここで食べます。それとサラダとビール一本も。

Zài zhèr chī, zài gěi wǒ yí fèn sèlā hé yì píng píjiǔ.
在 这儿 吃，再 给 我 一 份 色拉 和 一 瓶 啤酒。

服务员 全部で 10 元です。

Yígòng shí kuài.
一共 十 块。

田中 2個シャオピンを持って帰りたいのですが。

Wǒ hái xiǎng mǎi liǎng ge shāobing dài hui qu.
我 还 想 买 两 个 烧饼 带 回 去。

服务员 甘いのですか、からいのですか。

Yào tián de, háishi xián de?
要 甜 的, 还是 咸 的?

田中 それぞれ一個ずつ下さい。

Yíyàngr lái yí ge.
一样儿 来 一 个。

文法のポイント

我还想买两个烧饼带回去。

「動詞＋回去」は話し手のいる場所から遠ざかることを表す。また「動詞＋回来」ということもあり、これは動作が話し手のいる場所に向かってなされることを表す。例えば、

Gěi tā mǎi diǎnr lǐwù jì hui qu.
给 他 买 点儿 礼物 寄 回 去。
　　　　　　　　　　　　　／彼にプレゼントを買って送ってあげます。

Kě bǎ nǐ pàn hui lai le.
可 把 你 盼 回 来 了。／あなたはやっと帰って来てくれました。

■ 覚えましょう ■

|说| 锅贴有现成的吗？
|听| 有。你要多少？

◆ 注意しましょう ◆

△ 一样儿买一个。　→　一样儿来一个。

3 喫茶店で／在 咖啡 厅
Zài kāfēi tīng

服务员 何にされますか。
Qǐngwèn, nǐmen yào diǎnr shénme?
请问，你们 要 点儿 什么？

李平 私はアイスコーヒー。
Wǒ yào bīngzhèn kāfēi.
我 要 冰镇 咖啡。

田中 私はソーダー水にします。
Wǒ yào yì bēi sūdǎ shuǐ.
我 要 一 杯 苏打 水。

田中 すみません。ちょっと。
Duìbuqǐ, xiǎojiě…….
对不起，小姐……。

服务员 まだ何か？
Nín hái yào shénme ma?
您 还 要 什么 吗？

田中 デザートは何かありませんか。
Yǒu shénme tiándiǎn ma?
有 什么 甜点 吗？

服务员 ございますよ。お客さまがカウンターまで行ってお選びください。
Yǒu wa, tiándiǎn shì kèrén dào guìtái qù zì xuǎn.
有 哇，甜点 是 客人 到 柜台 去 自选。

田中 では、レモンティーを2杯ください。
Nà, zài lái liǎng bēi níngméng chá.
那，再 来 两 杯 柠檬 茶。

文法のポイント

甜点是客人到柜台去自选。

「去+動詞」は「〜をしに行く」を表す。これに対して「〜をしに来る」は「来+動詞」である。例えば、

Míngnián wǒ xiǎng qù liúxué.
明年 我 想 去 留学。／来年、私は留学したい。

Wǒ shì fúwùtái, qǐng nín lái ná jīntiān de bàozhǐ.
我 是 服务台，请 您 来 拿 今天 的 报纸。
／フロントですが、今日の新聞を取りに来てください。

■ 覚えましょう ■

说 有什么甜点吗？
听 您还要什么吗？

◆ 注意しましょう ◆

× 再来柠檬茶两杯。 → 再来两杯柠檬茶。

4 屋台の食べ歩き／吃 大 排档
Chī dà páidàng

李平 田中君、屋台の食べ歩きに行かない？

Tiánzhōng, wǒmen qù chī ge dà páidàng ba.
田中，我们 去 吃 个 大 排档 吧。

田中 いいね。何食べる？

Hǎo zhǔyì! Chī shénme ne?
好 主意！吃 什么 呢？

李平 「四川のマーラーチュアル」食べたことある？

"Sìchuān málà chuànr" chī guo le ma?
"四川 麻辣 串儿" 吃 过 了 吗？

屋台の食べ歩き（吃大排档）

田中 まだないよ。焼いたやつ？

Hái méi, shì kǎo de ma?
还 没，是 烤 的 吗？

李平 そう、焼いてあって安くてうまいんだよ。

Duì, shì kǎo de, yòu piányi yòu hǎochī.
对，是 烤 的，又 便宜 又 好吃。

田中 なら、食べてみようか。

Nà jiù cháng yi cháng ba.
那 就 尝 一 尝 吧。

李平 この店のスープはおいしそうだ。ここで食べようよ。

Zhèi jiā de tāng hǎoxiàng búcuò, wǒmen jiù zhèr chī ba.
这 家 的 汤 好像 不错，我们 就 这儿 吃 吧。

店主 いらっしゃい！座って。何にする。全部新鮮だよ。一本5角だよ。

Lái, qǐng zuò, xiǎng chī diǎnr shénme? Dōu shì xīnxiān de, yí chuànr wǔ máo.
来，请 坐，想 吃 点儿 什么？都 是 新鲜 的，一 串儿 5 毛。

田中 ウズラの卵に、しいたけ、ピーマン、たけのこ、かしわの串刺しをください。それにビールも一本。

Ānchún dàn, xiānggū qīngjiāo, dōngsǔn hé jī chuànr. Zài lái yì píng píjiǔ.
鹌鹑 蛋、香菇、青椒、冬笋 和 鸡 串儿。再 来 一 瓶 啤酒。

李平 この調味料は君が自分で混ぜて。

Zhè tiáoliào nǐ zìjǐ tiáo yíxia.
这 调料 你 自己 调 一下。

田中 すみません、ごまみそはあります？

Qǐngwèn yǒu zhīma jiàng ma?
请问 有 芝麻 酱 吗？

店主 あるよ。ほら。

Yǒu, gěi nǐ.
有，给 你。

田中 皿をもう一枚くれますか。

Nǐ zài gěi wǒ yí ge diézi, hǎo ma?
你再给我一个碟子，好吗？

店主 はい、どうぞ。

Hǎo, gěi nǐ.
好，给你。

李平 ここには水餃子もあるんだ。水餃子一皿ください。

Zhèr hái yǒu shuǐjiǎor. Lái yì pán shuǐjiǎor.
这儿还有水饺儿。来一盘水饺儿。

田中 テーブルをかたづけてもらえますか。ラー油と酢はありますか。

Qǐng bǎ zhuōzi shōushi yíxia. Yǒu làyóu hé cù ma?
请把桌子收拾一下。有辣油和醋吗？

文法のポイント

吃大排档。

「大排档」は屋台のことであるが、ここでは屋台の食べ物を指している。すなわち、「吃大排档」は「屋台の食べ物を食べる」の省略形である。普通には「屋台で食べる」と訳すことができる。似たような言い方に、

Tā zhù zai xuésheng sùshè, měitiān chī shítáng.
他住在学生宿舍，每天吃食堂。

／彼は学生寮に住んでいて、毎日食堂で食事する。

Zhèixiē gēxīng wǒ zuì ài tīng Zhōu Huájiàn.
这些歌星我最爱听周华健。

／これらの歌手の中で、私は周華健の歌を一番よく聞く。

■ 覚えましょう ■

说 这调料你自己调一下。
听 你再给我一个碟子，好吗？

◆ 注意しましょう ◆

△ 这家的汤好像好喝。 → 这家的汤好像不错。

補 充 単 語

〈ア行〉
揚げごまだんご 麻团 mátuán
小豆入りかきもち 炸糕 zhágāo
鮑 鲍鱼 bàoyǔ
あひるの丸焼き 烤鸭 kǎoyā
粟粥 小米粥 xiǎomǐzhōu
イスラム料理 清真菜 qīngzhēncài

〈カ行〉
カクテル 鸡尾酒 jīwěijiǔ
粥 粥 zhōu
薫製にした魚 熏鱼 xūnyú
グルメ 美食 měishí
グルメ館 美食坊 měishífáng
ケンタッキーチキン 肯德基 Kěndéjī
米の粥 大米粥 dàmǐzhōu
コース料理 套餐 tàocān
コーラ 可乐 kělè
牛乳 牛奶 niúnǎi
コーンスープ 玉米汤 yùmǐ tāng

〈サ行〉
ジュース 果汁 guǒzhī

〈タ行〉
地鶏 柴鸡 cháijī
茶卵 茶鸡蛋 chájīdàn
チンジャオロース 青椒肉丝 qīngjiāo ròusī

つばめの巣 燕窝 yànwō
鶏肉のトウガラシ油炒め 宫爆鸡丁 gōngbàojīdīng
鶏肉の煮込み 炖鸡块儿 dùnjīkuàir

〈ナ行〉
鍋物 火锅 huǒguō
煮立てた豆乳に石膏を入れて半固体に固めた食品 豆腐脑 dòufunǎo

〈ハ行〉
バイキング料理 自助餐 zìzhùcān
ハンバーガー 汉堡包 hànbǎobāo
ブランデー 白兰地 báilándì
灰皿 烟灰缸 yānhuīgāng
フォーク 叉子 chāzi

〈マ行〉
マクドナルド 麦当劳 Màidāngláo
マーラー豆腐 麻辣豆腐 málà dòufu
マオタイ酒 茅台 máotái
マナガツオのしょう油煮込み 红烧平鱼 hóngshāo píngyú
蒸しギョーザ 蒸饺 zhēngjiǎo

〈ヤ行〉
焼き鳥 烤鸡串儿 kǎo jī chuànr

〈ラ行〉
レバーの炒め物 炒肝 chǎogān
ロブスター 龙虾 lóngxiā

〈ワ行〉
ワイン 葡萄酒 pútaojiǔ

ミニ知識

中国人の三食

　中国北部では、ほとんどの人が、朝食に、油条を食べ、豆乳を飲む。また、牛乳にパンという人、お粥に漬け物という人もいる。

　南部では、特に広東一帯では、飲茶を食べるのが流行りで、これは、このごろでは、日本のレストランのメニューでも、よく見かけるようになった。

　お昼は、弁当持参派が大多数で、学校や職場で食べる。主食は、米、マントウ、パオズ等で、おかずとして1、2種類の炒め物が入る。最近では、ファーストフード店で食べる人がますます多くなってきた。

　夕飯は、三食の中でも一番重要で、たいていの家庭で、数品の炒め物をつくる。それに、和え物や、スープがつくこともある。主食は米、うどん、マントウ、餅（饼 bǐng　小麦粉を練って平たくのばし、円形にしたものを焼いたもの、日本の餅とは違う）等である。餃子は、時間がかかるので手作りのものはそんなに食べないが、最近は好きな餡が入った餃子を少しずつ選べるので、冷凍餃子の売れ行きがいいとのことだ。

　野菜の種類は、季節によって違う。一番よく使われるのが、白菜、ほうれんそう、青菜、じゃがいも、なす、ピーマン、きゅうり、ささげ、たまねぎ、にんにくの芽、レタス等で、肉類は、豚肉、牛肉、鶏肉、羊肉などで、豚肉が最もよく使われる。

　中国人は魚も好んで食べるが、海の魚ならキグチ、太刀魚、うなぎ等をよく食べる。内陸は鯉、フナ、レンギョなどの淡水魚を食べる。魚はその発音が、中国語の「余」と同じことから、めでたい食べ物として、よく春節の宴席でのメインディッシュになる。もちろん沿海、内陸とを問わず、刺身を食べる習慣はない。

东华门美食坊夜市

红烧平鱼 6
炖鸡块 6
宫爆鸡丁 6
柴鸡卤
熏鱼嘎

早　　点

包子　蒸饺　豆腐脑
油条　炸糕　大米粥
炒肝　豆浆　小米粥
麻团　馄饨　茶鸡蛋

13 旅行の準備をする
做 旅游 的 准备
Zuò lǚyóu de zhǔnbèi

1 列車の乗車券を予約する／订 火车 票
Dìng huǒchē piào

田中 もしもし、外国人切符売り場の電話番号知りたいんですが。
Wèi, wǒ xiǎng chá yíxià huǒchēzhàn wàiguó rén shòupiàochù de diànhuà hàomǎ.
喂，我 想 查 一下 火车站 外国 人 售票处 的 电话 号码。

114台 外国人切符売り場の電話番号は…65129525、65128931 です。
Huǒchē zhàn wàiguó rén shòupiàochù de diànhuà hàomǎ shì liùwǔyāoèr-jiǔwǔèrwǔ,
火车 站 外国 人 售票处 的 电话 号码 是……6 5 1 2-9 5 2 5、
liùwǔyāoèr-bājiǔsānyāo.
6 5 1 2-8 9 3 1。

田中 もしもし、外国人切符売り場ですか。
Wèi, shì wàiguó rén shòupiàochù ma?
喂，是 外国 人 售票处 吗？

服务台 はい、そうです。
Duì.
对。

田中 青島までの切符が欲しいんですが。
Wǒ xiǎng mǎi dào Qīngdǎo de huǒchē piào.
我 想 买 到 青岛 的 火车 票。

服务台 何日の分ですか。
Mǎi něi tiān de?
买 哪 天 的？

田中 明日のはありますか。
Míngtiān de yǒu ma?
明天 的 有 吗？

服务台 明日までの切符はすべて売り切れです。あさってのはあります。

Dào míngtiān wéizhǐ de piào yǐjing mài wán le, hòutiān de hái yǒu.
到 明天 为止 的 票 已经 卖 完 了, 后天 的 还 有。

田中 あさってのでもいいです。何時出発ですか。

Hòutiān de yě xíng, shì jǐ diǎn de?
后天 的 也 行, 是 几 点 的?

服务台 13時出発です。寝台がいりますか。

Shísāndiǎn fāchē. Nín shì yào wòpù ma?
13 点 发车。您 是 要 卧铺 吗?

田中 寝台は学生割引ありますか。

Wòpù yǒu xuésheng piào ma?
卧铺 有 学生 票 吗?

服务台 ありますよ。

Yǒu.
有。

田中 では、寝台切符一枚予約します。

Nà gěi wǒ dìng yì zhāng wòpù ba.
那 给 我 订 一 张 卧铺 吧。

服务台 上段、中段、下段の三種類ありますが。

Yǒu shàng、zhōng、xià pù sān zhǒng…….
有 上、中、下 铺 三 种……。

田中 下段をお願いします。

Máfan nǐ gěi wǒ dìng ge xià pù ba.
麻烦 你 给 我 订 个 下 铺 吧。

服务台 お名前と電話番号を教えてください。切符を受け取る時、パスポートと学生証を持ってきて下さい。

Qǐng gàosu wǒ nín de xìngmíng hé diànhuà hàomǎ. Lái qǔ piào shí, qǐng dài
请 告诉 我 您 的 姓名 和 电话 号码。来 取 票 时, 请 带
hùzhào hé xuésheng zhèng.
护照 和 学生 证。

文法のポイント

到明天为止的票已经卖完了。

「到……为止」は「～まで、終わりとする」という意味を表す。例えば、

Xuǎnxiūkè shēnqǐng dào shénme shíhou wéizhǐ?
选修课 申请 到 什么 时候 为止？／選択科目の申告はいつまでですか。

Huìyì dào cǐ wéizhǐ.
会议 到 此 为止。／会議はこれで終わります。

■ 覚えましょう ■

|说| 给我订一张卧铺吧。
|听| 有上、中、下铺三种。

◆ 注意しましょう ◆

× 卧铺有学生折扣票吗？→ 卧铺有学生票吗？

2 ホテルの予約／订 房间
Dìng fángjiān

田中 もしもし、友誼ホテルですか。

Wèi, shì Yǒuyì bīnguǎn ma?
喂，是 友谊 宾馆 吗？

服务台 はい、こんにちは。

Duì, nín hǎo.
对，您 好。

田中 部屋を予約したいんですが。

Wǒ xiǎng dìng yí ge fángjiān.
我 想 订 一 个 房间。

服务台 はい、日にちと部屋のタイプはどうされます。

Hǎo, dìng shénme shíjiān de? Yào shénme yàng de fángjiān?
好，订 什么 时间 的？要 什么 样 的 房间？

ホテルの予約（订房间）

田中 8月20日から8月23日の3日間でツインをお願いします。

Cóng bā yuè èrshi hào dào bā yuè èrshisān hào, yígòng zhù sān tiān. Yào shuāngrén jiān.
从8月20号到8月23号，一共住3天。要双人间。

服务台 ツインはもういっぱいです。シングルと4人部屋ならあります。

Xiànzài shuāngrén jiān yǐjing zhù mǎn le. Yǒu dānrén jiān hé sì rén jiān.
现在双人间已经住满了。有单人间和4人间。

田中 シングルは一日いくらですか。

Dānrén jiān yì tiān duōshao qián?
单人间一天多少钱？

服务台 580元、380元、180元の三種類あります。

Yǒu wǔbǎibāshí yuán, sānbǎibāshí yuán, yìbǎibāshí yuán sān zhǒng.
有580元、380元、180元三种。

田中 180元のでいいです。何時までに到着すればいいですか。

Yào yìbǎibāshí yuán de ba. Qǐngwèn dāngtiān fángjiān kěyǐ bǎoliú dao jǐ diǎn?
要180元的吧。请问当天房间可以保留到几点？

服务台 夜6時までです。変更や取消の時はお電話下さい。

Bǎoliú dao wǎnshang liù diǎn, biàndòng huòzhě qǔxiāo shí, qǐng dǎ diànhuà.
保留到晚上6点，变动或者取消时，请打电话。

文法のポイント

现在双人间已经住满了。

「～满」は「いっぱいになる」という意味を表す。例えば、

Chē li jǐ mǎn le rén.
车里挤满了人。／車内は満員だ。

Lǚxíng xiāng li sāi mǎn le shū
旅行箱里塞满了书。／旅行かばんは、本でいっぱいになった。

■ 覚えましょう ■

说 我想订一个房间。
听 好，订什么时间的？要什么样的房间？

13. 旅行の準備をする（做旅游的准备） 139

◆ 注意しましょう ◆

× 请问，当天房间可以到几点保留？ → 请问，当天房间可以保留到几点？

3 乗船券を予約する／订 船 票
Dìng chuán piào

（ホテルのフロントで／在 宾馆 的 服务台）
(Zài bīnguǎn de fúwùtái)

田中 ここから上海までの客船は毎日ありますか？

从 这儿 到 上海 的 客船 每天 都 有 吗？
Cóng zhèr dào Shànghǎi de kèchuán měitiān dōu yǒu ma?

服务员 私もよくわかりません、少々お待ち下さい。電話で聞いてみます。

嗯, 我 也 不 太 清楚。请 稍 等 一会儿, 我 打 电话 问
Ng, wǒ yě bú tài qīngchu. Qǐng shāo děng yíhuìr, wǒ dǎ diànhuà wèn
一下。
yíxia.

田中 忙しいでしょうから電話番号を教えて下さい。自分で電話します。

我 看 你 也 够 忙 的, 要不, 你 告诉 我 电话 号码, 我
Wǒ kàn nǐ yě gòu máng de, yàobu, nǐ gàosu wǒ diànhuà hàomǎ, wǒ
自己 打 吧。
zìjǐ dǎ ba.

服务员 はい、切符売り場の電話番号は 282-5001、282-8002 です。

也 好, 售票处 的 电话 号码 是: 282-5001、282-8002。
Yě hǎo, shòupiàochù de diànhuà hàomǎ shì: èrbāèr-wǔlínglíngyāo, èrbāèr-bālínglíngèr.

服务员 こんにちは、切符売り場です。

您 好, 这里 是 售票处。
Nín hǎo, zhèli shì shòupiàochù.

田中 すみません、上海への船は毎日ありますか。

请问, 到 上海 的 客船 每天 都 有 吗？
Qǐngwèn, dào Shànghǎi de kèchuán měitiān dōu yǒu ma?

服务员 毎日ではありません。偶数日出航で、奇数日はないです。

    Bú shì měi tiān dōu yǒu, shuānghào yǒu, dānhào méi yǒu.
    不 是 每 天 都 有, 双号 有, 单号 没 有。

田中 何時間かかりますか。

    Dào Shànghǎi děi duō cháng shíjiān?
    到 上海 得 多 长 时间?

服务员 上海まで28時間です。

    Èrshibā ge xiǎoshí.
    28 个 小时。

田中 26日の切符を一枚お願いします。

    Qǐng gěi wǒ dìng yì zhāng èrshiliù hào de piào.
    请 给 我 订 一 张 26 号 的 票。

服务员 客船二等Aは305元、Bは265元、三等Aは228元、Bは190元、四等は148元、五等は115元。一般席は98元です。どれを予約されますか。

    Èr děng cāng A sānbǎilíngwǔ yuán, B èrbǎiliùshiwǔ yuán. Sān děng cāng A èrbǎi'èrshibā
    二 等 舱 A 305 元, B 265 元。 三 等 舱 A 228

    yuán, B yìbǎijiǔshi yuán. Sì děng cāng yìbǎisìshibā yuán, wǔ děng cāng yìbǎiyīshíwǔ
    元, B 190 元。四 等 舱 148 元, 5 等 舱 115

    yuán. Sǎnxí jiǔshibā yuán, nín yào dìng něi zhǒng?
    元。散席 98 元, 您 要 订 哪 种?

田中 三等のBにします。

    Dìng sān děng de B ba.
    订 三 等 的 B 吧。

文法のポイント

我看你也够忙的。

「够＋形容詞＋了」の形で程度が甚しいことを表す。例えば、

Jīntiān gòu rè de le.
今天 够 热 的 了。／今日はものすごく暑い。

Shíwǔ yuán, gòu piányi de le, mǎi yí ge ba.
15 元, 够 便宜 的 了, 买 一 个 吧。

　　　　　　　　　　　／15元、それはすごく安い、一個買いましょう。

■ 覚えましょう ■

[说] 请问，到上海的客船每天都有吗？
[听] 不是每天都有，双号有，单号没有。

◆ 注意しましょう ◆

× 要不, 你电话号码告诉我。 →　要不, 你告诉我电话号码。

4　北戴河日帰り旅行／北戴河 一 日 游
Běidàihé yí rì yóu

服务员 こんにちは、中国青年旅行社です。

Nín hǎo, shì Zhōngguó qīngnián lǚxíngshè.
您 好, 是 中国 青年 旅行社。

田中 こんにちは、北戴河日帰り旅行の具体的なスケジュールをお聞きしたいのですが。

Nǐ hǎo, wǒ xiǎng dǎting yíxia "Běidàihé yí rì yóu" de jùtǐ qíngkuàng.
你 好, 我 想 打听 一下 "北戴河 一 日 游" 的 具体 情况。

服务员 いつがご希望ですか。

Nín xiǎng něi tiān qù?
您 想 哪 天 去?

田中 明日です。

Míngtiān.
明天。

服务员 土、日の朝7時からお昼の11時まで、一時間毎に一台ずつ出ています。

Zhōu liù hé zhōu rì zǎocheng qī diǎn dào zhōngwǔ shíyī diǎn, měi xiǎoshí fā yí liàng chē.
周六和周日早晨7点到中午11点，每小时发一辆车。

田中 一人いくらですか。

Yí ge rén duōshao qián?
一个人多少钱？

服务员 大人が100元、子供が60元です。3人以上ですと1割引になります。

Dà rén yìbǎi yuán, xiǎoháir liùshí yuán. Sān ge rén yǐshàng dǎ jiǔ zhé.
大人100元，小孩儿60元。3个人以上打九折。

田中 学生割引がありますか。

Xuésheng yǒu yōuhuì ma?
学生有优惠吗？

服务员 学生は5%引きです。

Xuésheng jiǔ wǔ zhé yōuhuì.
学生九五折优惠。

田中 昼食は、持参するのでしょうか。それとも、そちらで準備してもらえるのでしょうか。

Shì zì dài wǔfàn, háishi nǐmen gěi zhǔnbèi?
是自带午饭，还是你们给准备？

服务员 こちらでお弁当と飲み物を用意しています。

Zhōngwǔ wǒmen gōngyìng héfàn hé yǐnliào.
中午我们供应盒饭和饮料。

田中 他に何か持って行くものが必要ですか。

Hái yǒu shénme yào dài de ma?
还有什么要带的吗？

服务员 海辺は割に冷えますから衣服を少し多めに、また傘を用意された方がいいです。

Hǎibiān bǐjiào liáng, duō dài diǎnr yīfu, háiyǒu yǔsǎn.
海边 比较 凉，多 带 点儿 衣服，还有 雨伞。

文法のポイント

3个人以上打九折。

「打+数字+折」で「～（数字）掛けにする」という意味を表す。例えば、

Zhèixiē dōu dǎ qī zhé.
这些 都 打 7 折。／この品物全部七掛け（3割引）で売ります。

Gěi dǎ zhé ma? Wǒ mǎi yí ge.
给 打 折 吗？我 买 一 个。／割引してくれますか。一つ買います。

■ 覚えましょう ■

|说| 还有什么要带的吗？
|听| 海边比较凉，多带点儿衣服，还有雨伞。

◆ 注意しましょう ◆

△ 是午饭自带，还是你们给准备？ → 是自带午饭，还是你们给准备？

補 充 単 語

〈ア行〉
五つ星ホテル　　5星级饭店　wǔxīng jí fàndiàn

〈カ行〉
快速　　直快　zhíkuài
グリーン車　软座　ruǎnzuò
（グリーン車に対する）普通車
　　　　硬座　yìngzuò
観光バス　观光车　guānguāng chē
国際船　国际船　guójì chuán

現金　现金　xiànjīn
車酔い　晕车　yùnchē

〈サ行〉
シングルルーム
　　　　单人间　dānrén jiān
スイートルーム
　　　　套房　tàofáng
スタンダード　标准间　biāozhǔn jiān
宿泊カード　住宿卡　zhùsù kǎ

〈タ行〉

長距離バス	长途汽车	chángtú qìchē
チェック・アウト	退房	tuìfáng
登録	登记	dēngjì
途中下車	中途下车	zhōngtú xiàchē
特急	特快	tèkuài

〈ハ行〉

払い戻し	退票	tuìpiào
飛行機酔い	晕飞机	yùn fēijī
日傘	阳伞	yángsǎn
船酔い	晕船	yùn chuán

〈ラ行〉

レインコート	雨衣	yǔyī

=== ミニ知識 ===

中国の列車名表記

　中国の列車は、全国的に番号が統一されているが、列車の種類によって前につけられているプレートの略称が違う。主要な略称は、以下の4種類である。

1、Tは「特別快車」の略称である。この種類の列車は、車内の設備、サービス等の面で、条件が一番いい。停車駅は少ないし、スピードも最も速い。例えば、T17次は、北京からハルピンまで13時間で1300kmを走る。途中停車はただ1駅だけだ。もちろん、運賃も一番高い。

2、Kは「快速列車」の略称。車内の条件はTの特快の次にいいが、停車駅数が多くなるものや、スピードがTほど速くないものもある。例えば、広州と深圳を結ぶK467次は、途中6駅止まり、ほぼ3時間かかる。同じ区間でも、T845次は2駅しか止まらず、所要時間は1時間19分だ。また例えば、北京—瀋陽のK53次は1駅も止まらないが、所要時間は、5駅停車するT11次と変わらない。

3、Yは「旅游列車」（観光列車）の略称である。大都市といくつかの観光名所との間を運行する臨時列車なので、旅行シーズンと祝日や休日には増発される。

4、普通列車に、略称はなく、ただ数字だけで表示されている。例えば、上海発長春行きの1346次や、西安発重慶行きの2119次等のように。上述の長距離列車は全て食堂車がある。

　上述の列車以外にも、地域によっては、「环2」等の都市の環状線を運行する列車や「林6」等の森林内のみを運行する列車もある。

14 ホテルで
Zài fàndiàn
在 饭店

1 宿泊手続／住宿 登记
Zhùsù dēngjì

① 空き部屋がありますか／有 没 有 空 房间？
　Yǒu méi yǒu kòng fángjiān?

田中 ここに泊まりたいのですが。
　　　 Wǒ xiǎng dìng ge fángjiān.
　　　 我 想 订 个 房间。

服务员 シングルでいいですか。
　　　　 Yào dānrén fáng ma?
　　　　 要 单人 房 吗？

田中 二人ですから、ツインルームをお願いしたいのですが。空いてますか。
　　　 Liǎng ge rén, xiǎng yào shuāngrén fángjiān. Yǒu kòng fángjiān ma?
　　　 两 个 人，想 要 双人 房间。有 空 房间 吗？

服务员 ございます。いつまでご滞在ですか。
　　　　 Yǒu. Nǐmen zhù jǐ tiān?
　　　　 有。你们 住 几 天？

田中 二日間です。
　　　 Liǎng tiān.
　　　 两 天。

服务员 かしこまりました。一泊お一人150元ですが、よろしいですか。
　　　　 Hǎo, fángfèi yí ge rén yì tiān yìbǎiwǔshí kuài, kěyǐ ma?
　　　　 好，房费 一 个 人 一 天 150 块，可以 吗？

田中 いいです。
　　　 Hǎo.
　　　 好。

146 宿泊手続（住宿登記）

服务员 では、ここにお名前と国籍、パスポート番号をお書きください。

Qǐng zài zhèli xiě shang nín de xìngmíng, guójí hé hùzhào hàomǎ.
请 在 这里 写 上 您 的 姓名、国籍 和 护照 号码。

田中 これでいいですか。

Zhèiyàng xiě xíng ma?
这样 写 行 吗？

服务员 はい、けっこうです。ありがとうございます。ここにサインをお願いします。

Kěyǐ, xièxie, qǐng zài zhèli qiānmíng.
可以，谢谢，请 在 这里 签名。

Qǐng zài chá cha kan
② もう一度調べて下さい／请 再 查 查 看

中村 こんにちは。中村良夫といいます。一週間前に予約しておいたのですが。

Nín hǎo, wǒ jiào Zhōngcūn Liángfū, yí ge xīngqī qián yùdìng le yí ge fángjiān.
您 好，我 叫 中村 良夫，一 个 星期 前 预订 了 一 个 房间。

服务员 中村様ですね。しばらくお待ち下さい。…お名前がないようなのですが。

Ā, Zhōngcūn xiānsheng, qǐng shāo děng yíxia, ……hǎoxiàng méi yǒu.
啊，中村 先生，请 稍 等 一下，……好像 没 有。

中村 そんなはずないですよ。もう一度調べて下さい。

Bú huì ba. Qǐng zài chá cha kan.
不 会 吧。请 再 查 查 看。

服务员 申し訳ございませんが、やはりお名前はございません。お手数ですが、改めて予約していただけますか。

Duìbuqǐ, háishi chá bu dào nín de míngzi. Máfan nín, qǐng chóngxīn dìng
对不起，还是 查 不 到 您 的 名字。麻烦 您，请 重新 订
yíxia ba.
一下 吧。

中村 まあいいでしょう。では、シングルをお願いします。

Nà hǎo ba. Wǒ yào yí ge dānrén fángjiān.
那 好 吧。我 要 一 个 单人 房间。

14. ホテルで(在饭店)

服务员 大変申し訳ございません。シングルは満室になっております。ダブルではいかがでございましょう。

Zhēn duìbuqǐ, dānrén fángjiān dōu mǎn le. Shuāngrén fángjiān zěnmeyàng?
真 对不起，单人 房间 都 满 了。双人 房间 怎么样？

中村 もしシングルと同じ料金ならいいですよ。

Yàoshi hé dānrén fángjiān yíyàng jiàr dehuà, yě kěyǐ.
要是 和 单人 房间 一样 价儿 的话, 也 可以。

服务员 けっこうでございます。何日お泊りでしょうか。

Kěyǐ ba. Nín zhù jǐ tiān?
可以 吧。您 住 几 天？

中村 一週間の予定です。

Wǒ xiǎng zhù yí ge xīngqī.
我 想 住 一 个 星期。

服务员 では、このカードのご記入をお願いします。

Nà qǐng tián yíxia zhèi zhāng dēngjì kǎ ba.
那 请 填 一下 这 张 登记 卡 吧。

中村 わかりました。

Hǎo.
好。

服务员 ご精算はクレジットカードでなさいますか。現金でなさいますか。

Nín yòng xìnyòng kǎ jiézhàng, háishi yòng xiànjīn?
您 用 信用 卡 结帐, 还是 用 现金？

中村 トラベラーズチェックで払いたいのですが。

Wǒ xiǎng yòng lǚxíng zhīpiào.
我 想 用 旅行 支票。

服务员 けっこうでございます。では、まず、保証金の200元をお支払いください。これはチェックアウトの時にお部屋代と精算していただきます。お部屋は3階の323号室です。これは、お部屋のカードと朝食券が7枚です。朝食はバイキング方式となっております。7時から10時の間に、地下一階のレストランをご利用ください。

Yě kěyǐ. Nà qǐng nín xiān fù èrbǎi kuài qián yājīn, tuìfáng de shíhou
也 可以。那 请 您 先 付 200 块 钱 押金, 退房 的 时候
jiésuàn. Nín de fángjiān zài sān lóu, sānèrsān fángjiān. Zhè shì fángjiān kǎ hé qī
结算。您 的 房间 在 三 楼, 323 房间。这 是 房间 卡 和 七
zhāng zǎo cān quàn. Zǎofàn shì zìzhùcān, cóng qī diǎn dào shí diǎn, cāntīng zài
张 早 餐 券。早饭 是 自助餐, 从 7 点 到 10 点, 餐厅 在
dìxià yī céng.
地下 一 层。

中村 わかりました。どうも。

Míngbai le. Xièxie.
明白 了。谢谢。

服务员 何かございましたら、いつでもフロントまでお電話ください。

Yǒu shénme shìr, qǐng suíshí gěi fúwùtái dǎ diànhuà.
有 什么 事儿, 请 随时 给 服务台 打 电话。

文法のポイント

要是和单人房间一样价儿的话，也可以。

「A 和（跟）B 一样」という形で、「AはBと同じ」という意味を表す。例えば、

Wǒ de kànfǎ gēn nǐ bù yíyàng.
我 的 看法 跟 你 不 一样。／私の考え方は君とはちがう。

Nèi jiā diàn hé zhèi jiā yíyàng piányi.
那 家 店 和 这 家 一样 便宜。

／あの店の商品はこの店と同じように安い。

■ 覚えましょう ■

|说| 您住几天？
|听| 我想住一个星期。

◆ 注意しましょう ◆

△ 我要住一个星期。 → 我想住一个星期。

2 客室で／在 客房
Zài kèfáng

① 水が止まらない／水 流 个 不 停
Shuǐ liú ge bù tíng

中村 もしもし、フロントですか。
喂，服务台 吗？
Wèi, fúwùtái ma?

服务员 そうですが、323号室ですか。何か。
对，323 房间 吗？ 有 什么 事？
Duì, sānèrsān fángjiān ma? Yǒu shénme shì?

中村 どういうわけかトイレの水が止まらないのです。
便池 的 水 流 个 不 停，不 知道 怎么 回 事儿。
Biànchí de shuǐ liú ge bù tíng, bù zhīdao zěnme huí shìr.

服务员 そうですか。しばらくお待ちください。係りの者がすぐ行きますので。
是 吗？ 请 等 一下，服务员 马上 就 去。
Shì ma? Qǐng děng yíxia, fúwùyuán mǎshàng jiù qù.

……

中村 あの、ここのテレビは何チャンネルありますか。
请问，这儿 的 电视 能 看 几 个 频道？
Qǐngwèn, zhèr de diànshì néng kàn jǐ ge píndào?

服务员 六つです。
能 看 六 个 频道。
Néng kàn liù ge píndào.

中村 中央テレビ局は何チャンネルですか。

Zhōngyāng diànshìtái shì jǐ píndào?
中央 电视台 是 几 频道?

服务员 3チャンネルです。

Sān píndào.
3 频道。

中村 何時に天気予報がありますか。

Jǐ diǎn yǒu tiānqì yùbào?
几 点 有 天气 预报?

服务员 毎回ニュースのあとにあります。ニュース番組は一時間ごとにありますよ。

Měi cì xīnwén jiémù zhīhòu dōu yǒu. Měi gè xiǎoshí dōu yǒu xīnwén jiémù.
每 次 新闻 节目 之后 都 有。每 个 小时 都 有 新闻 节目。

中村 もう一つお願いしたいことがあるんですけど。

Wǒ hái yǒu shìr xiǎng bàituō nǐ.
我 还 有 事儿 想 拜托 你。

服务员 何でしょうか。

Shénme shì?
什么 事?

中村 明日の朝6時にモーニングコールをしてほしいのです。

Míngtiān zǎochen liù diǎn zhōng qǐng jiào xǐng wǒ.
明天 早晨 六 点 钟 请 叫 醒 我。

文法のポイント

便池的水流个不停，……。

「動詞＋个＋不停(没完)」の形でその動作が終わらないことを表す。この「个」は、前に示した名詞の代名詞となり、目的語のような働きをする。例えば、

Háizimen jī ji zhā zha de shuō ge méi wán.
孩子们 叽 叽 喳 喳 地 说 个 没 完。

／子供達はぺちゃくちゃといつまでも話し終わらない。

Yǔ xià ge bù tíng.
雨 下 个 不 停。／雨が降り止まない。

■ 覚えましょう ■

|说| 明天早晨六点钟请叫醒我。
|听| 每次新闻节目以后都有天气预报。

◆ 注意しましょう ◆

△ 在明天早晨六点钟请叫醒我。 →　明天早晨六点钟请叫醒我。

Kèfáng fúwù
② ルームサービス／客房 服务

中村 もしもし、フロントですか。

Wèi, zǒngjī ma?
喂，总机 吗？

总机 はい。何かご用ですか。

Duì. Yǒu shénme shìr ma?
对。有 什么 事儿 吗？

中村 ポットのお湯がぬるいのですが、熱いのを持って来てもらえますか。それと、割り箸も一つほしいんですけど。

Nuǎnhú li de kāishuǐ bú rè le. Qǐng sòng diǎnr rèshuǐ lái, hǎo ma?
暖壶 里 的 开水 不 热 了。请 送 点儿 热水 来，好 吗？

Wǒ hái xiǎng yào yì shuāng fāngbiàn kuàir.
我 还 想 要 一 双 方便 筷儿。

总机 お湯はすぐに持って伺います。お箸は売店に行ってお買い求めいただきませんと…。

Kāishuǐ mǎshàng jiù lái, kuàizi děi dào xiǎomàibù mǎi.
开水 马上 就 来，筷子 得 到 小卖部 买。

中村 さっき行って来ましたけど、なかったですよ。

Wǒ gāngcái qù guo le. Méi yǒu.
我 刚才 去 过 了。没 有。

总机 そうですか。では、お箸も持って参ります。

Shì ma? Nà hǎo, wǒ gěi nín ná yì shuāng qù ba.
是 吗? 那 好, 我 给 您 拿 一 双 去 吧。

文法のポイント

筷子得到小卖部买。

「得」は「～しなければならない」という意味の助動詞で、動詞の前に置く。例えば、

Kàn Chángchéng děi qù Bādálǐng.
看 长城 得 去 八达岭。／長城を見るには八達嶺に行かなくては。

Tā jīn wǎn děi jiābān.
他 今 晚 得 加班。／彼は今晩残業しなければならない。

■ 覚えましょう ■

|说| 请送点儿热水来,好吗?
|听| 开水马上就来。

◆ 注意しましょう ◆

× 我想要一个方便筷儿。 → 我想要一双方便筷儿。

3 チェックアウト／退房
Tuì fáng

中村 チェックアウトしたいんですが。

Wǒ xiǎng bàn tuì fáng shǒuxù.
我 想 办 退 房 手续。

服务台 お部屋のナンバーは…？

Nín de fángjiān hàomǎ shì……?
您 的 房间 号码 是 ……?

中村 323号室の中村良夫です。

Sānèrsān hào fángjiān, Zhōngcūn Liángfū.
323 号 房间, 中村 良夫。

服务台 少しお待ち下さい。…これが中村様の伝票でございます。

Qǐng děng yíxia, ……zhè shì nín de zhàngdān.
请 等 一下, ……这 是 您 的 帐单。

中村 ええ？！どうしてこんなに高いんだろ。チェックインした時シングルの料金にする約束だったのに、なぜダブルの料金になってるんですか。

Āi, zěnme zhème guì! Dēngjì de shíhou shuō hǎo àn dānrén fáng suàn qián,
哎, 怎么 这么 贵！登记 的 时候 说 好 按 单人 房 算 钱,
zěnme dōu shì shuāng fáng de jiàr?
怎么 都 是 双人 房 的 价儿？

服务台 おっしゃる通りです。本当に申し訳ございません。これは、コンピューターがルームナンバーに基づいて計算しているものですから、すぐ計算しなおします。

Nín shuō de duì, shízài duìbuqǐ. Zhè shì jìsuànjī àn fángjiān hào suàn de,
您 说 得 对, 实在 对不起。这 是 计算机 按 房间 号 算 的,
wǒ mǎshàng chóngxīn suàn.
我 马上 重新 算。

中村 クリーニング代もどうやら違っているようですね。僕が出したのは水洗いでしたが、これはドライになってますよ。

Xǐyī fèi hǎoxiàng yě bú duì. Wǒ xǐ de yīfu dōu shì shuǐ xǐ de, kě
洗衣 费 好像 也 不 对。我 洗 的 衣服 都 是 水 洗 的, 可
zhèr yǒu jiàn gān xǐ de.
这儿 有 件 干 洗 的。

服务台 申し訳ございません。もうしばらくお待ち下さい。

Duìbuqǐ, qǐng zài děng yíxia.
对不起, 请 再 等 一下。

文法のポイント

怎么这么贵？

「怎么这么＋形容詞」の形で、驚き、いぶかる気持ちを表す。「怎么」は主語の前に置くこともできる。例えば、

Tā zěnme zhème gāoxìng?
他 怎么 这么 高兴？／彼はどうしてそんなに喜んでいるのだろう。

Jīntiān zěnme zhème rè?
今天 怎么 这么 热？／どうして今日はこんなに暑いのだろう。

Zěnme nǐ chī de zhème kuài?
怎么 你 吃 得 这么 快？／どうして君はそんなに食べるのが速いの。

■ 覚えましょう ■

|说| 我想办退房手续。
|听| 这是您的帐单。

◆ 注意しましょう ◆

× 登记的时 → 登记的时候（「登记时」もあるが、主に書面語に用いる。）

補 充 単 語

〈ア行〉
アイロンをかける
　　　　　　　熨　　　yùn
受付　　　　　登记处　dēngjìchù
　　　　　　　传达室　chuándáshì
エアコン　　　空调　　kōngtiáo
〈カ行〉
鍵　　　　　　钥匙　　yàoshi
体を洗うタオル
　　　　　　　澡巾　　zǎojīn
クローク　　　寄存处　jìcúnchù

〈サ行〉
下着　　　　　内衣　　nèiyī
支配人　　　　经理　　jīnglǐ
蛇口　　　　　水龙头　shuǐlóngtóu
洗面台　　　　洗脸池　xǐliǎnchí
〈タ行〉
ドアマン　　　门房、门卫　ménfáng、ménwèi
トイレットペーパー
　　　　　　　手纸　　shǒuzhǐ
〈ナ行〉
ナイトテーブル
　　　　　　　小茶几　xiǎochájī

〈ハ行〉

バー	酒吧	jiǔbā
バスタオル	浴巾	yùjīn
バスマット	浴后脚垫	yùhòu jiǎodiàn

〈マ行〉

| 前払い | 先付款 | xiān fùkuǎn |

〈ラ行〉

| 両替所 | 兑换处 | duìhuànchù |
| ロビー | 门厅 | méntīng |

〈ワ行〉

| ワイシャツ | 衬衫 | chènshān |

補充常用文

じゃましないでください。
请勿打扰。

この部屋を掃除してください。
请打扫这个房间。

エアコンがきかない。
空调不制冷（热）。

部屋をもっと暖かくしてください。
请把房间温度调高一点儿。

トイレの水が流れない。
厕所堵了。

バスタブつきの部屋がいいです。
我想住带浴缸的房间。

部屋を換えてもらえますか。
能换房间吗?

眺めのいい部屋をお願いします。
我想住风景好的房间。

隣の部屋がうるさい。
隔壁房间太吵了。

鍵が壊れていてかからない。
锁坏了，锁不上。

一日早く発ちたい。
我想提前一天离开。

一日滞在をのばしたい。
我想多住一天。

タクシーを呼んでください。
请叫辆出租汽车。

ファックスを送りたい。	Wǒ xiǎng fā chuánzhēn. 我 想 发 传真。
貴重品をフロントに預けたい。	Wǒ xiǎng bǎ guìzhòng pǐn cún zai fúwùtái. 我 想 把 贵重品 存 在 服务台。
このトランクを預かってもらえますか。	Néng bǎoguǎn yíxia zhèi ge píxiāng ma? 能 保管 一下 这 个 皮箱 吗?

=== ミニ知識 ===

魔法瓶

　中国に行って、ほどなくして気づくのが、日常生活と魔法瓶の切っても切れない関係である。これには原因が2つあって、1つは、中国の多くの都市の水道水は、必ず沸かして飲まなければならないということ。もう1つは、南部、北部にかかわらず、お湯を飲む習慣があって、冷たい水を飲む人はまれにしかいないからということだ。

　このため、例えば一般に言う「喝水」は、「水を飲む」のではなく、実際の意味は「お湯を飲む」ということになる。同様に、「喝凉水」と言う時は、「水を飲む」という意味と「喝凉开水」(お白湯を飲む) という2つの意味を持つ可能性がある。だから友人が尋ねて来て、「给我点儿水。」(水を一杯くれない?) と言ったら、くれぐれも水道水ではなく、ポットのお湯をついであげるようにしなくてはいけないのだ。

　魔法瓶は「暖水瓶」(nuǎnshuǐpíng) または「热水瓶」と言う。外側は普通、鉄かプラスチックでできており、内側は、ガラスかステンレスである。ガラス製は、保温性が高く、わりに安い。ステンレス製は、丈夫で長持ちするが、値段が高い。1、2年の留学だったらガラス製で十分だ。

15 病院で / 看病 Kàn bìng

1 受付をする / 挂号 Guàhào

田中 あの、すみません、内科で診てもらいたいんですが。
Láojià, wǒ xiǎng guà nèikē.
劳驾，我 想 挂 内科。

护士 以前ここで診てもらったことがありますか。
Yǐqián nín zài zhèr kàn guo bìng ma?
以前 您 在 这儿 看 过 病 吗？

田中 ありません。ここは初めてです。
Méiyou. Zhè shì dì yī cì.
没有。这 是 第 一 次。

护士 では、まず、この用紙に氏名、性別、年齢を記入してください。
Nà qǐng xiān tián yíxia zhèi zhāng biǎo, xiě shang xìngmíng、xìngbié、niánlíng.
那 请 先 填 一下 这 张 表，写 上 姓名、性别、年龄。

田中 はい。（書き終わって）これでいいですか。
Hǎo. (Tián wán hòu) Nǐ kàn zhèiyàng xíng ma?
好。(填 完 后) 你 看 这样 行 吗？

护士 あら、あなた日本人ですか。
Ò, nǐ shì Rìběn rén na?
哦，你 是 日本 人 哪？

田中 そうです。日本人です。
Duì, wǒ shì Rìběn rén.
对，我 是 日本 人。

护士 専門医にしますか、一般医にしますか。

Nǐ guà zhuānjiā hào háishi guà yìbān hào?
你挂专家号还是挂一般号?

田中 専門医と一般医はどう違うんですか。

Zhuānjiā hào hé yìbān hào yǒu shénme bù yíyàng?
专家号和一般号有什么不一样?

护士 「専門医受診」は有名な医師による受診で、「一般医受診」はその日の当番医の受診になります。

Zhuānjiā hào shì yǒumíng de dàifu kàn bìng, yìbān hào shì měitiān de zhíbān dàifu kàn.
专家号是有名的大夫看病,一般号是每天的值班大夫看。

田中 へえ、そうなんですか。じゃ、一般医でいいです。

Ō, shì zhème huí shìr. Wǒ guà yìbān hào jiù xíng.
噢,是这么回事儿。我挂一般号就行。

护士 2階の第一内科に行って、その番号札を窓口の机の上に置けばいいですよ。

Qǐng dào èr lóu de yī zhěnshì. Bǎ zhèi zhāng guàhào dān fàng zai chuāngkǒu de tái shang jiù xíng le.
请到二楼的一诊室。把这张挂号单放在窗口的台上就行了。

文法のポイント

专家号和一般号有什么不一样?

「有什么~」という形で「何か~なことがある」という意味を表す。否定形は「没(有)什么~」で「何も~ない」となる。例えば、

Yǒu shénme kùnnan qǐng bié kèqi.
有什么困难请别客气。
／何か困ったことがあれば遠慮なく言ってください。

Méi shénme liǎobuqǐ (de).
没什么了不起(的)。／何もたいしたことはないです。

■ 覚えましょう ■

|说| 我想挂内科。
|听| 请先填一下这张表。

◆ 注意しましょう ◆

× 我要内科。 →　我要挂内科。
△ 你看这样好吗？ →　你看这样行吗？

2　診察室で／在 诊室　(Zài zhěnshì)

医生　そこにかけてください。どうしましたか。

坐 吧, 哪儿 不 舒服？
(Zuò ba, nǎr bù shūfu?)

田中　お腹が痛くて、ほぼ2時間毎にトイレに行ってます。何も食べたくないし、なんか熱っぽいですし。

肚子 疼, 差不多 两 个 小时 就 得 去 一 次 厕所。什么 也 不 想 吃。好像 还 有点儿 发烧。
(Dùzi téng, chàbuduō liǎng ge xiǎoshí jiù děi qù yí cì cèsuǒ. Shénme yě bù xiǎng chī. Hǎoxiàng hái yǒudiǎnr fāshāo.)

医生　熱を計ってみましょうね。

量 一下 体温 吧。
(Liáng yíxia tǐwēn ba.)

田中　はい。

好。
(Hǎo.)

医生　37.8度、ちょっと熱がありますね。のどは痛くないですか。

三十七 度 八, 是 有点儿 发烧。嗓子 疼 不 疼？
(Sānshiqī dù bā, shì yǒudiǎnr fāshāo. Sǎngzi téng bu téng?)

田中 飲み込むとき痛いですし、時々咳も出ます。

Yàn dōngxi de shíhou téng, yǒu shíhou hái késou.
咽 东西 的 时候 疼, 有 时候 还 咳嗽。

医生 口をあけて。どれどれ。はい、今度は前を開けて。はい、吸って、もう一度、大きく息を吸って。…いいですよ。

Qǐng zhāng kai zuǐ, wǒ kàn kan. Zài jiě kai shàngyī, wǒ tīng ting. Xī qì, xī qì, zài màn manr xī qì, ……hǎo le.
请 张 开 嘴, 我 看 看。再 解 开 上衣, 我 听 听。吸 气, 吸 气, 再 慢 慢儿 吸 气, ……好 了。

医生 かぜですね。それと、少しお腹がゆるいだけです。大丈夫ですよ。薬を飲んで、2,3日休めば良くなります。今まで、薬でアレルギーをおこしたことはありませんか。

Shì gǎnmào. Lìngwài yǒudiǎnr nào dùzi. Bú yàojǐn de. Chī diǎnr yào, xiūxi liǎng tiān jiù hǎo le. Nǐ yǒu yàowù guòmǐn ma?
是 感冒。另外 有点儿 闹 肚子。不 要紧 的。吃 点儿 药, 休息 两 天 就 好 了。你 有 药物 过敏 吗?

田中 ありません。でも、注射はこわくて。

Méi yǒu. Kě wǒ hàipà dǎ zhēn.
没 有。可 我 害怕 打 针。

文法のポイント

什么也不想吃。

　「疑問詞＋也＋(不)～」の形で「全面否定」或いは「全面肯定」を表す。「也」は「都」にしてもよい。例えば、

Shéi yě bú rènshi.
谁 也 不 认识。／誰とも面識がない。

Nǎr dōu xiǎng qù.
哪儿 都 想 去。／どこでも行きたい。

■ 覚えましょう ■

|听| 哪儿不舒服?
|说| 肚子疼，好像还有点儿发烧。

◆ 注意しましょう ◆

× 打开嘴 → 张开嘴
× 好像还有点儿发热 → 好像还有点儿发烧
× 肚子坏了 → 闹肚子

3 医学的諸検査／化验 和 透视
Huàyàn hé tòushì

护士 採尿したコップをトイレの中の窓口に置いてください。

Yàn niào de bēizi qǐng fàng dao cèsuǒ de chuāngkǒu li.
验 尿 的 杯子 请 放 到 厕所 的 窗口 里。

田中 わかりました。あの、採血はどこですか。

Míngbai le. Qǐngwèn, yàn xuè zài nǎr?
明白 了。请问, 验 血 在 哪儿？

护士 3階です。エレベーターの左側です。そこで検査表を渡してくださいね。

Zài sān lóu, diàntī zuǒbian jiù shì. Qǐng bǎ zhèi zhāng huàyàn dān gěi tāmen.
在 3 楼, 电梯 左边 就 是。请 把 这 张 化验 单 给 她们。

护士 腕を出して、軽くこぶしを握ってください。

Qǐng bǎ xiùzi wǎn qi lai, qīng qīng de zuàn shang quántou.
请 把 袖子 挽 起 来，轻 轻 地 攥 上 拳头。

田中 終わりました？

Chōu wán le ma?
抽 完 了 吗？

护士 はい、終わりです。地下一階にレントゲンを撮りに行ってください。

Wán le. Qǐng dào dìxià yī céng qù tòushì ba.
完 了。请 到 地下 一 层 去 透视 吧。

技师 上着とシャツを脱いで、下着だけになってください。息を吸って、止めて。
終わりました。ドアのところで待っていてください。

Qǐng bǎ shàngyī hé chènshān tuō le, guāng chuān bèixīn. Xī yì kǒu qì, biē zhù.
请 把 上衣 和 衬衫 脱 了，光 穿 背心。吸 一 口 气，憋 住。

Hǎole, qǐng zài ménkǒur děng yíxia.
好了，请 在 门口儿 等 一下。

文法のポイント

把这张化验单交给她们。

「把」で前に引き出した対象への積極的な処置を表す。「動作主＋把＋動作の対象＋（動詞＋補語など）」の形になっている。例えば、

Qǐng bǎ liáng wán de tǐwēnjì huán gei hùshi.
请 把 量 完 的 体温计 还 给 护士。
／量り終わった体温計は看護婦に返してください。

Tā bǎ nèi duǒ huār fàng zai huāpíng li le.
她 把 那 朵 花儿 放 在 花瓶 里 了。／彼女はその花を花瓶に飾った。

■ 覚えましょう ■

说 抽完了吗？
听 请把袖子挽起来，轻轻地攥上拳头。
吸一口气，憋住。

◆ 注意しましょう ◆

× 吸一口气，止住。 → 吸一口气，憋住。
× 检血，检尿 → 验血，验尿
△ 握拳头 → 攥上拳头

4 薬局で／在取药处
<small>Zài qǔ yào chù</small>

护士 薬は全部で四種類です。カプセルと白い錠剤は1日3回で、カプセルは1回につき1粒、錠剤は1回に3個です。

<small>Nǐ de yào yígòng yǒu sì zhǒng. Jiāonáng hé bái sè de yàopiàn yì tiān sān cì, jiāonáng yí cì yí lì, yàopiàn yí cì sān piàn.</small>
你的药一共有四种。胶囊和白色的药片一天三次，胶囊一次一粒、药片一次三片。

田中 食前ですか、食後ですか。

<small>Fàn qián chī háishi fàn hòu chī?</small>
饭前吃还是饭后吃？

护士 どちらも食後です。水薬は日に2回です。朝ご飯のあとと、夜寝る前に飲んでください。

<small>Dōu shì fàn hòu chī. Yàoshuǐ yì tiān hē liǎng cì. Zǎofàn hòu hé shuìjiào qián gè hē yí cì.</small>
都是饭后吃。药水一天喝两次。早饭后和睡觉前各喝一次。

田中 1回にどのくらい飲むんですか。

<small>Yí cì hē duōshao?</small>
一次喝多少？

护士 20mlです、この薬瓶の一目盛りになります。

<small>Hē èrshi háoshēng, jiù shì zhèi ge yàopíng de yì gé.</small>
喝20毫升，就是这个药瓶的一格。

田中 このピンクの錠剤は？

<small>Zhè fěnhóng sè de yàopiàn……?</small>
这粉红色的药片……？

护士 これは、口に含むのどの薬です。1度に1個、1日4回までで、薬は少なくとも4時間はあけてください。

<small>Zhè shì hánpiàn, zhì sǎngzi téng de. Yí cì hán yí piàn, yì tiān hán sì cì,</small>
这 是 含片, 治 嗓子 疼 的。一 次 含 一 片, 一 天 含 四 次,

<small>liǎng cì zhī jiān zhìshǎo gé sì ge xiǎoshí.</small>
两 次 之 间 至少 隔 四 个 小时。

文法のポイント

一天三次，一次一粒。

　「数量＋数量」の形で、「平均分配」を表す。「数量」と「数量」の間の動詞が省略されたと考えられる。例えば、

<small>Yìrén (fēn) yìwǎn, yì wǎn sì liǎng.</small>
一 人（分）一 碗，一 碗 四 两。／一人一杯（に分ける）、一杯200ｇ。

<small>Yí ge chéngshì (wánr) sān tiān.</small>
一 个 城市（玩儿）三 天。／一ヶ所の都市で三日間（遊ぶ）。

<small>Yì tiān (shàng) sì jié, yì jié jiǔshí fēnzhōng.</small>
一 天（上）四 节，一 节 九十 分钟。
　　　　　　　　　　　　／1日4時間、1時間は90分の授業を受ける。

■ 覚えましょう ■

|说| 一天三次，一次一片。
|听| 一次吃多少？

◆ 注意しましょう ◆

× 两次之间至少空四个小时。 → 两次之间至少隔四个小时。

補 充 単 語

〈ア行〉　　　　　　　　　　　　　　　　インフルエンザ
頭が痛い　　头疼　　tóuténg　　　　　　　流行性感冒　liúxíng xìng gǎnmào
胃が痛い　　胃疼　　wèiténg　　　　ウイルス　　病毒　　bìngdú

日本語	中文	ピンイン
炎症をおこす	发炎	fāyán
〈カ行〉		
ガーゼ	纱布	shābù
痒い	痒	yǎng
花粉症	花粉症	huāfěnzhèng
癌	癌症	áizhèng
化膿する	化脓	huànóng
漢方医	中医	zhōngyī
漢方薬	中药	zhōngyào
カットバン	创可贴	chuāngkětiē
血圧を測る	量血压	liáng xuèyā
外科	外科	wàikē
結膜炎	结膜炎	jiémóyán
腰が痛い	腰疼	yāoténg
骨折	骨折	gǔzhé
〈サ行〉		
産婦人科	妇产科	fùchǎnkē
歯科	牙科	yákē
痔	痔疮	zhìchuāng
耳鼻咽喉科	耳鼻喉科	ěr bí hóu kē
小児科	小儿科	xiǎo'érkē
充血	充血	chōngxuè
手術をする	动手术	dòng shǒushù
しびれる	麻	má
出血	出血	chū xiě
錠剤	药片	yàopiàn
蕁麻疹	荨麻疹	qiánmázhěn
西洋医学で用いる薬	西药	xīyào
〈タ行〉		
退院	出院	chūyuàn
打撲	碰伤	pèngshāng
だるい	酸	suān
腸炎	肠炎	chángyán
凍傷	冻伤	dòngshāng
〈ナ行〉		
軟膏	药膏	yàogāo
入院	入院	rùyuàn
	住院	zhùyuàn
捻挫	扭伤	niǔshāng
寝違い	睡落枕	shuìlàozhěn
〈ハ行〉		
歯が痛い	牙疼	yáténg
腹をこわす	闹肚子	nào dùzi
腫れる	肿	zhǒng
肺炎	肺炎	fèiyán
肺結核	肺结核	fèijiéhé
皮膚炎	皮炎	píyán
吐き気がする	恶心	ěxin
吐く	吐	tù
発疹が出る	发疹	fāzhěn
貧血	贫血	pínxuè
〈マ行〉		
水虫	脚气	jiǎoqì
耳鳴りがする	耳鸣	ěrmíng
脈をみる	诊脉	zhěnmài
むくむ	浮肿	fúzhǒng
虫歯	虫牙	chóngyá
めまいがする	眩晕	xuànyùn
目を患う	闹眼睛	nào yǎnjing
盲腸炎	盲肠炎	mángchángyán
〈ヤ行〉		
やけど	烫伤	tàngshāng
〈ラ行〉		
老眼	花眼	huāyǎn

ミニ知識

「西葫芦」

　「西葫芦」(xīhúlu) つまりズッキーニのことで、「角瓜」(jiǎoguā) と言うところもある。日本のズッキーニと比べると、「西葫芦」には３つの違いがある。まず、大きい。普通サイズで、直径 10 〜 15cm、長さは 30 ㎝前後である。２つめは、１年を通じて手に入るということ。春のズッキーニは若くて、まるごと食べられる。夏と秋には、熟れ始めるので、皮と種の部分は取り去る。冬は、保存しておいたものか、秋に天日干しにしたもの（「干瓢」と同じようなもの）を食べる。３つめの特徴は、安いということ。ズッキーニは、他の多くの野菜に比べてとても安い。

　調理法も多く、炒めたり、スープ仕立てにしたり、また餃子の具にしてもおいしい。完全に熟れたズッキーニの種は、カボチャ同様、よく煎って食すことができる。

16 入院
Zhùyuàn
住院

1 入院／入院 Rùyuàn

田中 ごめん、李君、会話の授業休むって先生に言ってくれない。熱がひどくて、起きあがれないんだ。

小李，你跟老师给我请个假，今天我不能去了。发高烧，起不来。
Xiǎo Lǐ, nǐ gēn lǎoshī gěi wǒ qǐng ge jià, jīntiān wǒ bù néng qù le. Fā gāo shāo, qǐ bu lái.

李平 そうなの？大丈夫かい？先生には伝えておくよ。病院に行かなくてもいいのかい。

是吗？不要紧吗？我告诉老师。你不用去医院看看吗？
Shì ma? Bú yàojǐn ma? Wǒ gàosu lǎoshī. Nǐ búyòng qù yīyuàn kàn kan ma?

田中 うん、解熱剤を飲んで一日寝ていたら治ると思うよ。

不用。吃点退烧药，休息一天就好了。
Búyòng. Chī diǎn tuìshāo yào, xiūxi yì tiān jiù hǎo le.

……

李平 気分はどう。少しは良くなった？

你觉得怎么样？好点儿了吗？
Nǐ juéde zěnmeyàng? Hǎo diǎnr le ma?

田中 ううん、やっぱり体が熱くてたまらないよ。病院に連れて行ってくれるかな。

还不舒服，烧得不得了。你能不能陪我去医院？
Hái bù shūfu, shāo de bù déliǎo. Nǐ néng bu néng péi wǒ qù yīyuàn?

入院（入院）

李平 じゃ、すぐタクシー呼ぶよ。

Dāngrán néng. Wǒ mǎshàng jiào chūzū qìchē.
当然 能。我 马上 叫 出租 汽车。

……

护士 始めに検温と採血をします。

Qǐng nǐ xiān liáng yi liáng tǐwēn, ránhòu cǎi xiě.
请 你 先 量 一 量 体温, 然后 采 血。

医生 体温は39.5度で、検査の結果、白血球の数が異常に低いことがわかりました。暫く入院した方がいいですね。

Sānshijiǔ dù wǔ, báixuèqiú tài dī le. Nǐ zuìhǎo zhù jǐ tiān yuàn.
三十九 度 五, 白血球 太 低 了。你 最好 住 几 天 院。

田中 ええっ？入院ですか。どのくらいの期間ですか。

Yí? Yào zhùyuàn ma? Děi duō cháng shíjiān?
咦？要 住院 吗？得 多 长 时间？

医生 暫く様子をみなければなんとも言えません。一週間ぐらいでしょうか。

Bù guānchá yíduàn bìngqíng bù hǎoshuō. Děi yí ge xīngqī zuǒyòu ba.
不 观察 一段 病情 不 好说。得 一 个 星期 左右 吧。

田中 わかりました。入院します。

Hǎo ba, zhù ba.
好 吧, 住 吧。

护士 では、入院科の方へ行って、入院の手続をしてください。それから、病室にご案内します。

Nà qǐng nǐ xiān dào zhùyuànbù bàn zhùyuàn shǒuxù, ránhòu wǒ dài nǐ qù
那 请 你 先 到 住院部 办 住院 手续, 然后 我 带 你 去
bìngfáng.
病房。

田中 李君、このまま入院することになった。すまないけど、着替えなど、あとで持ってきてくれない。

Xiǎo Lǐ, wǒ mǎshàng yào zhùyuàn, bù néng huíqu le. Máfan nǐ, huíqu gěi wǒ
小李，我马上要住院，不能回去了。麻烦你，回去给我
dài diǎnr yīfu hé xūyào de dōngxi.
带点儿衣服和需要的东西。

李平 わかった。じゃあ、お大事に。また来るよ。

Hǎo de. Nà nǐ hǎohāor xiūxi, wǒ huíqu jiù lái.
好的。那你好好儿休息，我回去就来。

文法のポイント

烧得不得了。

「形容詞＋得＋不得了」の補語の形でその形容詞の程度が耐えがたい程高いことを表す。「～でたまらない」という言い方に相当する。例えば、

Háizi kǎoshang le dàxué, tā gāoxìng de bù déliǎo.
孩子考上了大学，他高兴得不得了。
　　　　　　／子供さんが大学に合格して、彼はうれしくてたまらない。

Zuìjìn máng de bù déliǎo.
最近忙得不得了。／このところ、忙しくてたまらない。

■ 覚えましょう ■

|说| 我马上要住院，不能回去了。
|听| 不观察一段病情不好说。

◆ 注意しましょう ◆

× 你最好住院几天。　→　你最好住几天院。

2 点滴／点滴 (Diǎndī)

护士 点滴をしますので、ベッドに横になってください。何かあったら、このボタンを押してください。

Xiànzài gěi nǐ dǎ diǎndī, qǐng tǎng chuáng shang. Yǒu shénme shì, qǐng àn zhèi ge niǔ.
现在给你打点滴，请躺床上。有什么事，请按这个钮。

（田中ボタンを押す）
(Tiánzhōng àn niǔ.)
（田中 按 钮。）

护士 どうしましたか。

Yǒu shénme shì ma?
有什么事吗？

田中 この点滴、痛くてたまらないんですが、なんとかなりませんか。

Téng de yàomìng, yǒu shénme bànfǎ ma?
疼得要命，有什么办法吗？

护士 では、落ちるのを遅くしてみましょう。これでどうですか。

Shì ma? Nà, sùdù màn diǎnr shì shi. Zhèiyàng xíng ma?
是吗？那，速度慢点儿试试。这样行吗？

田中 はい、痛くなくなりました。ありがとう。

Xiànzài hǎo le. Xièxie.
现在好了。谢谢。

护士 夕食は何にしますか。食堂に注文できますよ。

Wǎnfàn, nǐ xiǎng chī shénme? Shítáng kěyǐ diǎn cài.
晚饭，你想吃什么？食堂可以点菜。

田中 お粥とつけものをお願いします。

Yào zhōu hé xiáncài ba.
要粥和咸菜吧。

护士 就寝は9時ですから、枕もとの灯りを消してお休みください。

Jiùqǐn shíjiān shì jiǔ diǎn. Dào le jiǔ diǎn qǐng nǐ guāndēng shuìjiào.
就寝 时间 是 九 点。到 了 九 点 请 你 关灯 睡觉。

文法のポイント

速度慢点儿试试。

「慢点儿」は、「形容詞＋点儿」で形容詞の表す程度が軽いことを表す。「点儿」は「一点儿」ともいう。例えば、

Zuótiān hěn lěng, jīntiān nuǎnhuo diǎnr le.
昨天 很 冷，今天 暖和 点儿 了。
／昨日は寒かったが、今日は少し暖かくなった。

Zhèi ge cài xián le yìdiǎnr.
这 个 菜 咸 了 一点儿。／この料理は少し塩辛い。

■ 覚えましょう ■

说　疼得要命，有什么办法吗？
听　有什么事，请按这个钮。

◆ 注意しましょう ◆

× 请你灭灯睡觉。 → 请你关灯睡觉。

3　お見舞い／探望 (Tànwàng)

麦克 田中君、どう具合は。よくなった？これはクラスのみんなからのお見舞いだよ。

Tiánzhōng, zěnmeyàng? Hǎo diǎnr méiyou? Zhè shì wǒmen bān de tóngxué gěi nǐ
田中，怎么样？好 点儿 没有？这 是 我们 班 的 同学 给 你
de wèiwèn pǐn.
的 慰问 品。

田中 ありがとう。もう熱は下がったんだけど、ふらつきがとれなくて。何度も点滴と採血をされて、もう針をさすところもなくなってしまったよ。

Xièxie. Yǐjing tuìshāo le. Búguò zǒulù hái dǎhuàngr. Dǎ le hǎo jǐ píng diǎndī, yòu zǒng cǎixiě huàyàn, dǎ de dìfang dōu méi yǒu le.
谢谢。已经退烧了。不过走路还打晃儿。打了好几瓶点滴，又总采血化验，打的地方都没有了。

麦克 そりゃあ、かわいそうだ。いつ、退院できそうなの。

Zhēn méi bànfǎ! Shénme shíhou néng chūyuàn?
真没办法！什么时候能出院？

田中 それがまだ、はっきりしないんだよ。僕は早く退院したいんだけど。たぶん、白血球が増えたら帰れると思うよ。

Hái shuō bu zhǔn, wǒ xiǎng zǎo diǎnr chūqu. Kěnéng báixuèqiú zhèngcháng le, jiù néng chūyuàn ba.
还说不准，我想早点儿出去。可能白血球正常了，就能出院吧。

麦克 ふーん、じゃあ、もう少し、がんばって。何か欲しいものはない？何でも言ってくれよ。今度持ってくるから。

Shì ma? Nà nǐ zài rěn ren ba. Yǒu shénme xiǎng yào de, bié kèqi. Xià cì wǒ gěi nǐ dài lai.
是吗？那你再忍忍吧。有什么想要的，别客气。下次我给你带来。

田中 ありがとう。今のところないよ。皆にもよろしく言っといて。じゃあね。

Xièxie. Xiànzài dōu gòu le. Qǐng nǐ zhuǎngào dàjiā, wǒ hěn gāoxìng. Zàijiàn!
谢谢。现在都够了。请你转告大家，我很高兴。再见！

护士 起きてください。シーツを交換します。

Qǐng qǐlai yíxia, huàn chuángdān.
请起来一下，换床单。

田中 すみません、この薬を飲むと、胃がむかむかするんですけど。

Duìbuqǐ, chī le zhèi ge yào, yìzhí ěxin.
对不起，吃了这个药，一直恶心。

护士 そうですか。じゃあ、先生に相談してみますね。

Shì ma? Wǒ wèn wen dàifu.
是 吗？ 我 问 问 大夫。

田中 それと、いつお風呂にはいれますか。

Hái xiǎng wèn yíxia, shénme shíhou néng xǐzǎo?
还 想 问 一下，什么 时候 能 洗澡？

护士 今日は偶数日で女性のお風呂の日で、奇数日は男性です。明日の2時から8時の間だったらはいれますよ。

Jīntiān shì shuāngshù rì, shì nǚ huànzhě yòng yùshì. Dānshù shì nán de, míngtiān
今天 是 双数 日，是 女 患者 用 浴室。单数 是 男 的，明天
cóng xiàwǔ liǎng diǎn dào bā diǎn kěyǐ yòng.
从 下午 两 点 到 八 点 可以 用。

文法のポイント

还说不准，……。

「说不准」は「決められない」、「確定できない」という意味を表す。肯定形は「说准」。後に目的語を置くこともできる。例えば、

Fǎnzhèng bú jìn, shuō bu zhǔn yǒu jǐ gōnglǐ.
反正 不 近，说 不 准 有 几 公里。

/何キロあるかわからないけど、どのみち遠いよ。

Dàodǐ shì duōshao qián, qǐng nǐ shuō zhǔn le, bié hán han hú hu.
到底 是 多少 钱，请 你 说 准 了，别 含 含 糊 糊。

/いったいいくらですか。あやふやにしないではっきり言ってください。

Tā de niánlíng méi rén shuō de zhǔn.
她 的 年龄 没 人 说 得 准。／彼女の年齢は誰もはっきりわからない。

■ 覚えましょう ■

|说| 吃了这个药，一直恶心。
|听| 请起来一下，换床单。

◆ 注意しましょう ◆

× 単数是男, ……。 → 単数是男的, ……。

4 退院／出院 Chūyuàn

医生 さて、白血球も正常値にもどりましたし、顔色もいいようですから、退院していいですよ。もう、どこも、具合の悪いところはないですね。

Nǐ de báixuèqiú yǐjing zhèngcháng le. Liǎnsè yě hǎo duō le. Jīntiān kěyǐ chūyuàn. Méi yǒu shénme bù shūfu de dìfang ba.
你 的 白血球 已经 正常 了。脸色 也 好 多 了。今天 可以 出院。没 有 什么 不 舒服 的 地方 吧。

田中 はい、おかげさまで。ありがとうございました。

Méi yǒu. Méi yǒu. Xièxie nín.
没 有。没 有。谢谢 您。

护士 よかったですね。では、会計で入院費の精算をして、帰られたらゆっくり休んでください。具合が悪いところがありましたら、また私達まで連絡してくださいね。

Zhùhè nǐ chūyuàn. Qǐng nǐ dào kuàijì kē jiésuàn zhùyuàn fèi, huíqu hǎohāor xiūxi ba. Yǒu shénme bù shūfu de dìfang, zài gēn wǒmen liánxì.
祝贺 你 出院。请 你 到 会计 科 结算 住院 费, 回去 好好儿 休息 吧。有 什么 不 舒服 的 地方, 再 跟 我们 联系。

田中 帰ってから何か注意することがありますか。

Huíqu yǐhòu yǒu shénme yào zhùyì de ma?
回去 以后 有 什么 要 注意 的 吗?

护士 第一に時間通りに薬を飲むこと、第二に体をゆっくり休ませて、疲れないようにすることです。

Dìyī shì ànshí chī yào, dì'èr shì duō xiūxi, bié lèi zhe.
第一 是 按时 吃 药, 第二 是 多 休息, 别 累 着。

田中 食べ物は？

Chī de fāngmiàn ne?
吃 的 方面 呢?

护士 何も、制限はしなくていいと先生がおっしゃってましたよ。栄養があって消化のよいものを食べてくださいね。

<small>Dàifu shuō méi shénme xiànzhì, chī xiē yǒu yíngyǎng、hǎo xiāohuà de ba.</small>
大夫 说 没 什么 限制, 吃 些 有 营养、好 消化 的 吧。

文法のポイント

第一是按时吃药, 第二是多休息, 别累着。

「第一是~,第二是~」を用いて、列挙する。例えば、

<small>Dìyī shì shǎo hē jiǔ, dì'èr shì duō yùndòng.</small>
第一 是 少 喝 酒, 第二 是 多 运动。
　　　　　　　　　　　　／第一にお酒は少なく、第二によく運動すること。

<small>Yào xiǎng xué hǎo wàiyǔ, dìyī shì duō shuō, dì'èr shì duō tīng.</small>
要 想 学 好 外语, 第一 是 多 说, 第二 是 多 听。
　　　　　／外国語をマスターするには、第一に多く話し、第二に多く聞くことだ。

■ 覚えましょう ■

|说| 回去以后有什么要注意的吗?
|听| 第一是按时吃药, 第二是多休息, 别累着。

◆ 注意しましょう ◆

× 回去慢慢儿休息吧。 → 回去好好儿休息吧。

補充単語

医師回診	查病房	chá bìngfáng	人間ドック	综合健康检查	zōnghé jiànkāng jiǎnchá
往診	出诊	chūzhěn			
介護	看护	kānhù	面会時間	会面时间	huìmiàn shíjiān
外泊	在外过夜	zàiwài guòyè	面会謝絶	谢绝会面	xièjué huìmiàn
個室	单人病房	dānrén bìngfáng	リハビリ	康复	kāngfù

ミニ知識

中国人の結婚式（農村）

　農村で、今も、伝統的な結婚式が残されているところがある。例えば、新婦が赤い衣裳を着て、輿に乗り、赤い布で顔を覆うということ、また、銅鑼やチャルメラなどの演奏と、「闹洞房」（nào dòngfáng　披露宴の後、新婚さんの部屋に友人達が押しかけて騒ぐこと）などである。中国語の「生煮え」と「子どもを産む」は、どちらも「生」ということから、あるところでは、お年寄り達の、孫の顔を1日も早く見たいという願いを満足させるため、新郎、新婦に生煮えの餃子を食べさせておいて、わざと「生不生啊？」と聞くが、このとき、二人は必ず「生」と答えなければならない。このようなことは、都会ではもう、ほとんど見られなくなった。

　かつて、結婚式と披露宴の席に、新婦側の両親がつくことはなかったのだが、今ではこのような習慣は改められた。

17 郵便局で / 在 邮局
Zài yóujú

1 本を送る / 寄书
Jì shū

田中 すみません、現代中国語の文法書と参考書はどこにありますか。

Qǐngwèn, xiàndài Hànyǔ yǔfǎ shū hé gōngjù shū zài nǎr?
请问,现代 汉语 语法 书 和 工具 书 在 哪儿?

工作人员 文法書は、2階の右側で、参考書は3階の左側にあります。

Yǔfǎ shū zài èr lóu de yòu cè, gōngjù shū zài sān lóu de zuǒ cè.
语法 书 在 2 楼 的 右 侧,工具 书 在 3 楼 的 左 侧。

田中 この『現代漢語小辞典』には日本語版がありますか。

Zhèi běn «Xiàndài Hànyǔ xiǎo cídiǎn» yǒu Rìwén bǎn ma?
这 本《现代 汉语 小 词典》有 日文 版 吗?

工作人员 あいにくですが、売り切れました。お急ぎなら外国語書店に行ってみられませんか。

Zhēn bù qiǎo, mài wán le. Jíyòng dehuà, qǐng dào Wàiwén shūdiàn kàn kan.
真 不 巧,卖 完 了。急用 的话,请 到 外文 书店 看 看。

田中 ここから郵送できますか。これらの本を日本に送りたいのですけど。

Nǐmen zhèr yǒu yóujì fúwù ma? Wǒ xiǎng bǎ zhèixiē shū jì dao Rìběn.
你们 这儿 有 邮寄 服务 吗? 我 想 把 这些 书 寄 到 日本。

工作人员 できることはできますけど、送料は割高です。1kg135元です。

Yǒu shì yǒu, búguò yóufèi bǐjiào guì, yìqiān kè yìbǎisānshíwǔ yuán.
有 是 有,不过 邮费 比较 贵,一千 克 135 元。

田中 高いなあ。

Zhēn guì ya.
真 贵 呀。

本を送る（寄书）

工作人员 郵便局に行ってみられませんか。きっとここより安いですよ。

Nǐ qù yóujú kàn kan, nàr yào bǐ wǒmen zhèr piányi yìxiē.
你去邮局看看，那儿要比我们这儿便宜一些。

田中 近くにありますか。

Fùjìn yǒu yóujú ma?
附近有邮局吗？

工作人员 はい、地下道を通って、左に曲がって三つ目の角の右側にあります。

Yǒu, cóng dìxiàdào guòqu wǎng zuǒ guǎi, dì sān ge lùkǒu yòubian jiù shì.
有，从地下道过去往左拐，第三个路口右边就是。

文法のポイント

那儿要比我们这儿便宜一些。

「要」は推測、判断をあらわす副詞で「也许、可能、好像」に近い。例えば、

Běifāng de cài bǐ zhèlǐ yào xián xiē.
北方的菜比这里要咸些。
／北方の料理は、ここより少し塩からいようだ。

Nǐ zuótiān chàng de bǐ jīntiān yào hǎo.
你昨天唱得比今天要好。
／昨日歌ったのが、今日のよりも良かったかもしれない。

■ 覚えましょう ■

说 附近有邮局吗？
听 往左拐，第三个路口右边就是邮局。

◆ 注意しましょう ◆

× 我把这些书想寄到日本。→ 我想把这些书寄到日本。

2 小包を送る／寄 包裹
Jì bāoguǒ

田中 あのー、日本に荷物を送りたいのですが。

Duìbuqǐ, wǒ xiǎng wǎng Rìběn jì dōngxi.
对不起，我 想 往 日本 寄 东西。

工作人员 航空便ですか。船便ですか。

Shì hángkōng, háishi hǎiyùn?
是 航空，还是 海运？

田中 船便は何日ぐらいかかりますか。

Hǎiyùn dàgài yào duōshao tiān?
海运 大概 要 多少 天？

工作人员 けっこうかかりますよ、たぶん一ヶ月前後ぐらいでしょう。

Hǎiyùn bǐjiào màn, kěnéng yào yí ge yuè zuǒyòu.
海运 比较 慢，可能 要 一 个 月 左右。

田中 船便では一度にどのぐらいのものが送れますか。

Hǎiyùn yí cì néng jì duōshao dōngxi?
海运 一 次 能 寄 多少 东西？

工作人员 20kgまでです。

Zuì duō èrshí gōngjīn.
最 多 20 公斤。

田中 じゃあ、船便にします。

Nà jiù jì hǎiyùn ba.
那 就 寄 海运 吧。

工作人员 では、まずこの伝票に記入してください。それから、荷物と一緒にこちらに出してください。

Qǐng xiān tiánxiě zhèi zhāng bāoguǒ dān, ránhòu hé bāoguǒ yìqǐ jiāo gei wǒ.
请 先 填写 这 张 包裹 单，然后 和 包裹 一起 交 给 我。

田中 これ、英語で書かないといけないですか。

Tiánxiě shí bìxū yòng Yīngyǔ ma?
填写 时 必须 用 英语 吗？

小包を送る（寄包裹）

工作人员 そうとは限らないです。英語、日本語、中国語どれでもいいですよ。

　　Nà bù yídìng, Yīng. Rì. Hànyǔ dōu kěyǐ.
　　那 不 一定，英、日、汉语 都 可以。

文法のポイント

请先填写这张包裹单，然后和包裹一起交给我。

　「先…然后」は「まず…して、それから…」という意味を表す。例えば、

Xiān qù Běijīng, ránhòu dào Tiānjīn. Shānhǎiguān.
先 去 北京，然后 到 天津、山海关。
　　　　　　　　　／まず北京に行ってそれから天津と山海関に行きます。

Xiān xué fāyīn, ránhòu xué huìhuà.
先 学 发音，然后 学 会话。／発音を学んでから会話を勉強します。

■ 覚えましょう ■

|说| 填写时必须用英语吗？
|听| 英、日、汉语都可以。

◆ 注意しましょう ◆

× 那就用海运寄吧。→　那就寄海运吧。

3　小包検査／包裹 检查
　　　　　Bāoguǒ jiǎnchá

田中 すみません、この小包と送り状をお願いします。

　　Duìbuqǐ, gěi nǐ bāoguǒ hé bāoguǒ dān.
　　对不起，给 你 包裹 和 包裹 单。

工作人员 あら、もう封をしてしまったんですか。中身は何ですか。

　　Āi, nǐ bǎ bāoguǒ fēng shang le? Lǐmian shì shénme?
　　唉，你 把 包裹 封 上 了？ 里面 是 什么？

田中 全部本と辞書です。

　　Dōu shì shū hé cídiǎn.
　　都 是 书 和 词典。

工作人员 どんな本？開けて見てもいいですか。

Dōu shì shénme shū? Wǒ kěyǐ dǎkāi kàn kan ma?
都是什么书？我可以打开看看吗？

田中 えっ？

Zhè…….
这……。

工作人员 規則で、送る荷物は全部検査しなければいけないんですよ。

Àn guīdìng, jì de dōngxi dōu děi jiǎnchá.
按规定，寄的东西都得检查。

田中 じゃ、どうぞ。

Nà qǐng ba.
那请吧。

工作人员 はい、これで封をしてもいいですよ。

Hǎo, xiànzài kěyǐ fēng shang le.
好，现在可以封上了。

田中 いくらですか。

Duōshao qián?
多少钱？

工作人员 ちょっと待ってください、まず重さを量りますから。…16kg、10kgを超えると1kgごとに20元加算されますので、全部で320元です。

Qǐng děng yíxiar, wǒ xiān chēng yíxia. ……Shíliù gōngjīn, chāoguò shí gōngjīn, měi gōngjīn èrshi yuán, yí gòng shì sānbǎi'èrshi kuài.
请等一下儿，我先称一下。……16公斤，超过10公斤，每公斤20元，一共是320块。

田中 わかりました。じゃ、500元。

Hǎo, gěi nǐ wǔbǎi kuài.
好，给你500块。

工作人员 180元のお返しです。領収書はとっておいて下さい。何かあったときは、対処しやすいですから。

Zhǎo nǐ yìbǎibāshí kuài. Shōujù qǐng bǎocún hǎo, yǒu shénme wèntí shí hǎo cházhǎo.
找你180块。收据请保存好，有什么问题时好查找。

182 小包検査（包裹检查）

文法のポイント

有什么问题时好查找。

「好＋動詞」の形で「～するのに都合がよい」という意味を表す。例えば、

Dài dìtú qù ba, mílù shí hǎo zhǎo.
带 地图 去 吧, 迷路 时 好 找。
／道に迷ったとき探すのに、地図を持って行った方がいい。

Háishi mǎi shǒujī ba, yǒushìr hǎo suíshí liánxi.
还是 买 手机 吧, 有事儿 好 随时 联系。
／用事があったらいつでも連絡できるように、やはり携帯電話を買いましょう。

■ 覚えましょう ■

说 给您包裹和包裹单。
听 好，现在可以封上了。

◆ 注意しましょう ◆

△ 请问，我这包裹可以封了吗？ → 请问，我这包裹可以封上了吗？

4 小包を受取る／取 包裹
Qǔ bāoguǒ

工作人员 田中さん、日本から荷物が届いてますよ。

Tiánzhōng, Rìběn gěi nǐ jì bāoguǒ lái le.
田中, 日本 给 你 寄 包裹 来 了。

田中 そうですか。何処にありますか。

Shì ma? Zài nǎr ne?
是 吗？ 在 哪儿 呢？

工作人员 はい、これ、伝票。

Zhè shì bāoguǒ dān.
这 是 包裹 单。

田中 荷物は？

Dōngxi ne?
东西 呢？

工作人员 中国の郵便局では、日本と違って小包を家まで配達してくれないから、自分で郵便局まで取りに行かないといけないですよ。

Zhōngguó de yóujú hé Rìběn bù yíyàng, bú shì bǎ bāoguǒ sòng dao jiā, děi zìjǐ qù yóujú qǔ.
中国 的 邮局 和 日本 不 一样, 不 是 把 包裹 送 到 家, 得 自己 去 邮局 取。

田中 学校の近くの郵便局ですか。

Dào xuéxiào fùjìn de yóujú ma?
到 学校 附近 的 邮局 吗？

工作人员 いいえ、一般の小さな郵便局では国際郵便は取り扱いません。その伝票に書いてある郵便局に取りに行かないと。

Bùxíng, yìbān de xiǎo yóujú méi yǒu guójì yóujiàn, děi dào bāoguǒ dān shang xiě de yóujú qù qǔ.
不行, 一般 的 小 邮局 没 有 国际 邮件, 得 到 包裹 单 上 写 的 邮局 去 取。

田中 取りに行く時、何か証明書が要りますか。

Qǔ de shíhou yào shénme zhèngjiàn ma?
取 的 时候 要 什么 证件 吗？

工作人员 はい。学生証かパスポートを持って行けばいいです。

Yào. Ná nǐ de xuésheng zhèng huòzhe hùzhào dōu xíng.
要。拿 你 的 学生 证 或者 护照 都 行。

文法のポイント

得自己去邮局取。

「自己」は動詞の前において「自分で」という意味を表す。例えば、

Búyòng le, wǒ zìjǐ lái ba.
不用 了, 我 自己 来 吧。／けっこうです。自分でしますから。

小包を受取る（取包裹）

Qǐng nín zìjǐ dǎ diànhuà wèn wen ba.
请 您 自己 打 电话 问 问 吧。

／あなたは自分で電話して聞いてみてください。

■ 覚えましょう ■

说 到学校附近的邮局吗？
听 得到包裹单上写的邮局去取。

◆ 注意しましょう ◆

△ 取的时候要什么证明吗？ → 取的时候要什么证件吗？

5 記念切手を買う／买 纪念 邮票

田中 李平、君は切手の収集に興味ある？

Lǐ Píng, nǐ duì jíyóu gǎn xìngqù ma?
李 平, 你 对 集邮 感 兴趣 吗？

李平 それほど興味ないし、よくわからないよ。君は興味あるのかい。

Bù zěnme gǎn xìngqù, yě bú tài dǒng. Nǐ ne?
不 怎么 感 兴趣, 也 不 太 懂。你 呢？

田中 僕は、人物の切手ならとても興味があるよ。

Wǒ duì rénwù jìniàn yóupiào hěn gǎn xìngqù.
我 对 人物 纪念 邮票 很 感 兴趣。

李平 へえー、すごいなあ、博学だし、趣味も広いんだね。

Wǒ zhēn pèifú nǐ, zhīdao de duō, àihào yě guǎngfàn.
我 真 佩服 你, 知道 得 多, 爱好 也 广泛。

田中 いやあ、それほどでも。それはそうと、今週の土曜日、暇かい？いっしょに切手収集のマーケットをのぞいてみない？

Nǎli, nǎli. Ài, zhèi zhōu liù yǒu kòngr ma? Wǒmen yìqǐ zhuàn zhuan jíyóu
哪里, 哪里。唉, 这 周 六 有 空儿 吗？我们 一起 转 转 集邮
chāoshì, zěnmeyàng?
超市, 怎么样？

李平 いいよ。

Xíng a.
行 啊。

……

田中 すみません。人物の記念切手を見たいのですが。

Duìbuqǐ, wǒ xiǎng kàn kan rénwù jìniàn yóupiào.
对不起，我 想 看 看 人物 纪念 邮票。

工作人员 はい、これは『古代思想家』の切手です。どうぞ、見てください。

Hǎo, zhè shì ‹‹Gǔdài sīxiǎng jiā››. Nǐ kàn kan ba.
好，这 是《古代 思想 家》。你 看 看 吧。

田中 すみません、この『孫中山生誕100周年』はまだありますか。

Qǐngwèn, zhè ‹‹Sūn Zhōngshān dànchén yìbǎi zhōunián›› hái yǒu ma?
请问，这《孙 中山 诞辰 100 周年》还 有 吗？

工作人员 とっくに売り切れてしまいました。

Zǎo jiù méi yǒu le.
早 就 没 有 了。

田中 そうですか。それはとても残念だなあ。

Shì ma? Zhēn yíhàn.
是 吗？真 遗憾。

工作人员 ここに、『2000年中国年間切手全集』がありますが、ちょっと見てください。これも少なくなりましたよ。

Zhèr yǒu ‹‹Èrlínglíng nián Zhōngguó yóupiào quán nián cè›› nǐ kàn kan ba. Zhèi
这儿 有《2000 年 中国 邮票 全 年 册》你 看 看 吧。这
ge yě bù duō le.
个 也 不 多 了。

田中 この『中国"神舟"飛行船初飛行成功記念』というのがいいです。それと『中山靖王埋葬品』も収集する価値がありますよね。これとこれをください。いくらですか。

  Zhèi zhāng ‹‹Zhōngguó "Shénzhōu" fēichuán shǒu fēi chénggōng jìniàn›› wǒ hěn xǐhuan. Háiyǒu
这 张《中国 "神舟" 飞船 首 飞 成功 纪念》我 很 喜欢。还有
‹‹Zhōngshān Jìngwáng mù wénwù›› yě yǒu shōucáng jiàzhí, jiù mǎi zhèixiē ba, duōshao qián?
《中山 靖王 墓 文物》也 有 收藏 价值,就 买 这些 吧,多少 钱?

工作人员 それは全部で44シート220元になります。

Zhèi cè yígòng yǒu sìshísì tào èrbǎi'èrshi yuán.
这 册 一共 有 44 套 220 元。

文法のポイント

你对集邮感兴趣吗?

「对~感兴趣」で「~に興味がある」という意味を表す。例えば、

Wǒ duì Měiguó diànyǐng yě hěn gǎn xìngqù.
我 对 美国 电影 也 很 感 兴趣。／私はアメリカ映画にも興味がある。

Nǐ duì zúqiú bù gǎn xìngqù ma?
你 对 足球 不 感 兴趣 吗?／君はサッカーに興味がないのですか。

■ 覚えましょう ■

|说| 我想看看人物纪念邮票。
|听| 早就没有了。

◆ 注意しましょう ◆

× 《中山靖王墓文物》也有收集价值。→ 《中山靖王墓文物》也有收藏价值。

補 充 単 語

〈ア行〉
ＡＰカード　ＡP卡　　APkǎ
〈カ行〉

書留郵便　　挂号信　　guàhàoxìn
カッター　　小刀　　　xiǎodāo
ガムテープ　胶带　　　jiāodài

航空便（手紙）	航空信	hángkōngxìn
交差点、四つ角	十字路口	shízì lùkǒu
国際電話	国际长途电话	guójì chángtú diànhuà
国内電話	国内长途电话	guónèi chángtú diànhuà

〈サ行〉

至急電報	加急电报	jiājí diànbào
祝電	贺电	hèdiàn
セロテープ	透明胶带	tòumíng jiāodài
送金	汇款	huìkuǎn
送金用紙	汇款单	huìkuǎn dān

〈夕行〉

宅急便	快递服务	kuàidì fúwù
テレックス	电子信件	diànzǐ xìnjiàn
電報	电报	diànbào
電報局	电信局	diànxìnjú

〈ナ行〉

ネット	网络	wǎngluò

〈ハ行〉

ハガキ	明信片	míngxìnpiàn
ハサミ	剪子	jiǎnzi
ヒモ	细绳	xìshéng
ファックス	传真	chuánzhēn
普通電報	普通电报	pǔtōng diànbào
普通郵便	平信	píngxìn
ポスト	邮筒	yóutǒng
ホッチキス	钉书器	dìngshūqì
歩道橋	天桥	tiānqiáo

===== ミニ知識 =====

中国の郵便局

　中国の郵便局のシンボルカラーは緑色である。局員の服装以外は、ポスト、車等全て緑色だ。郵便局は一般の郵便業務のほか、販売、定期発行の雑誌や新聞の配達等も行う。また、以前は貯金に関する業務は行わなかったが、近年は取扱うようになった。

　郵便局で小包を出すときは、封をしないで持って行った方がいい。局員が、中に危険物や、壊れやすいものが入ってないかどうか調べるからだ。郵便局にもホッチキスや、ヒモ、ガムテープなどは備えられている。

　最近は、ネット注文や宅急便の普及により、市民の選択の幅が益々広まっており、郵便局も関連業界との競争に直面している。

邮电局

邮政信筒

本市　外省市

POST

18 忘れ物

Wàng dōngxi
忘 东西

1 バスに携帯電話を忘れる／手机 忘 在 公车 上 了

田中 しまった！ 携帯電話がない。

Zāogāo! Wǒ bǎ shǒujī nòng diū le!
糟糕！我 把 手机 弄 丢 了！

王力 えっ？もう一度よく探したら？

Bú huì ba? Zài hǎohāor zhǎo zhao ba.
不 会 吧？再 好好儿 找 找 吧。

田中 やっぱりないよ。バスに乗ってから電源切ったから、そうだ、財布を出したとき、横に置いて…。そのままバスの中に置き忘れたんだ。

Háishi méi yǒu. Gāngcái yí shàng chē jiù guān le diànyuán, duì le, ná qiánbāo
还是 没 有。刚才 一 上 车 就 关 了 电源，对 了，拿 钱包
de shíhou, fàng zai le pángbiān de zuòwèi shang……, kěnéng jiù nà shíhou
的 时候，放 在 了 旁边 的 座位 上……，可能 就 那 时候
wàng le.
忘 了。

王力 じゃあ、すぐバスの終点に行ってみた方がいいよ。

Nà mǎshàng qù zhōngdiǎn zhàn wèn wen ba.
那 马上 去 终点 站 问 问 吧。

田中 そうだね。あるといいんだけど。

Hǎo ba, dànyuàn néng zhǎo dao.
好 吧，但愿 能 找 到。

文法のポイント

但愿能找到。

「但愿~」で「~するといいのだが」という願望を表す。本来、書面語だが、近年、口語にも使えるようになっている。例えば、

Míngtiān qù lǔxíng, dànyuàn chē shang rén bù duō.
明天 去 旅行, 但愿 车 上 人 不 多。
／明日、旅行に行くけど、乗客が少ないといいのだが。

Dànyuàn xià cì de kǎoshì néng kǎo hǎo.
但愿 下 次 的 考试 能 考 好。／次の試験がうまくいくといいのだが。

■ 覚えましょう ■

|说| 我把手机弄丢了！
|听| 那马上去终点站问问吧。

◆ 注意しましょう ◆

× 好好儿再找找吧。→ 再好好儿找找吧。

2　終着駅で／在 终点 站

田中 バスの中に携帯電話を忘れたのですが。

Duìbuqǐ, wǒ bǎ shǒujī wàng zai chē li le.
对不起, 我 把 手机 忘 在 车 里 了。

职员 何時の、何番のバスに乗ったんですか。

Shì ma? Shénme shíhou, jǐ lù chē?
是 吗？ 什么 时候, 几 路 车？

田中 外国語大学前のバス停で、一時半ごろ5番のバスに乗って、友誼賓館前で降りましたけど。

Jīntiān xiàwǔ yī diǎn bàn, Wǔ lù. Zài Wàiyǔ dàxué shàng, dào Yǒuyì bīnguǎn xià de.
今天 下午 一 点 半, 五 路。在 外语 大学 上、到 友谊 宾馆 下 的。

职员 どんな携帯電話ですか。

Shì shénme yàng de shǒujī?
是什么样的手机？

田中 松下電器製で、本体の色は黒です。ふたはついていません。

Sōngxià de, hēi sè, méi yǒu gàir.
松下的，黑色，没有盖儿。

职员 ちょっと待ってください。届けが出てるかどうか見てみましょう。

Qǐng děng yíxia. Wǒ kàn kan yǒu méi yǒu bàogào.
请等一下。我看看有没有报告。

职员 まだ届けは出てませんね。あなたの電話番号を教えてください。見つかったらすぐご連絡しますので。

Hái méi yǒu. Qǐng gàosu wǒ nín de diànhuà, zhǎo dao hòu mǎshàng gēn nín liánxì.
还没有。请告诉我您的电话，找到后马上跟您联系。

田中 わかりました。ありがとうございました。

Nà hǎo. Máfan nín le.
那好。麻烦您了。

（電信電話局で）

田中 あの、電話をなくしたんですが、どうしたらいいですか。

Qǐngwèn, wǒ bǎ shǒujī nòng diū le, zěnme bàn hǎo ne?
请问，我把手机弄丢了，怎么办好呢？

职员 すぐにこの使用停止申し込み書を書いてください。見つかったら使用を再開できます。

Qǐng mǎshàng tián yíxia zhèi zhāng tíng yòng shēnqǐng biǎo. Zhǎo dao yǐhòu hái kěyǐ huīfù shǐyòng.
请马上填一下这张停用申请表。找到以后还可以恢复使用。

文法のポイント

我把手机忘在车里了。

「把〜動詞＋介詞など＋場所詞」という形式で「把」で持ち出した目的語をその動作をすることで、後の場所にまで移動するという意味を表す。例えば、

Yòngwán le, qǐng bǎ xīchénqì fàng huí yuánchù.
用 完 了，请 把 吸尘器 放 回 原处。
／使い終わったら、掃除機はもとのところにかたづけてください。

Bǎ yóupiào là zai yóujú li le.
把 邮票 落 在 邮局 里 了。／切手を郵便局に忘れてしまった。

■ 覚えましょう ■

说 我把手机忘在车里了。
听 请告诉我您的电话，找到后马上跟您联系。

◆ 注意しましょう ◆

△ 松下的，黑色的，没有盖儿。 → 松下的，黑色，没有盖儿。

3 美術館にカメラを忘れる／相机 忘 在 美术馆 了
Xiàngjī wàng zai měishùguǎn le

王丽 みんな、ここで写真を撮りましょう。横二列に並んで。前の人は座って。1、2、3。はい、いいですよ。

Zánmen zài zhèr zhàozhāng xiàng ba. Pái liǎng pái, qián pái de rén dūn xia. Yī,
咱们 在 这儿 照 张 相 吧。排 两 排，前 排 的 人 蹲 下。一、
èr, sān, hǎo lei!
二、三，好 嘞！

田中 今度は僕のカメラで。あれ、どうしたんだろう。ない。カメラがない。

Qǐng děng yíxia, yòng wǒ de xiàngjī zài pāi yì zhāng. Yí, zěnme huí shìr?
请 等 一下，用 我 的 相机 再 拍 一 张。咦，怎么 回 事儿？
Wǒ de xiàngjī zěnme méi le!
我 的 相机 怎么 没 了！

王丽 館内で写真撮ろうとして、係員の人に注意された時まで持ってたよね。

Gāngcái zài guǎn li nǐ yào zhàoxiàng, gōngzuò rényuán bú ràng, nǐ hái ná zhe xiàngjī ma.
刚才 在 馆 里 你 要 照相, 工作 人员 不 让, 你 还 拿 着 相机 嘛。

田中 そう…。あ、わかった。たぶん、最後に記念品を買ったところにあると思うよ。ちょっと聞いてくる。みんな、先にバスにもどっていいよ。

Duì ya……. Ò, xiǎng qi lai le. Kěnéng shì mǎi jìniànpǐn de shíhou wàng zai xiǎomàibù le. Wǒ huíqu wèn wen, nǐmen zài chē li děng wǒ.
对 呀……。噢, 想 起 来 了。可能 是 买 纪念品 的 时候 忘 在 小卖部 了。我 回去 问 问, 你们 在 车 里 等 我。

田中 すみません。さっきここにカメラを忘れたようですが。

Duìbuqǐ, wǒ gāngcái hǎoxiàng bǎ xiàngjī wàng zai zhèr le.
对不起, 我 刚才 好像 把 相机 忘 在 这儿 了。

售货员 メーカーはどこですか。

Shì shénme páir de?
是 什么 牌儿 的?

田中 98年製のキャノンで一眼レフです。茶色の合皮のカバーにはいってます。

Shì Jiānéng de, jiǔbā niánzhì. dān jìngtóu. Tàor shì chá sè héchénggé de.
是 佳能 的, 98 年制、单 镜头。套儿 是 茶 色 合成革 的。

售货员 これですか。

Shì zhèi ge ma?
是 这 个 吗?

田中 そうです。どうもありがとうございました。

Duì, duì, zhèng shì. Xièxie.
对, 对, 正 是。谢谢。

美術館にカメラを忘れる（相机忘在美术馆了）

文法のポイント

……，你还拿着相机嘛。

「～嘛。」文の最後に用いる語気助詞で「当然そうである」と確認するようなニュアンスを表す。例えば、

Tā yǐjing bú shì háizi le ma, dāngrán míngbai.
他 已经 不 是 孩子 了 嘛，当然 明白。
／彼はもう子供じゃないんだから、わかって当然だ。

Shí'èr yuè le ma, gāi xià xuě le.
十二 月 了 嘛，该 下 雪 了。／12月ですよ、雪が降って当たり前です。

■ 覚えましょう ■

|听| 是什么牌儿的？
|说| 是佳能的，98年制、单镜头。

◆ 注意しましょう ◆

× 我好像刚才把相机忘在这儿了。 → 我刚才好像把相机忘在这儿了。

4 タクシーにバッグを忘れる／手提包 忘 在 出租 汽车 上 了
Shǒutíbāo wàng zai chūzū qìchē shang le

田中 もしもし、こんにちは。タクシー会社ですか。私は外国語大学留学生の田中といいます。昨日の夜6時半ぐらいにバックを車の中に忘れました。

Wèi, nǐ hǎo. Shì chūzū qìchē gōngsī ma? Wǒ shì Wàiyǔ dàxué de
喂，你 好。是 出租 汽车 公司 吗？我 是 外语 大学 的
liúxuéshēng Tiánzhōng. Zuótiān wǎnshang liù diǎn bàn zuǒyòu, wǒ bǎ shǒutíbāo wàng zai
留学生 田中。昨天 晚上 六 点 半 左右，我 把 手提包 忘 在
chē li le.
车 里 了。

工作人员 そうですか。中には何がはいっていましたか。

Shì ma? Lǐmian dōu yǒu shénme?
是 吗？里面 都 有 什么？

田中 パスポートと入学書類と、日本円が2万円です。

Yǒu hùzhào, rùxué tōngzhī shū hé liǎng wàn Rìyuán xiànjīn.
有 护照、入学 通知 书 和 两 万 日元 现金。

工作人员 タクシーのナンバーをまだ覚えてますか。

Nǐ hái jìde chūzū chē de chēpái hào ma?
你 还 记得 出租 车 的 车牌 号 吗?

田中 ナンバーですか、全く覚えてないです。

Chēpái hào ya, wǒ yìdiǎn yě bú jìde.
车牌 号 呀, 我 一点 也 不 记得。

工作人员 運転手はどんな人で、車の形と色はどうでしたか。

Nà sījī de zhǎngxiàng, chē xíng, chē de yánsè ne?
那 司机 的 长相、车 型、车 的 颜色 呢?

田中 35歳ぐらいの男の人で、顔は見ればわかります。車は赤のシャレードでした。

Shì sānshiwǔ suì zuǒyòu de nán sījī, jiàn le miàn, wǒ néng rèn chu lai. Chē shì hóng sè de xiàlì.
是 35 岁 左右 的 男 司机, 见 了 面, 我 能 认 出 来。车 是 红 色 的 夏利。

工作人员 わかりました。すぐに運転手全員に連絡します。何かわかったらすぐお知らせします。

Hǎo, wǒmen jǐnkuài gēn suǒyǒu de sījī liánxì, yì yǒu xiāoxi jiù tōngzhī nǐ.
好, 我们 尽快 跟 所有 的 司机 联系, 一 有 消息 就 通知 你。

田中 よろしくお願いします、私の電話番号は952-8364です。

Nà jiù bàituō nǐ le, wǒ de diànhuà hàomǎ shì jiǔwǔèr-bāsānliùsì.
那 就 拜托 你 了, 我 的 电话 号码 是 952-8364。

文法のポイント

一有消息就通知你。

「一〜就〜」で「〜すれば、すぐ〜する」というように前文で示した動作（ことがら）のあとの動作（ことがら）が引き続いて起こることを表す。例えば、

タクシーにバッグを忘れる（手提包忘在出租汽车上了）

Yí zuò chē, tā jiù dǎ kēshuì.
一 坐 车, 他 就 打 瞌睡。／車に乗ると、彼はすぐ居眠りをする。

Wǒ yí dào Xiānggǎng, jiù gěi péngyou dǎ le ge diànhuà.
我 一 到 香港, 就 给 朋友 打 了 个 电话。
　　　　　　　　　　／私は香港に着くなり、すぐ友達に電話をした。

■ 覚えましょう ■

说　我把手提包忘在车里了。
听　你还记得出租车的车牌号吗？

◆ 注意しましょう ◆

△　我手提包忘在车里了。→　我把手提包忘在车里了。

5　バッグが見つかった／手提包 找 到 了
Shǒutíbāo zhǎo dao le

公安局　もしもし、田中さんですか。警察ですが、あなたのバックをタクシーの運転手が警察に届けてくれましたので、取りに来てください。

Wèi, shì Tiánzhōng xiānsheng ma? Wǒ shì gōng'ānjú, nín de shǒutíbāo chūzū chē
喂, 是 田中 先生 吗？ 我 是 公安局, 您 的 手提包 出租 车
sījī sòng dao gōng'ānjú lái le, qǐng lái qǔ ba.
司机 送 到 公安局 来 了, 请 来 取 吧。

田中　ありがとうございます、すぐ行きます。

Xièxie nǐ, wǒ mǎshàng jiù qù.
谢谢 你, 我 马上 就 去。

……

工作人员　あなたの身分証明書をちょっと見せてください。それから、バックの中身を言ってください。

Qǐng gěi wǒ kàn yíxia nǐ de zhèngjiàn, zài shuō yíxia lǐmiàn de dōngxi.
请 给 我 看 一下 你 的 证件, 再 说 一下 里面 的 东西。

田中 これが、学生証です。中には…。

<small>Zhè shì wǒ de xuéshēng zhèng, lǐmiàn yǒu……</small>
这是我的学生证，里面有……。

工作人员 これはあなたのバッグですね、中のものを確かめてください。

<small>Shì zhèi ge shǒutíbāo ba. Qǐng jiǎnchá yíxia lǐmiàn de dōngxi.</small>
是这个手提包吧。请检查一下里面的东西。

田中 全部ありました。ご迷惑おかけしました。それと、その運転手さんに、私に代わってお礼を言っておいていただけますか。

<small>Dōngxi dōu duì, bù quē shénme. Gěi nǐmen tiān máfan le, yě qǐng tì wǒ xiè xie nèi wèi sījī.</small>
东西都对，不缺什么。给你们添麻烦了，也请替我谢谢那位司机。

文法のポイント

请检查一下里面的东西。

「動詞＋一下」で「ちょっと……してみる」という意味を表す。例えば、

<small>Wǒ kàn yíxia hǎo ma?</small>
我看一下好吗？／ちょっと見ていいですか。

<small>Nín tiāo yíxia zìjǐ xǐhuan de.</small>
您挑一下自己喜欢的。／お好きなものを選んでください。

■ 覚えましょう ■

说 东西都对，不缺什么。
听 请检查一下里面的东西。

◆ 注意しましょう ◆

× 请也替我谢谢那位司机。 → 也请替我谢谢那位司机。

補充単語

〈ア行〉

いい加減な人	马大哈	mǎdàhā
イヤリング	耳环	ěrhuán
ウォークマン	随身听	suíshēntīng
お金を拾ってもねこばばしない		
	拾金不昧	shí jīn bú mèi
落とし主	失主	shīzhǔ
折り畳み傘	折叠伞	zhédiésǎn

〈カ行〉

ガイドマップ	导游图	dǎoyóutú
カメラケース	相机套	xiàngjītào
キーホルダー	钥匙圈	yàoshiquān
携帯ストラップ	手机坠儿	shǒujī zhuìr
携帯電話ケース	手机套	shǒujītào
公衆電話	公共电话、公用电话	gōnggòng diànhuà、gōngyòng diànhuà

〈サ行〉

財布	钱包	qiánbāo
三脚	三角架	sānjiǎojià
サングラス	太阳镜	tàiyángjìng
充電器	充电器	chōngdiànqì
乗務員	乘务员	chéngwùyuán
スリ	小偷儿	xiǎotōur
ソフト（ハード）コンタクトレンズ	软式（硬式）隐形眼镜	ruǎnshì (yìngshì) yǐnxíng yǎnjìng

〈タ行〉

定期券	月票	yuèpiào
デジタルカメラ	数字相机、数码相机	shùzì xiàngjī、shùmǎ xiàngjī
手袋	手套	shǒutào
電子辞書	电子词典	diànzǐ cídiǎn
電子手帳	电子笔记本	diànzǐ bǐjìběn
電卓	计算器	jìsuànqì
電話ボックス	电话亭	diànhuà tíng

〈ナ行〉

入場券	入场券	rùchǎngquàn
ネックレス	首饰	shǒushi

〈ハ行〉

ハンカチ	手帕	shǒupà
ビデオカメラ	摄像机	shèxiàngjī
ペンケース	文具盒	wénjùhé

〈マ行〉

マスク	口罩	kǒuzhào
マフラー	围巾	wéijīn
漫画	小人书	xiǎorénshū
眼鏡ケース	眼镜盒	yǎnjìnghé

〈ラ行〉

レンズカバー	镜头盖	jìngtóugài

= ミニ知識 =

「非常口」と「安全门」

　ある人は、こう言う。中国人は、のんびりとした楽観的な民族で、どんなに大きな困難に遭っても、泰然自若としている。一方日本人は、常に危機意識を持ち小心翼翼として努力を怠らない。だから中国は発展が遅くてもみんな満足しているが、日本人は世界で1，2位を争う経済大国になったにもかかわらず、まだ必死で働いていると。

　これをつぶさに論証しようとするなら、相当に全面的な考察をする必要があるが、ここでは、ちょっとした事例で考えてみる。もしかしたらいくらか参考になるかもしれない。

　日本語の「非常口」は、中国語で「安全门」(ānquán mén) もしくは「太平门」(tàipíng mén)という。これら3つの造語の根拠について考えてみよう。おそらく、日本人は、このドアを非常事態が発生した際、逃げる出口と思って「非常口」と名付けたのだろうし、中国人は、逆にここから出さえすれば「安全だ」というふうに捉えて「安全门」と名付けたのではないだろうか。

　このような造語に見られる発想の違いをもとに、さらに考察を深めるなら、日本人は、「非常口」の赤色灯を見てすぐに警戒心を抱き、自分で安全に注意し、「非常事態」が発生しないよう心がけるのではないかと思われる。一方、中国人は「安全门」という字を見たら、たとえ事故が起きたとしても大丈夫、このドアこそが安全を保証していると考え、警戒を緩めてしまうだろう。

　果たしてこの通りなのか。皆さんが中国に留学した時には、観察してみるといいですよ。

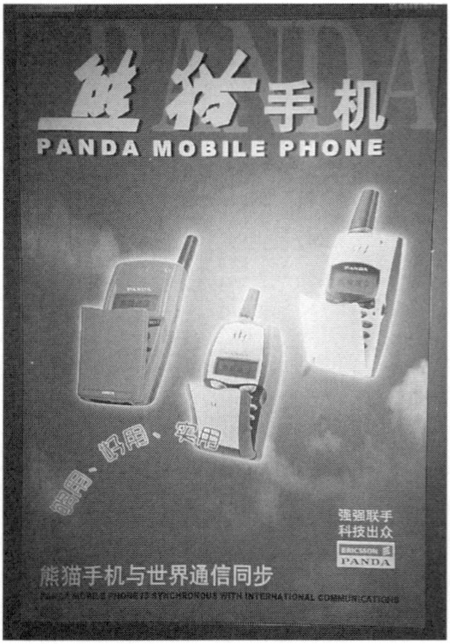
熊猫手机
PANDA MOBILE PHONE
强强联手
科技出众
PANDA
熊猫手机与世界通信同步

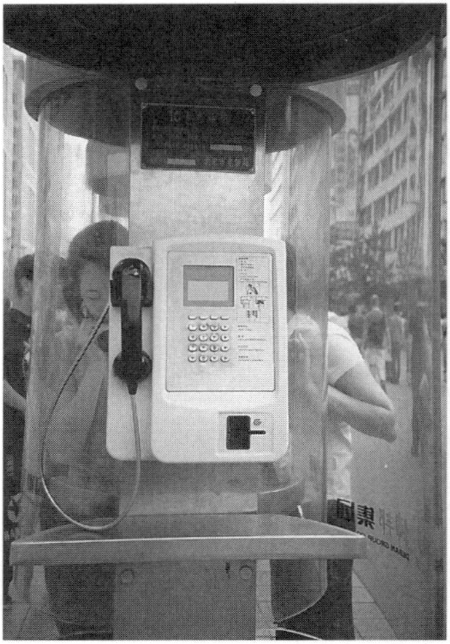

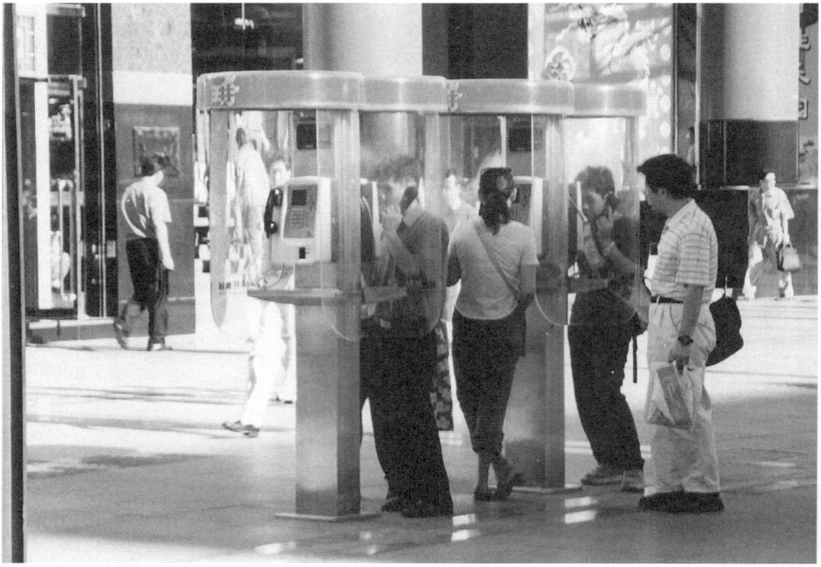

19 春節 / 春节
Chūnjié

1 新年交歓会／迎春联欢会
Yíng chūn liánhuān huì

老师 田中君、あさっての新年交歓会行くでしょう。
田中，后天 的 迎 春 联欢 会 你 参加 吧。
Tiánzhōng, hòutiān de yíng chūn liánhuān huì nǐ cānjiā ba.

田中 もちろん参加しますよ。私は出し物も準備してます。
当然 参加，我 还 准备 节目 了 呢。
Dōngrán cānjiā, wǒ hái zhǔnbèi jiémù le ne.

老师 ええ？どういうの？
是 吗？什么 节目？
Shì ma? Shénme jiémù?

田中 僕たち留学生で「蛍の光」を合唱します。まず、それぞれ自分の母国語で歌って、それから皆で中国語で歌います。
留学生 合唱 "友谊 地 久 天 长"。每 个 人 先 用 自己 的
Liúxuéshēng héchàng "Yǒuyì dì jiǔ tiān cháng". Měi ge rén xiān yòng zìjǐ de
母语 唱，然后 大家 一起 用 汉语 唱。
mǔyǔ chàng, ránhòu dàjiā yìqǐ yòng Hànyǔ chàng.

老师 それはきっとすばらしいでしょうね。
这 个 节目 肯定 精彩。
Zhèi ge jiémù kěndìng jīngcǎi.

田中 ここ数日、毎日練習してますからうまく歌えるといいですけど。
这 几 天 每天 都 练，但愿 能 唱 好。
Zhèi jǐ tiān měitiān dōu liàn, dànyuàn néng chàng hǎo.

新年交歓会（迎春联欢会）

......

老师 本当にすばらしかった。みんな歌うまいですね。

Zhēn shì tài jīngcǎi le, nǐmen dōu chàng de tèbié hǎo.
真 是 太 精彩 了, 你们 都 唱 得 特别 好。

田中 いいえ、僕は初めてこんなにたくさんの人の前で歌ったので、とても緊張しました。

Xièxie, wǒ shì dì yí cì zài zhème duō rén qiánmian chàng gē, guài jǐnzhāng de.
谢谢, 我 是 第 一 次 在 这么 多 人 前面 唱 歌, 怪 紧张 的。

主持人 みなさん注目してください。今からゲームを始めます。負けたらバツゲームをしてもらいます。

Dàjiā zhùyì le, xiànzài jiù kāishǐ wǒmen de yóuxì. Shéi shū le shéi jiù děi biǎoyǎn yí ge jiémù.
大家 注意 了, 现在 就 开始 我们 的 游戏。谁 输 了 谁 就 得 表演 一 个 节目。

田中 勝ったら？

Yíng le ne?
赢 了 呢?

主持人 賞品があります。

Yǒu jiǎngpǐn.
有 奖品。

文法のポイント

我是第一次在这么多人前面唱歌，怪紧张的。

「怪」は「怪＋形容詞＋的」という形で用い、その形容詞の表している程度が相当に高いことを強調する。「かなり、なかなか、非常に」という意味だが、口語にしか使わない。例えば、

Tā zǒng kàn wǒ, kàn de wǒ guài bù hǎoyìsi de.
他 总 看 我, 看 得 我 怪 不 好意思 的。
　　　　　　　／彼はずっと私を見るのでとてもきまりが悪い。

Zhèi yǔ xià de rén guài xīnfán de.
这 雨 下 得 人 怪 心烦 的。／この雨で、非常にいらいらする。

■ 覚えましょう ■

|听| 后天的迎春联欢会你参加吧。
|说| 当然参加，我还准备节目了呢。

◆ 注意しましょう ◆

△ 谁输了表演节目。→ 谁输了谁就得表演一个节目。

2 餃子を作る／包 饺子
Bāo jiǎozi

主持人 みなさん、次は"手づくりギョーザを作ろう"というコーナーです。

    Tóngxuémen, xiàmian de jiémù shì "Zìjǐ dòngshǒu bāo jiǎozi".
    同学们，下面 的 节目 是"自己 动手 包 饺子"。

李平 私は粉をこねます。

    Wǒ lái huómiàn.
    我 来 和面。

田中 僕は野菜と肉を切ります。

    Wǒ qiē cài hé ròu.
    我 切 菜 和 肉。

李平 できる？

    Nǐ xíng ma?
    你 行 吗？

田中 何言ってるの。まあ見てごらんよ。

    Kàn nǐ shuō de, jīntiān wǒ gěi nǐ lòu liǎng shǒur.
    看 你 说 的，今天 我 给 你 露 两 手儿。

李平 ほんと、すごく細かく切れたね。

    Ài, duò de hái tǐng xì de.
    唉，剁 得 还 挺 细 的。

田中 でも、このこねたのはどうしたらいい？

Kě zhè miàn zěnme nòng hǎo?
可 这 面 怎么 弄 好？

李平 まず、卵の黄身の大きさぐらいにちぎって、それから平たくのばして皮にするんだよ。

Xiān bǎ huó hǎo de miàn jiū cheng dàn huáng dà de xiǎo kuàr. Ránhòu gǎn cheng pír.
先 把 和 好 的 面 揪 成 蛋 黄 大 的 小 块儿。然后 擀 成 皮儿。

田中 ちょっと見て、このぐらいののばし方でどうだろう。

Nǐ kàn, zhè pír gǎn de zěnme yàng?
你 看，这 皮儿 擀 得 怎么 样？

李平 この皮で包むとギョーザをゆでる前に破れてしまうよ。皮をのばすとき、ふちの方は薄く、まん中の方は厚めにしなくては。

Yòng nǐ zhè pír bāo wa, jiǎozi hái méi xià guō jiù děi pò. Gǎn de shíhou, biānr yào báo yìdiǎnr, zhōngjiān yào hòu yìdiǎnr.
用 你 这 皮儿 包 哇，饺子 还 没 下 锅 就 得 破。擀 的 时候，边儿 要 薄 一点儿，中间 要 厚 一点儿。

田中 どうしてもうまくできないよ。

Wǒ zěnme yě gǎn bu hǎo.
我 怎么 也 擀 不 好。

李平 一方の手で麺棒を持ってもう一方の手で皮を持って回しながらのばすんだ。

Yì zhī shǒu ná zhe gǎnmiànzhàng, yì zhī shǒu ná zhe miàn, biān gǎn biān zhuàn.
一 只 手 拿 着 擀面杖，一 只 手 拿 着 面，边 擀 边 转。

田中 一個包んで見せてくれる。僕が包んだのは何でこんなに不格好なんだろう。

Nǐ gěi wǒ bāo yí ge kàn kan, wǒ bāo de zěnme nàme nánkàn.
你 给 我 包 一 个 看看，我 包 得 怎么 那么 难看。

李平 格好悪くても大丈夫。肝腎なことは、しっかりにぎって包むことだよ。

Nánkàn diǎn dào bú yàojǐn, yàojǐn de shì yídìng yào niē jǐn.
难看 点 倒 不 要紧，要紧 的 是 一定 要 捏 紧。

文法のポイント

先把和好的面揪成蛋黄大的小块儿。

「動詞＋成」の形で「…にする、…となる。」という意味を表す。例えば、

Bīng xuě huà cheng le shuǐ.
冰 雪 化 成 了 水。／雪が水になった。

Nǐ bǎ jìhuà xiě cheng shūmiàn bàogào jiāo gei wǒ.
你 把 计划 写 成 书面 报告 交 给 我。

／君は、計画を文書にして私に報告して下さい。

■ 覚えましょう ■

说 你看，这皮儿擀得怎么样？
听 擀的时候，边儿要薄一点儿，中间要厚一点儿。

◆ 注意しましょう ◆

△ 用你的这皮儿包哇，饺子还没下锅就得破。
→ 用你这皮儿包哇，饺子还没下锅就得破。

3　新年の挨拶／拜 年
Bài nián

田中 新年おめでとうございます。張先生いらっしゃいますか。

Xīnnián hǎo! Zhāng lǎoshī zài jiā ma?
新年 好！张 老师 在 家 吗？

张姨 いますよ。どうぞお入りください。

Zài jiā, kuài qǐng jìn.
在 家，快 请 进。

张老师 ああ、田中君ですか。座って座って。どういうふうに年末を過ごしましたか。

Shì Tiánzhōng lái le. Lái, qǐng zuò, nián guò de zěnmeyàng?
是 田中 来 了。来 请 坐，年 过 得 怎么样？

田中 おかげ様で面白かったです。留学生のイベントはとても盛り上って最後にみんな一緒にギョーザを作りました。先生はいかがでしたか。

Tuō lǎoshī de fú, hěn yǒu yìsi. Liúxuéshēng de huódòng hěn rènao, zuìhòu
托老师的福,很有意思。留学生的活动很热闹,最后
dàjiā hái yìqǐ bāo jiǎozi. Lǎoshī ne?
大家还一起包饺子。老师呢?

张老师 私はいつもより忙しかったですよ。大みそかの日には「団飯」を食べるのでとても長い時間準備をしましたし、昨日は何人かの親戚や友人のところへ、新年の挨拶に行きました。日本ではどういうふうに新年を迎えるのですか。

Wǒ zhè yī guònián bǐ píngshí hái yào máng. Dànián sānshír chī tuányuán fàn,
我这一过年比平时还要忙。大年三十儿吃团圆饭,
zhǔnbèi le hěn cháng shíjiān, zuótiān yòu qù le jǐ ge qīnqi péngyou jiā
准备了很长时间,昨天又去了几个亲戚朋友家
bàinián. Rìběn de xīnnián zěnme guò?
拜年。日本的新年怎么过?

田中 日本では、大みそかにはギョーザを食べずに「年越そば」を食べます。それから神社に初詣出に行く人もいます。元旦は、お屠蘇を飲んで、おせち料理を食べます。そうだ、中国にはお年玉をあげる習慣はあるんですか。

Rìběn chúxī bù chī jiǎozi chī "yuèniánmiàn". Ránhòu, qù shénshè. Xīnnián
日本除夕不吃饺子吃"越年面"。然后,去神社。新年
nèi yì tiān hē tūsūjiǔ, chī nián cài. Duì le, Zhōngguó yǒu gěi háizimen
那一天喝屠苏酒,吃年菜。对了,中国有给孩子们
yāsuìqián de xíguàn ma?
压岁钱的习惯吗?

张老师 ありますよ。

Yǒu.
有。

田中 じゃあ、その習慣は日本と同じですね。でも、日本では爆竹は鳴らしませんけど。

Rìběn yě yíyàng. Dànshì, Rìběn bú fàng biānpào.
日本也一样。但是,日本不放鞭炮。

張老師 爆竹は環境に良くないし、危ないのでたくさんの都市で禁止されました。少しずつ伝統や風習がなくなっていますね。

Fàng biānpào duì huánjìng bù hǎo, yòu yǒu wēixiǎn, hěn duō chéngshì dōu jìnzhǐ le.
放 鞭炮 对 环境 不 好, 又 有 危险, 很 多 城市 都 禁止 了。

Yǒuxiē chuántǒng xísú yě biàn le.
有些 传统 习俗 也 变 了。

田中 日本でも同じです。毎年少しずつ変化しています。

Rìběn yě shì, měi nián dōu duō duo shǎo shao yǒuxiē biànhuà.
日本 也 是, 每 年 都 多 多 少 少 有些 变化。

文法のポイント

每年都多多少少有些变化。

「多多少少」は「多少」の重ね型で量がはっきりしないことを表す。他の形容詞にもこの用法がある。例えば、

Nǐ duō duo shǎo shao zhīdao yìdiǎnr ba.
你 多 多 少 少 知道 一点儿 吧。

／あなたは、少しはわかるのでしょう。

Tā dà da xiǎo xiao de mǎi le bù shǎo lǐwù.
他 大 大 小 小 地 买 了 不 少 礼物。

／彼は、小さい物から大きな物までたくさんプレゼントを買った。

■ 覚えましょう ■

|说| 新年好！
|听| 日本的新年怎么过？

◆ 注意しましょう ◆

△ 放鞭炮对环境不好，也有危险。 → 放鞭炮对环境不好，又有危险。

補 充 単 語

〈カ行〉
国際婦人デー　三八妇女节　Sān-bā Fùnǚjié
国慶節　国庆节　Guóqìngjié
子供の日　六一儿童节　Liù-yī Értóngjié

〈サ行〉
字のクイズ　字迷　zìmí
青年の日　五.四青年节　Wǔ-sì Qīngniánjié
ソロ　独唱　dúchàng

〈ナ行〉
なぞなぞ　谜语　míyǔ
肉まんを作る　包包子　bāo bāozi

〈ハ行〉
早口言葉　绕口令　rào kǒulìng

〈マ行〉
漫才　相声　xiàngsheng
メーデー　五一劳动节　Wǔ-yī Láodòngjié

〈ワ行〉
ワンタンを作る　包馄饨　bāo húntun

===== ミニ知識 =====

中国の祝祭日

　中国の法律が定める休日というのは、1年のうち、わずか10日間である。つまり、元旦1日、春節3日、メーデー3日、国慶節3日である。一部の伝統的な祝祭日が休みにならない。

　例えば、旧暦の正月15日の元宵節、5月5日端午の節句、8月15日の中秋節、9月9日の重陽節等はいずれも伝統的な祝日であり、古くからの風俗習慣が引き継がれている。つまり、元宵団子を食べたり、竜船レースをしたり、お月見、小高い丘で皆の無事を祈ること等を行うのだが、休日にはならない。それから、一部の祝日にも、その直接の関係者だけが休んで、活動をしたりすることができるというのもある。3月8日の国際婦人デーというのもそれで、女性だけが休みになる。また5月4日は青年節で、青年だけが集まって活動を行う。6月1日は、子どもの日だが、子どもだけが休みになり、園遊会に出かけるというように、日本とは、まるで違う。

　最近では、祝日の休みと週末の連休とをつないで、1週間〜10日間の連休をとることも多くなり、中国語でも、「黄金周」（ゴールデンウィーク）と言うようになってきている。

20 一時帰国
临时 回国
Línshí huíguó

1 再入国ビザ申請／申请 再 入境 签证
Shēnqǐng zài rùjìng qiānzhèng

田中 先生、家庭の事情で急に日本に帰らなければならなくなったんですが、どうすればいいですか。

老师，我 家 里 有 急事 得 回 日本。怎么 办 好 呢？
Lǎoshī, wǒ jiā li yǒu jíshì děi huí Rìběn. Zěnme bàn hǎo ne?

老师 たぶんリターンビザの申請をしなければなりませんね。

可能 得 办 再 入境 签证。
Kěnéng děi bàn zài rùjìng qiānzhèng.

田中 どこで申請したらいいんですか。

在 哪儿 办 好 呢？
Zài nǎr bàn hǎo ne?

老师 外事事務室に申請用紙がありますよ。それを書いたら公安局に行ってください。詳しいことは事務の人に聞いて。で、家庭の事情って、どうしたんですか。

外办 有 申请表，填 完 以后 再 去 公安局。详细 的 你 再 问问 外办 的 人。家 里 有 什么 事儿？
Wàibàn yǒu shēnqǐng biǎo, tián wán yǐhòu zài qù gōng'ānjú. Xiángxì de nǐ zài wèn wen wàibàn de rén. Jiā li yǒu shénme shìr?

田中 母が手術をすることになりましたので、術後容態が落ち着いたら、こちらへ帰ってこようと思います。

我 母亲 要 动 手术，等 她 病情 稳定 下 来，我 就 回来。
Wǒ mǔqin yào dòng shǒushù, děng tā bìngqíng wěndìng xia lai, wǒ jiù huílai.

再入国ビザ申請（申请再入境签证）

老师 それは心配ですね。どのくらいの期間になりそうですか。

Nà nǐ yídìng hěn dānxīn ba. Dàgài děi duō cháng shíjiān?
那 你 一定 很 担心 吧。大概 得 多 长 时间？

田中 たぶん一ヶ月はみておかなければならないと思っています。

Dàgài děi yí ge duō yuè ba.
大概 得 一 个 多 月 吧。

文法のポイント

等她病情稳定下来，我就回来。

「等＋主述句，就～」の形で「(～するのを待って)～してから、～する」という意味を表す。例えば、

Děng tā huílai jiù chūfā.
等 他 回来 就 出发。／彼が帰って来てから出発しよう。

Méi děng zhǎo dao gōngzuò, tā jiù jiéhūn le.
没 等 找 到 工作，她 就 结婚 了。

／彼女は、仕事につかないうちに結婚した。

■ 覚えましょう ■

听 大概得多长时间？
说 大概得一个多月吧。

◆ 注意しましょう ◆

× 我家里有急事得回去日本。→ 我家里有急事得回日本。

2 公安局で／在 公安局
Zài gōng'ānjú

田中 再入国ビザの手続に来たのですが。これが申請書とパスポートです。

Wǒ xiǎng bàn zài rùjìng qiānzhèng. Zhè shì shēnqǐng biǎo hé hùzhào.
我 想 办 再 入境 签证。这 是 申请 表 和 护照。

职员 確認します。期間は4月2日から5月15日までですね。

<small>Hǎo, wǒ kàn yíxia. Cóng sì yuè èr hào dào wǔ yuè shíwǔ hào, duì ma?</small>
好，我看一下。从4月2号到5月15号，对吗？

田中 はい。帰ってきたら、もう一度ここへ来なければなりませんか。

<small>Duì, wǒ huí Zhōngguó yǐhòu, hái děi lái zhèr ma?</small>
对，我回中国以后，还得来这儿吗？

职员 住所に変更がなければ来なくていいです。

<small>Rúguǒ zhù de dìfang bú biàn dehuà, búyòng lái.</small>
如果住的地方不变的话，不用来。

田中 もし、この期間内に帰って来れないときはどうしたらいいですか。

<small>Wànyī bù néng ànshí huílái, gāi zěnme bàn hǎo?</small>
万一不能按时回来，该怎么办好？

职员 日本の中国領事館で、もう一度入国ビザをもらってください。

<small>Nà nín děi qù Zhōngguó Lǐngshìguǎn chóngxīn bàn qiānzhèng.</small>
那您得去中国领事馆重新办签证。

文法のポイント

如果住的地方不变的话，不用来。

「如果~的话」で「もし~なら」という仮定を表す。「如果」は話しことばで「要是」とも言う。例えば、

<small>Rúguǒ zhèi cì bú qù dehuà, yǐhòu jiù méi jīhuì le.</small>
如果这次不去的话，以后就没机会了。

／もし今度行かなければ、あとはもうチャンスがない。

<small>Yàoshi kěyǐ dehuà, míngtiān qǐng nǐ péi wǒ qù shāngchǎng mǎi dōngxi.</small>
要是可以的话，明天请你陪我去商场买东西。

／もし、よかったら、明日ショッピングセンターへ買い物について来てください。

■ 覚えましょう ■

[说] 万一我不能按时回来，该怎么办好？
[听] 那您得去中国领事馆重新办签证。

◆ 注意しましょう ◆

△ 我想办再入境的签证。 → 我想办再入境签证。

3 学生ビザ延長／延长 签证 (Yáncháng qiānzhèng)

佐藤 すみません、もう半年ここで勉強したいのですが、延長できますか。

Qǐngwèn, wǒ xiǎng zài xuéxí bàn nián, qiānzhèng néng bu néng yáncháng?
请问，我 想 再 学习 半 年， 签证 能 不 能 延长？

职员 できますよ。では、授業料の一部を前払いで100ドル払ってください。

Kěyǐ. Búguò nǐ yào xiān jiāo yí bùfen xuéfèi, yìbǎi měiyuán.
可以。不过 你 要 先 交 一 部分 学费，100 美元。

佐藤 はい、100ドルですね。

Hǎo. Gěi nǐ yìbǎi měiyuán.
好。给 你 100 美元。

职员 これが、領収証です。これは、ビザ延長の申請書ですので、記入してください。

Zhè shì shōujù. Zhè shì qiānzhèng shēnqǐng biǎo, qǐng nǐ tián yíxia.
这 是 收据。这 是 签证 申请 表，请 你 填 一下。

佐藤 これでいいですか。

Zhèiyàng tián xíng ma?
这样 填 行 吗？

职员 いいです。これとパスポートを持って公安局に行って手続をしてください。

Xíng. Nǐ ná zhèi zhāng biǎo hé hùzhào qù gōng'ānjú, jiù kěyǐ bàn yánqī
行。你 拿 这 张 表 和 护照 去 公安局， 就 可以 办 延期
shǒuxù le.
手续 了。

明日申請したら、いつできるのでしょうか。

佐藤 Yàoshi míngtiān shēnqǐng dehuà, shénme shíhou néng bàn wán?
要是 明天 申请 的话，什么 时候 能 办 完？

职员 その日のうちか翌日には受取れますよ。

Kěnéng dàngtiān huòzhě dì èr tiān.
可能 当天 或者 第 二 天。

文法のポイント

可能当天或者第二天。

「A或者B」また「A或B」で「AかB」、「AもしくはB」というように両者の可能性を示す。例えば、

Tuìpiào huòzhě yánqī dōu qǐng tíqián sìshíbā xiǎoshí dǎ diànhuà liánxì.
退票 或者 延期 都 请 提前 48 小时 打 电话 联系。
／チケットのキャンセルもしくは延期は、いずれも48時間前に電話で連絡してください。

Nǐ lái huòzhě wǒ qù dōu kěyǐ.
你 来 或者 我 去 都 可以。
／君が来るか、ぼくが行くかどちらでもいいよ。

■ 覚えましょう ■

|说| 签证能不能延长？
|听| 你拿这张表和护照去公安局，……。

◆ 注意しましょう ◆

× 你把这张表和护照带去公安局。 → 你拿这张表和护照去公安局。

補 充 単 語

〈ア行〉
アパート・マンションの入り口の番号
　　　　　～号门　　hàomén
受付　　　收发室　　shōufāshì
延着　　　晚点到达　wǎndiǎn dàodá
〈カ行〉
～階　　　层　　　　céng

（期日を）延ばす
　　　　　推迟　　　tuīchí
居留カード　居留卡　jūliú kǎ
郡　　　　镇　　　　zhèn
欠航　　　停飞　　　tíngfēi
県　　　　县　　　　xiàn
公務、公用　公事　　gōngshì

日本語	中国語	ピンイン
～号棟	～号楼	hàolóu
〈サ行〉		
私事、私用	私事	sīshì
自治区	自治区	zìzhìqū
省	省	shěng
新興住宅地	小区	xiǎoqū
〈タ行〉		
立ち寄る	中途停留	zhōngtú tíngliú
直轄市	直辖市	zhíxiáshì
直行	直航	zhíháng
町内会	居委会	jūwěihuì
〈マ行〉		
町	街道	jiēdào
〈ラ行〉		
路地	胡同	hútòng

===== ミニ知識 =====

梁山伯と祝英台

『梁山伯と祝英台』は中国の著名な民間伝説で、悲恋物語である。物語は、男女が同席を許されない、当然、自由な恋愛も禁じられていた古い時代を舞台に語られる。

うら若き乙女、祝英台（Zhù Yīngtái）は男装して私塾に入り、梁山伯（Liáng Shānbó）と共に3年間学ぶうち、厚い友情を育んだ。学業を修め別れる時、梁に、本当は自分が女であったことを打ち明けた。とっくに気づいていた梁は、これを聞いてとても喜んだ。

二人は結婚の約束をして、梁は家に帰ってすぐに、両親に仲人を立て祝家に行ってもらうよう頼んだ。だが、思いがけないことに祝の両親は、彼女を別の家に嫁がせるつもりだったのだ。祝英台はその結婚に抗い、後に梁山伯と心中してしまった。双方の家人は二人のなきがらを一つの墓に葬った。それから後、人々がお墓参りに行ったとき、墓は突然真っ二つに裂けて、中から一対の梁と祝の化身である蝶が飛び出て来たという物語である。

この伝説はたくさん戯曲に編まれたが、中でも同名の越劇（浙江省の地方劇）は有名である。忠節を貫いた強い愛情、悲しくも美しい最後、そして優美なメロディーは、幾世代もの中国人を感動させてきた。

時に1959年、越劇のメロディーをもとに、『梁山伯と祝英台』というバイオリン協奏曲が作られ、大きな反響を呼んだ。

そして今日に至るまで、この曲のCDの売れ行きは衰えを見せておらず、中国内外の中国人の望郷の思いを掻き立てる音楽として、また中国音楽をわかりたい人の必聴の曲として聞かれている。

21 观光旅行

Lǚ yóu
旅游

1 観光バスの予約をする／订 游览 车 (Dìng yóulǎn chē)

田中 このホテルには観光バスがありますか。

Qǐngwèn, nǐmen fàndiàn yǒu yóulǎn chē ma?
请问，你们 饭店 有 游览 车 吗？

服务员 ございます。

Yǒu.
有。

田中 どこを回りますか。

Dōu jīngguò shénme dìfang?
都 经过 什么 地方？

服务员 郊外を回るコースと市内を回る2つのコースがございます。

Yǒu liǎng tiáo lùxiàn, jiāowài xiàn hé shìnèi xiàn.
有 两 条 路线，郊外 线 和 市内 线。

田中 予約しなくちゃいけませんか。

Děi yùdìng ma?
得 预订 吗？

服务员 はい。出発の前日にご予約いただければけっこうです。

Duì. Qù de qián yì tiān yùdìng jiù xíng.
对。去 的 前 一 天 预订 就 行。

田中 では、私と友人で明日の郊外コースを予約します。

Nà, wǒ hé péngyou yùdìng míngtiān de jiāowài xiàn.
那，我 和 朋友 预订 明天 的 郊外 线。

観光バスの予約をする（订游览车）

服务员 1日コースと、半日コースがございますが、どちらになさいますか。

Yǒu quántiān hé bàntiān yóulǎn liǎng zhǒng, nǐmen dìng něi ge?
有 全天 和 半天 游览 两 种，你们 订 哪 个？

田中 1日コースは、いつ出発して何時に帰ってくるのですか。

Quántiān de shénme shíhou chūfā? Jǐ diǎn huílai?
全天 的 什么 时候 出发？几 点 回来？

服务员 9時半に出発して午後3時ごろ帰って来ます。

Jiǔ diǎn bàn chūfā, xiàwǔ sān diǎn zuǒyòu huílai.
九 点 半 出发，下午 三 点 左右 回来。

田中 1日コースにします。いくらですか。

Wǒmen qù quántiān de. Duōshao qián?
我们 去 全天 的。多少 钱？

服务员 各種入場料と昼食代込みでお一人様90元です。

Bāokuò gè zhǒng ménpiào hé wǔcān, yí ge rén yígòng jiǔshi kuài.
包括 各 种 门票 和 午餐，一 个 人 一共 90 块。

田中 今払うんですか。

Xiànzài fù ma?
现在 付 吗？

服务员 いいえ。チェックアウトの時、いっしょに精算していただきます。この申込書にご記入ください。

Búyòng. Tuì fáng de shíhou yìqǐ suàn. Qǐng tián yíxia zhèi zhāng bàomíng biǎo.
不用。退 房 的 时候 一起 算。请 填 一下 这 张 报名 表。

田中 わかりました。

Hǎo de.
好 的。

文法のポイント

包括各种门票和午餐，一个人一共 90 块。

「包括~」で「~を含む・含める」という意味を表す。例えば、

Běifāng fāngyán bāokuò bù bāokuò Sìchuān huà?
北方 方言 包括 不 包括 四川 话？
／北方方言には、四川方言が含まれますか。

Sānqiānyībǎiwǔshí Rìyuán, bāokuò shuì zàinèi.
3150 日元，包括 税 在内。／3,150 円で、税金込みです。

■ 覚えましょう ■

说 全天的什么时候出发？几点回来？
听 退房的时候一起算。

◆ 注意しましょう ◆

△ 两个游览路线 → 两条游览路线

2 友人とはぐれる／跟 朋友 走 散 了
Gēn péngyou zǒu sàn le

导游 みなさん、こんにちは。ようこそ、このツアーに参加していただきました。今から、日程表をお配りします。

Dàjiā hǎo, huānyíng cānjiā wǒmen de yóulǎn. Xiànzài fā jīntiān de shíjiān biǎo.
大家 好，欢迎 参加 我们 的 游览。现在 发 今天 的 时间 表。

游客 あの、荷物は車内に置いていてもいいですか。

Qǐngwèn, dōngxi kěyǐ fàng zai chē li ma?
请问，东西 可以 放 在 车 里 吗？

导游 もちろんです。但し、貴重品はお持ちください。それと、集合時間は守ってください。出発前5分には、必ず戻って来てくださいね。

Dāngrán kěyǐ, dànshì guìzhòng wùpǐn qǐng suíshēn dài zhe. Lìngwài, qǐng yánshǒu
当然 可以，但是 贵重 物品 请 随身 带 着。另外，请 严守
jíhé shíjiān, chūfā de wǔ fēn zhōng qián bìxū huílai.
集合 时间，出发 的 5 分 钟 前 必须 回来。

导游 兵馬俑博物館に着きました。集合時間は2時です。皆さん、遅れないようにしてくださいね。

Bīngmǎyǒng bówùguǎn dào le! Liǎng diǎn jíhé, qǐng dàjiā bié chídào.
兵马俑 博物馆 到 了！两 点 集合，请 大家 别 迟到。

(博物館で)
(Zài bówùguǎn li)
(在 博物馆 里)

田中 以前テレビで見たことがあるけど、自分の目でみたら、全然違うね。さあ、写真を撮ろうか。

Yǐqián zài diànshì shang kàn guo. Zhíjiē kàn quèshí bù yíyàng. Lái, zánmen zhào jǐ zhāng xiàng ba!
以前 在 电视 上 看 过。直接 看 确实 不 一样。来，咱们 照 几 张 相 吧！

小李 だめだよ。見ろよ、壁に貼ってある。「館内撮影禁止」だよ。

Bù xíng. Nǐ kàn, qiáng shang tiē zhe ne, "guǎn nèi jìnzhǐ shèyǐng."
不 行。你 看，墙 上 贴 着 呢，"馆 内 禁止 摄影。"

田中 ほんと？せっかく来たのに、僕はいっぱい写真を撮りたいなあ。残念だ。

Shì ma? Hǎoróngyì lái yí cì, wǒ hái xiǎng duō zhào diǎnr xiàng ne, tài yíhàn le.
是 吗？好容易 来 一 次，我 还 想 多 照 点儿 相 呢，太 遗憾 了。

田中 出口の外の露店をのぞきに行ってみて、記念品を買ってそれから写真集を買おう。…あれっ、李君なんでいないんだ？

Zánmen qù mén wai de xiǎo tānr shang kàn kan. Mǎi diǎnr jìniànpǐn, zài mǎi yì běn yǐngjí ba. ……Ài! Xiǎo Lǐ zěnme bú jiàn le?
咱们 去 门 外 的 小 摊儿 上 看 看。买 点儿 纪念品，再 买 一 本 影集 吧。……唉！小 李 怎么 不 见 了？

……

导游 みなさん、そろわれましたか。

Dàjiā dōu qí le ma?
大家 都 齐 了 吗？

21. 観光旅行（旅游）

小李 田中君がまだ来てません。あの、ここの館内放送室はどこにありますか。

Tiánzhōng hái méi huílai. Qǐngwèn, zhèr de guǎngbō shì zài nǎr?
田中 还 没 回来。请问，这儿 的 广播 室 在 哪儿？

导游 正門の横にありますよ。

Zài zhèngmén de pángbiānr.
在 正门 的 旁边儿。

小李 わかりました。僕は、放送してもらいに行って、彼が見つかったらすぐもどって来ます。

Hǎo. Wǒ qù qǐng tāmen guǎngbō, zhǎo dao tā mǎshàng jiù huílai.
好。我 去 请 他们 广播，找 到 他 马上 就 回来。

导游 じゃ、行ってらっしゃい。

Nǐ kuài qù ba.
你 快 去 吧。

小李 すみません、僕といっしょに来た人と、はぐれてしまいました。放送してもらえますか。

Guǎngbōyuán xiǎojiě. Wǒ hé yìqǐ lái de rén zǒu sàn le, nín néng bāng wǒ
广播 员 小姐，我 和 一起 来 的 人 走 散 了，您 能 帮 我
guǎngbō yíxia ma?
广播 一下 吗？

广播员 いいですよ。その人のお名前は。どこの所属ですか。…外国語大学の田中一郎様、放送を聞かれましたら、すぐに正門までおいでください。お連れの李春輝様がお待ちです。

Kěyǐ ya, tā jiào shénme míngzi? Shì něi ge dānwèi de? ……Wàiyǔ dàxué
可以 呀，他 叫 什么 名字？ 是 哪 个 单位 的？……外语 大学
de Tiánzhōng Yīláng tóngxué, tīng dao guǎngbō hòu qǐng mǎshàng dào zhèngmén lái, Lǐ
的 田中 一郎 同学，听 到 广播 后 请 马上 到 正门 来，李
Chūnhuī tóngxué zài zhèli děng nǐ.
春辉 同学 在 这里 等 你。

文法のポイント

你看，墙上贴着呢，"馆内禁止摄影。"

「場所＋動詞＋着＋人・物」で「どこどこに（人・物）が～してある・いる」という意味を表す。例えば、

Hēibǎn shang xiě zhe míngtiān de shíjiān biǎo.
黑板 上 写 着 明天 的 时间 表。／黒板に明日の時間割が書いてある。

Qiáng shang guà zhe yì zhāng Zhōngguó dìtú.
墙 上 挂 着 一 张 中国 地图。／壁に中国地図がかけてある。

Shāfā shang zuò zhe yí wèi lǎorén.
沙发 上 坐 着 一 位 老人。／ソファーにお年寄りが一人座っている。

■ 覚えましょう ■

|说| 您能帮我广播一下吗？
|听| 大家都齐了吗？

◆ 注意しましょう ◆

× 咱们照多点儿相吧！→ 咱们多照点儿相吧！

3　ちょっと写していただけませんか／请 帮 我 照 一下
Qǐng bāng wǒ zhào yíxia

田中　すみません、あの建物を写してもいいですか。

Qǐngwèn, nèi dòng fángzi kěyǐ zhàoxiàng ma?
请问，那 栋 房子 可以 照相 吗？

警卫员　いいですよ。ご自由にどうぞ。

Kěyǐ, suíbiàn zhào.
可以，随便 照。

田中　すみません、1枚撮っていただいていいですか。

Máfan nín, bāng wǒ zhào yì zhāng hǎo ma?
麻烦 您，帮 我 照 一 张 好 吗？

游客 いいですよ。シャッター押すだけでいいですか。

Hǎo wa, shì bu shì guāng àn kuàiménr jiù kěyǐ?
好 哇，是 不 是 光 按 快门儿 就 可以？

田中 はい、押すだけでいいです。

Duì, guāng àn kuàiménr jiù xíng.
对，光 按 快门儿 就 行。

游客 上半身ですか、全身ですか。

Zhào bànshēn háishi quánshēn?
照 半身 还是 全身？

田中 上半身お願いします。

Zhào bànshēn ba.
照 半身 吧。

小李 バックに五重の塔も入れることができますか。

Hòubian de wǔcéngtǎ néng pāi jìn lai ba?
后边 的 五层塔 能 拍 进 来 吧？

游客 できますよ。1、2、3。はい、いいですよ。

Néng. Yī, èr, sān, hǎo lei!
能。一、二、三，好 嘞！

小李 どうも！今度は、あなたもいっしょに1枚どうですか。

Xiè xie! Zhèi huí qǐng nǐ gēn wǒ zhào yì zhāng xíng ma?
谢 谢！这 回 请 你 跟 我 照 一 张 行 吗？

游客 いいですよ。どこで撮ります？

Xíng a, zài nǎr zhào?
行 啊，在 哪儿 照？

田中 笑ってー。チーズ。はい！プリントしたら送りますから、住所を書いてください。

Xiào yi xiào. Qié~zi. Hǎo! Xǐ hǎo yǐhòu, wǒ jì gei nǐ, qǐng xiě yí xia nǐ de dìzhǐ kěyǐ ma?
笑 一 笑。茄~子。好！洗 好 以后，我 寄 给 你，请 写 一 下 你 的 地址 可以 吗？

文法のポイント

帮我照一张好吗？

「帮＋人＋動詞」の形で「（人が）〜するのを手伝う、助ける、（人の）代わりに〜してやる」という意味を表わす。例えば、

Wǒ bāng tā bān xíngli.
我 帮 他 搬 行李。／私は彼の荷物運びを手伝う。

Háizi bāng māma qù mǎi cài.
孩子 帮 妈妈 去 买 菜。／子供はお母さんのおつかいに行った。

Qǐng bāng wǒ gěi lǎoshī dǎ ge diànhuà.
请 帮 我 给 老师 打 个 电话。／私の代わりに先生に電話してください。

■ 覚えましょう ■

说 麻烦您帮我照一张好吗？
听 照半身还是全身？

◆ 注意しましょう ◆

△ 给我照一张好吗？ → 帮我照一张好吗？

補 充 単 語

〈ア行〉

赤く点滅する
　　　红灯闪
　　　hóngdēng shǎn

一眼レフ　单镜头反光式照相机
　　　dān jìngtóu fǎnguāng shì zhàoxiàngjī

絵葉書　美术明信片
　　　měishù míngxìnpiàn

大人料金　普通票
　　　pǔtōngpiào

〈カ行〉

ガイドブック
　　　旅行指南
　　　Lǚxíng zhǐnán

ケーブルカー
　　　缆车
　　　lǎnchē

こども料金
　　　儿童票
　　　értóng piào

〈サ行〉

自動撮影　自拍
zìpāi

絞りをしぼる（大きくする）
　　　缩小（放大）光圈
suōxiǎo (fàngdà) guāngquān

焦点を合わせる
　　　对焦
duìjiāo

集合写真をとる
　　　合影
héyǐng

スケジュールがつまっている
　　　安排得很紧
ānpái de hěn jǐn

スナップ写真
　　　快相
kuàixiàng

〈タ行〉

使い捨てカメラ
　　　一次性傻瓜相机
yícì xìng shǎguā xiàngjī

〈ナ行〉

ナイトコース
　　　夜间游览路线
yèjiān yóulǎn lùxiàn

〈ハ行〉

バッジ　纪念章
jìniànzhāng

パンフレット
　　　小册子
xiǎocèzi

非常口
　　　太平门、安全门
tàipíngmén. ānquánmén

フェリー　轮渡
lúndù

フラッシュをたく
　　　用闪光灯
yòng shǎnguāng dēng

望遠レンズ
　　　长焦距　镜头
chángjiāojù jìngtóu

（操作用）ボタン
　　　按钮
ànniǔ

〈マ行〉

道に迷う　迷路
mílù

みやげ物　土特产品
tǔtè chǎnpǐn

〈ラ行〉

レンズカバーをはずす
　　　掀镜头盖儿
xiān jìngtóu gàir

ロープウェー
　　　空中索道吊车
kōngzhōng suǒdào diàochē

〈標語〉

火気厳禁　严禁烟火
yánjìn yānhuǒ

立入り禁止
　　　行人止步
xíngrén zhǐbù

手を触れないでください
　　　请勿动手
Qǐngwù dòngshǒu

喫煙禁止　禁止吸烟
jìnzhǐ xīyān

足元注意	小心脚下 xiǎoxīn jiǎoxià	工事中	正在施工 zhèngzài shīgōng
頭上注意	留心头上 Liúxīn tóushàng	ペンキ塗りたて	油漆未干 yóuqī wèigān
無用の者立入るべからず	闲人免进 xiánrén miǎnjìn	みだりに痰を吐かないように	请勿随地吐痰 qǐng wù suídì tǔtán
開放厳禁	严禁开放 yǎnjìn kāifàng		

=== ミニ知識 ===

棗とハミグア

　華北と北西の一帯は棗が多い。棗は、夏の終わりから秋の始めにかけて実が熟れる。この時の皮は黄緑色か淡い紅色で、食べると甘くてくずれやすいので、「脆枣儿(cuì zǎor)」と呼ばれる。赤紫色に完熟した実を摘み取って、皮に皺がよるまでよく日に干すと、長期間保存できるようになる。この干した棗は「红枣(hóng zǎo)」と言われ、栄養分が豊富に含まれている。果物として食すこともできるし、滋養をつけるため薬として用いることもできる。「红枣」を入れたお粥を常食すると、顔色は良くなるし、美容にもいいということである。

　新疆では、秋にハミグア（哈密瓜 hāmìguā）を食べることができる。ハミグアはメロンの一種だが、大きくて、普通のものでも2、3 kgはある。新疆の乾燥した、朝晩の気温差が激しい気候条件は、ハミグアの糖度を高めて、この上もない甘さに仕上げる。「哈密」は、本来は地名であるが、あまりにも甘くて、蜂蜜にも劣らないことから、「密」の字に意識的に「蜜」をあてる人もいるくらいだ。

22 転校する

Zhuǎn xué
转 学

1 転校先を訪問する／Liánxì xīn xuéxiào 联系 新 学校

田中 すみません、こちらは留学生係でしょうか。
Qǐngwèn, zhè shì liúxuéshēng bàngōngshì ma?
请问, 这 是 留学生 办公室 吗?

职员 そうですが、何かご用ですか。
Duì, nǐ yǒu shénme shì?
对, 你 有 什么 事?

田中 僕は今、外国語大学に留学していますが、来学期こちらへ転校して来たいと思っています。いいでしょうか。
Wǒ xiànzài zài Wàidà liúxué, xià xuéqī hěn xiǎng zhuǎn dao nǐmen xuéxiào lai.
我 现在 在 外大 留学, 下 学期 很 想 转 到 你们 学校 来。
Kěyǐ ma?
可以 吗?

职员 もちろんです。歓迎しますよ。
Dāngrán kěyǐ. Huānyíng nǐ lái.
当然 可以。 欢迎 你 来。

田中 どんな手続がいりますか。
Yào bàn něixiē shǒuxù?
要 办 哪些 手续?

职员 手続については、私どもの学校のパンフレットと入学願書に書いてありますので、読んでから書いてください。

Zhèixiē shì wǒmen xuéxiào de shuōmíng shū hé rùxué shēnqǐng shū, qǐng nǐ kàn yíxià, ránhòu tián shang.
这些是我们学校的说明书和入学申请书，请你看一下，然后填上。

田中 書いてから郵送してもいいですか。

Tián hǎo yǐhòu kěyǐ yóujì ma?
填好以后可以邮寄吗？

职员 いいですよ。それから、今の大学の成績証明書と先生の推薦書を同封するのを忘れないでください。

Kěyǐ, bié wàng le fù shang xiànzài dàxué de chéngjì zhèngmíng shū hé lǎoshī de tuījiàn xìn.
可以，别忘了附上现在大学的成绩证明书和老师的推荐信。

田中 転校したあと、公安局では何か手続が必要でしょうか。

Zhuǎnxiào yǐhòu, gōng'ānjú nèibian yòng bu yòng bàn shénme shǒuxù?
转校以后，公安局那边用不用办什么手续？

职员 公安局に行って居留証を書きかえる必要があります。

Děi qù gōng'ānjú gēnggǎi jūliú zhèng.
得去公安局更改居留证。

田中 こちらに来てからは、留学生用の寮ではなくて学生の寮に住みたいのですが。二人部屋はありますか。

Lái le bù xiǎng zhù liúxuéshēng gōngyù, xiǎng zhù xuésheng sùshè. Yǒu shuāngrén fángjiān ma?
来了不想住留学生公寓，想住学生宿舍。有双人房间吗？

职员 ありますよ。条件は留学生用よりも劣りますが、部屋代も、それだけ安いですよ。それはまた、あなたが入学してからのことにしましょう。

Yǒu. Tiáojiàn bǐ liúxuéshēng gōngyù chà diǎnr, jiàqián yě xiāngduì de piányi xiē.
有。条件 比 留学生 公寓 差 点儿，价钱 也 相对 地 便宜 些。

Nǐ rù xué yǐhòu zàishuō ba.
你 入 学 以后 再说 吧。

田中 次の授業が中国語だったら、聴講したいのですが、いいでしょうか。

Xià jié yǒu Hànyǔ kè dehuà, wǒ xiǎng pángtīng yì jié kè, kěyǐ ma?
下 节 有 汉语 课 的话，我 想 旁听 一 节 课，可以 吗？

职员 いいですよ。私がまず先生に知らせてから、あなたを連れて行きます。

Xíng. Wǒ xiān gēn lǎoshī dǎ ge zhāohu, ránhòu dài nǐ qù.
行。我 先 跟 老师 打 个 招呼，然后 带 你 去。

文法のポイント

我先跟老师打个招呼，然后带你去。

「打个招呼」で「知らせる」、「言いつける」という意味がある。「打」は様々な名詞を目的語にとって、具体的動作を表す。例えば、

Wǒmen zài zǒuláng dǎ le ge zhàomiàn, kě méi dǎ zhāohu.
我们 在 走廊 打 了 个 照面，可 没 打 招呼。
　　　　／私たちは廊下でばったり出会ったが挨拶しなかった。

Dǎ le yì chǎng guānsi
打 了 一 场 官司／訴訟を起こす

■ 覚えましょう ■

说 转校以后，公安局那边用不用办什么手续？
听 得去公安局更改居留证。

◆ 注意しましょう ◆

△ 下学期很想转校到你们大学来。可以吗？
→ 下学期很想转到你们学校来。可以吗？

2 退学手続／退学 手续
Tuìxué shǒuxù

田中 李先生、今学期が終わったら僕は、転校しようと思います。

Lǐ lǎoshī, zhèi xuéqī shàng wán hòu, wǒ xiǎng zhuǎnxué.
李 老师, 这 学期 上 完 后, 我 想 转学。

李老师 どうしてですか。

Wèi shénme?
为 什么?

田中 僕は、将来の研究の基礎固めのため、中国言語文化を勉強したいのです。

Wǒ xiǎng xué Zhōngguó yǔyán wénhuà, wèi jiānglái de yánjiū dǎ jīchǔ.
我 想 学 中国 语言 文化, 为 将来 的 研究 打 基础。

李老师 そういうことですか。学校には連絡したのですか。

Shì zhèiyàng……. Xuéxiào liánxì hǎo le ma?
是 这样……。学校 联系 好 了 吗?

田中 はい、しました。民族大学の漢語学院に行きます。退学の手続をする時に、前納していたお金は返してもらえますか。

Liánxì hǎo le, qù Mínzú dàxué de Hànyǔ xuéyuàn. Bàn tuìxué shǒuxù shí
联系 好 了, 去 民族 大学 的 汉语 学院。办 退学 手续 时

yù jiāo de xuéfèi néng tuì gei wǒ ma?
预 交 的 学费 能 退 给 我 吗?

李老师 できますが、退学願いを書かなければなりませんよ。退学の理由と転校先の学校を明記して、陳先生のところで手続をしてください。

Néng shì néng, nǐ děi xiě yí fènr tuìxué shēnqǐng shū, xiě míng tuìxué lǐyóu
能 是 能, 你 得 写 一 份儿 退学 申请 书, 写 明 退学 理由

hé yào qù de xuéxiào, zài Chén lǎoshī nàr bàn shǒuxù.
和 要 去 的 学校, 在 陈 老师 那儿 办 手续。

田中 陳先生、これが私の退学願いです。

Chén lǎoshī, zhè shì wǒ de tuìxué shēnqǐng shū.
陈 老师, 这 是 我 的 退学 申请 书。

陈老师 払った学費の領収書はまだ持っていますか。

<pre>
Jiāo xuéfèi shí gěi nǐ de shōujù hái yǒu ma?
交 学费 时 给 你 的 收据 还 有 吗?
</pre>

田中 すみません。領収書は無くしてしまいました。お手数ですが、原本を調べてもらえませんか。

<pre>
Zhēn duìbuqǐ,   shōujù ràng wǒ nòngdiū le. Máfan nín chá cha cúngēn ba.
真 对不起, 收据 让 我 弄丢 了。麻烦 您 查 查 存根 吧。
</pre>

陈老师 ちょっと待ってください。調べたら返せますから。

<pre>
Nǐ děng yíxiar. Chá dao le jiù tuì gei nǐ.
你 等 一下儿。查 到 了 就 退 给 你。
</pre>

文法のポイント

在陈老师那儿办手续。

「这儿／那儿」は名詞、人称代詞の後ろに置いて、「誰々のところ」ということを表す。話し手のいるところを指す場合は「～这儿」を用い、話し手から離れているところを指す場合は「～那儿」を用いる。例えば、

<pre>
Sūn Xiǎoméng nàr yǒu, nǐ qù jiè ba.
孙 小萌 那儿 有, 你 去 借 吧。
</pre>
／孫小萌のところにあるので、借りに行ってください。

<pre>
Nǐ zhèr yǒu ≪Xiàndài Hànyǔ cídiǎn≫ ma?
你 这儿 有 《现代 汉语 词典》吗?
</pre>
／君のところに『現代漢語辞典』はありますか。

■ 覚えましょう ■

|说| 我想转学。
|听| 能是能, 你得写一份儿退学申请书。

◆ 注意しましょう ◆

△ 真对不起, 收据让我丢了。 →　真对不起, 收据让我弄丢了。

3 引越し／搬家 Bānjiā

田中 僕は部屋を出るんですけど、この鍵は誰に渡したらいいですか。

Wǒ yào tuì fángzi, zhè yàoshi jiāo gei shéi ne?
我 要 退 房子，这 钥匙 交 给 谁 呢？

职员 部屋を出るの。だったら、まず部屋を点検して壊れたところがないか見てみるけど。今、はいってもいいかな。

Nǐ yào tuì fáng ya? Nà wǒmen xiān děi jiǎnchá yíxia, kàn yǒu méi yǒu sǔnhuài de dìfang. Xiànzài qù kěyǐ ma?
你 要 退 房 呀？那 我们 先 得 检查 一下，看 有 没 有 损坏 的 地方。现在 去 可以 吗？

田中 どうぞ、どうぞ。

Kěyǐ, kěyǐ.
可以，可以。

职员 どこも壊れているところはないね。この荷物はいつ運ぶ。

Méi yǒu huài de dìfang. Nǐ de dōngxi shénme shíhou bān?
没 有 坏 的 地方。你 的 东西 什么 时候 搬？

田中 たいした物はないから、今からすぐ引越し業者に電話します。

Wǒ yě méi shénme dōngxi. Wǒ xiànzài jiù gěi bānjiā gōngsī dǎ diànhuà.
我 也 没 什么 东西。我 现在 就 给 搬家 公司 打 电话。

职员 どこに引っ越すつもり。ここでも引越しの業務は、やってるよ。業者より安いし。

Nǐ zhǔnbèi bān dao nǎr qù? Wǒmen yě yǒu bānjiā fúwù, bǐ bānjiā gōngsī piányi.
你 准备 搬 到 哪儿 去？我们 也 有 搬家 服务，比 搬家 公司 便宜。

田中 そうですか。それはよかった。一箱いくらですか。

Shì ma? Nà jiù tài hǎo le. Yí ge xiāngzi duōshao qián?
是 吗？那 就 太 好 了。一 个 箱子 多少 钱？

职員 うちでは箱の数ではなくて、運搬の回数で計算してるんだ。君のところの荷物は少なくて、一度で運べるから80元だね。

Wǒmen bú àn xiāng, àn bānyùn cìshù suàn. Nǐ zhèr dōngxi bù duō, yí cì
我们 不 按 箱, 按 搬运 次数 算。你 这儿 东西 不 多, 一 次
jiù néng bān wán. Yí cì shì bāshí yuán.
就 能 搬 完。一 次 是 80 元。

田中 今払うんですか。

Xiànzài jiāo qián ma?
现在 交 钱 吗?

職員 いや、鍵を返す時にいっしょに払って。これから電話して車を呼ぶから。

Búyòng, jiāo yàoshi de shíhou yìqǐ jiāo ba. Xiànzài wǒ jiù dǎ diànhuà jiào
不用, 交 钥匙 的 时候 一起 交 吧。现在 我 就 打 电话 叫
chē lái.
车 来。

文法のポイント

我也没什么东西。

「没什么+名詞等」の形で、「大したことがない」というニュアンスを表す。
例えば、

Tā jiā méi shénme cáichǎn.
他 家 没 什么 财产。／彼の家には、たいした財産はない。

Nà ge gōngyuán méi shénme hǎowánr de.
那 个 公园 没 什么 好玩儿 的。
　　　　　／あの公園は、たいして見るべきところも遊ぶべきところもない。

■ 覚えましょう ■

说 一个箱子多少钱?
听 我们不按箱, 按搬运次数算。

◆ 注意しましょう ◆

△ 我现在就打电话给搬家公司。→ 我现在就给搬家公司打电话。

補充単語

〈カ行〉
教材費	教材费	jiàocái fèi
休学申請	休学申请	xiūxué shēnqǐng

〈サ行〉
新学期	新学期	xīn xuéqī
紹介状	介绍信	jièshào xìn

〈ハ行〉
部屋代	住宿费	zhùsù fèi
復学申請	复学申请	fùxué shēnqǐng

=== ミニ知識 ===

中国の住宅事情1

　中国の都市の多くの住民は、2000年末の福利住宅分配終了まで、基本的には、自分の住宅を持てなかった。

　この福利住宅というのは、国や勤務先が福利政策の一貫として職員や労働者に貸与するもので、家賃は月給の一割にも満たないほどの安さだった。例えば、2LDKくらいの部屋の一ヶ月の家賃は、わずか10元程度で、日本のビール1本の値段もない。たいていが、勤務先のすぐ近くに建設されているので、通勤に便利である。大学の例で言うと、家から教室まで歩いて2、3分もかからないところもあるくらいだ。しかし、このような政策は、大量の住宅のコストを回収することができないので、新しい住宅を建てるのに困難を来たし、長い間の住宅不足を招いていた。結婚しても住宅がないことから、狭いところに3世代がくらすという現象もよく見られたし、また、自分の家ではないから手入れする気にはならず、ますます、老朽化していった。

23 中国人学生との交流

Hé Zhōngguó xuésheng jiāoliú
和 中国 学生 交流

1 先生に相談をもちかける／和 老师 商量
Hé lǎoshī shāngliang

田中 陳先生、お願いしたいことがあるんですが。

Chén lǎoshī, wǒ xiǎng qiú nín yí jiàn shì.
陈 老师，我 想 求 您 一 件 事。

陈老师 何ですか。

Shénme shìr?
什么 事儿？

田中 先生の学生さんで、日本語を勉強したいという人はいないでしょうか。

Lǎoshī de xuésheng li yǒu méi yǒu xiǎng xué Rìyǔ de?
老师 的 学生 里 有 没 有 想 学 日语 的？

陈老师 さあ、特に聞いてないけど、いるとは思いますが。

Ya……, bú tài qīngchu, néng yǒu ba.
呀……，不 太 清楚，能 有 吧。

田中 そうですか。実は、今、授業以外で中国語を話す機会が少ないので、中国人ともっと付き合いたいといつも思ってるんです。日本語を勉強したいという人と互いに勉強ができればベストなんですが。

Shì ma? Wǒ zuìjìn zǒng xiǎng hé Zhōngguórén duō jiēchù, yīnwèi chúle shàng kè
是 吗？我 最近 总 想 和 中国 人 多 接触，因为 除了 上 课
shíjiān yǐwài, shuō Hànyǔ de jīhuì hěn shǎo. Yàoshi néng hé xiǎng xué Rìyǔ
时间 以外，说 汉语 的 机会 很 少。要是 能 和 想 学 日语
de xuésheng hùxiāng xuéxí jiù hǎo le.
的 学生 互相 学习 就 好 了。

陈老师 そういうことなら、一つ、交流会でも開いて、学生と留学生が知り合う機会を作りましょう。

Zhème bàn ba, wǒmen kāi yí ge jiāoliú huì, ràng liúxuéshēng gēn Zhōngguó xuésheng rènshi rènshi.
这么办吧,我们开一个交流会,让留学生跟中国学生认识认识。

田中 そうしてくださると、本当にうれしいです。私のほうでも、みんなに出席するよう呼びかけます。

Nà tài hǎo le, wǒ jǐnliàng duō yuē liúxuéshēng cānjiā.
那太好了,我尽量多约留学生参加。

陈老师 では、今度の授業までに、日時と場所を決めておきましょう。

Xià cì kè yǐqián, dìng xia lai shíjiān hé huìchǎng.
下次课以前,定下来时间和会场。

文法のポイント

因为我除了上课时间以外,说汉语的机会很少。

① 複文で「因为…」を後置した文の頭において、前文に述べた結果を強調し、その理由を述べる。「是因为」とも言う。例えば、

Tā méi néng cānjiā yǎnjiǎng bǐsài, shì yīnwèi qián yī tiān tūrán zhùyuàn le.
他没能参加演讲比赛,是因为前一天突然住院了。
／彼はスピーチコンテストに出場できなかった。というのは、前日に突然入院したからだ。

Wǒ hěn xǐhuan tīng nèi shǒu gē, yīnwèi tā shǐ rén xiǎng qi gùxiāng.
我很喜欢听那首歌,因为它使人想起故乡。
／私はその曲がとても好きだ。というのは、故郷を懐かしく思い出すから。

② 「除了～以外…」で「～以外…」という意味を表す。例えば、

Wǒ chúle xiāngcài yǐwài, shénme dōu néng chī.
我除了香菜以外,什么都能吃。
／私はコウサイ以外なら何でも食べられる。

Tā měitiān chúle qù xué gāngqín yǐwài, hái yào xué Yīngyǔ hé Shùxué.
他每天除了去学钢琴以外,还要学英语和数学。
／彼は毎日ピアノを習いに行く他、英語と数学も習いに行かなければならない。

■ 覚えましょう ■

|说| 我想求您一件事。
|听| 下次课以前，定下来时间和会场。

◆ 注意しましょう ◆

× 那太好了，我尽量多呼吁留学生参加。
→ 那太好了，我尽量多约留学生参加。

2 交流会で／在 交流 会 上
Zài jiāoliú huì shang

陈老师 今から、交流会を始めます。あとの進行は、孟君、お願いしますね。では、今夜は大いに楽しんでください。

交流 会 现在 开始。孟 小龙，你 来 主持 一下。今晚 大家
Jiāoliú huì xiànzài kāishǐ. Mèng Xiǎolóng, nǐ lái zhǔchí yíxia. Jīnwǎn dàjiā

尽情 地 谈 谈，玩 玩儿。
jìnqíng de tán tan, wán wanr.

小龙 僕が孟小龍です。小龍と呼んでください。テーブルにお茶やつまみも用意してあります。食べながらでけっこうですので、まず、自己紹介をしてください。中国の学生は日本語で、留学生は中国語で話してください。順番は、時計回りでどうでしょうか。じゃあ、田中さんからお願いします。

我 叫 孟 小龙，请 叫 我 小龙。桌子 上 有 茶 和 瓜子儿，请
Wǒ jiào Mèng Xiǎolóng, qǐng jiào wǒ Xiǎolóng. Zhuōzi shang yǒu chá hé guāzǐr, qǐng

大家 边 吃 边 听。请 先 做 一下 自我 介绍。中国 学生
dàjiā biān chī biān tīng. Qǐng xiān zuò yíxia zìwǒ jièshào. Zhōngguó xuésheng

用 日语，留学生 用 汉语。按 顺 时针 方向 轮流，怎么样？从
yòng Rìyǔ, liúxuéshēng yòng Hànyǔ. Àn shùn shízhēn fāngxiàng lúnliú, zěnmeyàng? Cóng

田中 开始 吧。
Tiánzhōng kāishǐ ba.

田中 僕は、田中一郎と申します。…

我 叫 田中 一郎。……
Wǒ jiào Tiánzhōng Yīláng.……

小龙 では、ひととおり自己紹介が終わったところで、時間まで、自由におしゃべりを楽しんでください。

Zìwǒ jièshào wán le. Shíjiān hái zǎo ne, qǐng dàjiā suíbiàn liáo ba.
自我 介绍 完 了。时间 还 早 呢,请 大家 随便 聊 吧。

田中 小龍、日本語がとても上手ですね。いい司会振りじゃないですか。

Xiǎolóng, nǐ Rìyǔ shuō de zhēn hǎo. Zhǔchírén de yàngzi yě hěn yǒu pài ma.
小龙,你 日语 说 得 真 好。主持人 的 样子 也 很 有 派 嘛。

小龙 いえ、まだまだですよ。日本語はとても難しいです。

Nǎli nǎli, hái chàdeyuǎn ne. Rìyǔ tài nán le.
哪里 哪里,还 差得远 呢。日语 太 难 了。

田中 何が一番難しいと思いますか。

Nǐ juéde Rìyǔ shénme zuì nán?
你 觉得 日语 什么 最 难?

小龙 全部難しいですけど、特に助詞の使い方が難しいです。田中君の中国語こそ僕の日本語より上手ですよ。

Shénme dōu nán. Tèbié shì zhùcí de yòngfǎ. Wǒ juéde nǐ Hànyǔ shuō de bǐ wǒ de Rìyǔ hǎo.
什么 都 难。特别 是 助词 的 用法。我 觉得 你 汉语 说 得 比 我 的 日语 好。

田中 いえいえ、とんでもない。発音が難しいし、みんな、話すのが速くて全然聞きとれないですよ。小龍は普段どうやって日本語を勉強してるんですか。

Nǐ shuō dao nǎr qù le? Hànyǔ fāyīn hěn nán, jiāshang nǐmen shuō de kuài, wǒ chángcháng tīng bu dǒng. Nǐ píngshí zěnme xué Rìyǔ?
你 说 到 哪儿 去 了?汉语 发音 很 难,加上 你们 说 得 快,我 常常 听 不 懂。你 平时 怎么 学 日语?

小龙 これと言ってないですけど、「多く読み、多く聞き、多く話す」を実践するしかないです。君はどうですか。

Méi shénme hǎo bànfǎ, zhǐ shì jǐnliàng duō kàn、duō tīng、duō shuō, nǐ ne?
没 什么 好 办法,只 是 尽量 多 看、多 听、多 说,你 呢?

田中 その通りです。でも、一番不足するのが「多く話す」なんです。

<small>Nǐ shuō de duì. Wǒ zuò de zuì bú gòu de jiù shì "duō shuō".</small>
你 说 得 对。我 做 得 最 不 够 的 就 是 "多 说"。

小龙 そうですか。田中君は中国にいてさえそうなのに、僕らはもっとですよ。

<small>Shì ma? Lián zài Zhōngguó dōu bù néng duō shuō, hékuàng wǒmen ne.</small>
是 吗?连 在 中国 都 不 能 多 说,何况 我们 呢。

田中 あの、よかったら、僕達いっしょに勉強しませんか?

<small>Yàoshi kěyǐ dehuà, zánmen yìqǐ liàn, hùxiāng xuéxí, zěnmeyàng?</small>
要是 可以 的话, 咱们 一起 练,互相 学习, 怎么样?

小龙 いいですね。今みたいに話すときは必ず相手のことばでね。

<small>Nà tài hǎo le. Jiù xiàng xiànzài zhèiyàng, shuōhuà de shíhou bìxū yòng duìfāng de yǔyán.</small>
那 太 好 了。就 像 现在 这样, 说话 的 时候 必须 用 对方 的 语言。

田中 そうそう。それで、いつから始めましょうか?

<small>Hǎo wa, cóng shénme shíhou kāishǐ?</small>
好 哇, 从 什么 时候 开始?

小龙 じゃあ、さっそく来週からというのは?

<small>Xià xīngqī jiù kāishǐ, zěnmeyàng?</small>
下 星期 就 开始, 怎么样?

田中 いいですよ。ぼくは、課外活動のない、火曜と木曜の午後がいいんだけど。

<small>Xíng. Wǒ, xīngqī èr hé xīngqī sì fāngbiàn, zhèi liǎng tiān méi yǒu kèwài huódòng.</small>
行。我, 星期 二 和 星期 四 方便, 这 两 天 没 有 课外 活动。

小龙 火曜日は都合が悪いなあ。月曜はどうですか?

<small>Wǒ xīngqī èr bù xíng. Xīngqī yī ne?</small>
我 星期 二 不 行。星期 一 呢?

田中 月曜日でもいいですよ。じゃあ、月曜と木曜にしましょう。時間は?

<small>Xīngqī yī yě xíng, nà jiù yī hé sì ba. Shíjiān ne?</small>
星期 一 也 行, 那 就 一 和 四 吧。时间 呢?

交流会で（在交流会上）

小龙 2時から4時で、先生をするのは、一時間交代でどうでしょう？

Cóng liǎng diǎn dào sì diǎn, yí ge rén dāng yí ge xiǎoshí lǎoshī, zénmeyàng?
从 两 点 到 四 点，一 个 人 当 一 个 小时 老师，怎么样？

田中 いいですね。自分が気に入ったテキストで、まず、やってみて、具合の悪いところは、後から考えましょう。

Xíng. Kèběn ne, zhǎo yì běn zìjǐ xǐhuan de, zánmen xiān shì shi kàn,
行。课本 呢，找 一 本 自己 喜欢 的，咱们 先 试 试 看，
yǐhòu zàishuō ba.
以后 再说 吧。

小龙 ええ。

Hǎo.
好。

田中 場所は？ぼくの部屋でもいいですか？

Zài nǎr hǎo ne? Zài wǒ de fángjiān, zěnmeyàng?
在 哪儿 好 呢？在 我 的 房间，怎么样？

小龙 いいですよ。五号棟の502号室だったでしょう。では、来週月曜2時、これで決まり！

Xíng a, shì wǔ hào lóu wǔlíng'èr ba? Jiù zhèiyàng, yì yán wéi dìng! Xià
行 啊，是 5 号 楼 502 吧？就 这样，一 言 为 定！下
xīngqī yī, xiàwǔ liǎng diǎn.
星期 一，下午 两 点。

小龙 皆さん！まだまだ、話し足りないことと思いますが、そろそろ、お別れの時間がまいりました。これからも、これを機にどんどん交流しましょう。それでは、今日の交流会はこれで終わります。ありがとうございました。

Dàjiā hǎoxiàng hái méi shuō wán, búguò shíjiān dào le. Jīntiān suàn shì kāitóur,
大家 好像 还 没 说 完，不过 时间 到 了。今天 算 是 开头儿，
yǐhòu wǒmen zài duō chuàngzào yìxiē jīhuì. Jīntiān de jiāoliú huì jiù dào
以后 我们 再 多 创造 一些 机会。今天 的 交流 会 就 到
zhèr. Xièxie!
这儿。谢谢！

文法のポイント

连在中国都不能多说,何况我们呢。

「连~都(也)…,何况…呢」という形で、「~でさえ…なのに、まして…」という意味を表す。例えば、

Měitiān lián shuìjiào de shíjiān dōu méi yǒu, hékuàng wánr ne.
每天 连 睡觉 的 时间 都 没 有,何况 玩儿 呢。
／毎日寝る時間さえないのに、遊ぶ時間なんてないよ。

Lián Zhōngguó rén yě bù zhīdao, hékuàng wǒmen wàiguó rén ne.
连 中国 人 也 不 知道,何况 我们 外国 人 呢。
／中国人ですら知らないのに、まして私達外国人がわかるはずがない。

■ 覚えましょう ■

|说| 你说到哪儿去了?
|听| 我星期二不行。

◆ 注意しましょう ◆

× 请先做一下自己介绍。 → 请先做一下自我介绍。

3 間違いやすい中国語／容易 说 错 的 汉语
Róngyì shuō cuò de Hànyǔ

小龙 田中君はここへ来てどのくらいになる。

Tiánzhōng, nǐ lái Zhōngguó duō jiǔ le?
田中,你 来 中国 多 久 了?

田中 もうそろそろ三ヶ月になるよ。

Chàbuduō sān ge yuè le.
差不多 三 个 月 了。

小龙 だいぶ耳が慣れたんじゃない。

Zhèr de Hànyǔ yǐjing xíguàn le ba.
这儿 的 汉语 已经 习惯 了 吧。

田中 そうだね。来たときよりはましになったと思うよ。

Ng, hé gāng lái de shíhou bǐ, hǎo duō le.
嗯，和 刚 来 的 时候 比，好 多 了。

小龙 発音もだいぶ外国人っぽさがなくなったしね。

Fāyīn de wàiyǔ wèir yě shǎo le ba.
发音 的 外语 味儿 也 少 了 吧。

田中 うん、このごろは自分でもなかなかいいと思うし、中国人と変わらないんじゃないかと思ってるんだ。でも、この間タクシーの運転手さんと話したら、すぐに「どこの国の方ですか。」と聞かれてしまったよ。

Zuìjìn zìwǒ gǎnjué búcuò, juéde yǒudiǎnr xiàng Zhōngguó rén le. Kěshì qián
最近 自我 感觉 不错，觉得 有点儿 像 中国 人 了。可是 前
jǐ tiān gēn díshì de sījī yī dāhuà, tā jiù wèn wǒ shì cóng něi guó
几 天 跟 的士 的 司机 一 搭话，他 就 问 我 是 从 哪 国
lái de.
来 的。

小龙 なんか言い間違ったとか？

Shuō cuò shénme le ma?
说 错 什么 了 吗？

田中 いや、それがただ、値段を聞いただけだったんだ。「前門まで大体いくらですか。」ってね。

Méi yǒu wa. Wǒ zhǐ wèn tā chēfèi le. Jiù shuō "dào Qiánmén yào duōshao
没 有 哇。我 只 问 他 车费 了。就 说 "到 前门 要 多少
qián?"
钱？"

小龙 ああ、それでね。普通、僕達は「多少钱？」じゃなくて「多儿钱？」て言うからね。

Nà sījī dāngrán néng tīng chu lai. Wǒmen bù shuō "duōshao qián?", ér shuō
那 司机 当然 能 听 出 来。我们 不 说 "多少 钱？"，而 说
"duōr qián?".
"多儿 钱？"。

田中 そうかあ。そう言えば、君はいつもそんなふうに言っていたようだね。でも、日本のテキストはどれを見ても「多少钱?」て書いてあるよ。

Shì ma? Kě bú shì ma, wǒ hǎoxiàng tīng nǐ zǒng nàme shuō. Búguò Rìběn
是 吗? 可 不 是 吗, 我 好像 听 你 总 那么 说。不过 日本
de kèběn shang dōu xiě zhe "duōshao qián?".
的 课本 上 都 写 着 "多少 钱?"。

小龙 正式な言い方はそうだよ。でも、口語はアル化するのが多いんだ。

Nà shì zhèngshì de shuōfa. Kěshì kǒuyǔ li yǒu hěn duō cí dōu érhuà.
那 是 正式 的 说法。可是 口语 里 有 很 多 词 都 儿化。

田中 他の人からも、注意されたことがあるよ。例えば、「中国語辞典はありますか。」と言うべき時、つい「汉语词典有吗?」と言ってしまう。

Biérén hái gàosu guo wǒ, gāi shuō "Yǒu Hànyǔ cídiǎn ma?" de shíhou, wǒ
别人 还 告诉 过 我, 该 说 "有 汉语 词典 吗?" 的 时候, 我
zǒng ài shuō "Hànyǔ cídiǎn yǒu ma?"
总 爱 说 "汉语 词典 有 吗?"。

小龙 他にもあるよ。田中君、「京都へ旅行する」「大学を卒業する」をちょっと中国語で言ってみて。

Duì, hái yǒu wa. Tiánzhōng, fān chéng
对, 还 有 哇。田中,「京都へ旅行する」「大学を卒業する」,翻 成
Hànyǔ zěnme shuō ne, nǐ shuō shuo ba.
汉语 怎么 说 呢, 你 说 说 吧。

田中 動詞のあとに目的語がくるから「旅行北京」と「毕业大学」でしょう。

Bīnyǔ fàng dòngcí hòumian, shuō "lǚxíng Běijīng" hé "bìyè dàxué" ba.
宾语 放 动词 后面, 说 "旅行 北京" 和 "毕业 大学" 吧。

小龙 違うよ。それは「去北京旅行」と「大学毕业」だよ。

Cuò le. Shì "qù Běijīng lǚxíng" hé "dàxué bìyè".
错 了。是 "去 北京 旅行" 和 "大学 毕业"。

田中 えらく難しいなあ。どうしたらいいんだろう。

Hànyǔ tài nán le! Zěnme bàn hǎo ne?
汉语 太 难 了! 怎么 办 好 呢?

小龙 一つ一つのことばを覚えるだけでなく、使い方にも注意しなくちゃね。例えば、「生气（腹を立てる）」だけを覚えるのはだめで、「生他的气（彼に腹を立てる）」を覚えなくては。同じように、「见面（会う）」だけじゃなく「和他见面（彼と会う）」も覚えるようにしなくてはだめだと思うよ。

Wǒ juéde hǎoxiàng bùguāng yào jì yí ge yí ge de cí, hái děi zhùyì tāmen
我 觉得 好像 不光 要 记 一 个 一 个 的 词, 还 得 注意 它们

de yòngfǎ. Bǐfang guāng jì "shēngqì" bùxíng, hái děi jì "shēng tā de qì";
的 用法。比方 光 记 "生气" 不行, 还 得 记 "生他的气";

guāng jì "jiànmiàn" bùxíng, hái děi jì "hé tā jiànmiàn".
光 记 "见面" 不行, 还 得 记 "和他见面"。

田中 あ～あ、本当に難しいなあ。僕はいつも、「生气他、见面他」と言ってたもんな。もっとがんばらなくちゃ。

Ài, zhēn bù róngyì. Wǒ zǒng shuō "shēngqì tā. jiànmiàn tā". Hái děi nǔlì ya.
唉, 真 不 容易。我 总 说 "生气 他、见面 他。" 还 得 努力 呀。

小龙 お互い様さ。今度は、中国人がよく間違う日本語の言い方について教えてよ。

Bǐcǐ, bǐcǐ, xiàcì nǐ jiāo jiao wǒ Zhōngguó rén róngyì shuō cuò de Rìyǔ
彼此, 彼此, 下次 你 教教 我 中国 人 容易 说错 的 日语

ba.
吧。

文法のポイント

① 和刚来的时候比，好多了。

「和～比，～」で「～と比べて～」という意味を表す。例えば、

Hé wàiguó bǐ, guónèi de wùjià guì duō le.
和 外国 比, 国内 的 物价 贵 多 了。

／国内の物価は外国に比べてずっと高い。

Gēn Rìyǔ bǐ, Hànyǔ de fāyīn yǒudiǎnr nán.
跟 日语 比, 汉语 的 发音 有点儿 难。

／中国語は日本語と比べて、発音が少し難しい。

② 可不是吗，……。

「可不」、「可不是」ともいうが、「そうですとも」というような強い肯定を表す。例えば、

"Tā bú duì. Tā bù gāi fā píqi." "Kě bú shì ma."
"他 不 对。他 不 该 发 脾气。" "可 不 是 吗。"
／「彼はまちがっている。怒るべきではないよ。」「そうとも、僕もそう思う。」

"Zhèi ge bú suàn guì." "Kě bù, cái wǔshí yuán."
"这 个 不 算 贵。" "可不, 才 50 元"。
／「これは高い方じゃないね。」「もちろん。たったの50元だ。」

■ 覚えましょう ■

说 最近自我感觉不错，觉得有点儿像中国人了。
听 这儿的汉语已经习惯了吧。

◆ 注意しましょう ◆

× 和刚来的时候比，很好了。 → 和刚来的时候比，好多了。

補 充 単 語

〈ア行〉
日本語	中国語	ピンイン
アイスランド	冰岛	Bīngdǎo
アジア	亚洲	Yàzhōu
アフガニスタン	阿富汗	Āfùhàn
アフリカ	非洲	Fēizhōu
イスラエル	以色列	Yǐsèliè
イタリア	意大利	Yìdàlì
イラク	伊拉克	Yīlākè
イラン	伊朗	Yīlǎng
インド	印度	Yìndù
エジプト	埃及	Āijí
オーストラリア	澳大利亚	Àodàlìyà

〈カ行〉
日本語	中国語	ピンイン
カナダ	加拿大	Jiānádà
ケニア	肯尼亚	Kěnníyà

〈サ行〉
日本語	中国語	ピンイン
修辞	修辞	xiūcí
主語	主语	zhǔyǔ
述語	谓语	wèiyǔ
助動詞	助动词	zhùdòngcí
スペイン	西班牙	Xībānyá
接続詞	连词	liáncí
前置詞（介詞）	介词	jiècí

〈タ行〉
日本語	中国語	ピンイン
タイ	泰国	Tàiguó
タンザニア	坦桑尼亚	Tǎnsāngníyà

チューター	陪读生	péidúshēng	北米	北美	Běiměi
ドイツ	德国	Déguó	補語	补语	bǔyǔ
〈ナ行〉			〈マ行〉		
南米	南美	Nánměi	マレーシア	马来西亚	Mǎláixīyà
ニュージーランド	新西兰	Xīnxīlán	ミャンマー	缅甸	Miǎndiàn
			メキシコ	墨西哥	Mòxīgē
ノルウェー	挪威	Nuówēi	〈ヤ行〉		
〈ハ行〉			ヨーロッパ	欧洲	Ōuzhōu
パキスタン	巴基斯坦	Bājīsītǎn	〈ラ行〉		
バチカン市国	梵蒂冈	Fándìgāng	ラオス	老挝	Lǎowō
フィンランド	芬兰	Fēnlán	連体修飾語	定语	dìngyǔ
ブラジル	巴西	Bāxī	連用修飾語	状语	zhuàngyǔ
フランス	法国	Fǎguó	ロシア	俄国	Éguó
ベトナム	越南	Yuènán			

=== ミニ知識 ===

中国人の交友習慣

　中国人は、古くから友人との交際を大事にしてきた。知らない人にも、気軽に声をかけ、おしゃべりをするのが好きである。例えば、汽車や飛行機の中で隣り合った人と道中ずっとおしゃべりを楽しみ、目的地に着くころには、もう友達になってしまう。

　ちょっと実利的なことでは、デパートなどのバーゲン品を買うとき、声をかけ、2つなら安く買える品を一緒に買って分け合うというようなこともある。

　もともと、中国人は率直に自分の意見を言う人が多いが、友人関係になると、もっと遠慮がなくなる。友人のプライベートなこと、家庭、仕事、健康について、少々度が過ぎるくらい関心をもつ。

　友人どうしで食事をするのに、割り勘なんてせず、一人が皆の分を払うが、自然に持ち回りで平等な負担になるように心掛けているものだ。プレゼントをもらった時でも、すぐには返さず、ちゃんと心に留めておいて、頃合いを見て、お返しをする。

　年配の人たちは、とても「好客」（hàokè　客好き）で、友人達を自宅に呼んで手作りの料理でもてなす。おごるときには、食べきれないほどの料理で、誠意を表す。近所づきあいも同じように大切にしていて、日本同様「远亲 不如 近邻」（yuǎnqīn bù rú jìnlín　遠くの親戚より近くの他人）という諺がある。

24 銀行で
Zài yínháng
在 银行

1 銀行口座を開設する／在 银行 开户 (Zài yínháng kāihù)

田中 口座開設はここでいいですか。

Wǒ xiǎng xīn kāi ge hùtóu, zài zhèr kěyǐ bàn ma?
我 想 新 开 个 户头, 在 这儿 可以 办 吗?

工作人员 口座開設は3番の窓口です。

Kāi hù qǐng dào sān hào chuāngkǒu.
开 户 请 到 3 号 窗口。

田中 口座を開設したいんですが。

Wǒ xiǎng xīn kāi ge hùtóu.
我 想 新 开 个 户头。

工作人员 普通預金でしょうか。

Shì pǔtōng cúnkuǎn ba.
是 普通 存款 吧。

田中 そうです。

Duì.
对。

工作人员 では、この用紙に記入してください。

Qǐng nín tián shang zhèi zhāng biǎo.
请 您 填 上 这 张 表。

田中 あの、印鑑は押さなくていいんですか。

Qǐngwèn, búyòng gài zhāng ma?
请问, 不用 盖 章 吗?

工作人员 はい。サインでけっこうです。

> Búyòng. Qiānmíng jiù xíng.
> 不用。签名 就 行。

田中 いくら最初に入れたらいいですか。

> Xiān cún duōshao qián hǎo ne?
> 先 存 多少 钱 好 呢?

工作人员 いくらでもいいですが、キャッシュカードは作りますか。

> Duōshao dōu kěyǐ, nín xiǎng bàn xiànjīn kǎ ma?
> 多少 都 可以，您 想 办 现金 卡 吗?

田中 はい。

> Xiǎng.
> 想。

工作人员 では、身分証明書を拝見させてください。

> Nà, qǐng gěi wǒ kàn yíxia zhèngjiàn.
> 那，请 给 我 看 一下 证件。

田中 パスポートでいいですか。

> Hùzhào xíng ma?
> 护照 行 吗?

工作人员 いいですよ、いっしょに出してください。

> Dāngrán, dōu jiāo gei wǒ ba.
> 当然，都 交 给 我 吧。

田中 これでいいですか。

> Zhèiyàng tián xíng ma?
> 这样 填 行 吗?

工作人员 ここに暗証番号を書いてください。4桁のお好きな番号をお願いします。

> Qǐng nín zài zhèli xiě shang mìmǎ, nín zìjǐ juédìng sì ge shùzì.
> 请 您 在 这里 写 上 密码，您 自己 决定 四 个 数字。

田中 はい、書きました。

> Hǎo, xiě wán le.
> 好，写 完 了。

24. 銀行で（在银行） 247

工作人员 これが通帳です。キャッシュカードは一週間後に郵送されます。

Zhè shì nín de cúnzhé. Xiànjīnkǎ yí ge xīngqī yǐhòu jì gěi nín.
这 是 您 的 存折。现金卡 一 个 星期 以后 寄 给 您。

文法のポイント

签名就行。

「~就行。」で前の~の部分で述べたことだけで足りるということを表す。例えば、

Míngzi xiě Rìyǔ de hànzì jiù xíng, búyòng xiě jiǎntǐzì.
名字 写 日语 的 汉字 就 行, 不用 写 简体字。

／名前は日本語の漢字だけ書けばいいです。簡体字を書く必要はありません。

Búyòng xiě xìn, fā ge diànzǐ yóujiàn jiù xíng.
不用 写 信, 发 个 电子 邮件 就 行。

／手紙を書かなくても、メールを送るだけでいいです。

■ 覚えましょう ■

说 我想新开个户头。
听 开户请到3号窗口。

◆ 注意しましょう ◆

△ 多少也可以 → 多少都可以

2 ATMの故障／自动 提款机 故障
Zìdòng tíkuǎnjī gùzhàng

田中 すみません。ATMでお金を出そうとしたら、どうしても通帳を機械が受けつけなかったのですが。どうなってるのでしょうか。

Qǐngwèn, wǒ yòng cúnzhé qǔ qián shí, zěnme yě bù dú. Zhè shì zěnme huí shì?
请问, 我 用 存折 取 钱 时, 怎么 也 不 读。这 是 怎么 回 事？

窓口 通帳を見せてください。…すみません、磁気が弱くなっていました。もう大丈夫だと思いますのでお使いください。

Qǐng ràng wǒ kàn nín de cúnzhé. Duìbuqǐ, shì cíjìlù de bùfen
请让我看您的存折。……对不起,是磁记录的部分

yǒudiǎnr wèntí, xiànzài hǎo le. Kěyǐ yòng le.
有点儿问题,现在好了。可以用了。

……

田中 もしもし、商工銀行ですか。通帳が機械にはいったまま出て来ないのですが、ちょっと来てもらえますか。

Wèi, nín shì Gōngshāng yínháng ma? Wǒ de cúnzhé fàng dao zìdòng tíkuǎnjī li,
喂,您是工商银行吗?我的存折放到自动提款机里,

zěnme yě chū bu lái le, qǐng lái kàn yíxia hǎo ma?
怎么也出不来了,请来看一下好吗?

工作人员 どこにある機械ですか。

Shì nǎr de tíkuǎnjī?
是哪儿的提款机?

田中 東方ショッピングセンターの2階です。

Dōngfāng Shāngchǎng èr lóu.
东方 商场 二 楼。

工作人员 わかりました。すぐ係りの者が伺います。

Hǎo ba, wǒmen mǎshàng qù.
好吧,我们马上去。

文法のポイント

怎么也出不来了。

「怎么也～」は「どんなに(～しても)、いかに(～でも)」という意味で、後によく"也、都"を加えて呼応させる。例えば、

Zěnme xiū yě xiū bù hǎo.
怎么修也修不好。/どんなに修理してもなおらない。

Búlùn zěnme bù fāngbiàn, dōu děi shǒu yuē.
不论 怎么 不 方便，都 得 守 约。
　　　　　／どんな不都合があろうとも約束は守らなければならない。

■ 覚えましょう ■

|说| 我用存折取钱时，怎么也不读。
|听| 是磁记录的部分有点儿问题，……。

◆ 注意しましょう ◆

× 这是怎么件事？ →　这是怎么回事？

3 送金／汇款 Huìkuǎn

田中 すみません、日本の家族から送金してもらいたいのですが、どんな方法をとったらいいですか。

Duìbuqǐ, wǒ xiǎng ràng jiā li rén cóng Rìběn huì diǎnr qián lai, yòng shénme
对不起，我 想 让 家 里 人 从 日本 汇 点儿 钱 来，用 什么
bànfǎ hǎo?
办法 好？

工作人员 それはとても簡単ですよ。私どもの銀行を通じて送金できますよ。

Nà hěn jiǎndān, tōngguò wǒmen yínháng jiù néng huì.
那 很 简单，通过 我们 银行 就 能 汇。

田中 と言いますと？

Jùtǐ zěnme bàn ne?
具体 怎么 办 呢？

工作人员 まず、この銀行で口座を開いてください…。

Nǐ xiān zài wǒmen háng jiàn yí ge hùtóu, …….
你 先 在 我们 行 建 一 个 户头，……。

田中 さっき作りました、これが通帳です。

Wǒ gāngcái yǐjing jiàn le, zhè shì cúnzhé.
我 刚才 已经 建 了，这 是 存折。

工作人员 それならもっと簡単です。ご家族の方からこの通帳に振り込んでいただければいいですよ。

Nà jiù gèng hǎo bàn le. Nǐ ràng jiā li bǎ qián huì dao zhèi ge zhāng hào shang jiù xíng le.
那就更好办了。你让家里把钱汇到这个帐号上就行了。

田中 どんな銀行からでも振り込みができますか。

Dào shénme yínháng huì dōu xíng ma?
到什么银行汇都行吗？

工作人员 日本の状況はよくわかりませんが、たぶん普通の銀行ならどこでもいいと思います。少々お待ち下さい、リストを調べてみます。

Wǒ bú tài zhīdao Rìběn de qíngkuàng, dàgài yìbān de yínháng dōu kěyǐ. Nǐ děng yíxia, wǒ chá cha mùlù.
我不太知道日本的情况,大概一般的银行都可以。你等一下,我查查目录。

田中 お手数かけます。

Nà máfan nǐ le.
那麻烦你了。

工作人员 どうぞ、ごらんください。これらの銀行は全部、対外国業務ができますので、振りこみ可能です。

Nǐ kàn kan ba, zhèi xiē yínháng dōu néng bànlǐ hǎiwài yèwù, dōu néng huì.
你看看吧,这些银行都能办理海外业务,都能汇。

田中 ありがとうございます。直接日本円で振りこんでもいいですか。

Xièxie. Zhíjiē huì Rìyuán jiù xíng ma?
谢谢。直接汇日元就行吗？

工作人员 いいですよ。こちらに着いてから、人民元に替えてもいいですし、替えなくてもいいです。

Duì, zhíjiē huì Rìyuán. Shōu dao yǐhòu, nǐ huàn cheng Rénmínbì yě kěyǐ, bú huàn yě kěyǐ.
对,直接汇日元。收到以后,你换成人民币也可以,不换也可以。

田中 こちらでは、外貨預金ができますか。

Nǐmen yínháng bànlǐ wàibì chǔxù ma?
你们 银行 办理 外币 储蓄 吗？

工作人员 本店ならできますが、私ども支店では取り扱っておりません。本店は、斜め前の金融ビルにあります。

Zǒngháng bàn, wǒmen zhīdiàn bú bàn. Zǒngháng jiù zài xié duìguò de jīnróng dàlóu.
总行 办，我们 支店 不 办。总行 就 在 斜 对过 的 金融 大楼。

田中 日本円を預けるのにも ATM が使えますか。

Cún Rìyuán yě néng yòng zìdòng tíkuǎnjī ma?
存 日元 也 能 用 自动 提款机 ？

工作人员 いいえ、窓口へ行ってからでないと預けられません。

Bù néng, děi dào chuāngkǒu bàn cái xíng.
不 能，得 到 窗口 办 才 行。

文法のポイント

得到窗口办才行。

「〜才行」で前の〜の部分で述べたことをしてこそ、目的が達成できるという意味を表す。文頭に「只有」を置いて、「才」と呼応する形をとることもある。例えば、

Xué wàiyǔ děi xià kǔ gōngfu cái xíng.
学 外语 得 下 苦 功夫 才 行。

　　　　　　　／外国語は、努力してこそマスターできる。

Dǎ diànhuà bàn bù liǎo, zhǐyǒu běnrén qīnzì qù cái xíng.
打 电话 办 不 了，只有 本人 亲自 去 才 行。

　　　　　　　／電話ではなく、本人が行ってこそ処理できる。

■ 覚えましょう ■

|说| 我想让家里人从日本汇点儿钱来，用什么办法好？
|听| 通过我们银行就能汇。

◆ 注意しましょう ◆

× 通过我们银行就能送。 → 通过我们银行就能汇。

補 充 単 語

日本語	中国語	ピンイン
預け入れる	存入、存进	cúnrù. cúnjìn
金利	利息	lìxī
積みたて預金 零存整取		língcún zhěngqǔ
普通預金	活期存款	huóqī cúnkuǎn
融資	贷款	dàikuǎn
利子	利息	lìxī
元金	本金	běnjīn
残高照会	余额查询	yú'é cháxún
定期預金	定期存款	dìngqī cúnkuǎn
振りこむ	转帐	zhuǎnzhàng

=== ミニ知識 ===

中国の住宅事情 2

　1980年に政府は住宅の商品化政策を推進し、個人が住宅補助金の制度や、個人住宅ローンを利用し、住宅を購入することを奨励したり、中古住宅市場を開放したりした。

　この動きは、個人のマイホーム取得や内装工事への関心を呼び起こし、その結果、建築業界と不動産業の発展を促した。

　一方、住民の生活スタイルは大きく変わった。郊外の良い住環境ときれいな空気を求めて、家を建てたり、購入したりする人が益々多くなっている。幾つかの大都市近郊には、大規模な「小区」(xiǎoqū　新興住宅地）が出現している。

25 弁論大会
演讲 比赛
Yǎnjiǎng bǐsài

1 タイトル決め／决定 题目
Juédìng tímù

张老师 田中君、新年を迎えるのに、月末に弁論大会をする予定ですが、留学生にも出てもらいたいと思っています。

Tiánzhōng, wèile yíngjiē xīnnián, yuèdǐ yào gǎo yí cì yǎnjiǎng bǐsài. Xīwàng liúxuéshēng dōu cānjiā.

田中, 为了 迎接 新年, 月底 要 搞 一 次 演讲 比赛。希望 留学生 都 参加。

田中 そうですか。スピーチのタイトルは、僕達が自分で決めるのですか。

Shì ma? Yǎnjiǎng de tímù shì wǒmen zìjǐ dìng ma?

是 吗? 演讲 的 题目 是 我们 自己 定 吗?

张老师 そうですよ。自分で決めてください。字数は1200字で原稿を書いてください。

Duì, tímù zìjǐ dìng, yāoqiú xiě chu yìqiānèrbǎi zì de jiǎnggǎo.

对, 题目 自己 定, 要求 写 出 1200 字 的 讲稿。

田中 原稿を自分で書くとなると、ちょっと難しいですけど。

Jiǎnggǎo yāoqiú zìjǐ xiě dehuà, jiù yǒudiǎnr nán le.

讲稿 要求 自己 写 的话, 就 有点儿 难 了。

张老师 大丈夫です。書いてみて。書きあがったら見てあげますから。

Méi guānxi, nǐ xiě xie shì shi. Xiě chu lai yǐhòu wǒ zài gěi nǐ kàn yí biàn.

没 关系, 你 写 写 试 试。写 出 来 以后 我 再 给 你 看 一 遍。

田中 本当に何を書いたらいいのかわかりません。

Wǒ zhēn bù zhīdao xiě shénme hǎo.
我 真 不 知道 写 什么 好。

张老师 留学は、ここが初めてでしょう？留学生活を書いてみてもいいし、一番印象に残ったことを書いてもいいですよ。

Nǐ zhè shì dì yī cì liúxué ba? Nǐ kěyǐ xiě xie liúxué shēnghuó, yìnxiàng
你 这 是 第 一 次 留学 吧？你 可以 写 写 留学 生活、印象
zuì shēn de shì děng.
最 深 的 事 等。

田中 わかりました。では書いてみます。書きあがったらお手数ですが見てくださいね。

Hǎo, wǒ zhǔnbèi yíxia, dào shíhou zài máfan lǎoshī gěi wǒ kàn kan.
好, 我 准备 一下, 到 时候 再 麻烦 老师 给 我 看 看。

张老师 書けますよ、自信を持って。

Néng xiě hǎo, nǐ děi yǒu xìnxīn.
能 写 好, 你 得 有 信心。

……

田中 張先生、原稿ができあがりました。ちょっと見ていただけますか。

Zhāng lǎoshī, wǒ de yǎnjiǎng gǎo xiě wán le. Nín gěi wǒ kàn yíxia hǎo ma?
张 老师, 我 的 演讲 稿 写 完 了。您 给 我 看 一下 好 吗？

张老师 いいですよ。内容は、とてもいいです。ただ、いくつか文の意味が通っていないし、間違ってる字もあります。修正してから、朗読の練習をしなければなりませんね。一番重要なことは、発音と声調を正確にすることです。それに、句読点にも注意する必要がありますね。

Hǎo wa, nèiróng búcuò, jiùshi yǒu de jùzi bù tōngshùn, hái yǒu jǐ ge
好 哇, 内容 不错, 就是 有 的 句子 不 通顺, 还 有 几 个
cuòbiézì. Gǎi hǎo yǐhòu nǐ děi liànxí lǎngdú. Zuì zhòngyào de shì fāyīn hé
错别字。改 好 以后 你 得 练习 朗读。最 重要 的 是 发音 和
shēngdiào yào zhǔnquè, hái yào zhùyì biāodiǎn fúhào.
声调 要 准确, 还 要 注意 标点 符号。

田中 先生、録音していただけますか。そのあと、それを聞きながら練習します。

Lǎoshī, nín néng gěi wǒ lù ge yīn ma? Ránhòu wǒ zhào nín de liàn.
老师，您 能 给 我 录 个 音 吗？然后 我 照 您 的 练。

张老师 もちろん、いいですよ。

Dāngrán kěyǐ le.
当然 可以 了。

文法のポイント

老师，您能给我录个音吗？然后我照您的练。

「照」は「模倣する」「真似をする」という意味をもつ動詞である。介詞として用いるときは、「～のように」、「～の通りに」という意味になる。例えば、

Jiù zhào nǐ shuō de bàn.
就 照 你 说 的 办。／君の言うようにしよう。

Nǐ zhào wǒ huà de dìtú zhǎo, zhǔn méi wèntí.
你 照 我 画 的 地图 找，准 没 问题。
　　　　　　／君は私が書いた地図の通りに探せばきっと大丈夫です。

■ 覚えましょう ■

|说| 我照您的练。
|听| 能写好，你得有信心。

◆ 注意しましょう ◆

× 讲稿要求自己写的话，就一点儿难了。
→ 讲稿要求自己写的话，就有点儿难了。

② 結果発表／比赛 结果
<small>Bǐsài jiéguǒ</small>

田中 張先生、僕ちょっと緊張しています。僕の前の何人かの文章は良かったし、話し方も自然で、発音もなかなか良かったですから。

张 老师，我 有点儿 紧张。前面 的 几 位 文章 写 得 好，讲 得 自然，发音 又 那么 好。
<small>Zhāng lǎoshī, wǒ yǒudiǎnr jǐnzhāng. Qiánmian de jǐ wèi wénzhāng xiě de hǎo, jiǎng de zìrán, fāyīn yòu nàme hǎo.</small>

主持人 次は田中一郎さん、スピーチしてください。タイトルは「中国の第一印象」です。

下面 请 田中 一郎 同学 讲演，他 的 题目 是 《我 对 中国 的 第 一 印象》。
<small>Xiàmian qǐng Tiánzhōng Yīláng tóngxué jiǎngyǎn, tā de tímù shì «Wǒ duì Zhōngguó de dì yī yìnxiàng».</small>

张老师 くれぐれも緊張しないで。自分に自信をもつことですよ。きっとやれます。

千万 别 紧张，要 对 自己 有 信心。你 准 能 行。
<small>Qiānwàn bié jǐnzhāng, yào duì zìjǐ yǒu xìnxīn. Nǐ zhǔn néng xíng.</small>

……

田中 本当にたくさん練習しないと。ステージに上がっただけで、緊張してコチコチになってしまいましたよ。

我 真 得 多 练习，一 上 讲台 紧张 得 手脚 都 不 会 动 了。
<small>Wǒ zhēn děi duō liànxí, yí shàng jiǎngtái jǐnzhāng de shǒujiǎo dōu bú huì dòng le.</small>

……

张老师 良かった、良かった。「始めは不慣れでも、二回目はうまくいく」ってね。さっきのスピーチは良かったです。

不错，不错，"一 回 生，二 回 熟"，你 刚才 讲 得 不错。
<small>Búcuò, búcuò, "Yī huí shēng, èr huí shú", nǐ gāngcái jiǎng de búcuò.</small>

主持人 今日のスピーチコンテストは12名の方が出場してくれました。そのうち…さん達6名の方が、奨励賞、…さん達3名が三等賞、田中君など、2名が二等賞、ジョンが一等賞でした。おめでとう！

<small>Jīntiān de yǎnjiǎng bǐsài yǒu shí'èr míng tóngxué cānjiā, qízhōng……děng liù míng tóngxué</small>
今天 的 演讲 比赛 有 12 名 同学 参加,其中……等 6 名 同学

<small>huò gǔlì jiǎng, ……sān míng tóngxué sān děng jiǎng, Tiánzhōng děng liǎng míng</small>
获 鼓励 奖, ……3 名 同学 三 等 奖, 田 中 等 两 名

<small>tóngxué huò èr děng jiǎng, Jon huò yī děng jiǎng. Zhùhè nǐmen!</small>
同学 获 二 等 奖, Jon 获 一 等 奖。祝贺 你们！

张老师 田中君、おめでとう！よくがんばりましたね。

<small>Tiánzhōng, zhùhè nǐ. Fāhuī de búcuò.</small>
田中, 祝贺 你。发挥 得 不错。

文法のポイント

千万不要紧张，要对自己有信心。

　「千万」は「決して」、「是非」という意味の副詞で肯定文、否定文のどちらにも使うことができる。これに対し、「万万」は否定文にのみ用いる。例えば、

<small>Qǐng qiānwàn lái cānjiā.</small>
请 千万 来 参加。（× 请 你 万万 来 参加。）／是非参加して下さい。

<small>Qiānwàn bù néng cūxīn dàyi. (Wànwàn bù néng cūxīn dàyi.)</small>
千万 不 能 粗心 大意。（万万 不 能 粗心 大意。）

　　　　　　　　　　　　　　　／決していい加減にしてはいけない。

■ 覚えましょう ■

|说| 我有点儿紧张。
|听| 下面请田中一郎同学讲演。

◆ 注意しましょう ◆

△ 我真得多练习，一上讲台激动得手脚都不会动了。
→ 我真得多练习，一上讲台紧张得手脚都不会动了。

3 新聞の購読／订报纸 (Dìng bàozhǐ)

田中 この雑誌はここの閲覧室にありますか。

这 杂志 我们 阅览 室 有 吗？
Zhè zázhì wǒmen yuèlǎn shì yǒu ma?

张老师 さあ。でも私は毎年購読していますから、読みたかったら、貸してあげましょう。

我 不 太 清楚。我 每 年 都 订，你 要 看，我 可以 借 给 你。
Wǒ bú tài qīngchu. Wǒ měi nián dōu dìng, nǐ yào kàn, wǒ kěyǐ jiè gei nǐ.

田中 僕は、夕刊をとるつもりですが、この雑誌といっしょに頼めるでしょうか。

我 准备 订 晚报 呢，那 这 杂志 也 一块儿 订 了 吧。
Wǒ zhǔnbèi dìng wǎnbào ne, nà zhè zázhì yě yíkuàir dìng le ba.

张老师 君が新聞をとりたかったら、ちょうど年末に学校が代行してくれますから、自分で郵便局に行く手間が省けますよ。

你 要 订 报 的话，正好 年底 学校 代 办。省 得 自己 去 邮局。
Nǐ yào dìng bào dehuà, zhènghǎo niándǐ xuéxiào dài bàn. Shěng de zìjǐ qù yóujú.

田中 どこで頼めますか。

订 报刊 在 哪儿 办？
Dìng bàokān zài nǎr bàn?

张老师 学部の資料室に行って、李先生に頼むか、直接文書受付発送室に行って頼んでもいいです。

你 去 系 资料 室 找 李 老师 订 也 行，或者 直接 去 收发 室 订 也 行。
Nǐ qù xì zīliào shì zhǎo Lǐ lǎoshī dìng yě xíng, huòzhě zhíjiē qù shōufā shì dìng yě xíng.

田中 李先生こんにちは。新聞雑誌の購読をお願いしたいんですが。

李 老师，您 好，我 想 拜托 您 订 报纸 和 杂志。
Lǐ lǎoshī, nín hǎo, wǒ xiǎng bàituō nín dìng bàozhǐ hé zázhì.

李老师 何をとりますか。

Nǐ dōu dìng shénme?
你 都 订 什么?

田中 『北京晩報』と『学漢語』という雑誌です。

‹‹Běijīngwǎnbào›› hé ‹‹Xué Hànyǔ›› zázhì.
《北京 晚报》和《学 汉语》杂志。

李老师 わかりました。夕刊は一年間180元で、雑誌『学漢語』は192元です。合わせて372元です。

Hǎo, wǎnbào yì nián shì yìbǎibāshí yuán, ‹‹Xué Hànyǔ›› zázhì shì yìbǎijiǔshí'èr yuán,
好, 晚报 一 年 是 180 元,《学 汉语》杂志 是 192 元,
yígòng shì sānbǎiqīshí'èr yuán.
一共 是 372 元。

田中 あの、半年購読でもいいですか。僕は7月には卒業するんですが。

À, dìng bàn nián de xíng ma? Wǒ qī yuèfèn jiù bìyè le.
啊, 订 半 年 的 行 吗? 我 7 月 份 就 毕业 了。

李老师 いいですよ。じゃあ、半年分の購読で頼みます。君の郵便受けの番号を教えてください。

Xíng. Nà jiù gěi nǐ dìng bàn nián de. Gàosù wǒ nǐ de xìnxiāng hào.
行。那 就 给 你 订 半 年 的。告诉 我 你 的 信箱 号。

文法のポイント

我7月份就毕业了。

「就～了」の形で、「(将来のことであっても)前の条件を満たせば、必ず後の結果になる」という意味を表す。例えば、

Yí dào shí yuè, jiù gāi guā táifēng le.
一 到 十 月, 就 该 刮 台风 了。／十月になったら、また台風が来る。

Jīngcháng chūqu lǚxíng, yǎnjiè jiù kāikuò le.
经常 出去 旅行, 眼界 就 开阔 了。

／頻繁に旅行に出かければ、視野が広がる。

■ 覚えましょう ■

|说| 订报刊在哪儿办？
|听| 你都订什么？

◆ 注意しましょう ◆

× 教我你的信箱号。 → 告诉我你的信箱号。

補充単語

〈カ行〉
カラオケ大会
　　　卡拉OK比赛　　kǎlā'ōukèi bǐsài
『経済日報』（新聞の名前）
　　　《经济日报》　　Jīngjì rìbào
『言語と翻訳』（雑誌の名前）
　　　《语言与翻译》　　Yǔyán yú fānyì
〈サ行〉
『参考情報』（新聞の名前）
　　　《参考消息》　　Cānkǎo xiāoxi
作文コンクール
　　　作文比赛　　zuòwén bǐsài

書道コンクール
　　　书法比赛　　shūfǎ bǐsài
『人民日報』（中国共産党機関紙）
　　　《人民日报》　　Rénmín rìbào
〈タ行〉
『中国青年』（新聞の名前）
　　　《中国青年》　　Zhōngguó qīngnián
『読者』（雑誌の名前）
　　　《读者》　　Dúzhě
〜ダイジェスト
　　　〜文摘　　〜wénzhāi

═══ ミニ知識 ═══

中国のお茶

　中国のお茶は主に紅茶、緑茶、ウーロン茶、花茶と白茶の数種類である。

　紅茶は発酵茶で、緑茶と白茶は発酵茶ではない。ウーロン茶は半発酵茶である。

　花茶は一種の混合茶で、紅茶、緑茶、ウーロン茶を原料とし、それにジャスミンやビャクランの花びらの燻製を加えて作る。

　最も有名な紅茶は、安徽省祁門県産の茶で、略称を「祁紅」という。かつて何度も国際博覧会で受賞し、イギリスの皇室に大変好まれているそうだ。

　緑茶の名品は、「西湖龍井」と「六安瓜片」だ。ウーロン茶は、福建の武夷岩茶と台湾の凍頂ウーロン茶が有名である。最も有名な白茶の「白毫銀針」とジャスミン茶も福建産だ。このため、福建は中国の「茶葉大省」と言ってもいいくらいである。英語のteaは福建アモイ付近の方言で読む「茶」の発音に由来している。

　ここで紹介した以外にも、雲南省の南部ではプアール茶の一種がとれるが、この種のお茶は消化を助け、酔いを覚まし、更にはダイエット、美容にいいという薬効がある。

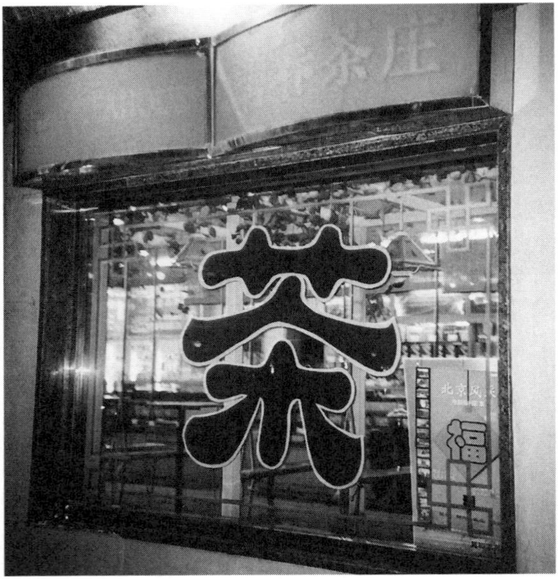
茶
福

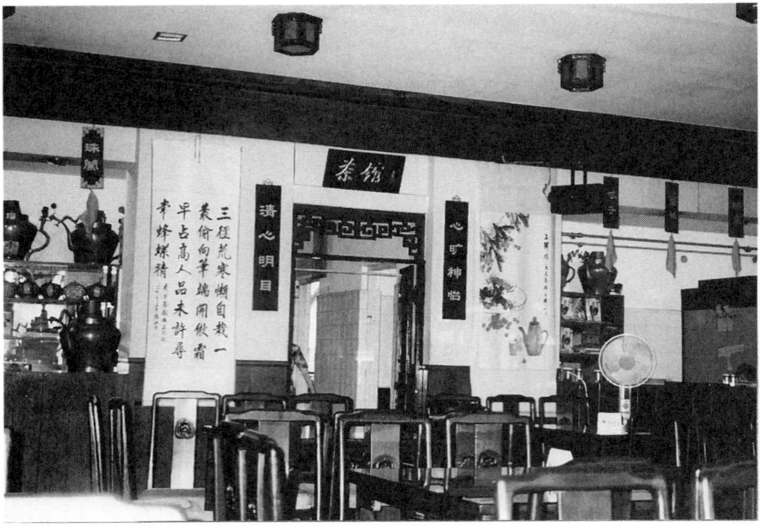
茶馆
清心明目
心旷神怡

26 娯楽

Yúlè huódòng
娱乐 活动

1 映画を見る／看 电影 (Kàn diànyǐng)

李平 田中君、明日の夜何か用事がある？一緒に映画に行かない？

Tiánzhōng, míngtiān wǎnshang yǒu shénme shìr ma? Zánmen yìqǐ qù kàn diànyǐng zěnmeyàng?
田中, 明天 晚上 有 什么 事儿 吗？咱们 一起 去 看 电影 怎么样？

田中 いいよ。何か新作かかってるの。

Hǎo wa. Yǒu shénme xīn piānzi ma?
好 哇。有 什么 新 片子 吗？

李平 うん。今、ジャッキーチェンの新作やってるよ。すごくいいそうだよ。

Yǒu, Chéng Lóng zhǔyǎn de xīn piānr, tīngshuō hěn búcuò.
有，成 龙 主演 的 新 片儿，听说 很 不错。

田中 へえ。何時から。

Shì ma? Jǐ diǎn?
是 吗？几 点？

李平 一日に何回も上映してるから、夜、見に行くのはどうかな。6時40分からのがあるよ。

Yìtiān yǒu hǎo jǐ chǎng, wǒmen kàn wǎnshang de zěnmeyàng? Liù diǎn sìshí jiù yǒu yì chǎng.
一天 有 好 几 场，我们 看 晚上 的 怎么样？六 点 四十 就 有 一 场。

田中 いいよ。チケットは。

Xíng, piào ne?
行，票 呢？

李平 映画館に行ってから買っても大丈夫だよ。

Dào diànyǐngyuàn zài mǎi yě láidejí.
到 电影院 再 买 也 来得及。

田中 じゃあ、あす6時映画館の前で。

Nà hǎo, míngtiān liù diǎn, diànyǐngyuàn ménkǒu jiàn.
那 好,明天 六 点, 电影院 门口 见。

文法のポイント

到电影院再买也来得及。

　「来得及」は「まだ…する時間がある」という意味で、ある動作や行為をするのに十分な時間的余裕のあることを表す。「来不及」は否定形である。
例えば、

Wǒ huílai zhīhòu zài qù láidejí ma?
我 回来 之后 再 去 来得及 吗?
　　　　　　　　　　／私が帰ってきてから行っても間に合いますか。

Bā diǎn kāi chē, xiànzài yǐjing láibují le.
八 点 开 车,现在 已经 来不及 了。
　　　　　　　　　　／8時発車だったら、今はもう間に合わない。

■ 覚えましょう ■

|说| 有什么新片子吗?
|听| 那好,明天六点,电影院门口见。

◆ 注意しましょう ◆

△ 到电影院再买还来得及。→ 到电影院再买也来得及。

2　映画のあとで／看 完 电影 之后

Kàn wán diànyǐng zhīhòu

李平 どう？これはまだ聞き取れる方だろう。

Zěnmeyàng? Hái tīng de dǒng ba.
怎么样? 还 听 得 懂 吧。

田中 劇映画だからおおよその意味はわかるよ。

Shì gùshipiān, dàgài de yìsi hái néng kàn dǒng.
是 故事片，大概 的 意思 还 能 看 懂。

李平 いつもテレビを見てるの？

Píngshí zǒng kàn diànshì ma?
平时 总 看 电视 吗？

田中 見てるよ。部屋に戻ったらすぐテレビをつけるよ。

Kàn. Yì huí fángjiān jiù xiān kāi diànshì.
看。一 回 房间 就 先 开 电视。

李平 どんな番組が好きなの。

Nǐ xǐhuan shénme jiémù?
你 喜欢 什么 节目？

田中 スポーツ番組と「正大総芸」だね。連続ドラマや映画なんかも見るし。

Tǐyù jiémù hé "Zhèngdà zōngyì". Liánxùjù hé diànyǐng zhīlèi de yě kàn.
体育 节目 和 "正大 综艺"。连续剧 和 电影 之类 的 也 看。

李平 わからない言葉があるときどうしてる？

Kàn bu dǒng de zěnme bàn?
看 不 懂 的 怎么 办？

田中 いつも番組を録画した後、もう一度辞典を引きながら見るんだ。

Wǒ cháng bǎ jiémù lù xia lai, ránhòu yìbiān kàn, yìbiān chá cídiǎn.
我 常 把 节目 录 下 来，然后 一边 看，一边 查 词典。

文法のポイント

然后一边看，一边查词典。

「一边……一边……」は二つ以上の動作が同時に進行することつまり、「一边」は動詞の前に用いる。「……しながら……する」という意味を表す。例えば、

Tā yìbiān kàn shū, yìbiān tīng lùyīn.
他 一边 看 书，一边 听 录音。
　　　　　　　　　　／彼は本を読みながらカセットを聞いている。

Tā yìbiān gōngzuò, yìbiān xuéxí.
他 一边 工作，一边 学习。／彼は、仕事をしながら、勉強もしている。

■ 覚えましょう ■

|说| 大概的意思还能看懂。
|听| 还听得懂吧。

◆ 注意しましょう ◆

× 那好，明天六点，电影院入口见。 → 那好，明天六点，电影院门口见。

③ カラオケに行く／去 卡拉OK
　　　　　　　　　　　　Qù　Kǎlā'ōukèi

李平 今日は2人ともせっかく時間が空いたからカラオケに行こう。

Nándé jīntiān yǒu kòng, qù kǎlā'ōukèi chàng yì huí ba.
难得 今天 有 空，去 卡拉OK 唱 一 回 吧。

田中 カラオケと言えば、僕はここに来てから一度も行ったことがないなあ。学校の近くにカラオケある？

Kǎlā'ōukèi? Wǒ hái yí cì yě méi qù guo ne. Xuéxiào fùjìn yǒu ma?
卡拉OK？我 还 一 次 也 没 去 过 呢。学校 附近 有 吗？

李平 何軒もあるよ。週末には学生は半額になるし、学生がたくさん行って、とても賑わってるんだ。

Yǒu hǎo jǐ jiā ne, zhōumò xuésheng bànjià. Qù de rén kě duō le, fēicháng
有 好 几 家 呢，周末 学生 半价。去 的 人 可 多 了，非常
rènao.
热闹。

田中 僕は、話もできないのに歌も下手だったらみんなから笑われるよ。

Wǒ huà dōu shuō bu hǎo, chàng bu hǎo rénjiā huì xiàohua de.
我 话 都 说 不 好，唱 不 好 人家 会 笑话 的。

李平 気にしないでいいさ。僕もオンチだし。英語と日本語の歌があるよ。…ちょっと見て、得意な歌がある？

Méi guānxi, wǒ yě shì wǔ yīn bù quán. Yǒu yīngwén gē hé Rìwén gē. ……
没 关系，我 也 是 五 音 不 全。有 英文 歌 和 日文 歌。……
Kàn kan, yǒu méi yǒu nǐ náshǒu de gē?
看 看，有 没 有 你 拿手 的 歌？

田中 ないみたいだなあ。やっぱり君が先に歌いなよ。

<small>Hǎoxiàng méi yǒu, háishi nǐ xiān chàng ba.</small>
好像 没 有，还是 你 先 唱 吧。

李平 あれ、これは日本の歌じゃないかな。

<small>Āi, zhè bú shì Rìwén gē ma?</small>
哎，这 不 是 日文 歌 吗？

田中 確かにそうだ。

<small>Shì Rìwén gē.</small>
是 日文 歌。

李平 それじゃ、一曲歌ってよ。

<small>Nà nǐ chàng yí ge ba.</small>
那 你 唱 一 个 吧。

文法のポイント

我话都说不好，唱不好人家会笑话的。

　　前半の部分は「我连话都说不好」の「连」が省略された形で「～ですら～だ」という意味を「都」だけで表わしたものである。例えば、

<small>Nǐ kǎoyā dōu méi chī guo ya?</small>
你 烤鸭 都 没 吃 过 呀？

　　　　　　　　／君は、北京ダックですら食べたことがないのですか。

<small>Zhèi diǎnr xiǎo dàoli nǐ dōu bù dǒng ma?</small>
这 点儿 小 道理 你 都 不 懂 吗？

　　　　　　　　／こんなちっぽけな理屈でさえ君はわからないの？

■ 覚えましょう ■

|听| ……看看，有没有你拿手的歌曲？
|说| 好像没有，还是你先唱吧。

◆ 注意しましょう ◆

△　学校周围有卡拉OK吗？　→　学校附近有卡拉OK吗？

4 京劇を見る / 看 京剧

Kàn Jīngjù

张老师 田中君、君は京劇には興味ありますか。

Tiánzhōng, nǐ duì Jīngjù gǎn xìngqù ma?
田中，你 对 京剧 感 兴趣 吗？

田中 知識はあまりないですけど、興味はあります。今度の留学では、是非一度見に行きたいと思っています。

Zhīdao de bù duō, dàn hěn gǎn xìngqù. Zhèi huí liúxué, hěn xiǎng zhǎo ge jīhuì kàn yì chǎng.
知道 得 不 多，但 很 感 兴趣。这 回 留学，很 想 找 个 机会 看 一 场。

张老师 今週の日曜日、梨園劇場で『西遊記』が上演されますが。

Zhèi ge xīngqītiān, Líyuán jùchǎng yǎn 《Xīyóujì》.
这 个 星期天，梨园 剧场 演《西游记》。

田中 そうですか。『西遊記』なら少しわかります。

Shì ma? 《Xīyóujì》 wǒ duōshǎo zhīdao yìdiǎnr.
是 吗？《西游记》我 多少 知道 一点儿。

张老师 二枚チケットを持ってますから、よかったらいっしょに見に行きましょうか。うちのは、京劇はあまり見たがらないのでね。

Wǒ yǒu liǎng zhāng piào, yàobu wǒmen yìqǐ qù ba. Wǒ àiren bú tài ài kàn Jīngjù.
我 有 两 张 票，要不 我们 一起 去 吧。我 爱人 不 太 爱 看 京剧。

田中 えっ、本当ですか。ありがとうございます。

Zhè……. Zhēn xièxie nín le.
这……。真 谢谢 您 了。

……

张老师 どうでしたか。

Zěnmeyàng?
怎么样？

田中 おもしろかったです。前に日本でテレビドラマの『西遊記』を見たことがありますから、だいたいの意味はわかりました。でも、京劇に出てくる孫悟空と、日本の孫悟空は全く違っています。

很 有 意思。以前 在 日本 看 过 电视剧《西游记》，所以 知道 大概 的 意思。不过，京剧 里 的 孙 悟空 和 日本 的 孙 悟空 完全 不 一样 啊。

张老师 ほう。日本の孫悟空を見てみたいもんですね。

是 吗？我 倒 很 想 看 看 日本 的 孙 悟空。

文法のポイント

我爱人不太爱看京剧。

「爱＋動詞」は「〜が／〜するのが好きだ」という意味を表す。場合によっては「〜しがちである」「〜なりやすい」という意味も表す。例えば、

他 就 爱 玩儿 游戏机。／彼は、ゲームで遊ぶのがとても好きだ。

这个 季节 爱 感冒。／今の季節は、かぜをひきがちだ。

■ 覚えましょう ■

|说| 这回留学，很想找个机会看一场。
|听| 这个星期天，梨园剧场演《西游记》。

◆ 注意しましょう ◆

△ 知道得不多，但很有兴趣。 →　知道得不多，但很感兴趣。

補充単語

〈ア行〉

朝のニュース	早間新闻	zǎojiān xīnwén
アクション映画	武打片	wǔdǎpiàn
アニメ	动画片	dònghuàpiàn
R指定（お子様断わり）	儿童禁止 儿童免进	értóng miǎnjìn
映画ファン	影迷	yǐngmí
衛星テレビ	卫星电视	wèixīng diànshì

〈カ行〉

科学教育映画	科教片	kējiàopiàn
開演する	开演	kāiyǎn
記録（ドキュメント）映画	记录片	jìlùpiàn
ケーブルテレビ	闭路电视	bìlù diànshì
国際ニュース	国际新闻	guójì xīnwén
コマーシャル	广告	guǎnggào
コメディー映画	笑剧片	xiàojùpiàn

〈サ行〉

シナリオ	剧本	jùběn
新劇	话剧	huàjù
芝居	戏剧	xìjù
主役	主角	zhǔjué
スター	明星	míngxīng

〈ナ行〉

人気を呼ぶ	红起来	hóng qǐlai
生放送	现场直播	xiànchǎng zhíbō
懐メロ	老歌	lǎogē
ニューミュージック	新歌	xīngē

〈ハ行〉

ホラー映画	恐怖片	kǒngbùpiàn

〈マ行〉

漫才	相声	xiàngsheng
民謡	民歌	míngē
ミュージカル	歌剧	gējù

〈ヤ行〉

夜のニュース	晚间新闻	wǎnjiān xīnwén

〈ラ行〉

リクエストする	点歌	diǎngē
立体映画	立体电影	lìtǐ diànyǐng
流行歌	流行歌	liúxíng gē
レイトショー	夜场	yèchǎng

〈ワ行〉

ワイド・スクリーン	宽银幕电影	kuān yínmù diànyǐng
脇役	配角	pèijué

═══════════════ ミニ知識 ═══════════════

中国のテレビ番組

　中国の国有テレビは「中央電視台」(略称CCTV)だけである。本部は北京にあり、毎日衛星を使い、国内各地に向けて10数個のチャンネルで番組を放送している。番組は主に共通語の「普通話」で行われるが、方言や英語での放送もある。地方には省有と市有のテレビ局があり、1つの省や市に、3局から5局くらいある。

　CCTVも地方局も受信料は無料。CMは番組途中で流されるが、日本と違うのは、映画やドラマは、CMで中断されないことだ。この他、中規模以上の都市には有線放送のテレビ局があり、これは有料である。

　中国の沿海都市では香港、台湾等の衛星放送を受信できるところもある。NHKの番組は、一般の衛星放送用のアンテナでは受信できないが、高級ホテルでは見ることができる。

　中国のテレビ局は、日本の映画や連続ドラマを中国語に翻訳して放送することが多いので、若者の多くは、テレビを通じて日本のタレントをたくさん知っている。例えば、木村拓哉、松嶋菜々子、深田恭子、反町隆史等には、熱狂的なファンも多い。

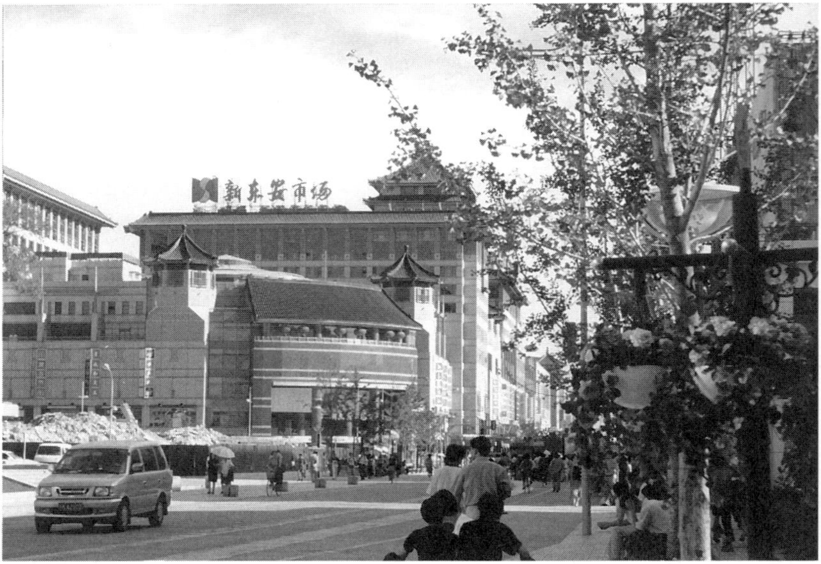
新东安市场

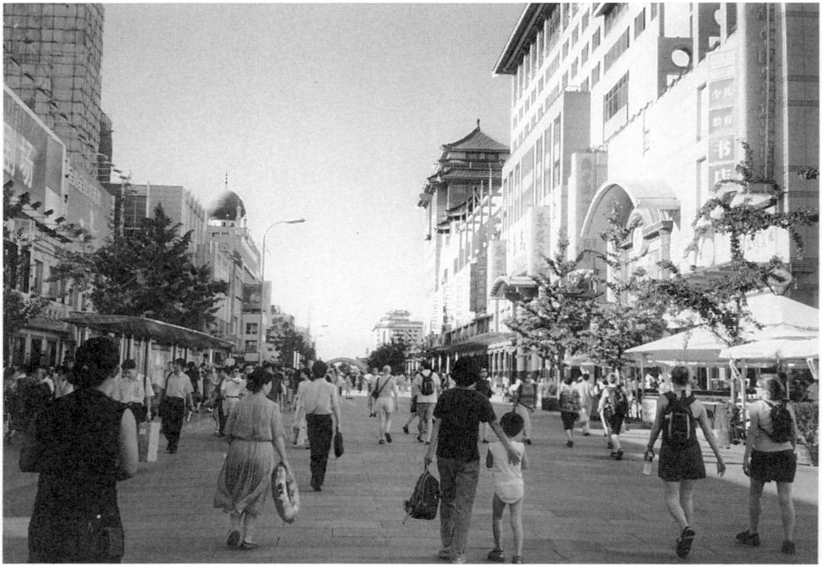

27 写真館で
在照相馆
Zài zhàoxiàng guǎn

1 写真を撮る／照相
Zhào xiàng

田中 写真を撮りたいのですが。

我想照个相。
Wǒ xiǎng zhào ge xiàng.

师傅 何寸のですか。カラーですか。白黒ですか。

您照几寸的？照彩色的，还是黑白的？
Nín zhào jǐ cùn de? Zhào cǎisè de, háishi hēibái de?

田中 2寸のカラーでお願いします。

照两寸彩色的。
Zhào liǎng cùn cǎisè de.

师傅 証明書に貼られますか。

要贴在证件上吗？
Yào tiē zai zhèngjiàn shang ma?

田中 そうです。卒業証明書に貼ります。

对，贴毕业证上。
Duì, tiē bìyèzhèng shang.

师傅 この椅子にお座り下さい。

请坐在这椅子上。
Qǐng zuò zai zhèi yǐzi shang.

田中 すみません。急いでいたもので、ネクタイ締めてくるのを忘れてしまいました。こちらに置いてあるネクタイありますか。

对不起，我赶时间忘了戴领带。你这儿有吗？
Duìbuqǐ, wǒ gǎn shíjiān wàng le dài lǐngdài. Nǐ zhèr yǒu ma?

师傅 ありますよ。どんな色がお好きですか。ご自分で選んでください。

Yǒu, yǒu. Bù zhīdao nín xǐhuan shénme yánsè de, nín zìjǐ tiāo ba.
有，有。不知道您喜欢什么颜色的，您自己挑吧。

田中 じゃ、これにします。

Jiù zhèi tiáo ba.
就这条吧。

师傅 準備はよろしいですか。座って、こちらをご覧下さい。…はい、終わりました。

Zhǔnbèi hǎo le ma? Qǐng zuò hǎo, kàn zhèibian. ……Hǎo, zhào hǎo le.
准备好了吗？请坐好，看这边。……好，照好了。

田中 あさってでき上がるんですか。もっと早くできませんか。

Shì hòutiān qǔ ya? Néng bu néng zài kuài yìdiǎnr?
是后天取呀？能不能再快一点儿？

师傅 早くできますけど、いくらか手数料がかかります。

Yǒu jiājí chōngxǐ, búguò nín děi bǔjiāo diǎnr qián.
有加急冲洗，不过您得补交点儿钱。

田中 いいですよ。いくらですか。

Xíng, duōshao qián?
行，多少钱？

师傅 3元8角多くなります。午後4時においで下さい。

Nín zài jiāo sān kuài bā. Xiàwǔ sì diǎn lái qǔ ba.
您再交3块8。下午4点来取吧。

文法のポイント

能不能再快一点儿？

「再」は「もっと」という意味を表す。例えば、

Néng bu néng zài piányi yìdiǎnr?
能不能再便宜一点儿？／もっと安くできませんか。

Nín zài děng yíhuìr, jiù kuài wán le.
您再等一会儿，就快完了。
／もう少しお待ち下さい、もうすぐ終わります。

■ 覚えましょう ■

说 能不能再快一点儿?
听 有加急冲洗，不过您得补交点儿钱。

◆ 注意しましょう ◆

△ 我赶时间忘了系领带。→ 我赶时间忘了戴领带。

2 フィルムを現像する／冲洗 胶卷儿

田中 2個現像したいんですが。

Wǒ yào xǐ liǎng ge jiāojuǎnr.
我 要 洗 两 个 胶卷儿。

师傅 プリントもしますか。

Nín shì lián chōng dài xǐ ma?
您 是 连 冲 带 洗 吗?

田中 はい。

Duì.
对。

师傅 全部で44元です。

Yígòng sìshisì kuài.
一共 44 块。

田中 これは24枚撮りですけど、値段は同じですか。

Zhèi ge shì èrshisì zhāng de. Jiàqián dōu yíyàng ma?
这 个 是 24 张 的。价钱 都 一样 吗?

师傅 すみません。てっきり2本とも36枚撮りだと思っていました。それなら、36元です。それから、それぞれ3枚、サービスで引き伸ばしできますが、明日、選んでいただけますか。

Duìbuqǐ, wǒ yǐwéi liǎng ge dōu shì sānshiliù zhāng de ne. Nà sānshiliù kuài. Hái yǒu, měi juǎnr zhōng kěyǐ xuǎn sān zhāng miǎnfèi gěi nín fàngdà. Nín míngtiān lái xuǎn yíxia ba?
对不起，我以为两个都是36张的呢。那36块。还有，每卷儿中可以选3张免费给您放大。您明天来选一下吧？

田中 もしよかったら、そちらで選んでくれませんか。

Kěyǐ dehuà, jiù máfan nǐmen tì wǒ xuǎn ba.
可以的话，就麻烦你们替我选吧。

师傅 分かりました。明日の午後、取りにおいで下さい。

Nà yě hǎo, míngtiān xiàwǔ lái qǔ ba.
那也好，明天下午来取吧。

文法のポイント

是连冲带洗吗？

「连＋動詞＋带＋動詞」は前後二つの事柄を包括することを表す。また、「连……带……」は二つの動作が同時に発生することも表す。例えば、

Lián xǐ dài yùn bā kuài.
连洗带熨8块。／クリーニングとアイロン仕上げで8元。

Tā lián chī dài hē de yíhuìr jiù bǎo le.
他连吃带喝地一会儿就饱了。
／彼は食べたり飲んだりしてほどなくお腹がいっぱいになった。

■ 覚えましょう ■

说　我要洗两个胶卷儿。
听　您是连冲带洗吗？

◆注意しましょう◆

× 这个是24枚的。 → 这个是24张的。

3 写真を取りに／取 照片 (Qǔ zhàopiàn)

田中 あの、昨日ここで現像をお願いしたんですけど、受取りがどこか行ってしまって、すみませんが、見つけてもらえますか。

Duìbuqǐ, zuótiān wǒ zài zhèr chōng juǎnr, bù zhī zài nǎr bǎ shōujù diū le. Máfan nǐ gěi zhǎo yíxia ba.
对不起，昨天我在这儿冲卷儿，不知在哪儿把收据丢了。麻烦你给找一下吧。

师傅 それはちょっと大変ですね。一個ずつ探さないと。写真はあなたのですか。人から頼まれたものですか。

Zhèi xia kě máfan le, děi yí gè ge zhǎo. Zhàopiàn shì nín zìjǐ de, háishi biérén de?
这下可麻烦了，得一个个找。照片是您自己的，还是别人的？

田中 私のです。

Shì wǒ zìjǐ de.
是我自己的。

师傅 身分を証明するものを持っておられますか。

Nín dài zhe shénme zhèngjiàn méiyou?
您带着什么证件没有？

田中 学生証でもいいですか。

Xuéshēngzhèng xíng ma?
学生证行吗？

师傅 いいですよ。ちょっと探してみます。…あれ、どうしてないんだろう。

Xíng. Wǒ zhǎo zhao kàn. ……Ài, zěnme méi yǒu ne?
行。我找找看。……唉，怎么没有呢？

田中 フィルム2本ですよ。上に「田中」と私の名前が書いてあったようですが。

Shì liǎng ge zhěng juǎnr, shàngmian hǎoxiàng xiě zhe wǒ de míngzi……Tiánzhōng.
是两个整卷儿，上面好像写着我的名字……田中。

师傅 ありました。これですか。

Zhǎo dao le, shì zhèixiē ma?
找到了，是这些吗？

田中 それです。それです。ありがとう。

Duì, duì, xièxie nǐ.
对对，谢谢你。

师傅 少しお待ち下さい。3枚ピンボケがあります。それから、この何枚かのネガは暗くて、プリントにしてもでき上がりが良くないですが、必要ならプリントしてもいいですよ。

Qǐng děng yíhuìr, zhè yǒu sān zhāng mōhu de. Háiyǒu, kàn zhèi jǐ zhāng
请等一会儿，这有三张模糊的。还有，看这几张
dǐpiàn hěn àn. Jiùshi xǐ chu lai le xiàoguǒ yě bú huì hǎo, xiǎng yào dehuà,
底片很暗。就是洗出来了效果也不会好，想要的话，
gěi nín chōngxǐ yě xíng.
给您冲洗也行。

田中 それなら、プリントしなくていいです。

Jìrán nàyàng, jiù bù xǐ le.
既然那样，就不洗了。

师傅 それでは、7枚分のお金をお返しします。1枚が6角で、全部で4元2角のお返しです。

Nà gěi nín tuì qī zhāng de qián. Chōngxǐ yì zhāng shì liù máo, yígòng sì kuài
那给您退七张的钱。冲洗一张是六毛，一共四块
liǎng máo.
两毛。

文法のポイント

既然那样，就不洗了。

「既然」は副詞で、文の前節に用いる。すでに現実となった、あるいは、すでに肯定された前提に基づいて結論を下す。ふつう「就，也，还」と呼応して用いられる。例えば、

Jìrán zhīdao cuò le, jiù yīnggāi gǎi.
既然 知道 错 了，就 应该 改。
／まちがいだとわかった以上、改めるべきです。

Nǐ jìrán lái le, jiù bāng wǒ yí cì máng ba.
你 既然 来 了，就 帮 我 一 次 忙 吧。
／君が来たからには、一度は手伝ってよ。

■ 覚えましょう ■

说　上面好像写着我的名字……。
听　你带着什么证件没有？

◆ 注意しましょう ◆

× 不知在哪儿收据被丢了。 → 不知在哪儿把收据丢了。

4　郵送してもらえませんか／给 邮寄 吗？
　　　　　　　　　　　　　　Gěi yóujì ma?

田中　しまった！こんな時に電池がなくなってしまった。

Zhēn zāogāo! Zhèi shíhou xiàngjī méi diànchí le.
真 糟糕！这 时候 相机 没 电池 了。

同学　どこのメーカーの？ここで売ってるだろうか。

Shénme páir de? Bù zhīdao zhèr yǒu méi yǒu.
什么 牌儿 的？不 知道 这儿 有 没 有。

田中 こんなところには、きっとないよ。専門店に行かないと買えないな。まだ集合写真を撮ってないのに。

Zhèi zhǒng dìfang bú huì yǒu, bú qù zhuānmài diàn mǎi bu dào. Hái méi zhào héyǐng ne.
这种地方不会有,不去专卖店买不到。还没照合影呢。

同学 じゃあ、あの写真屋さんに撮ってもらおうよ。

Nà zánmen ràng nèiwèi shīfu gěi zhào yì zhāng ba.
那咱们让那位师傅给照一张吧。

田中 そうだね。なんで思いつかなかったんだろ。すみません、記念写真を一枚お願いします。

Duì, wǒ zěnme méi xiǎng dào ne. Qǐng gěi wǒmen zhào ge héyǐng ba.
对,我怎么没想到呢。请给我们照个合影吧。

师傅 いいですよ。では先に背景を決めてください。

Xíng, nǐmen xiān xuǎn ge bèijǐng ba.
行,你们先选个背景吧。

田中 ここではどう?じゃあ、これにしよう。

Zhèr zěnmeyàng? Jiù zhèi ge ba.
这儿怎么样?就这个吧。

师傅 これは8寸の「廬山記念」という四文字がはいります。しっかり立って。

Zhè shì bā cùn de, jiā "Lúshān liúyǐng" sì ge zìr. Hǎo, zhàn hǎo le.
这是8寸的,加"庐山留影"四个字儿。好,站好了。

田中 写真は人数分焼き増しして、私達のところへ送ってくれますか。これが住所です。

Zhàopiàn àn rénshù jiāxǐ, zài jì gei wǒmen hǎo ma? zhè shì wǒmen de dìzhǐ.
照片按人数加洗,再寄给我们好吗?这是我们的地址。

师傅 いいですよ。一枚8元、5枚で40元、送料はサービスです。

Kěyǐ ya. Yì zhāng bā yuán, wǔ zhāng shì sìshi yuán, yóufèi jiù bú yào le.
可以呀。一张8元,5张是40元,邮费就不要了。

田中 ありがとう。じゃあお願いしましたよ。

<small>Xièxie nǐ. Nà jiù bàituō le.</small>
谢谢 你。那 就 拜托 了。

文法のポイント

这种地方不会有，……。

「会」は推測を表す助動詞で、「～するはずである」という意味を表す。例えば、

<small>Duō chuān diǎnr, huì gǎnmào de.</small>
多 穿 点儿，会 感冒 的。／多めに着なさい、風邪ひくよ。

<small>Shuō hǎo le, tā bú huì bù lái.</small>
说 好 了，他 不 会 不 来。／約束したから、彼は来ないはずがない。

■ 覚えましょう ■

|说| 照片按人数加洗，再寄给我们，好吗？
|听| 你们先选个背景吧。

◆ 注意しましょう ◆

△ 那咱们让那位摄影师给照一张吧。
→ 那咱们让那位师傅给照一张吧。

補 充 単 語

〈ア行〉
アルバム　　　影集　　　yǐngjí
〈カ行〉
カラーがくっきりしている
　　　　　　色彩清晰　sècǎi qīngxī
芸術写真　　艺术照　　yìshùzhào
コダックフィルム
　　　　　　柯达胶卷　Kēdá jiāojuǎn
〈サ行〉

卒業写真　　　毕业照　　bìyèzhào
自動カメラ　　傻瓜机　　shǎguājī
写真のサイズ（一寸は約3.3cm）
　　　4寸、6寸、8寸、12寸、24寸、36寸
　　　sìcùn, liùcùn, bācùn, shí'èrcùn, èrshisìcùn, sānshiliùcùn
卒業アルバム　毕业影集
　　　　　　　bìyè yǐngjí

〈タ行〉
使い捨てカメラ　一次性相机
　　　　　　　　　　yí cì xìng xiàngjī

〈マ行〉
モノクロ写真　黒白照　hēibáizhào
楽凱フィルム（中国産）
　　　　乐凯胶卷　Lèkǎi jiāojuǎn

= ミニ知識 =

龍の伝説

　中国では、よく龍をデザインしたものを見かける。特に、古代の皇族に関係した建造物には、ほとんどと言っていいくらい龍の姿がある。

　龍は古代中華民族のトーテムであった。それは、馬の頭、鹿の角、蛇の体、鶏の爪から成る多種の動物が合体したものである。

　古代人が、なぜこのような形を選んだかということについては、学者の間で多くの研究や視察が行われた。

　ここに一つの見方がある。古代中国には多くの部族が存在し、それぞれの部族が馬や牛、羊等の動物を独自のトーテムとしていた。そして、部族間の大戦争が起こり、馬、鹿、蛇、鶏をトーテムに戴く大きな部族の力が拮抗し、ついに新しい大部族がつくられた。その時、各部族のトーテムの一部がそれぞれ合体し、それが龍となったというものである。

　もし、この見方が歴史的事実と符合するなら、中華民族は大昔から多種の部族による１つの連合体であったと推論できる。

28 サッカー観戦
Kàn zúqiú sài
看 足球 赛

1 サッカーについて話す／谈 足球 Tán zúqiú

田中 このごろのサッカー人気はなかなかのもんだよね。
Xiànzài duì zúqiú gǎn xìngqù de rén kě zhēn bù shǎo.
现在 对 足球 感 兴趣 的 人 可 真 不 少。

李平 そうそう、若い人だけじゃなく中年の人達も興味もっているしね。
Duì, bùguāng shì niánqīng rén, zhōnglǎonián rén yě bù shǎo.
对，不光 是 年青 人，中老年 人 也 不 少。

田中 中国にもプロのサッカーチームがあるの。
Zhōngguó yě yǒu zhíyè zúqiú duì ma?
中国 也 有 职业 足球 队 吗？

李平 前はなかったけど、今はたくさんの都市と大企業にあるよ。
Yǐqián méi yǒu, xiànzài hěn duō chéngshì hé dà qǐyè dōu yǒu le.
以前 没 有，现在 很 多 城市 和 大 企业 都 有 了。

田中 機会があったら、是非中国のサッカーの試合を見てみたいなあ。
Yǒu jīhuì zhēn xiǎng kàn kan Zhōngguó de zúqiú bǐsài.
有 机会 真 想 看 看 中国 的 足球 比赛。

李平 機会ならあるさ、近く大華と星際の決勝戦があるよ。
Yǒu wa, zuìjìn jiù yǒu Dàhuá duì hé Xīngjì duì de juésài.
有 哇，最近 就 有 大华 队 和 星际 队 的 决赛。

田中 決勝戦かあ。きっとすごいんだろうなあ。いつ、どこである？
Juésài ya, kěndìng hěn jīngcǎi, shénme shíhou? Zài nǎr?
决赛 呀，肯定 很 精彩，什么 时候？ 在 哪儿？

李平 詳しい場所と時間はまだわからないけど、その時になったら教えるよ。

<small>Jùtǐ de dìdiǎn, shíjiān hái bù zhīdao, dào shíhou wǒ gàosu nǐ.</small>
具体的地点、时间还不知道,到时候我告诉你。

田中 よかったら、ぼくのチケットを予約してくれないかな。

<small>Kěyǐ dehuà, nǐ gěi wǒ dìng yì zhāng piào ba.</small>
可以的话,你给我订一张票吧。

李平 いいよ。

<small>Xíng.</small>
行。

文法のポイント

到时候我告诉你。

「到时候」は「その時になったら」という意味である。例えば、

<small>Dào shíhou zài shāngliang ba.</small>
到时候再商量吧。／その時になったらまた相談しよう。

<small>Dào shíhou nǐ kě bié shuō méi tīng jiàn.</small>
到时候你可别说没听见。
／その時になって君は聞いていなかったとは決して言わないで。

■ 覚えましょう ■

|说| 可以的话,你给我订一张票吧。
|听| 具体的地点、时间还不知道。

◆ 注意しましょう ◆

× 中国也有内行足球队吗？ → 中国也有职业足球队吗？

2 競技場で／在 比赛 场
　　　　　　　Zài bǐsài chǎng

李平 君はアジアスポーツ村に行ったことがある？

Nǐ qù guo Yàyùncūn ma?
你 去 过 亚运村 吗？

田中 アジアスポーツ村の近くのテニス場には行ったことがあるけど、それが何か？

Qù guo Yàyùncūn fùjìn de wǎngqiú chǎng. Zěnme?
去 过 亚运村 附近 的 网球 场。怎么？

李平 今度、サッカーの試合がそこであるんだよ。

Zhèi cì zúqiú bǐsài jiù zài Yàyùncūn.
这 次 足球 比赛 就 在 亚运村。

田中 そう？それはいいね。あそこはいい競技場だ。

Shì ma? Nà hǎo wa. Yàyùncūn de tiáojiàn hěn búcuò.
是 吗？那 好 哇。亚运村 的 条件 很 不错。

李平 いいんだけど、チケットも安くはないよ。

Hǎo shì hǎo, piàojià yě bù piányi.
好 是 好，票价 也 不 便宜。

田中 いくら？

Duōshao qián yì zhāng?
多少 钱 一 张？

李平 100元だけど、アジアスポーツ村のチケットもついているよ。

Yì bǎi yuán, hái zèng yì zhāng Yàyùncūn cānguān juànr.
一 百 元，还 赠 一 张 亚运村 参观 卷儿。

田中 いつからチケットは売り出されるの。遅くなったら、いい席が買えないんじゃない。

Shénme shíhou mài piào? Wǎn le pà mǎi bu dào hǎo zuòwèi.
什么 时候 卖 票？晚 了 怕 买 不 到 好 座位。

競技場で（在比赛场）

李平 明日からだよ。

Míngtiān.
明天。

田中 どこで売るの。やはり試合場に行かないといけないかな。

Zài nǎr mài? Yě děi qù Yàyùncūn ma?
在 哪儿 卖？也 得 去 亚运村 吗？

李平 いいや。ここから一番近い売り場は興華ショッピングセンターにあるよ。

Búyòng. Wǒmen fùjìn de Xīnghuá shāngchǎng jiù yǒu.
不用。我们 附近 的 兴华 商场 就 有。

文法のポイント

晚了怕买不到好座位。

「怕」は「恐らく」という意味を表す副詞で、心配事の前に用いられる。例えば、

Shí'èr diǎn chūfā pà láibují.
12 点 出发 怕 来不及。／12時出発では、恐らく間に合わない。

Dài zhe sǎn ba, pà xià yǔ.
带 着 伞 吧, 怕 下 雨。

　　　　　　　　／雨が降るといけないから、傘を持って行きなさい。

■ 覚えましょう ■

|说| 在哪儿卖？
|听| 这次足球比赛就在亚运村。

◆ 注意しましょう ◆

△ 我害怕买不到好座位。 → 我怕买不到好座位。

3　入場券を買う／买 票
Mǎi piào

田中 すみません。サッカーのチケットはどこで売ってますか。

Qǐngwèn, zúqiú sài de piào zài nǎr mài?
请问, 足球 赛 的 票 在 哪儿 卖？

门卫 1から10までの窓口は全部そうです。

Yī dào shí hào chuāngkǒu dōu shì.
1 到 10 号 窗口 都 是。

田中 すみません。一枚ください。

Xiǎojiě, wǒ mǎi yì zhāng piào.
小姐, 我 买 一 张 票。

售票员 A、B、Cの3種類あります。正面席を中心としたA席は真中の前列です。B席はその左右の席です。C席は正面の後ろの方の席です。値段も違います。Aは高くて、Bは安いです。どれになさいますか。

Zuòwèi yǒu A、B、C sān zhǒng, yǐ zhǔxítái wéi zhōngxīn, A shì qiúchǎng zhōng
座位 有 A、B、C 三 种, 以 主席台 为 中心, A 是 球场 中

bù qiánpái, B shì zuǒbian hé yòubian, C shì zhǔxí tái de hòumian. Piàojià
部 前排, B 是 左边 和 右边, C 是 主席 台 的 后面。票价

bù yíyàng, A guì, B piányi, nín yào něi zhǒng?
不 一样, A 贵, B 便宜, 您 要 哪 种?

田中 ではA席を1枚。

Yào yì zhāng A piào.
要 一 张 A 票。

售票员 150元です。

Yì zhāng yìbǎiwǔshi yuán.
一 张 一百五十 元。

田中 試合は何時からですか。

Bǐsài jǐ diǎn kāishǐ?
比赛 几 点 开始?

售票员 6時開始です。

Liù diǎn kāishǐ.
六 点 开始。

田中 ハーフタイムの時は外に出たら再入場できますか。

Zhōngjiān xiūxi shíjiān kěyǐ qù wàibianr zài huílai ma?
中间 休息 时间 可以 去 外边儿 再 回来 吗?

售票员 半券があれば、できます。

Píng piào kěyǐ.
凭 票 可以。

田中 聞いた話では、アジアスポーツ村の入場券がついてるってことでしたけど、僕にはどうしてないんですか。

Tīng shuō zèng yì zhāng Yàyùncūn cānguān piào, wǒ zěnme méi yǒu ne?
听 说 赠 一 张 亚运村 参观 票, 我 怎么 没 有 呢？

售票员 申し訳ございません。忘れておりました。どうぞ、チケットです。有効期間は1ヶ月です。

Zhēn duìbuqǐ, ràng wǒ gěi wàng le, gěi nín cānguān piào. Yǒuxiào qī shì yí ge yuè.
真 对不起，让 我 给 忘 了，给 您 参观 票。有 效 期 是 一 个 月。

文法のポイント

1 到 10 号窗口都是。

「…到…」で「～から～まで」という意味で、「从…到…」とも言う。例えば、

Qǐng cóng tóu dào wěi kàn yí biàn.
请 从 头 到 尾 看 一 遍。

／始めから終わりまで1回通してご覧ください。

Xiǎoháir dào lǎorén dōu xǐhuan zhèi ge cài.
小孩儿 到 老人 都 喜欢 这 个 菜。

／子どもからお年寄りまでこの料理が好きだ。

■ 覚えましょう ■

|说| 中间休息时间可以去外边儿再回来吗？
|听| 给您参观票。有效期是一个月。

◆ 注意しましょう ◆

× 听的话赠一张亚运村参观票，我怎么没有呢？
→ 听说赠一张亚运村参观票，我怎么没有呢？

4 学内サッカー大会／校内足球比赛

Xiào nèi zúqiú bǐsài
校 内 足球 比赛

李平 田中君、25日に「友情杯サッカー大会」が始まるけど、君も出る？

Tiánzhōng, èrshiwǔ hào de "Yǒuyìbēi zúqiú sài", nǐ cānjiā ma?
田中, 25 号 的 "友谊杯 足球 赛", 你 参加 吗？

田中 どんな試合なの。

Shénme bǐsài?
什么 比赛？

李平 学部毎に作ったサッカーチームで対抗試合をするんだ。

Jiù shì gè xì zǔzhī de zúqiú duì zhījiān de bǐsài.
就 是 各 系 组织 的 足球 队 之间 的 比赛。

田中 僕も参加できるの？

Wǒ kěyǐ cānjiā ma?
我 可以 参加 吗？

李平 もちろん！自由参加だよ。

Dāngrán kěyǐ, zìyóu bàomíng.
当然 可以, 自由 报名。

田中 どの学部が一番強い？

Něi ge xì lìhai?
哪 个 系 厉害？

李平 もちろん体育学部が一番強いさ。彼らは去年優勝したから、決勝戦だけ出るよ。学部対抗で一位を決め、そのチームが体育学部と決勝戦をやるんだ。

Dāngrán shì Tǐyùxì. Tāmen shì qùnián de guànjūn, suǒyǐ zhǐ cānjiā juésài.
当然 是 体育系。他们 是 去年 的 冠军, 所以 只 参加 决赛。
Gè xì de bǐsài jué chu dì yī míng. Dì yī míng zài gēn Tǐyùxì bǐ.
各 系 的 比赛 决 出 第 一 名。第 一 名 再 跟 体育系 比。

田中 僕はサッカーの試合には出たことがないから、うまくやれるかどうかわからないよ。

Wǒ méi cānjiā guo zúqiú sài, bù zhīdao zìjǐ xíng bu xíng.
我 没 参加 过 足球 赛, 不 知道 自己 行 不 行。

学内サッカー大会（校内足球比赛）

李平 君は、サッカーを見るのが、一番好きなんじゃないのかい？

<small>Nǐ bú shì zuì ài kàn zúqiú ma?</small>
你不是最爱看足球吗？

田中 見るのとやるんじゃまた別のことだろう。

<small>Kàn hé tī shì liǎng mǎ shìr ya.</small>
看和踢是两码事儿呀。

李平 大丈夫さ。申込んだあと、まだ1週間も練習できるよ。

<small>Méi shìr, bàomíng yǐhòu hái néng liànxí yí ge xīngqī ne.</small>
没事儿，报名以后还能练习一个星期呢。

田中 ならいいか。やってみよう。

<small>Nà hǎo, wǒ shì shi.</small>
那好，我试试。

文法のポイント

看和踢是两码事儿呀。

「两码事儿」は「違うこと／同じではない」という意味で、「两码事儿」という形で述語に用いる。「不是一码事儿」ともいう。例えば、

<small>Kàn hé tīng shì liǎng mǎ shì.</small>
看和听是两码事。／見ると聞くは別の事だ。

<small>"Dǒng le" hé "huì le" bú shì yì mǎ shì.</small>
"懂了"和"会了"不是一码事。
／「分かった」と「できた」は違う事だ。

■ 覚えましょう ■

|说| 那好，我试试。
|听| 你不是最爱看足球吗？

◆ 注意しましょう ◆

× 看和踢是两件儿事呀。 → 看和踢是两码事呀。

補充単語

〈カ行〉

日本語	中国語	ピンイン
キックオフ	开球	kāiqiú
ゲートボール	门球	ménqiú
ゴルフ	高尔夫球	gāo'ěrfūqiú

〈夕行〉

日本語	中国語	ピンイン
卓球	乒乓球	pīngpāngqiú
テニス	网球	wǎngqiú

〈ハ行〉

日本語	中国語	ピンイン
バレーボール	排球	páiqiú
バスケットボール	蓝球	lánqiú
バドミントン	羽毛球	yǔmáoqiú
ビリヤード	台球	táiqiú
ボーリング	保龄球	bǎolíngqiú

〈ヤ行〉

日本語	中国語	ピンイン
野球	棒球	bàngqiú

〈ワ行〉

日本語	中国語	ピンイン
ワールドカップ	世界杯	shìjièbēi

=== ミニ知識 ===

中国サッカー小史

　2002年6月、サッカーのワールドカップが日韓共同で初めてアジアで開催された。中国のサッカーチームも初出場を決めたが、決勝トーナメントへは、進出出来なかった。ここで、中国サッカーのそれまでの歩みを簡単にふりかえる。

1．1951年、中国代表の前身である中国人民解放軍チームが成立し、ブルガリア人民軍チームと初めて国際試合を行う。
2．1957年、初めてワールドカップアジア予選参加。
3．1977年、アメリカで行われた親善試合に参加。
4．1978年、中国A代表韓国に負ける。この時以来韓国に勝ったことがなく、「恐韓病」発病。
5．1988年、ソウルオリンピック予選で、日本を破り、初めてオリンピック本大会出場。
6．1994年、広島アジア大会で第2位となる。甲Aリーグ（現在14チーム）＝中国国内プロリーグ誕生。
7．2001年、オマーン等を破り、初のW杯出場を決めた。

（資料：編集室　サッカー特別談議室　URL：www.acw.co.jp/football/f_top_chi.htm）

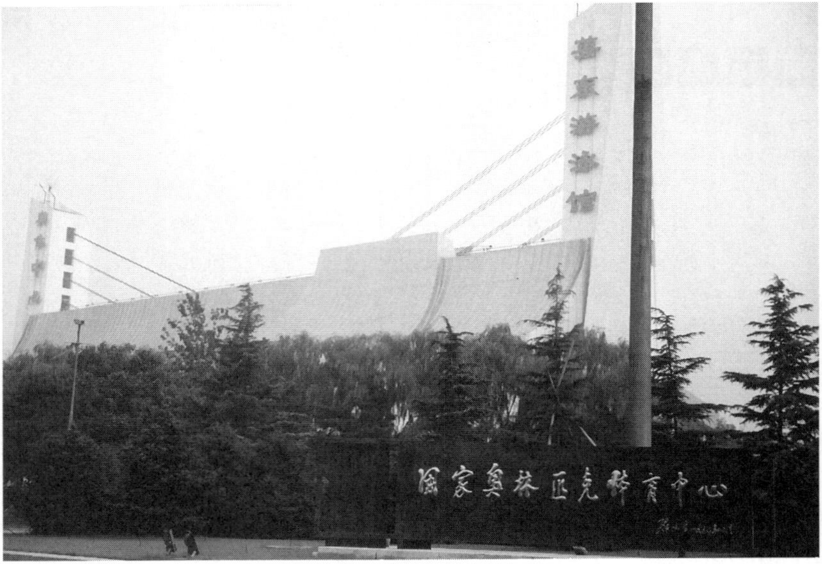

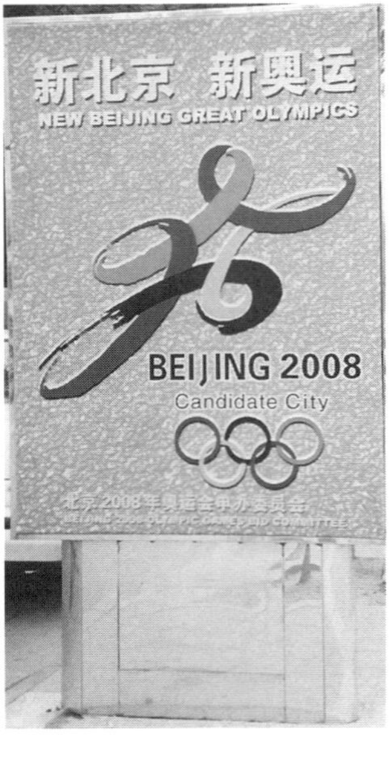

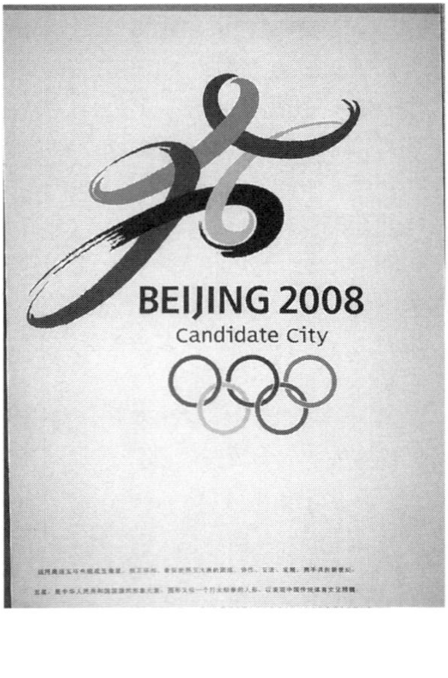

29 運動会
Yùndònghuì
运动会

1 参加種目を相談する／商量 项目 (Shāngliang xiàngmù)

陈老师 皆さん、掲示板で見たと思いますが、5月の第2日曜日に運動会があります。留学生の参加枠もありますので、これから、誰がどの種目に出るか、相談してはどうでしょう。決まったら、この参加申込み書に記入して来週の授業の時、私に提出してください。

你们已经看到通知了吧。五月的第二星期天开运动会。留学生也参加，现在商量一下谁参加哪个项目怎么样？决定以后，填在这张表上，下星期上课的时候交给我。

Nǐmen yǐjing kàn dao tōngzhī le ba. Wǔ yuè de dì èr xīngqītiān kāi yùndònghuì. Liúxuéshēng yě cānjiā, xiànzài shāngliang yíxia shéi cānjiā něi ge xiàngmù zěnmeyàng? Juédìng yǐhòu, tián zai zhèi zhāng biǎo shang, xià xīngqī shàngkè de shíhou jiāo gei wǒ.

田中 では、今から話し合いに入りたいと思います。これが、当日のプログラムです。各種目一人ずつになっています。ただし、一人で3種目まで出ることができます。どういうふうに決めたらいいか、どんどん意見を出してください。

那咱们商量商量吧。这是项目单。每个项目要从我们班选一个人。一个人可以报三个项目。怎么决定，请多提建议。

Nà zánmen shāngliang shāngliang ba. Zhè shì xiàngmù dān. Měi ge xiàngmù yào cóng wǒmen bān xuǎn yí ge rén. Yí ge rén kěyǐ bào sān ge xiàngmù. Zěnme juédìng, qǐng duō tí jiànyì.

阿里 種目ごとに希望者が名乗りをあげて、あとで調整したらどうですか。

自己先说一下想参加的项目，然后调整，怎么样？

Zìjǐ xiān shuō yíxia xiǎng cānjiā de xiàngmù, ránhòu tiáozhěng, zěnmeyàng?

大家 それでいいと思います。

> Tóngyì!
> 同意！

田中 では黒板に種目を書きますので、その下に名前を書いてください。

> Nà wǒ zài hēibǎn shang xiě xiàngmù, qǐng nǐmen zài xiàngmù xia xiě míngzi.
> 那我在黑板上写项目，请你们在项目下写名字。

……

佐藤 あのー、私は槍投げに出たいのですけど、実はしたことがないので、誰かに教えてもらいたいんですが。

> Tiánzhōng, wǒ xiǎng bào biāoqiāng, búguò yí cì yě méi tóu guo, yàoshi shéi néng jiāo jiao wǒ ma?
> 田中，我想报标枪，不过一次也没投过，要是谁能教教我吗？

田中 それなら、本科生の運動会の練習があるとき、やらせてもらえばいいよ。僕はこの間、ソフトボールの授業に飛び入りさせてもらったよ。

> Tīngshuō běnkēshēng de tǐyù kè liànxí yùndònghuì de xiàngmù, nǐ qù yìqǐ shàng zěnmeyàng? Lǎoshī shàng cì tóngyì wǒ línshí cānjiā lěiqiú le.
> 听说本科生的体育课练习运动会的项目，你去一起上怎么样？老师上次同意我临时参加垒球了。

佐藤 じゃあ、やってみます。

> Hǎo. Nà wǒ yě qù shì shi.
> 好。那我也去试试。

田中 100メートル走と走り幅跳び、砲丸投げは希望者がそれぞれ複数ですが、どうしますか。

> Yì bǎi mǐ、tiào yuǎn hé qiānqiú bàomíng de rén dōu duō, zěnme bàn hǎo ne?
> 一百米、跳远和铅球报名的人都多，怎么办好呢？

麦克 放課後、競争して勝った人に決めてはどうですか。

> Xiàkè yǐhòu, bǐ yi bǐ, shéi dì yī shéi shàng, zěnmeyàng?
> 下课以后，比一比，谁第一谁上，怎么样？

大家 贊成！

Xíng, xíng.
行，行。

田中 では、今日の午後3時グラウンドの砂場に関係者は集まってください。

Nà xiàwǔ sān diǎn dào cāochǎng de shākēng jíhé.
那 下午 三 点 到 操场 的 沙坑 集合。

文法のポイント

比一比，谁第一谁上，……。

　「谁第一谁上」は疑問詞を呼応させて、前の文の条件を満たすものが、後の文の疑問詞が表すものと同一であることを示している。例えば、

Zhèixiē jiémù dān, nǐ yào duōshao ná duōshao.
这些 节目 单，你 要 多少 拿 多少。

　　　　　　／このパンフレットは、君がいるだけ取っていいよ。

Xiǎng chī shénme jiù chī shénme ba.
想 吃 什么 就 吃 什么 吧。

　　　　　　／食べたいものならなんでも食べてください。

■ 覚えましょう ■

说　自己先说一下想参加的项目，然后调整。
听　现在商量一下谁参加哪个项目。

◆ 注意しましょう ◆

× 每个项目从我们班要选一个人。　→　每个项目要从我们班选一个人。

2 予選をする／预赛 (Yù sài)

田中 では、今から、100メートル走の予選をします。3回走ってもらって、一番の人のタイムを計って決定しますが、いいですか。

现在 开始 一 百 米 预赛。一共 跑 三 次，测 时间，选 最 快 的，好 不 好？
Xiànzài kāishǐ yì bǎi mǐ yùsài. Yígòng pǎo sān cì, cè shíjiān, xuǎn zuì kuài de, hǎo bu hǎo?

四个人 いいです。

好！
Hǎo!

田中 位置について！よーい、ドン！

各 就 各 位，预备！跑！
Gè jiù gè wèi, yùbèi! Pǎo!

……

田中 アリが11秒7で、100メートル走は決定しました。リレーはちょうど、アリも含めて希望者が4人いるので、この人たちにお願いします。

阿里 最 快，11 秒 7，一 百 米 他 上。接力 的 选手，包括 阿里 四 个 人 报名，正好。
Ālǐ zuì kuài, shíyī miǎo qī, yì bǎi mǐ tā shàng. Jiēlì de xuǎnshǒu, bāokuò Ālǐ sì ge rén bàomíng, zhènghǎo.

阿里 バトンの渡し方も練習したほうがいいと思う。でなかったら、本番ですぐに失敗してしまうよ。

好像 得 练 练 接棒，不 练 到 时候 容易 出 错儿。
Hǎoxiàng děi liàn lian jiēbàng, bú liàn dào shíhou róngyì chū cuòr.

麦克 そうだね。僕も幅跳びの練習しなくては。今日から、さっそく練習だ！

对 呀。跳远 我 也 得 练 练。今天 就 开始 练习 吧！
Duì ya. Tiàoyuǎn wǒ yě děi liàn lian. Jīntiān jiù kāishǐ liànxí ba!

文法のポイント

好像得练练接棒，……。

「好像〜」で「まるで〜のようだ」という比喩を表す表現以外に「〜らしい」「〜した方がいい」と婉曲に自分の考えを述べるときにも用いる。例えば、

Wǒ juéde hǎoxiàng zhèi běn bǐ nèi běn yǒu yìsi.
我 觉得 好像 这 本 比 那 本 有 意思。
／私はこの本はたぶんあれより面白いだろうと思う。

Wǒ kàn bái sè de hǎoxiàng gèng hǎo yìxiē.
我 看 白 色 的 好像 更 好 一些。
／私には白の方がもっといいように思える。

■ 覚えましょう ■

|说| 各就各位，预备！跑！
|听| 不练到时候容易出错儿。

◆ 注意しましょう ◆

× 阿里包括四个人报名，正好。 → 包括阿里四个人报名，正好。

3　運動会当日／运动会 召开
Yùndònghuì zhàokāi

播音員　選手の皆さん、入場門のところに集まってください。これから、入場行進を行います。

Yùndòngyuán qǐng dào rùchǎng mén jíhé. Zhǔnbèi rùchǎng.
运动员 请 到 入场 门 集合。准备 入场。

职員　皆さん、学部ごとに、横5列に並んでください。先頭に1人出て、学部のプラカードを掲げてください。

Qǐng zhùyì! Měi ge xì dōu wǔ ge rén yì pái, yóu yí ge rén zài zuì
请 注意！每 个 系 都 五 个 人 一 排，由 一 个 人 在 最
qiánmian jǔ xìpái.
前面 举 系牌。

運動会当日（运动会召开）

田中 僕達のプラカードが本部席のところにさしかかったら、皆で「友情第一、勝負は二の次！」というスローガンをいっしょに叫ぼう！

Zǒu dao zhǔxí tái qiánmian de shíhou, wǒmen yìqǐ hǎn kǒuhào "Yǒuyì dì yī,
走 到 主席 台 前面 的 时候，我们 一起 喊 口号 "友谊 第 一，
Bǐsài dì èr".
比赛 第 二"。

播音员 選手入場。…開会宣言を、審判長が行います。

Yùndòngyuán rùchǎng. …… Cáipàn zhǎng xuānbù bǐsài kāishǐ.
运动员 入场。…… 裁判 长 宣布 比赛 开始。

裁判长 ただ今より××大学第45回の運動会を開催致します。

dàxué dì sìshiwǔ jiè yùndònghuì xiànzài kāishǐ.
×× 大学 第 45 届 运动会 现在 开始。

播音员 会場の皆さん、ご起立願います。国旗掲揚、国歌斉唱。…お座りください。次に、英文科4年の成虎君が選手宣誓をします。

Quánchǎng qǐlì, shēng guóqí, zòu guógē. ……Qǐng zuò. Xiàmian, qǐng Yīngwén
全场 起立，升 国旗，奏 国歌。…… 请 坐。下面，请 英文
zhuānyè sì nián jí de Chéng Hǔ dàibiǎo yùndòngyuán xuānshì.
专业 四 年 级 的 成 虎 代表 运动员 宣誓。

……。

播音员 選手の皆さんに申し上げます。出場のプログラム2つ前には、所定の場所にお集まりください。

Yùndòngyuán qǐng zhùyì! Qǐng zài zìjǐ de xiàngmù de qián liǎng ge xiàngmù
运动员 请 注意！请 在 自己 的 项目 的 前 两 个 项目
jìnxíng de shíhou, dào zhǐdìng wèizhì jíhé.
进行 的 时候，到 指定 位置 集合。

……。

29. 運動会（运动会）

田中 いよいよ、リレーが始まるね。…、アリ！がんばれー、行け、行けー！…、そこだ！ぬけー！ ああ、惜しい！2位だ。

Jiēlì sài kuài kāishǐ le ba……, Ālǐ! Jiāyóu! Jiāyóu! Kuàipǎo!
接力赛快开始了吧。……，阿里！加油！加油！快跑！
Kuàipǎo! ……, Chāo guo qu! Tài kěxī le! Dì èr míng.
快跑！……，超过去！太可惜了！第二名。

佐藤 でも、始めはどんじりだったのに、すごいじゃない。ゴール前でアリが3人もぬいたものね。

Bié nàme shuō. Kāishǐ wǒmen bān shì zuìhòu. Kuài dào zhōngdiǎn le, Ālǐ
别那么说。开始我们班是最后。快到终点了，阿里
yíxiazi chāo le sān ge, zhēn liǎobuqǐ!
一下子超了三个，真了不起！

田中 そうだった。毎日熱心に練習したかいがあったし、みんなの応援もすごく効果があったんだよ。

Nǐ shuō de duì. Zhèixiē tiān méi bái liàn. Dàjiā de jiāyóu yě qǐ le dà
你说得对。这些天没白练。大家的加油也起了大
zuòyòng.
作用。

播音员 ただ今より、表彰式を行いますので、名前を呼ばれた方は前に進んで、賞状、賞品をお受取りください。

Xiàmian jìnxíng fājiǎng yíshì. Jiào dao míngzi de qǐng dào qiánbian lǐng jiǎng.
下面进行发奖仪式。叫到名字的请到前边领奖。

裁判长 リレー第2位、留学生チーム！おめでとう！

Liúxuéshēng duì, jiēlì sàipǎo dì èr míng. Zhùhè nǐmen!
留学生队，接力赛跑第二名。祝贺你们！

阿里 ありがとうございました。

Xièxie!
谢谢！

運動会当日（运动会召开）

文法のポイント

① 这些天没白练。

「白〜」で「〜したのが無駄だった」という意味になる。例えば、

他这两年从早到晚地可没白学，终于考上了理想的大学。／彼のこの二年間の朝早くから夜遅くまでの勉強は、決して無駄ではなかった。ついに希望の大学に入れた。

来西安不看兵马俑，那不白来了。
　　　　　　／西安に来て兵馬俑を見ないなんて、無駄足だったではないか。

② 大家的加油也起了大作用。

「起作用」で「役に立つ」とか「効き目が現れる」などの意味を表す。例えば、

他是个很固执的人，你说什么也不起作用。
　　　　　　／彼はとても頑固な人だ。君が何を言っても効き目がない。

别小看这本词典，对我学汉语起了不小的作用。
／この辞典を軽く見てはいけない。私が中国語を勉強するのに大いに役に立った。

■ 覚えましょう ■

说　我们一起喊口号"友谊第一，比赛第二"。
听　运动员请注意！

◆ 注意しましょう ◆

×　请集合到入场门。　→　请到入场门集合。

補充単語

〈ア行〉
アウトコース　　外跑道、外道　wài pǎodào、wàidào
インコース　　里跑道、内道　lǐ pǎodào、nèidào
インターカレッジ　大学校际比赛　dàxué xiàojì bǐsài
インターハイ　高中校际比赛　gāozhōng xiàojì bǐsài
駅伝　公路接力赛跑　gōnglù jiēlì sàipǎo
円盤投げ　铁饼　tiěbǐng
追い風　顺风　shùnfēng

〈カ行〉
器具係り　器材组　qìcáizǔ
競歩　竞走　jìngzǒu
決勝　决赛　juésài
五種競技　五项全能　wǔ xiàng quánnéng
コース　跑道　pǎodào

〈サ行〉
三段跳び　三级跳远　sānjí tiàoyuǎn
準決勝　半决赛、复赛　bàn juésài、fùsài
準備体操　准备活动　zhǔnbèi huódòng
障害物競走　跨栏　kuàlán

〈タ行〉
高飛び　跳高　tiàogāo
立ち高跳び　原地跳高　yuándì tiàogāo
立ち幅跳び　原地跳远　yuándì tiàoyuǎn
短距離競走　短距离跑　duǎn jùlí pǎo
団体競技　团体赛　tuántǐ sài
着地　着地、落地动作　zhuódì、luòdì dòngzuò

綱引き　拔河　báhé
デッドヒート　同时到达终点　tóngshí dàodá zhōngdiǎn
テープ　冲刺带　chōngcì dài
ドーピング　兴奋剂　xīngfènjì
トラック　跑道　pǎodào
トラック競技　径赛　jìngsài

〈ハ行〉
背面跳び　背越式跳高　bèiyuè shì tiàogāo
白線を引く　画线　huà xiàn
走り高跳び　跳高　tiàogāo
幅跳び　跳远　tiàoyuǎn
ハンマー投げ　链球　liànqiú
ピストルの合図　发令枪声　fālìng qiāngshēng
110メートルハードル　110米高栏　yìbǎiyìshí mǐ gāolán
フィールド競技　田赛　tiánsài
フォークダンス　集体舞　jítǐwǔ
踏切　起跳　qǐtiào
フライング　出发犯规　chūfā fànguī
フルマラソン　全程马拉松　quánchéng mǎlāsōng
棒高飛び　撑竿跳　chēng gān tiào
ホップ・ステップ・ジャンプ　三级跳远　sānjí tàoyuǎn

〈マ行〉
メドレーリレー　异程接力赛跑　yìchéng jiēlì sàipǎo

〈ラ行〉
ラストスパートをかける　冲刺　chōngcì
陸上競技　田径运动　tiánjìng yùndòng
レーン　分道　fēndào

===== ミニ知識 =====

2008年北京オリンピック

　2008年第29回オリンピックは、北京で開催されることになった。このため、北京では組織委員会を立ち上げ、インターネット上にホームページを開いた(http://www.beijing-2008.org/)。

　北京ではかつてアジアスポーツ大会を開催したことがあるので、利用可能な関連スポーツ施設が既にある。しかし、それもオリンピックの規模とは比べ物にならないので、当然もっと多くの施設を建設する必要がある。オリンピック公園は、中でも最大規模の施設になる予定だ。全敷地面積は、1135haで、内、森林公園が680haを占め、その他、主なオリンピック関連の用地は405ha、中華民族園と道路用地約50haとなっている。オリンピック中心地区の建築物は、合わせて216万m^2の施設になる予定だ。内訳は、スタジアムやスポーツホール40万m^2、文化施設20万m^2、オリンピック博覧会用の施設40万m^2、選手村宿舎36万m^2、商業施設80万m^2である。完成したら、世界的な大型スポーツセンターになるだろう。

　これ以外にも、北京は地下鉄を現在の2倍に拡張、道路や鉄道の増設、最先端の通信設備の整備を行い、また、緑化を進め、環境も改善する計画である。国内外の大企業は、これをビジネスチャンスと見て、投資や入札に参加する予定である。

　オリンピックを運営するには、こうしたハード面の建設以外に、各方面の人材が大量に必要とされる。北京の多くの小中学校では、通訳の養成のため、英語教育に力を入れ始めた。なお、本番では、多くの中国語の話せる外国人も必要であることは言うまでもない。

30 交通事故
Chēhuò
车祸

1　車にぶつけられた／被车撞了
Bèi chē zhuàng le

田中　青になったよ。早く渡ろう。
　　　Lù dēng le. Kuài guò ba!
　　　绿 灯 了。快 过 吧！

阿里　ちょっと待てよ。そんなにあわてなくても…。あっ、危ない！！
　　　Děng yíxia! Bié nàme zháojí! Ài, wēixiǎn!
　　　等 一下！别 那么 着急！哎，危险！

　　　（キキー！車の急ブレーキの音）
　　　(Zhī zhī! Jí shāchē de shēngyīn)
　　　（吱 吱！急 煞车 的 声音）

阿里　大丈夫かい？！
　　　Bú yàojǐn ba?!
　　　不 要紧 吧?!

司机　どうしたんだ？！大丈夫ですか。
　　　Zěnme le? Shòushāng le méiyou?
　　　怎么 了？受伤 了 没有？

田中　大丈夫です。でも、足が…、いたた。
　　　Bú yàojǐn. Búguò jiǎobózi……, hěn téng.
　　　不 要紧。不过 脚脖子……，很 疼。

司机　大変だ。すぐ救急車を呼ばないと。
　　　Shì ma? Mǎshàng jiào jiùhù chē ba!
　　　是 吗？马上 叫 救护 车 吧！

田中 大丈夫です。立てます。

Búyòng le. Wǒ néng zhàn qi lai.
不用 了。我 能 站 起 来。

司机 でも、ともかく、病院に行かないと。私の車で行きましょう。

Bùguǎn zěnmeyàng, háishi qù yīyuàn ba. Děi qǐng yīshēng kàn, zuò wǒ de chē
不管 怎么样，还是 去 医院 吧。得 请 医生 看，坐 我 的 车
qù ba.
去 吧。

田中 大丈夫です。あとで行きますから。今は、警察を呼んでもらえますか。

Bú yàojǐn. Yǐhòu wǒ qù. Xiànzài qǐng nǐ xiān jiào jǐngchá ba.
不 要紧。以后 我 去。现在 请 你 先 叫 警察 吧。

文法のポイント

绿灯了。

「名詞＋了」の形で、「〜になった」という意味を表す。名詞は、時間や年齢、周期的な変化を表すものなどが多いが、しばしば、時間名詞を前に伴った「就要〜了」の形で表されることがある。例えば、

Xiànzài shí diǎn le.
现在 十 点 了。／今10時です。

Xià xīngqī jiù yào qīzhōng kǎoshì le.
下 星期 就 要 期中 考试 了。／来週には、中間テストです。

■ 覚えましょう ■

说 受伤了没有？
听 马上叫救护车吧。

◆ 注意しましょう ◆

× 以后我走。 → 以后我去。

2 警察を呼ぶ／叫 警察
Jiào jǐngchá

交通警 あなたが運転していたのですね。免許証を見せてください。で、あなたたちは、学生ですか。お名前は。

Nǐ shì sī jī ma? Bǎ jiàshǐ zhèng gěi wǒ kàn kan ba. Nǐmen shì xuésheng ma? Jiào shénme míngzi?
你 是 司机 吗？把 驾驶 证 给 我 看看 吧。你们 是 学生 吗？叫 什么 名字？

田中 僕は、外国語大学の留学生で田中一郎です。

Wǒ shì Wàiyǔ dàxué de liúxuéshēng, jiào Tiánzhōng Yīláng.
我 是 外语 大学 的 留学生，叫 田中 一郎。

阿里 同じ大学の留学生です。さっきからずっとここにいました。

Wǒ shì tā de tóngxué, yě shì liúxuéshēng. Gāngcái yìzhí zàichǎng.
我 是 他 的 同学，也 是 留学生。刚才 一直 在场。

交通警 では、事故の状況を話してもらえますか。時間は。

Sījī, nǐ xiān shuō yíxia shìgù de jīngguò ba. Shénme shíjiān fāshēng de?
司机，你 先 说 一下 事故 的 经过 吧。什么 时间 发生 的？

司机 今から30分前、ちょうど右折しようとしたところへ、この田中さんが来たので急ブレーキを踏みましたが、間に合わず、接触してしまいました。

Sānshi fēn yǐqián. Wǒ zhèng yào wǎng yòu guǎi, zhèi wèi Tiánzhōng jiù zǒu guo lai le. Jí shāchē le, dànshì yǐjing wǎn le, cā le tā yíxià.
30 分 以前。我 正 要 往 右 拐，这 位 田中 就 走过来 了。急 刹车 了，但是 已经 晚 了，擦 了 他 一下。

交通警 前方不注意ですね。田中さん、李さん、まちがいないですか。

Nǐ méi zhùyì kàn qiánbianr ba. Tā shuō de duì ma?
你 没 注意 看 前边儿 吧。他 说 得 对 吗？

田中 はい、わたしは、青になったので、渡ろうと思い2、3歩行ったところで、いきなり、ガーンと来たので倒れてしまいました。

Duì, shì zhèiyàng. Wǒ kàn dao hónglǜdēng biàn le, jiù kāishǐ guò mǎlù, zǒu le liǎng sān bù, jiù bèi zhuàng shang shuāi dǎo le.
对，是 这样。我 看 到 红绿灯 变 了，就 开始 过 马路，走 了 两、三 步，就 被 撞 上 摔 倒 了。

阿里 田中君は、車のちょうど右の角でこすってしまいました。

Tiánzhōng bèi chē de yòu jiǎor guā le yíxia.
田中 被 车 的 右 角儿 刮 了 一下。

交通警 けがは？

Shòushāng le méiyou?
受伤 了 没有？

田中 右ひじに擦り傷ができたのと、右足をひねったようで、痛いです。

Yòu gēbo cā shāng le, hǎoxiàng yòu jiǎo yě niǔ le, téng de yàomìng.
右 胳膊 擦 伤 了，好像 右 脚 也 扭 了，疼 得 要命。

司机 わたしがちょうど病院に連れて行こうとしていたところです。

Wǒ zhèng yào lā tā qù yīyuàn ne.
我 正 要 拉 他 去 医院 呢。

交通警 先に病院に行ってください。二人とも後日、警察に出頭して、調書を書いてもらいますので、診断書をもらってきておいてください。いいですね。

Nǐmen xiān qù yīyuàn ba, gǎitiān dào gōng'ānjú tián yí ge shìgù bàogào,
你们 先 去 医院 吧，改天 到 公安局 填 一 个 事故 报告，
bié wàng le bǎ zhěnduàn shū dài lai.
别 忘 了 把 诊断 书 带 来。

文法のポイント

这位田中就走过来了。

「这位／那位＋名前」で「他ならぬ誰々」というように強調する。例えば、

Zhèi wèi Wáng lǎoshī shì cóng Běijīng lái de.
这 位 王 老师 是 从 北京 来 的。

／この王先生が北京から来られた方です。

Zhè bú shì wǒ yào zhǎo de nèi wèi Shānběn jīnglǐ.
这 不 是 我 要 找 的 那 位 山本 经理。

／この方は、私がお尋ねしたいあの山本社長ではありません。

■ 覚えましょう ■

|説| 走了两三步，就被撞上摔倒了。
|听| 改天到公安局填一个事故报告。

◆ 注意しましょう ◆

△ 我正好要往右拐，……。 → 我正要往右拐，……。

3 免許を取る／考 驾驶 证
<small>Kǎo jiàshǐ zhèng</small>

李平 田中君、準備できた？僕のいとこがすぐ車で来るよ。

Tiánzhōng, zhǔnbèi hǎo le ma? Wǒ biǎogē mǎshàng kāi chē lái.
田中，准备 好 了 吗？我 表哥 马上 开 车 来。

田中 大丈夫、全部OKだよ。

Méi wèntí, dōu hǎo le.
没 问题， 都 好 了。

李平 来た、来た。噂をすれば影、だね。

Lái le. Lái le. Shuō Cáo Cāo, Cáo Cāo jiù dào.
来 了。来 了。说 曹操， 曹操 就 到。

田中 こんにちは。僕は田中です。今日はお世話になります。

Nǐ hǎo. Wǒ shì Tiánzhōng, jīntiān gěi nǐ tiān máfan le.
你 好。我 是 田中， 今天 给 你 添 麻烦 了。

刘斌 こんにちは、僕は劉斌。固苦しいことは無しにしよ、さ、乗って。

Nǐ hǎo. Wǒ jiào Liú Bīn. Bié kèqi, shàng chē.
你 好。我 叫 刘 斌。别 客气， 上 车。

田中 これは何という車ですか。かっこいいですね。

Zhè shì shénme chē? Yàngzi hái tǐng búcuò.
这 是 什么 车？样子 还 挺 不错。

刘斌 中国とドイツが合弁で造っているサンタナだよ。

Shì Zhōng Dé hé zào de Sāngtǎnà.
是 中 德 合 造 的 桑塔那。

免許を取る （考驾驶证）

田中 新車でしょう？

Shì xīn mǎi de ba?
是 新 买 的 吧？

刘斌 買ってまだ半月なんだ。免許取りたてで、まだ新米さ。今日初めて高速道路に乗るんで、特に気を付けないとね。

Cái mǎi bàn ge yuè. Wǒ gāng kǎo xia piào, háishi xīnshǒu, jīntiān shì dì yī
才 买 半 个 月。我 刚 考 下 票，还是 新手，今天 是 第 一
cì shàng gāosù, děi tèbié zhùyì.
次 上 高速，得 特别 注意。

李平 大丈夫だよ。全部まかせるよ。僕も左側に気をつけておくけど。

Méi guānxi, wǒmen dōu jiāo gei nǐ le. Wǒ yě bāng nǐ kàn zhe zuǒbian.
没 关系，我们 都 交 给 你 了。我 也 帮 你 看 着 左边。

田中 中国は右側通行で、日本は左側通行だよね。来たばっかりの時は本当に慣れなかったけど、今はやっと慣れてきたよ。

Zhōngguó shì yòucè tōngxíng, Rìběn shì zuǒcè. Gāng lái de shíhou hěn bù
中国 是 右侧 通行，日本 是 左侧。刚 来 的 时候 很 不
xíguàn, xiànzài hǎo róngyì shùn guo lai le.
习惯，现在 好 容易 顺 过 来 了。

刘斌 田中君、君は免許持ってるの？

Tiánzhōng, nǐ yǒu méi yǒu jiàoshǐ zhízhào?
田中，你 有 没 有 驾驶 执照？

田中 持ってますよ。高校卒業してすぐ取りました。それと国際免許も持ってます。中国は何歳から免許が取れるのですか。

Yǒu, wǒ gāozhōng bìyè hòu jiù kǎo piào le. Wǒ hái yǒu guójì jiàshǐ
有，我 高中 毕业 后 就 考 票 了。我 还 有 国际 驾驶
zhèng. Zhōngguó duō dà kěyǐ kǎo piào?
证。中国 多 大 可以 考 票？

刘斌 18歳からだけど、日本は？

Shíbā suì. Rìběn ne?
18 岁。日本 呢？

30. 交通事故（车祸）

田中 同じです。だけど、たいていの人が大学に入ってから取りますよ。中国はどうですか。

<pre>
Yíyàng. Búguò dà   bùfen rén dōu shàng dàxué   yǐhòu kǎo. Zhōngguó ne?
一样。不过 大 部分 人 都 上 大学 以后 考。中国 呢？
</pre>

刘斌 今のところは免許取る人はまだ多くないけど、車を買う人はますます多くなってきているから、それにつれて免許取る人も増えるはずさ。

<pre>
Xiànzài kǎo piào de rén hái bù duō,   búguò mǎi chē de rén yuè lái
现在 考 票 的 人 还 不 多，不过 买 车 的 人 越 来
yuè duō le, yǐhòu yǒu zhèng de yě děi yuè lái yuè duō ba.
越 多 了，以后 有 证 的 也 得 越 来 越 多 吧。
</pre>

田中 駐車場はどうですか。日本では、車を買うのは簡単ですが、駐車は難しいですよ。都心の駐車場はどれも高くて、どうかするとマイカー運転するより、バスなんかの方がましな時がありますよ。

<pre>
Tíngchēchǎng zěnmeyàng? Rìběn shì mǎi chē róngyì tíng chē nán, shì zhōngxīn
停车场 怎么样？日本 是 买 车 容易 停 车 难，市 中心
de tíngchēchǎng hěn guì, yǒu shíhou zìjǐ kāi chē bùrú zuò gōngchē.
的 停车场 很 贵，有 时候 自己 开 车 不如 坐 公车。
</pre>

刘斌 中国はその点はまだ大丈夫だけど、この国は人が多いから、10分の1の人が車を持つと、日本全国の人が一台ずつ持っているのとかわらないくらいになるよね。だから今後の問題は日本よりもっと深刻になるよ。

<pre>
Zhōngguó xiànzài hái bú yàojǐn. Kě Zhōngguó rén duō, shí fēn zhī yī de rén
中国 现在 还 不 要紧。可 中国 人 多，十 分 之 一 的 人
yǒu chē, jiù hé Rìběn quánguó měi rén yì tái chàbuduō. Suǒyǐ, yǐhòu wèntí
有 车，就 和 日本 全国 每 人 一 台 差不多。所以，以后 问题
děi bǐ Rìběn yánzhòng.
得 比 日本 严重。
</pre>

李平 空気の汚染も困った問題だよ。今でも街は排気ガスが充満しているよ。あ～あ、僕はお金がないからというのはもちろんだけど、たとえあっても車は買わないよ。

<pre>
Kōngqì wūrǎn yě yàomìng, xiànzài mǎn jiē yóuyān、fèiqì. Hāi, bié shuō wǒ méi
空气 污染 也 要命，现在 满 街 油烟、废气。咳，别 说 我 没
qián, jiùshì yǒu qián yě bù mǎi chē.
钱，就是 有 钱 也 不 买 车。
</pre>

刘斌 じゃあ、君は降りろよ。俺たちは今日は歩いて行こう。

Nà nǐ xià qu ba, wǒmen jīntiān zǒu zhe qù.
那 你 下 去 吧，我们 今天 走 着 去。

李平 僕は冗談言ったまでさ、真に受けないでくれよ。早く行こう。でも事故は無しだよ。

Wǒ shuō zhe wánr ne, nǐ bié dàngzhēn. Kuài kāi ba, kě bié chūshìr.
我 说 着 玩儿 呢，你 别 当真。快 开 吧，可 别 出事儿。

文法のポイント

别说我没钱，就是有钱也不买车。

「别说～，就是～也～」の形で「～はもちろんのこと、たとえ～でも～」という意味を表す。例えば、

Zhā xiēzi bié shuō chī, jiùshì yí kàn shēn shang yě qǐ jīpí gēda.
炸 蝎子 别 说 吃，就是 一 看 身 上 也 起 鸡皮 疙瘩。
／サソリのフライは食べることはおろか、見るだけでも鳥肌がたつ。

Biéshuō yǒu rén, jiùshì méi rén de shíhou yě děi àihù gōngwù.
别说 有 人，就是 没 人 的 时候 也 得 爱护 公物。
／公共物は人が見ている時はもちろん、見ていなくても大切に扱うべきである。

■ 覚えましょう ■

说 中国多大可以考票？
听 你有没有驾驶执照？

◆ 注意しましょう ◆

△ 中国从多大可以考票？　→　中国多大可以考票？

補充単語

〈ア行〉
慰謝料　　　抚慰金　fǔwèijīn
横断歩道・ゼブラゾーン
　　　　　人行横道　rénxíng héngdào
　　　　　斑马线　bānmǎ xiàn
〈カ行〉
ガソリン　　汽油　qìyóu
ガソリンスタンド
　　　　　加油站　jiāyóuzhàn
クラクション　喇叭　lábā
車の登録ナンバー（ナンバープレート）
　　　　　汽车牌照　qìchē páizhào
〈サ行〉
車輌・船舶使用税
　　　　　车船使用税　chē chuán shǐyòng shuì
障害〜級　　〜级伤残　〜jí shāngcán
〈タ行〉
タイヤ　　　轮胎　lúntāi
盗難保険　失盗保险　shīdào bǎoxiǎn
道路橋梁通行税
　　　　　路桥费　lùqiáo fèi
道路補修費　养路费　yǎnglù fèi
〈ハ行〉
バックする　倒车　dào chē
110番　匪警110　fēijǐng yāoyāolíng
119番　火警119　huǒjǐng yāoyāojiǔ
歩道　　　人行道　rénxíng dào
歩道橋　　人行天桥　rénxíng tiānqiáo

===== ミニ知識 =====

「海棠」と「苹果梨」

　中国と日本の緯度はほとんど変わらないので、とれる果物の種類も似通っている。しかし、中国にしかない珍しい果物も幾つかある。中国に行った時には、是非、口にして味わってみたいものである。

　東北地方、とりわけ吉林省と黒龍江省では、夏、「海棠」（hǎitáng）という果物がたくさん獲れる。形はリンゴのようだが、大きさはリンゴの4、5分の1しかない。皮の色は赤、緑、黄色などのものがあり、味は甘酸っぱくて、リンゴより濃密だ。

　晩秋になると、この地方に、一種の林檎梨「苹果梨」（píngguǒlí）というような梨とリンゴを接木してできた果物が出回る。

　林檎梨は姿は梨だが、普通の梨と同じ黄色い皮に褐色の斑点があり、その黄色い皮もリンゴの赤い色を帯びているところが変わっている。

　果肉は普通の梨のように水分が多く、とても甘いのだが、リンゴの味がする。通常で200gぐらい、大きいのになると500gを超す。

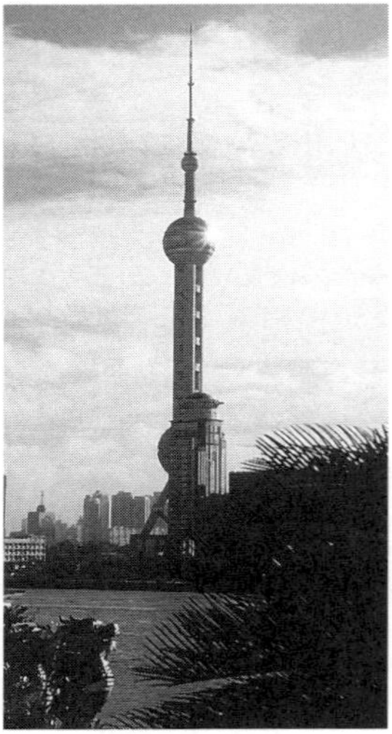

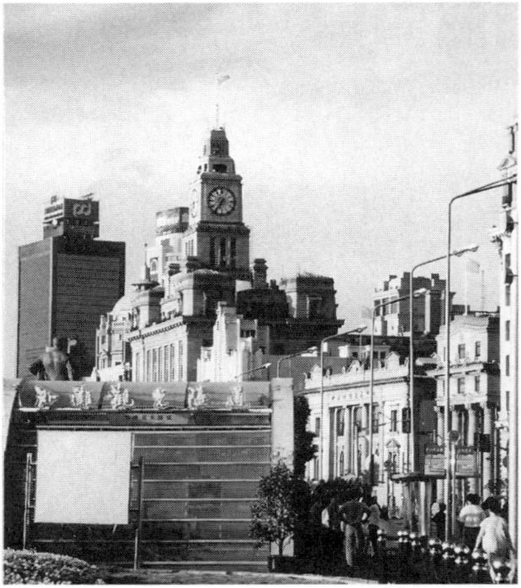

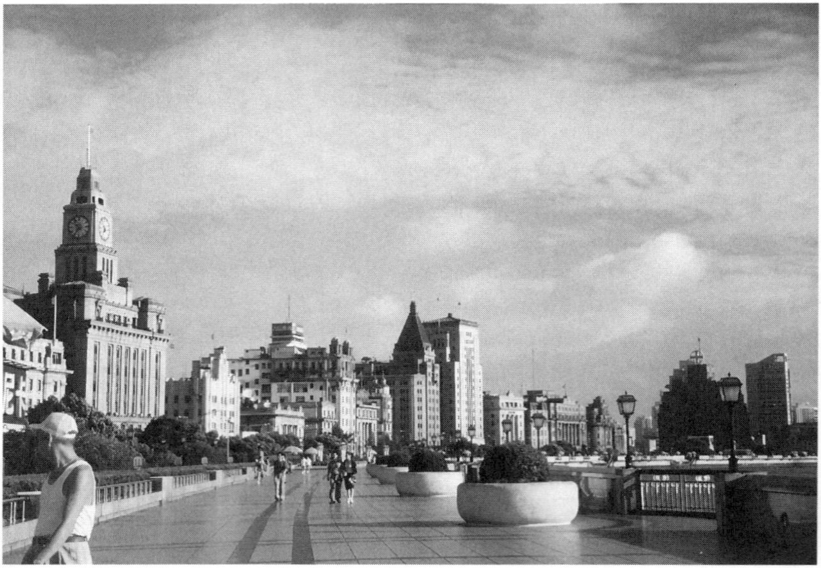

31 自炊をする
Zài sùshè zuò fàn
在宿舍做饭

1 日用品の買い出し／买日用品 Mǎi rìyòngpǐn

田中 学生食堂も外食もちょっとあきちゃったね。そろそろ、自炊でもしようか。

Tiāntiān bú shì shítáng jiù shì qù fàndiàn, dōu chī nì le. Zánmen zìjǐ
天天 不 是 食堂 就 是 去 饭店, 都 吃 腻 了。咱们 自己

zuò fàn, zěnmeyàng?
做 饭, 怎么样？

李平 いいけど、調理道具が何もないよ。

Hǎo shì hǎo. Kě wǒmen yí jiànr chuījù yě méi yǒu.
好 是 好。可 我们 一 件儿 炊具 也 没 有。

田中 近くにスーパーがあるらしいから、一度、のぞきに行ってみようか。まな板と包丁、それに中華鍋があればそれでいいね。

Tīngshuō fùjìn yǒu yí ge chāoshì, zánmen qù kàn kan. Mǎi ge càibǎn,
听说 附近 有 一 个 超市, 咱们 去 看看。买 个 菜板、

yì bǎ càidāo, yí ge dàsháo jiù xíng.
一 把 菜刀、一 个 大勺 就 行。

李平 うん。箸や茶碗も要るしね。まず、リストを作ろう。

Hǎo wa. Hái děi mǎi kuàizi hé wǎn. Xiān bǎ yào mǎi de dōngxi liè ge
好 哇。还 得 买 筷子 和 碗。先 把 要 买 的 东西 列 个

dānzi ba.
单子 吧。

……

田中 あ、すみません。調理器具売り場はどこですか。

Qǐngwèn, chuījù zài nǎr mài?
请问, 炊具 在 哪儿 卖？

314 日用品の買い出し（买日用品）

售货员 2階の日用品売り場にあります。

Zài èr lóu de rìyòngpǐn guìtái.
在 二 楼 的 日用品 柜台。

李平 日用品売り場はどこですか。

Zài něibianr?
在 哪边儿？

售货员 つきあたりの階段をあがれば、すぐわかりますよ。

Yí shàng nèitour de lóutī, jiù néng kànjian.
一 上 那头儿 的 楼梯, 就 能 看见。

李平 すみません、この茶碗、ひびが入ってるので、新しいのと換えてもらえませんか。

Duìbuqǐ, zhèige wǎn yǒu wèn, néng bu néng gěi huàn yíxiar?
对不起, 这个 碗 有 璺, 能 不 能 给 换 一下儿？

售货员 わかりました。少々お待ち下さい。すぐお持ちします。

Kěyǐ, qǐng shāo děng yíxia. Mǎshàng jiù ná lai.
可以, 请 稍 等 一下。马上 就 拿 来。

(fù wán kuǎn hòu)
（レジを終えて）（付 完 款 后）

李平 すみませんが、これが入るぐらいの箱をもらえませんか。

Duìbuqǐ, néng bu néng gěi wǒ yí ge zhǐxiāng, hǎo bǎ zhèixiē dōngxi zhuāng lǐmian?
对不起, 能 不 能 给 我 一 个 纸箱, 好 把 这些 东西 装 里面？

售货员 いいですよ。入口の横に積んでありますから自由に使ってください。

Mén wài yǒu kòng zhǐxiāng, nín suíbiàn yòng ba.
门 外 有 空 纸箱, 您 随便 用 吧。

文法のポイント

都吃腻了。

「動詞＋腻了」の形で「～しあきた」という意味を表す。例えば、

```
Zhèi  zhǒng  diànyǐng, wǒ  yǐjing  kàn  nì  le.
```
这   种   电影，我 已经 看 腻 了。
　　　　　　　　　　／この種の映画は、もう見あきてしまった。

```
Tā zǒng shuō chēgūluhuà,    háizimen zǎojiù tīng nì  le.
```
他 总 说 车轱辘话，孩子们 早就 听 腻 了。
　　　　　　　　　　／彼の話はいつも同じなので、子供達は耳にたこができてしまった。

■ 覚えましょう ■

|说| 能不能给换一下儿？
|听| 请您随便用吧。

◆ 注意しましょう ◆

△ 对不起，能不能给我一个纸箱，把这些东西装里面？
→ 对不起，能不能给我一个纸箱，好把这些东西装里面？

2　チャーハンを作る／做 炒饭 (Zuò chǎofàn)

田中 さて今日は何をつくろうか。

```
Jīntiān zuò  diǎnr shénme?
```
今天 做 点儿 什么？

李平 チャーハンとモヤシ炒めはどう？

```
Chǎofàn hé chǎo dòuyá,   zěnmeyàng?
```
炒饭 和 炒 豆芽，怎么样？

田中 いいね。じゃあ、自由市場に行って材料を買って来るよ。

```
Hǎo, nà  wǒ dào zìyóu shìchǎng qù mǎi cài.
```
好，那 我 到 自由 市场 去 买 菜。

……

田中 おじさん、これいくら。

```
Zhè dòuyá zěnme mài?
```
这 豆芽 怎么 卖？

摊床儿 1斤5分だよ。どのくらい要るかね。

Wǔ fēn yì jīn. Yào duōshao?
5 分 1 斤。要 多少?

田中 じゃあ、1斤ください。このたまねぎとピーマンは。

Yào yì jīn. Yuáncōng hé qīngjiāo ne?
要 1 斤。元葱 和 青椒 呢?

摊床儿 たまねぎは1斤3角、ピーマンは1斤7角。

Yuáncōng sān máo, qīngjiāo qī máo.
元葱 3 毛, 青椒 7 毛。

田中 ばら売りもできるの。

Kěyǐ lùn gèr mài ma?
可以 论 个儿 卖 吗?

摊床儿 できるよ。何個要る?どっちにしろ、最後に重さで値段を決めるよ。

Kěyǐ ya. Yào jǐ ge? Fǎnzhèng zuìhòu àn fènliang suàn qián.
可以 呀。要 几 个? 反正 最后 按 分量 算 钱。

田中 たまねぎ3個と、ピーマンは6個ください。

Yào sān ge yuáncōng hé liù ge qīngjiāo.
要 3 个 元葱 和 6 个 青椒。

摊床儿 はいよ。たまねぎ3個で1斤2両、3角6分、ピーマンは6個で半斤3角5分、全部で8角6分だよ。

Sān ge yuáncōng yì jīn èr liǎng, sān máo liù, liù ge qīngjiāo bàn jīn, sān máo wǔ, yígòng bā máo liù.
3 个 元葱 1 斤 2 两, 3 毛 6, 6 个 青椒 半斤, 3 毛 5, 一共 8 毛 6。

田中 あと2個たまねぎを買うから、ちょっとまけてよ。ちょうど1元でどう?

Wǒ zài mǎi liǎng ge yuáncōng, piányi diǎn ba! Yí kuài, zěnmeyàng?
我 再 买 两 个 元葱, 便宜 点 吧! 1 块, 怎么样?

摊床儿 計算が速いなあ。よし、じゃあ、1元にまけた。毎度!

Nǐ suàn de zhēn kuài! Hǎo le! Yí kuài jiù yí kuài ba.
你 算 得 真 快! 好 了! 1 块 就 1 块 吧。

文法のポイント

这豆芽怎么卖？

「怎么＋動詞」は「どのように～する」という意味で動作の方式を問う。例えば、

Qù chēzhàn zěnme zǒu?
去 车站 怎么 走？／駅までどう行ったらいいですか。

Zěnme shuō ne……?
怎么 说 呢……？／どう言ったらいいか…。

■ 覚えましょう ■

说 再便宜一点儿吧。
听 反正最后按重量算钱。

◆ 注意しましょう ◆

△ 青椒1斤7毛。→ 青椒7毛1斤。

3 食品売り場で／在 食品 柜台
Zài shípǐn guìtái

田中 すみません、調味料はどこですか。

Qǐngwèn, tiáoliào zài nǎr?
请问, 调料 在 哪儿？

售货员 その棚の裏ですよ。

Zài nèige jiàzi hòumian.
在 那个 架子 后面。

田中 どうも。あの、ビン入りのコショウはありませんか。

Xièxie. Zài qǐngwèn, yǒu méi yǒu píngzhuāng de hújiāo?
谢谢。再 请问, 有 没 有 瓶装 的 胡椒？

售货员 今はきれてます。

Mài wán le.
卖 完 了。

318　食品売り場で（在食品柜台）

田中　いつ入りますか。

　　　Shénme shíhou néng yǒu?
　　　什么 时候 能 有？

售货员　あさって入荷します。

　　　Hòutiān jìn huò.
　　　后天 进 货。

　……

田中　このチャーシューを300グラムください。ここで払うんですか。

　　　Yào sānbǎi kè chāshāoròu. Zài zhèr fù ma?
　　　要 300 克 叉烧肉。在 这儿 付 吗？

售货员　いいえ、レジでいっしょに払ってください。

　　　Bù, zuìhòu zài shōukuǎn tái yìqǐ fù.
　　　不，最后 在 收款 台 一起 付。

收款员　全部で5元4角1分です。

　　　Yígòng wǔ kuài sì máo yī.
　　　一共 5 块 4 毛 1。

李平　もう一枚袋もらえますか。

　　　Zài gěi wǒ yí ge sùliàodài, kěyǐ ma?
　　　再 给 我 一 个 塑料袋，可以 吗？

收款员　どうぞ。

　　　Gěi nín.
　　　给 您。

文法のポイント

再给我一个塑料袋，可以吗？

　「再＋動詞＋一＋量詞」の形で「もう一（枚、回、度…）〜する」という意味を表す。例えば、

Lái, zài lái yì bēi.
来，再 来 一 杯。／さあ、もう一杯。

Duìbuqǐ, wǒ méi tīng qīngchu, qǐng zài shuō yí biàn.
对不起，我没听清楚，请再说一遍。
／すみません、はっきり聞こえなかったので、もう一度言って下さい。

■ 覚えましょう ■

|说| 什么时候能有？
|听| 后天进货。

◆ 注意しましょう ◆

△ 再要一个塑料袋，可以吗？ → 再给我一个塑料袋，可以吗？

補充単語

〈調理器具〉
菜箸	长筷子	cháng kuàizi
スプーン	汤匙、匙	tāngchí, chí
フォーク	叉子	chāzi
お玉	勺子	sháozi
ターナー	铲子	chǎnzi
チリ蓮華	羹匙	gēngchí
しゃもじ	饭勺	fànsháo
コンロ	小炉子	xiǎo lúzi
ざる	浅筐	qiǎnkuāng
ボール	盆	pén
電気釜	电饭锅	diànfànguō
やかん	水壶	shuǐhú
フライパン	煎锅	jiānguō
穴杓子	漏勺	lòusháo
めん棒	擀面杖	gǎnmiànzhàng
両手鍋	双耳铁锅	shuāng'ěr tiěguō
圧力鍋	高压锅	gāoyàguō
蒸し器	蒸笼	zhēnglóng
電子レンジ	微波炉	wēibōlú
オーブン	烤箱	kǎoxiāng
急須	茶壶	cháhú
コップ	玻璃杯	bōli bēi
栓抜き	起子	qǐzi

〈調味料〉
酢	醋	cù
砂糖	糖	táng
塩	盐	yán
油	油	yóu
ごま油	香油	xiāngyóu
ラード	大油	dàyóu
バター	黄油	huángyóu
しょうゆ	酱油	jiàngyóu
オイスターソース	蚝油	háoyóu
チリソース	辣椒酱	làjiāo jiàng
ソース	沙司	shāsī
ケチャップ	番茄酱	fānqié jiàng
マヨネーズ	蛋黄酱	dànhuáng jiàng
ドレッシング	调味汁	tiáowèi zhī

日本語	中文	ピンイン	日本語	中文	ピンイン
みそ	酱	jiàng	ホーレン草	菠菜	bōcài
ごま味噌	芝麻酱	zhīma jiàng	レタス	莴苣、生菜	wōjù、shēngcài
トーバンジャン	豆瓣酱	dòubàn jiàng	アスパラガス	芦笋	lúsǔn
料理酒	料酒	liàojiǔ	春菊	蒿子杆儿	hāozi gǎnr
山椒	花椒	huājiāo	中国セロリ	芹菜	qíncài
ウイキョウ	茴香	huíxiāng	セリ	水芹	shuǐqín
八角	八角	bājiǎo	蕨	蕨菜	juécài
唐辛子	辣椒	làjiāo	ナス	茄子	qiézi
しょうが	姜	jiāng	トマト	西红柿	xīhóngshì
にんにく	大蒜	dàsuàn	オクラ	秋葵	qiūkuí
からし	芥末	jièmo	ウリ	瓜	guā
ラー油	辣油	làyóu	カボチャ	南瓜	nánguā
わさび	辣根	làgēn	トウガン	冬瓜	dōngguā
〈野菜類〉			きゅうり	黄瓜	huángguā
サツマイモ	地瓜	dìguā	にがウリ	苦瓜	kǔguā
インゲン豆	豆角	dòujiāo	枝豆	毛豆	máodòu
エンドウ豆	豌豆	wāndòu	グリンピース	青豌豆	qīngwāndòu
ソラマメ	蚕豆	cándòu	トウミョウ	豆苗	dòumiáo
ナタマメ	刀豆	dāodòu	トウモロコシ	玉米	yùmǐ
ジャガイモ	土豆儿	tǔdòur	きのこ	蘑菇	mógu
ヤマイモ	山芋	shānyù	マッシュルーム	松伞蘑	sōngsǎnmó
大根	萝卜	luóbo	しいたけ	香菇	xiānggū
ニンジン	胡萝卜	húluóbo	まつたけ	松蕈	sōngxùn
ゴボウ	牛蒡	niúbàng	きくらげ	木耳	mù'ěr
カブ	蔓菁	mánjing	白きくらげ	银耳	yín'ěr
たけのこ	竹笋	zhúsǔn	〈果物類〉		
レンコン	藕	ǒu	リンゴ	苹果	píngguǒ
ジュンサイ	莼菜	chúncài	モモ	桃儿	táor
ニラ	韭菜	jiǔcài	すもも	李子	lǐzi
ねぎ	葱	cōng	あんず	杏儿	xìngr
白菜	白菜	báicài	梅の実	梅子	méizi
チンゲンサイ	青梗菜	qīnggěngcài	さくらんぼ	樱桃	yīngtáo
キャベツ	卷心菜	juǎnxīncài	なつめの実	枣儿	zǎor
カリフラワー	菜花儿	càihuār	梨	梨	lí

サンザシ	山楂	shānzhā		牛肉	牛肉	niúròu
びわ	枇杷	pípa		マトン	羊肉	yángròu
柿	柿子	shìzi		肩ロース	上脑儿	shàngnǎor
ざくろ	石榴	shíliu		肩肉	肩口	jiānkǒu
ブドウ	葡萄	pútao		豚足	猪蹄	zhūtí
干しブドウ	葡萄干儿	pútao gānr		ロース	脊背	jībèi
イチジク	无花果	wúhuāguǒ		背ロース	通脊	tōngjǐ
イチゴ	草莓	cǎoméi		ヒレ	里脊	lǐjǐ
キウイフルーツ	猕猴桃	míhóutáo		ばら肉	五花	wǔhuā
スイカ	西瓜	xīguā		スペアリブ	排骨	páigǔ
マクワウリ	香瓜	xiāngguā		もも肉	后腿儿	hòutuǐr
ハミウリ	哈密瓜	hāmìguā		豚の尾	猪尾	zhūwěi
みかん	桔子	júzi		ひき肉	肉馅儿	ròu xiànr
橙	酸橙	suānchéng		もつ（ブタ、ウシ、ヒツジ）	下水	xiàshui
ゆず	香橙	xiāngchéng		鶏のもつ	鸡杂儿	jīzár
ザボン	柚子	yòuzi		脂身	肥肉	féiròu
レモン	柠檬	níngméng		赤身	瘦肉	shòuròu
ヤマモモ	杨梅	yángméi		ベーコン	腊肉	làròu
オリーブ	油橄榄	yóugǎnlǎn		ハム	火腿	huǒtuǐ
マンゴー	芒果	mángguǒ		丸ハム	园火腿	yuánhuǒtuǐ
バナナ	香蕉	xiāngjiāo		角ハム	方火腿	fānghuǒtuǐ
パパイア	木瓜	mùguā		ソーセージ	香肠儿	xiāngchángr
レイシ	荔枝	lìzhī		ウインナーソーセージ	小红肠儿	xiǎohóng chángr
パイナップル	菠萝	bōluó		ランチョンミート	午餐肉	wǔcān ròu
ココア	可可	kěkě		魚肉ソーセージ	鱼肉香肠儿	yúròu xiāngchángr
栗	栗子	lìzi		味付き乾燥牛肉	牛肉干儿	niúròu gānr
胡桃	核桃	hétao		豚のでんぶ	肉松	ròusōng
ぎんなん	白果	báiguǒ		鶏肉	鸡肉	jīròu
松の実（殻なし）	松子仁儿	sōngzǐ rénr		生きた鶏	活鸡	huójī
カシューナッツ	腰果	yāoguǒ		生きたアヒル	活鸭	huóyā
〈肉類〉						
豚肉	猪肉	zhūròu				

羽毛をむしった鶏			レトルト食品	软罐头	ruǎnguàntou
	光鸡	guāngjī	パン	面包	miànbāo
アヒルの骨付き干し肉			マントウ	馒头	mántou
	板鸭	bǎnyā	ザーサイ	榨菜	zhàcài
手羽先	翅膀	chìbǎng	つけもの	咸菜	xiáncài
ささみ	鸡里脊	jīlǐjǐ	コンデンスミルク		
とり胸肉	鸡胸脯	jīxiōngpú		炼乳	liànrǔ
(とり)もも肉	鸡腿肉	jītuǐròu	マーガリン	人造黄油	rénzào huángyóu
とりの足	鸡爪子	jīzhuǎzi	イチゴジャム	草莓酱	cǎoméi jiàng
ガチョウの卵	鹅蛋	édàn	はちみつ	蜂蜜	fēngmì
アヒルの卵	鸭蛋	yādàn	昆布	海带	hǎidài
鶏の卵	鸡蛋	jīdàn	のり	紫菜	zǐcài
卵の黄身	蛋黄儿	dànhuángr	おから	豆腐渣	dòufuzhā
卵の白身	蛋清儿	dànqīngr	生麩	面筋	miànjīn
卵の殻	蛋壳儿	dànkér	湯葉	油皮儿、豆腐皮儿、腐竹	
ピータン				yóupír、dòufupír、fǔzhú	
	松花蛋(皮蛋)	sōnghuādàn (pídàn)	缶詰	罐头	guàntou
アヒルの卵の塩漬け			インスタントコーヒー		
	咸鸭蛋	xiányādàn		速溶咖啡	sùróng kāfēi
〈その他〉			ヨーグルト	酸牛奶	suānniúnǎi
小麦粉	面粉	miànfěn	インスタントラーメン		
米	大米	dàmǐ		方便面	fāngbiàn miàn
大豆	大豆	dàdòu	揚げ棒パン	油条	yóutiáo
小豆	小豆	xiǎodòu	まる揚げパン	油饼儿	yóubǐngr
落花生	花生	huāshēng	軽い朝食	早点	zǎodiǎn
半製品	半成品	bànchéngpǐn	豆乳	豆浆	dòujiāng
惣菜	现成菜	xiànchéngcài	弁当	饭盒	fànhé
冷凍食品	冷冻食品	lěngdòng shípǐn	どんぶり飯	盖浇饭	gàijiāofàn

===== ミニ知識 =====

「干豆腐」と「豆腐干」

　中華料理と言えば、誰もが思い出すのが「麻婆豆腐」だ。しかし、日本で「干豆腐」(gāndòufu) と「豆腐干」(dòufugān) を見つけるのは、至難の技である。

　「干豆腐」は、まるで、Ａ４のダンボール紙のように見える。作り方は、普通の豆腐とほとんど同じだが、最後の工程で、圧力をかけ、薄くする。でき上がった干豆腐は、少し湯葉に似ているが湯葉より厚くて弾力性がある。色は生姜の皮のようで、豆腐の風味が凝縮している。栄養も豊富で、ねだんも安い。生食してもいいし、野菜、肉などと炒めて食べるのもいい。その他に、「五香豆腐丝」(千切りの干豆腐に５種のスパイスで味をつけたもの)、くるりと巻いて豆腐ソーセージにした後、鶏のスープで煮て、さらに燻製にして串にさすといった調理法がある。

　「豆腐干」は、普通に作った豆腐を日に干して、厚さ２㎝くらい、縦横５㎝ほどになったら、各種調味料のはいったスープで煮て味を染み込ませ、再度天日干しにした後、薫製にして食す。こうしてできた豆腐干は味が濃厚で、豆腐本来の味のもの以外にも、魚や肉の風味、海老風味のものなど、バラエティーに富んでいる。

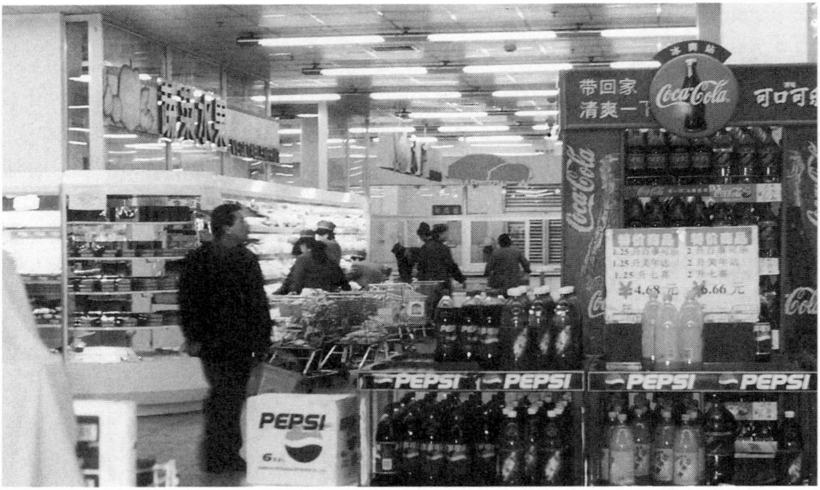
带回家
Coca-Cola
PEPSI

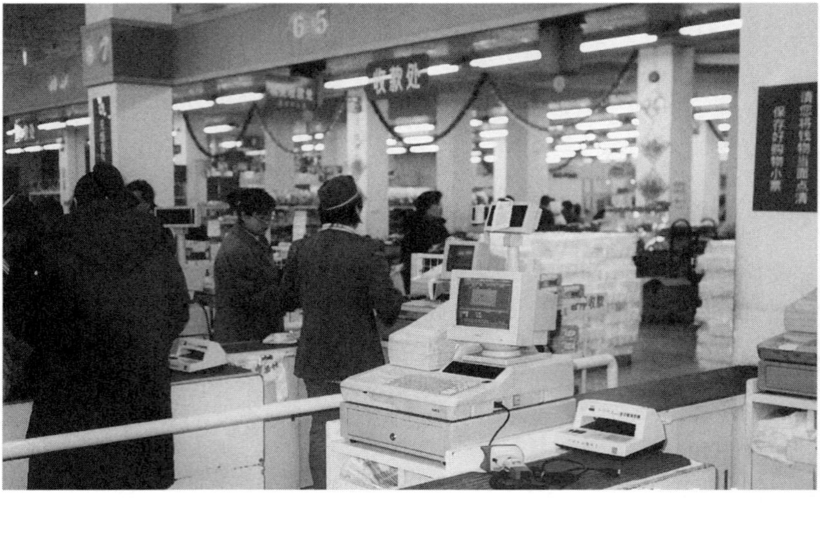
收款处

32 印鑑を作る
Kè yìnzhāng
刻 印章

1 先生に印鑑屋を紹介してもらう／求 老师 介绍 刻字 店

田中 李君、印鑑をお土産にしたいと思ってるんだけど、いい印鑑屋さん知らない。

Xiǎo Lǐ, wǒ xiǎng gěi péngyoumen kè jǐ ge yìn dāng xiǎo lǐpǐn. Nǐ zhīdao nǎr yǒu hǎo kèzì diàn ma?
小 李，我 想 给 朋友们 刻 几 个 印 当 小 礼品。你 知道 哪儿 有 好 刻字 店 吗？

李平 僕はこっちで作ったことがないから、知らないけど……。王先生に聞いてみようか。

Bù zhīdao, wǒ yě méiyou kè guo,……. Wèn wen Wáng lǎoshī zěnmeyàng?
不 知道，我 也 没有 刻 过，……。问 问 王 老师 怎么样？

田中 そうだね。

Hǎo ba.
好 吧。

李平 先生のお知り合いの方で、篆刻をされる方はいらっしゃいませんか。

Lǎoshī, nín de shúrén li yǒu méi yǒu huì zhuànkè de rén?
老师，您 的 熟人 里 有 没 有 会 篆刻 的 人？

田中 僕がお願いしたいのですが。

Wǒ xiǎng bàituō kè jǐ ge zhāng.
我 想 拜托 刻 几 个 章。

王老师 じゃあ、毛さんを紹介しよう。彼は玉石斎（店名）の師匠だよ。もしもし、…毛さんは、今晩来て欲しいと言ってるけど。こうしよう、私は7時に教職員の建物のエレベーター前で君達を待ってるよ。

Wǒ gěi nǐmen jièshào Máo xiānsheng ba, tā shì Yùshízhāi de shīfu, "wèi,
我 给 你们 介绍 毛 先生 吧, 他 是 玉石斋 的 师傅, "喂,
……". Máo xiānsheng ràng jīntiān wǎnshang qù, zhèiyàng ba, wǒ qī diǎn zài
……"。毛 先生 让 今天 晚上 去, 这样 吧, 我 7 点 在
jiàozhíyuán lóu de diàntī qiánmian děng nǐmen.
教职员 楼 的 电梯 前面 等 你们。

文法のポイント

我想给朋友们刻几个印当小礼品。

「A当B」で「AをBにする・当てる」という意味を表す。例えば、

Wǒmen xuǎn tā dāng dàibiǎo.
我们 选 他 当 代表。／私達は彼を代表に選ぶ。

Yòng zhèi ge dāng shēngrì lǐwù zěnmeyàng?
用 这 个 当 生日 礼物 怎么样？
　　　　　　　　／これを誕生日プレゼントにするのはどうでしょう。

■ 覚えましょう ■

|说| 我想拜托刻几个章。
|听| 我给你们介绍毛先生吧。

◆ 注意しましょう ◆

△　您的熟人之中有没有能篆刻的人？→　您的熟人里有没有会篆刻的人？

2　印鑑屋さんで／在 刻字 店
　　　　　　　　　　　　　Zài　kèzì　diàn

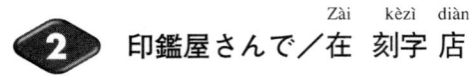

田中 こんばんは。僕は田中一郎と申します。

Nín hǎo! Wǒ jiào Tiánzhōng Yīláng.
您 好！我 叫 田中 一郎。

32. 印鑑を作る（刻印章）

毛先生 よく来てくれましたね。さ、座って。お茶でもどうぞ。

Huānyíng nǐmen. Wūli zuò. Hē chá ba.
欢迎 你们。屋里 坐。喝 茶 吧。

田中 あの、どんなのがあるか、見せていただけますか。

Máo xiānsheng, nín néng gěi wǒmen kàn kan nín kè de yìn ma?
毛 先生, 您 能 给 我们 看 看 您 刻 的 印 吗?

毛先生 もちろん。これらは全部そうです。印材としては、銅、金、石、玉、木、象牙などいろいろあります。

Dāngrán, zhèixiē dōu shì. Cáiliào yǒu tóng、jīn、shí、yù、mù、xiàngyá děng gè zhǒng
当然, 这些 都 是。材料 有 铜、金、石、玉、木、象牙 等 各 种
gè yàng.
各 样。

田中 石の色もたくさんありますね。

Shítou de yánsè yě zhēn bù shǎo wa.
石头 的 颜色 也 真 不 少 哇。

毛先生 そうだね。色も多いし、石の性質も違うんだよ。

Duì, yánsè duō, zhìdì yě bù yíyàng.
对, 颜色 多, 质地 也 不 一样。

田中 これは何ですか。

Zhèi ge shì shénme?
这 个 是 什么?

毛先生 これは、印鈕といって、一種の飾りだね。獅子や鹿が多いけど、自分の干支にするのもおもしろいよ。

Zhè jiào yìnniǔ, yě shì yìzhǒng zhuāngshì pǐn. Yìbān kè shīzi huò lù de
这 叫 印纽, 也 是 一种 装饰 品。一般 刻 狮子 或 鹿 的
hěn duō. Kè zìjǐ de shǔxiang yě hěn yǒu yìsi.
很 多。刻 自己 的 属相 也 很 有 意思。

田中 この横に彫ってあるのはどういう字ですか。本当に芸術品みたいですね。

Zhè cèmiàn kè de shì shénme zì? Zhēn xiàng yìshù pǐn.
这 侧面 刻 的 是 什么 字? 真 像 艺术 品。

毛先生 これは篆書と言って、古代の漢字だよ。

Zhè shì zhuànshū. Shì gǔdài de Hànzì.
这 是 篆书。是 古代 的 汉字。

田中 難しい字ですね。今の簡体字を勉強するので精一杯です。

Zhēn nán na, xiànzài de jiǎntǐzì jiù gòu wǒ xué de le.
真 难 哪,现在 的 简体字 就 够 我 学 的 了。

毛先生 ところで、どんなのを作りたいですか。これにまず、彫る人の名前を書いてからどの石がいいか選んでください。どんな形のでもいいですよ。それから、彫り方は浮き彫りでもいいし、その反対の陰文でもいいですよ。

Nǐ xiǎng kè shénmeyàng de ne? Xiān zài zhèr xiě shang xiǎng kè de xìngmíng,
你 想 刻 什么样 的 呢? 先 在 这儿 写 上 想 刻 的 姓名,
ránhòu tiāo yi tiāo xǐhuan de shítou ba. Shénme xíng de dōu kěyǐ. Yángwén
然后 挑 一 挑 喜欢 的 石头 吧。什么 形 的 都 可以。阳文
hé yīnwén dōu xíng.
和 阴文 都 行。

田中 こっちは陽文で、その他は陰文でお願いします。名前の下にその人の干支を書いています。書いてないのは、今年の干支で印鈕を彫ってもらえますか。あの、いくらぐらいで彫ってもらえるんですか。

Zhèixiē qǐng kè yángwén, qítā de dōu kè yīnwén. Míngzi xiàbian xiě de shì
这些 请 刻 阳文,其他 的 都 刻 阴文。名字 下边 写 的 是
gèrén de shǔxiang, méi xiě de jiù kè jīnnián de, yígòng děi duōshao qián?
各人 的 属相,没 写 的 就 刻 今年 的,一共 得 多少 钱?

毛先生 7本で化粧箱もつけて、150元でどうですか。

Qī ge, bāokuò yìnhé yígòng yìbǎiwǔshí kuài, zěnmeyàng?
7 个,包括 印盒 一共 150 块,怎么样?

田中 いいです。よろしくお願いします。

Xíng. Bàituō nín le.
行。拜托 您 了。

毛先生 できあがったら、王先生に届けます。

Kè hǎo le tuō Wáng lǎoshī dài gei nǐ.
刻 好 了 托 王 老师 带 给 你。

文法のポイント

① 现在的简体字就够我学的了。

「〜就够〜的了」で「〜で〜するには十分である」という意味を表す。例えば、

Bùyòng mǎi le, zhèi yí ge jiù gòu wǒ chī de le.
不用 买 了, 这 一 个 就 够 我 吃 的 了。
／買う必要はないよ、これ一個食べるだけでお腹いっぱいだ。

Bàozhǐ jiù gòu wǒ kàn de le.
报纸 就 够 我 看 的 了。／ぼくは新聞の情報を読むだけで精一杯だ。

② 刻好了托王老师带给你。

「托＋人＋動詞」の形で「誰誰に託して〜する」という意味を表す。例えば、

Tuō liúxuéshēng dài qu le jiāxiāng de tèchǎn.
托 留学生 带 去 了 家乡 的 特产。
／故郷のお土産を留学生に頼んで届けた。

Nà jiàn shì shì tuō péngyou bàn de.
那 件 事 是 托 朋友 办 的。／そのことは友人に頼んでやってもらった。

■ 覚えましょう ■

说 这些请刻阳文 , 其他的都刻阴文。
听 先在这儿写上想刻的姓名，然后挑一挑喜欢的石头吧。

◆ 注意しましょう ◆

× 石的颜色也真不少哇。 → 石头的颜色也真不少哇。

3　にせものをつかまされた／买了假货

田中 もしもし、毛さんですか。

Wèi, shì Máo xiānsheng ma?
喂, 是 毛 先生 吗？

毛先生 そうですが。

Shì, nín shì něi wèi?
是, 您 是 哪 位？

にせものをつかまされた（买了假货）

田中 こんにちは、田中です。突然電話してすみません。

Nín hǎo! Wǒ shì Tiánzhōng, duìbuqǐ, tūrán gěi nín dǎ diànhuà.
您 好！我 是 田中，对不起，突然 给 您 打 电话。

毛先生 ああ、田中君。久しぶり。

A, Tiánzhōng, hǎojiǔ bú jiàn!
啊，田中，好久 不 见！

田中 お久しぶりです。今日はお願いしたいことがあるんですが。

Hǎojiǔ bú jiàn! Wǒ yǒu jiàn shì xiǎng qiú nín,……．
好久 不 见！我 有 件 事 想 求 您，……。

毛先生 どうしたんですか。

Shénme shì? Nǐ shuō.
什么 事？你 说。

田中 実はこのごろ山水画を買ったのですが、友人が、にせものかもしれないと言うんです。僕達は素人なので、毛さんに一度見ていただけたらと思いまして。

Wǒ qián jǐ tiān mǎi le yì fú shānshuǐhuà, yí ge péngyou shuō hǎoxiàng
我 前 几 天 买 了 一 幅 山水画，一 个 朋友 说 好像
shì jiǎ de. Wǒmen dōu shì wàiháng, xiǎng qiú nín gěi kàn kan.
是 假 的。我们 都 是 外行，想 求 您 给 看 看。

毛先生 そういうことならお安いご用です。いつか、持って来てください。見てみましょう。

Zhè hǎo bàn, nǐ shénme shíhou ná lai ba, wǒ kěyǐ kàn yi kàn.
这 好 办，你 什么 时候 拿 来 吧，我 可以 看 一 看。

田中 今から伺ってもいいですか。

Wǒ mǎshàng jiù qù nín nàr xíng ma?
我 马上 就 去 您 那儿 行 吗？

毛先生 どうぞ、どうぞ。

Xíng a! Nà nǐ lái ba.
行 啊！那 你 来 吧。

……

田中 実はこれなんですが。

Jiù shì zhèi fú.
就 是 这 幅。

毛先生 ああ、これは唐寅の山水画だね。ちょっと待って。どれどれ、うん、やはりこれはよくできた複製だね。

Zhè shì Táng Yín de shānshuǐ. Děng yíxia, wǒ zǐxì kàn kan, ō, zhè shì zuò de hěn jīngqiǎo de fùzhì pǐn.
这 是 唐 寅 的 山水。等 一下，我 仔细 看 看，噢，这 是 做 得 很 精巧 的 复制 品。

田中 やっぱり、そうですか。

À, dàodǐ shì a.
啊，到底 是 啊。

毛先生 で、いくらで買ったんだね。

Huā duō qián mǎi de?
花 多 钱 买 的？

田中 3000元で、買いました。あ～あ、にせものとわかっていたらこんな値段では買わなかったのに。

Huā le sānqiān kuài. Zhēn dǎoméi! Zhīdao shì jiǎ de, zěnme néng huā zhème duō qián.
花 了 三千 块。真 倒霉！知道 是 假 的，怎么 能 花 这么 多 钱。

毛先生 にせものとしてはもちろん高いよね。でも、もし本物だったら、30万元でも買えないよ。買ったところへ行って、返品するか、もっと安くさせるかしたらいいじゃないか。

Jiǎhuò dāngrán gòu guì de le! Kě yàoshi zhēn de, sānshi wàn yě mǎi bu xià lái. Zhǎo tāmen qu, tuìhuò huòzhě ràng tāmen jiǎnjià, bú jiù xíng le ma?
假货 当然 够 贵 的 了！可 要是 真 的，三十 万 也 买 不 下 来。找 他们 去，退货 或者 让 他们 减价，不 就 行 了 吗？

にせものをつかまされた（买了假货）

田中 そんなことできるんですか。

能行吗？
Néng xíng ma?

毛先生 そりゃあ、できるさ。彼らは言い逃れできないのに、訴えられないだけでも、儲けものだからね。まず、君は交渉しに行ってみなさい。

怎么不行。他们没理。不告他们就算便宜的了。你先去谈谈。
Zěnme bù xíng. Tāmen méi lǐ. Bú gào tāmen jiù suàn piányi de le. Nǐ xiān qù tán tan.

田中 でも、僕は素人だし、中国語もだめだし、一人では心もとないです。もし毛さんが、いっしょに行っていただけたら…。

我一个人去没把握，外行，汉语也不行。要是您能跟我一起去嘛……。
Wǒ yí ge rén qù méi bǎwò, wàiháng, Hànyǔ yě bù xíng. Yàoshi nín néng gēn wǒ yìqǐ qù ma……

毛先生 もちろん、いいですよ。さ、行こう！

当然可以。走！
Dāngrán kěyǐ. Zǒu!

……

田中 先日絵をここで買ったのですが、これが領収書です。これはにせものではないですよね。

我前几天在这儿买了幅画儿。这是收据。这不是假的吧。
Wǒ qián jǐ tiān zài zhèr mǎi le fú huàr. Zhè shì shōujù. Zhè bú shì jiǎ de ba.

售货员 この領収書は、まちがいなく私の店のものです。でも当店ではにせものなんか扱ってません。

这收据没错儿，是我们店的，可我们绝对不卖假货。
Zhèi shōujù méi cuòr, shì wǒmen diàn de, kě wǒmen juéduì bú mài jiǎhuò.

毛先生 これは、それこそにせものでしょうが。彼はわからなくても、私は騙せないぞ。

Zhè jiù shì jiǎ de? Tā bù dǒng, kě piàn bu liǎo wǒ.
这就是假的？他不懂，可骗不了我。

售货员 そんなはずは…。ちょっとお待ち下さい。調べてみます。

Bú huì ba. Qǐng nín děng yi děng. Wǒ zài kàn kan.
不会吧。请您等一等。我再看看。

……

售货员 すみません！本当に申し訳ございません！確かに、私どもの手違いでございました。

Zhēn duìbuqǐ! Zhēn duìbuqǐ! Shì wǒmen nòng cuò le.
真对不起！真对不起！是我们弄错了。

毛先生 全く話にならん。すぐに払い戻しなさい。

Tài bú xiànghuà le, nǐ mǎshàng gěi tuì le ba.
太不像话了，你马上给退了吧。

售货员 ええ、ごもっともです。返品もお受け致しますが、8割引きでお安くも致しますよ。

Hǎo! Hǎo! Tuìhuò yě xíng, dǎ liǎng zhé jiàn mài yě xíng.
好！好！退货也行，打两折贱卖也行。

文法のポイント

……，不就行了吗？

「～でいいではないか」という意味を表す。例えば、

Nǐ zìjǐ qù, bú jiù xíng le ma?
你自己去，不就行了吗？／自分で行けばいいじゃないですか。

Dǎ ge diànhuà, bú jiù xíng le ma?
打个电话，不就行了吗？／電話をすればいいじゃないですか。

334　にせものをつかまされた（买了假货）

■ 覚えましょう ■

|说| 想求您给看看。
|听| 花多钱买的？

◆ 注意しましょう ◆

× 我马上就来您那儿行吗？　→　我马上就去您那儿行吗？

補 充 単 語

実印	正式印章	zhèngshì yìnzhāng	たつ	辰／龙	chén/lóng
朱肉	印泥	yìnní	み	巳／蛇	sì/shé
登録印	登记印章	dēngjì yìnzhāng	うま	午／马	wǔ/mǎ
認印	常用章	chángyòng zhāng	ひつじ	未／羊	wèi/yáng
〈十二支〉			さる	申／猴	shēn/hóu
ね	子／鼠	zǐ/shǔ	とり	酉／鸡	yǒu/jī
うし	丑／牛	chǒu/niú	いぬ	戌／狗	xū/gǒu
とら	寅／虎	yín/hǔ	い	亥／猪	hài/zhū
う	卯／兔	mǎo/tù	掛け軸	挂轴	guàzhóu

═══ ミニ知識 ═══

中国人の姓

　中国の人口は13億近いが、姓の数は、日本に比べると極端に少ない。日本は11万余りあるのに対し、中国はわずか3700ほど。その内、常用されるのは600くらいで、最もよく見られるのは「張、王、李、趙、劉」の5つである。「張王李趙遍地流（劉）」（張王李趙は、あまねく広まる）という言い方があり、同姓が多い。

　中国人の姓は、一字がほとんどである。二字は「欧陽」や「諸葛」など、63種類しかない。宋の時代、全ての姓を四字で一句にして『百家姓』という一冊の本が編まれた。始めの二句は「趙銭孫李、周呉鄭王。馮陳褚衛、蒋潘韓楊。」で、何の意味もないのだが、「王」と「楊」の韻母が同じで、読むと調子がいいし、覚えやすい。このため、長い間、この『百家姓』は、小学生の識字の教科書として、ずっと使われてきた。

　かつて、女性は結婚したら、「夫の姓＋自分の姓＋氏」という名前に変わっていた。例えば、「張秀梅」という名前の女性が、劉という姓の男性と結婚すると、「劉張氏」に改名することになる。今では、結婚しても、男女双方の姓は変わらない。しかし、今でも、男性の姓でその妻を呼ぶ習慣が残っている。つまり、上述の「張秀梅」という人の例であれば、「劉太太」或いは「劉夫人」と呼ぶ。

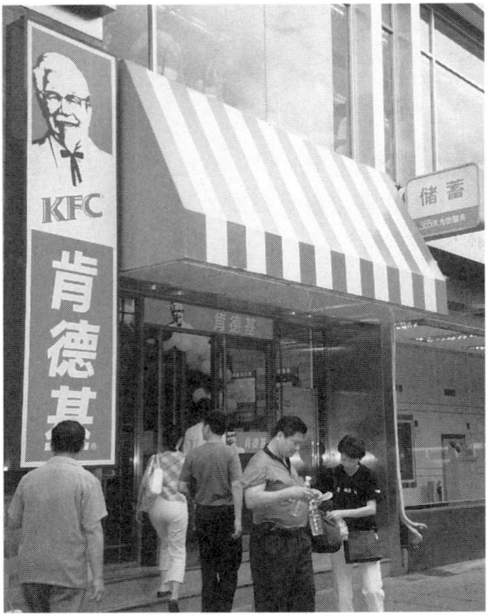
KFC
肯德基
肯德基
储蓄

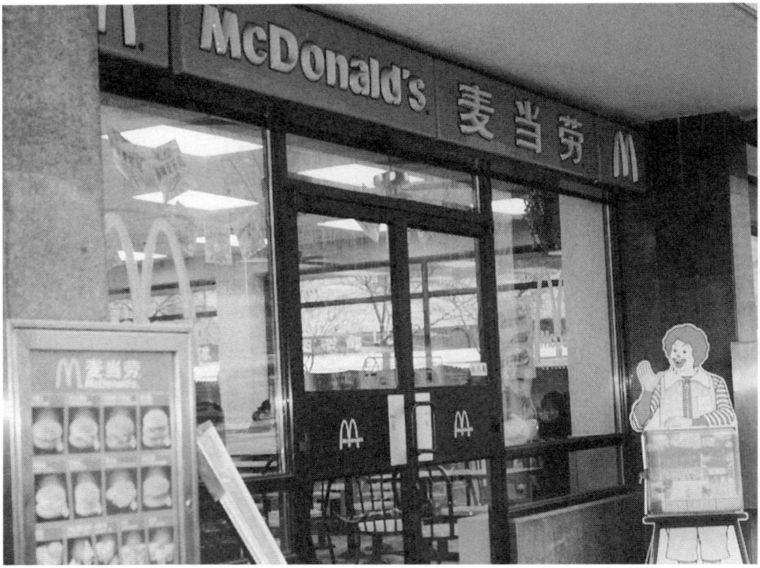
McDonald's
麦当劳
麦当劳

33 チャイナドレスをあつらえる

Dìngzuò qípáo
订做 旗袍

1 生地を買いに／买 布料 (Mǎi bùliào)

佐藤 チャイナドレスをつくりたいんですが、どんな生地がいいんですか。

Wǒ xiǎng dìng zuò yí jiàn qípáo, yòng shénme liào hǎo?
我 想 订 做 一 件 旗袍, 用 什么 料 好?

售货员 あなたがお召しになるのですよね。

Shì nín chuān ma?
是 您 穿 吗?

佐藤 はい。

Duì.
对。

售货员 じゃあ、このあたりの緞子はいかがですか。

Nín kàn, zhèixiē duànzi zěnmeyàng?
您 看, 这些 缎子 怎么样?

佐藤 この花柄はとてもきれいだけど、色違いはありますか。

Zhèi ge huāyàng hěn piàoliang, yǒu méi yǒu bié de yánsè?
这 个 花样 很 漂亮, 有 没 有 别 的 颜色?

售货员 黒と赤と青がございますが。

Yǒu hēi sè, hóng sè hé lán sè de.
有 黑 色、红 色 和 蓝 色 的。

生地を買いに（买布料）

佐藤 赤を見せてください。あの、半袖のチャイナドレスと長袖の上着のアンサンブルで作りたいと思ってるんですが、どのくらい要るんですか。

Qǐng gěi wǒ kàn kan hóng sè de. Wǒ xiǎng zuò yí tào duǎnxiù qípáo, zài pèi yí jiàn chángxiù shàngyī. Yào duōshao liàozi?
请给我看看红色的。我想做一套短袖旗袍，再配一件长袖上衣。要多少料子？

售货员 あなたの背丈だと、3m50もあれば十分でしょう。

Nín de gèr, yǒu sān mǐ wǔshí jiù gòu le.
您的个儿，有3米50就够了。

佐藤 そうですか。この赤いのはメーターいくらですか。

Shì ma? Zhèi zhǒng hóng de duōshao qián yì mǐ?
是吗？这种红的多少钱1米？

售货员 200元です。

Èrbǎi kuài.
200块。

佐藤 ちょっと高いですね。100元ぐらいのはありませんか。

Yǒudiǎn guì. Yǒu méi yǒu Yìbǎi zuǒyòu de?
有点贵。有没有100左右的？

售货员 こっちの方が安いですが、柄が大柄になってもよろしいですか。

Zhèi ge piányi, búguò shì dàhuā de, xíng bu xíng?
这个便宜，不过是大花的，行不行？

佐藤 これでいいです。あと裏地はこれにします。

Xíng. Chènbù yào zhèi ge.
行。衬布要这个。

文法のポイント

您的个儿，有3米50就够了。

「有～就」は「只要有～，就」の省略形で、「～がありさえすればそれで」という言い方を表す。例えば、

Qù yí ge xīngqī yǒu wǔqiān yuán jiù méi wèntí.
去 一 个 星期 有 五千 元 就 没 问题。
　　　　　　　　　　／一週間行くのに5,000元もあれば大丈夫。

Yǒu xìngqù jiù néng xué hǎo.
有 兴趣 就 能 学 好。／興味がありさえすれば、マスターできる。

■ 覚えましょう ■

说　有3米50就够了。
听　有没有别的颜色的？

◆ 注意しましょう ◆

× 里布呢，我要这个。 → 衬布呢，我要这个。

2　採寸する／量 尺寸
　　　　　　　　　Liáng chǐcùn

缝纫师　上着を脱いでここにまっすぐ立ってください。では、バストから測りましょう。はい、両脇をあけて。はい、いいです。

Qǐng tuō xia shàngyī, zài zhèr zhàn zhí. Xiān liáng xiōngwéi ba. Qǐng tái qi
请 脱 下 上衣，在 这儿 站 直。先 量 胸围 吧。请 抬 起
gēbo. Wǒ lái liáng yi liáng.
胳膊。我 来 量 一 量。

缝纫师　スカートの長さはこのくらいでいいですか。

Qúnzi zhème cháng xíng ma?
裙子 这么 长 行 吗？

佐藤　もうちょっと短い方が歩きやすいのでは……。

Wǒ juéde zài duǎn diǎnr róngyì mài bù.
我 觉得 再 短 点儿 容易 迈 步。

缝纫师　スリットがここぐらいまで来ますよ。

Dàgài chākǒu kāi dao zhèr ba.
大概 衩口 开 到 这儿 吧。

340　採寸する（量尺寸）

佐藤 じゃあそれでいいです。いつ仮縫いですか。

Xíng. Shénme shíhou kěyǐ shì yàngzi?
行。什么 时候 可以 试 样子？

縫紉師 仮縫いしなくても大丈夫ですよ。10日くらいしたら取りにいらしてください。

Búyòng shì yàngzi. Shí tiān yǐhòu lái qǔ.
不用 试 样子。10 天 以后 来 取。

文法のポイント

……容易迈步

「容易＋動詞」の形でその動作がしやすいことを表す。例えば、

Nèi piān lùnwén hěn róngyì dǒng.
那 篇 论文 很 容易 懂。／あの論文はとても分かりやすい。

Zhèi zhǒng gē bù róngyì chàng.
这 种 歌 不 容易 唱。／この種の歌は歌いにくい。

■ 覚えましょう ■

说　什么时候可以试样子？
听　不用试样子。10 天以后来取。

◆ 注意しましょう ◆

× 我觉得再短点儿容易跨步。→　我觉得再短点儿容易迈步。

3　袖がきゅうくつです／抬裉 有点儿 紧

Táikèn yǒudiǎnr jǐn

佐藤 佐藤ですが、チャイナドレスできたでしょうか。

Wǒ shì Zuǒténg, wǒ de qípáo zuò hǎo le ma?
我 是 佐藤，我 的 旗袍 做 好 了 吗？

縫紉師 できてますよ。着てみていただけますか。

Zuò hǎo le. Qǐng chuān chuan shì shi ba.
做 好 了。请 穿 穿 试 试 吧。

佐藤　はい。

　　　Hǎo.
　　　好。

縫紉師　どうですか。

　　　Zěnmeyàng?
　　　怎么样?

佐藤　あの、袖がちょっときゅうくつなんですけど。

　　　Táikèn yǒudiǎnr jǐn.
　　　抬裉 有点儿 紧。

縫紉師　確かにちょっときつそうですね。では、今縫い出しますので、少し待っていただけますか。…今度は、どうですか。

　　　Shì yǒudiǎn jǐn. Xiànzài mǎshàng jiù fàngdà diǎnr, qǐng shāo děng yíxia,
　　　是 有点 紧。现在 马上 就 放大 点儿, 请 稍 等 一下,
　　　　　Zhèi huí ne? Zěnmeyàng?
　　　……这 回 呢? 怎么样?

佐藤　今度はピッタリです。

　　　Zhèi cì zhēn héshēn.
　　　这 次 真 合身。

文法のポイント

我的旗袍做好了吗?

　「動詞＋好」の形でその動作が完了し、申し分のない状態になることを表す。例えば、

Hǎiguān de shǒuxù dōu bàn hǎo le.
海关 的 手续 都 办 好 了。／税関の手続は全部すんだ。

Míngtiān de kǎoshì nǐ zhǔnbèi hǎo le ma?
明天 的 考试 你 准备 好 了 吗?

　　　　　　　　　　　　／明日の試験はちゃんと準備できた?

Wǒ hé Xiǎo Lǐ yuē hǎo le, tā zài yuètái děng wǒ.
我 和 小 李 约 好 了, 他 在 月台 等 我。
／私は李さんとちゃんと約束しました。彼はプラットホームで私を待っています。

■ 覚えましょう ■

说 抬根有点儿紧。
听 现在马上就放大点儿，……。

◆ 注意しましょう ◆

△ 这次真贴身。 → 这次真合身。

補 充 単 語

厚さ	厚度	hòudù
重さ	重量	zhòngliàng
広さ	宽度	kuāndù
高さ	高度	gāodù
濃さ	浓度	nóngdù

〈中国服〉
あわせの長着	长袍儿	cháng páor
ひとえの短い上着		
	短褂儿	duǎn guàr
綿入れの上着	棉袄	mián'ǎo

〈生地の名前〉
化繊	化纤	huàxiān
ポリエステル	聚酯纤维	jùzhǐ xiānwéi
レーヨン	人造丝	rénzàosī
綿	棉	mián
正絹	真丝	zhēnsī
ビロード	天鹅绒	tiān'é róng
ブロード	棉府绸	mián fǔchóu
ウール	毛料	máoliào

〈採寸用語〉
背丈	背长	bèicháng
ズボン丈	裤长	kùcháng
股下	下档	xiàdāng
首周り	领围	lǐngwéi

アームホール（そでぐり）
	臂根围	bìgēnwéi
袖丈	袖长	xiùcháng
ウエスト	腰围	yāowéi
ヒップ	臀围	túnwéi
肩幅	肩宽	jiānkuān
袖口	袖口儿	xiùkǒur
肩ゆき	出手	chūshǒu
スカート丈	裙长	qúncháng

〈模様〉
模様のある布	花布	huābù
白地に青の模様		
	白地蓝花	bái dì lán huā
水玉模様	水珠花样	shuǐzhū huāyàng
縞模様	条纹	tiáowén
格子柄	格子花纹	gézi huāwén
無地	无花	wúhuā

〈その他〉
刺繍する	刺绣	cìxiù
ゆったりしている		
	宽舒	kuānshū
小さくする	缩小	suōxiǎo
長くする	放长	fàngcháng
短くする	改短	gǎiduǎn

かがる	织补	zhībǔ	裁断する	裁开	cáikāi
まつる	锁缝	suǒféng	手縫い	手缝	shǒuféng
縫う	缝	féng	ミシン縫い	机缝	jīféng

===== ミニ知識 =====

中国人の服装

　中国には全部で56の民族があり、そのほとんどは固有の民族衣裳を持っているが、人口が最も多い漢民族には、民族衣裳がない。

　清の時代、漢民族の男性は満州民族の民族衣裳の、「长袍」（chángpáo　合わせの長着）と、その上に「马褂」（mǎguà　短い上着）を着ていたが、現在では着用されなくなってしまった。

　現在、流行している「旗袍」（チャイナドレス）も、もとは満州民族の女性の服である。中国語の「旗袍」の「旗」は、満州民族を「旗」と呼んだことに由来する。

　長い間、漢民族の男性は、孫中山がデザインしたという、詰襟で4つのポケットがついた「中山服」（Zhōngshān fú）か、毛沢東が生前着ていた「人民服」（rénmín fú）を着ていた。

　これらの服のデザインは、日本の高校の制服に似ているが、堅苦しいイメージがあるせいか、このごろでは、背広を着る人がますます多くなって来た。

　2001年、APECが上海で開催された時、出席した各国の首脳は、中国が唐代の服装に倣ってデザインした「唐装」（Tángzhuāng　唐装束）を、そろって着用した。このことで、一時「唐装」が流行した。今後果たして、それが漢民族男女の民族衣裳として定着するかどうか、注目されている。

　大学生の服装は、日本とほとんど変わらないが、一番の人気は、やはりジーンズ、Tシャツなどである。

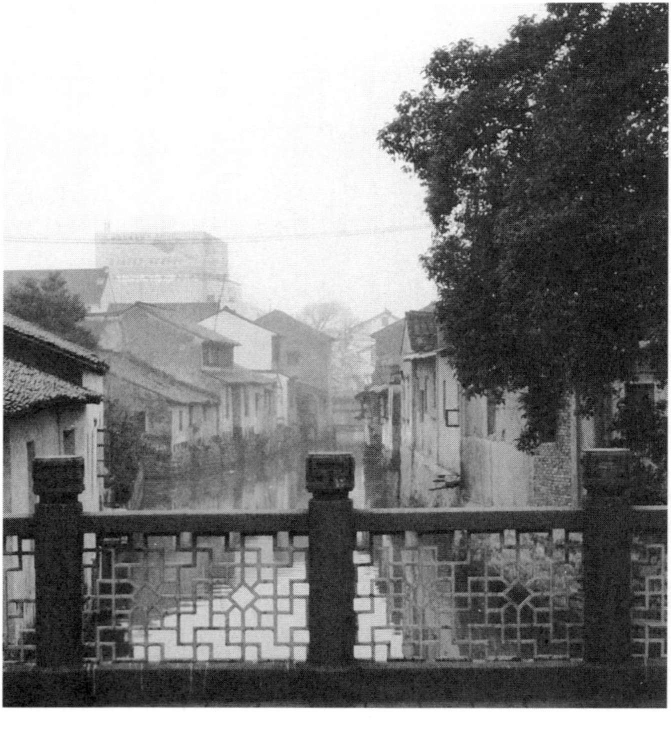

34 図書館に本を借りに行く
去 图书馆 借 书
Qù túshūguǎn jiè shū

① 学内図書館で／在 学校 图书馆
Zài xuéxiào túshūguǎn

田中 あの胡裕樹編の『現代中国語』を借りたいんですが。
对不起，我 想 借 胡 裕树 主编 的《现代 汉语》。
Duìbuqǐ, wǒ xiǎng jiè Hú Yùshù zhǔbiān de «Xiàndài Hànyǔ».

工作人员 ちょっとお待ちください。探してきます。…その本は全部貸し出し中です。
请 等 一下儿，我 去 给 你 找 一 找。……这 本 书 全 借 出 去 了。
Qǐng děng yíxiar, wǒ qù gěi nǐ zhǎo yi zhǎo. ……Zhèi běn shū quán jiè chu qu le.

田中 そうですか。では、いつ返却されてくるんでしょうか。
是 吗？那 什么 时候 能 还 回 来 呢？
Shì ma? Nà shénme shíhou néng huán hui lai ne?

工作人员 全部このごろ貸し出していますから早くても10日は待ってもらわないと。
全 是 最近 几 天 借 出 去 的，最 少 也 得 等 10 来 天 吧。
Quán shì zuìjìn jǐ tiān jiè chu qu de, zuì shǎo yě děi děng shí lái tiān ba.

田中 『21世紀の中国言語学』という本はありますか。
有《二十一 世纪 的 中国 语言学》吗？
Yǒu «Èrshiyī shìjì de Zhōngguó yǔyánxué» ma?

工作人员 その本はここにはありません。そうですね、国家図書館に行ってみませんか。あそこは何でもありますよ。

Zhèi běn shū wǒmen hái méi yǒu. Zhèiyàng ba, nǐ qù Guójiā túshūguǎn,
这 本 书 我们 还 没 有。这样 吧，你 去 国家 图书馆，
nàr shénme shū dōu yǒu.
那儿 什么 书 都 有。

田中 国家図書館に行くときは、何か身分証明書が必要ですか。

Qù Guójiā túshūguǎn xūyào zhèngjiàn ba?
去 国家 图书馆 需要 证件 吧？

工作人员 もちろんです。利用証がある人にだけ貸し出してますよ。詳しいことは受付で聞いてください。

Dāngrán yào le, píng zhèng jiè shū. Jùtǐ de nǐ zài fúwùtái wèn yíxia.
当然 要 了，凭 证 借 书。具体 的 你 在 服务台 问 一下。

（国家図書館で）

(Zài Guójiā túshūguǎn)
（在 国家 图书馆）

田中 すみません、初めて借りる人はどこで手続きをしたらいいですか。

Qǐngwèn, dì yī cì lái jiè shū de rén zài nǎr bàn shǒuxù?
请问，第 一 次 来 借 书 的 人 在 哪儿 办 手续？

工作人员 じゃあ、あなたはまだ図書館利用証を持ってないんですね。

Nà nǐ hái méi yǒu dúzhě kǎ ba?
那 你 还 没 有 读者 卡 吧？

田中 そうです、まだです。

Duì, hái méi yǒu.
对，还 没 有。

工作人员 ではまず、利用証の発行窓口へ行って手続きをして下さい。

Nà nǐ děi xiān qù bànzhèng chù bàn dúzhě kǎ.
那 你 得 先 去 办证 处 办 读者 卡。

文法のポイント

这本书全借出去了。

「動詞＋出去／出来」という形でその行為の方向、あるいは結果を表わす。
例えば、

Huà shuō chu qu le, jiù děi suànshù.
话 说 出 去 了，就 得 算数。
／言ってしまったら責任を取らなければならない。

Wǒ yíxiàzi ná bu chu lai nàme duō qián.
我 一下子 拿 不 出 来 那么 多 钱
／私はそんなにたくさんのお金、急には出せない。

■ 覚えましょう ■

|说| 请问，第一次来借书的人在哪儿办手续？
|听| 那你还没有读者卡吧？

◆ 注意しましょう ◆

× 请问，第一次借书来的人在哪儿办手续？
→ 请问，第一次来借书的人在哪儿办手续？

2　図書館利用証を作る／办 读者 卡

田中 図書館利用カードを作りたいんですが。

Wǒ xiǎng bàn dúzhě kǎ.
我 想 办 读者 卡。

工作人員 牡丹カードを作りますか、それとも臨時利用カードを作りますか。

Nǐ yào bàn Mǔdan guótú kǎ háishi línshí dúzhě kǎ?
你 要 办 牡丹 国图 卡 还是 临时 读者 卡？

田中 私はここで読めて、借りることもできるようなカードを作りたいです。

Wǒ xiǎng bàn jì néng zài zhèr dú, yě néng wài jiè de kǎ.
我 想 办 既 能 在 这儿 读，也 能 外 借 的 卡。

図書館利用証を作る（办读者卡）

工作人员 ではまず、牡丹カードを作ってそれから拡張機能を申請して下さい。

Nà nǐ jiù xiān bàn Mǔdan guótú kǎ, zài shēnqǐng kuòzhǎn gōngnéng.
那 你 就 先 办 牡丹 国图 卡，再 申请 扩展 功能。

田中 「拡張機能」って何ですか。

Shénme jiào kuòzhǎn gōngnéng?
什么 叫 扩展 功能？

工作人员 つまり、それが貸し出しのことですよ。

Kuòzhǎn gōngnéng jiù shì wài jiè de gōngnéng.
扩展 功能 就 是 外 借 的 功能。

田中 辞典や洋書もそうやって借りられますか。

Cídiǎn hé wàiwénshū yě kěyǐ wài jiè ba?
词典 和 外文书 也 可以 外 借 吧？

工作人员 それはあなたが申請する拡張機能の内容次第ですね。もっと詳しく知りたかったらホームページの説明を読んでください。

Nà yào kàn nǐ shēnqǐng de kuòzhǎn gōngnéng de nèiróng. Xiǎng xiángxì liǎojiě
那 要 看 你 申请 的 扩展 功能 的 内容。想 详细 了解
dehuà, qǐng kàn wǎng shang de shuōmíng.
的话，请 看 网 上 的 说明。

……

田中 私は図書館利用カードを作りたいのですが。それと、中国語図書と洋書が借りられるように申込みます。これは私の学生証とパスポートです。

Wǒ yào bàn dúzhě kǎ, zài shēnqǐng Zhōng, wàiwén túshū wài jiè gōngnéng. Zhè
我 要 办 读者 卡，再 申请 中、外文 图书 外 借 功能。这
shì wǒ de xuéshengzhèng hé hùzhào.
是 我 的 学生证 和 护照。

工作人员 まず、この申込み用紙に記入して、商工銀行の口座開設時の入金10元と手数料20元、それに保証金1100元を支払って下さい。

Qǐng xiān tián zhèi zhāng shēnqǐng biǎo, zài jiāo gōngshāng yínháng kāihù fèi shí
请 先 填 这 张 申请 表，再 交 工商 银行 开户 费 10
yuán, gōngběn fèi èrshí yuán hé yājīn yìqiānyìbǎi yuán.
元，工本 费 20 元 和 押金 1100 元。

田中 保証金はどうしてそんなに高いんですか。

Yājīn zěnme zhème guì ya?
押金 怎么 这么 贵 呀？

工作人员 中国語図書貸し出しの保証金は100元、洋書貸し出しが1000元です。はい、利用証です。

Zhōngwén túshū wài jiè gōngnéng, yājīn yìbǎi yuán, wàiwén túshū wài jiè gōngnéng,
中文 图书 外 借 功能，押金 100 元，外文 图书 外 借 功能，

yājīn shì yìqiān yuán. Gěi nǐ dúzhě kǎ.
押金 是 1000 元。给 你 读者 卡。

文法のポイント

我想办既能在这儿读，也能外借的卡。

「既~，也(又)~」の形で、同時に二つの性質、状態を備えていることを表す。
例えば、

Zhèi zhǒng lùxiàngjī shì quánzhìshì de, jì néng zài Rìběn yòng, yě néng zài
这 种 录像机 是 全制式 的，既 能 在 日本 用，也 能 在

Zhōngguó yòng.
中国 用。／このビデオは全世界共通なので、日本でも中国でも使える。

Tā jì huì huáxuě, yòu huì yóuyǒng.
他 既 会 滑雪， 又 会 游泳 。／彼はスキーもできるし、水泳もうまい。

■ 覚えましょう ■

说 押金怎么这么贵？
听 你要办牡丹国图卡，还是临时读者卡？

◆ 注意しましょう ◆

△ 词典与外文书也可以外借吗？ → 词典和外文书也可以外借吗？

3 本を借りる、本を返す／借、还书

田中 これ、全部借りたいのですが。

Wǒ xiǎng jiè zhèi jǐ běn shū.
我 想 借 这 几 本 书。

工作人员 利用証を出して下さい…すみませんが、この本は貸し出しはできません。ここで読むことができるだけです。

Qǐng bǎ jièshū kǎ gěi wǒ……duìbuqǐ, zhèi běn shū jìnzhǐ wài jiè, zhǐ néng zài zhèr kàn.
请 把 借书 卡 给 我……对不起，这 本 书 禁止 外 借，只 能 在 这儿 看。

田中 そうですか。それなら、コピーしてもいいですか。

Shì ma? Nà kěyǐ fùyìn ma?
是 吗？那 可以 复印 吗？

工作人员 いいですよ。コピー室に行ってください。

Kěyǐ, nǐ qù fùyìn shì ba.
可以，你 去 复印 室 吧。

……

田中 大変申し訳ありませんが夏休みに帰国して、返却期限を三日過ぎてしまいました。

Zhēn bù hǎoyìsi, shǔjià huíguó, huán shū rìqī guò le sāntiān.
真 不 好意思，暑假 回国，还 书 日期 过 了 三天。

工作人员 規則上、延滞料を払ってもらわなくてはなりません。

Àn guīdìng děi jiāo yúqī shǐyòng fèi.
按 规定 得 交 逾期 使用 费。

田中 わかりました、いくらですか。

Hǎo ba, děi jiāo duōshao qián?
好 吧，得 交 多少 钱？

工作人员 中国語書籍は一冊一日につき3角ですから、あなたは3冊、三日分で、全部で2元7角です。

Zhōngwén shūkān měitiān měi cè sān máo, nǐ shì sān cè, guòqī sān tiān,
中文 书刊 每天 每 册 3 毛, 你 是 3 册, 过期 三 天,

yígòng liǎng kuài qī.
一共 两 块 7。

……

田中 はい、ご迷惑おかけしました。

Tiān máfan le.
添 麻烦 了。

文法のポイント

那要看你申请的扩展功能的内容。

「看～」は「～しだい」、「観察して判断する」という意味を表す。例えば、

Shéi dōu néng xué huì, jiù kàn nǐ nǔlì bu nǔlì.
谁 都 能 学 会, 就 看 你 努力 不 努力。
　　　　　　　　　　　　／誰でも、マスターできますが、君の努力しだいです。

Sùdù kuài màn děi kàn nǐ yòng shénme jìsuànjī.
速度 快 慢 得 看 你 用 什么 计算机。
　　　　／スピードが速いか遅いかは、君の使っているコンピューター次第です。

■ 覚えましょう ■

说 我想办既能在这儿读，也能外借的卡。
听 那你就先办牡丹国图卡，再申请扩展功能。

◆ 注意しましょう ◆

× 暑假回国还书日期超了三天。 →　暑假回国还书日期过了三天。

補 充 単 語

〈ア行〉
音、映像資料室
　　　音像资料室　　yīnxiàng zīliào shì
〈カ行〉
コンピューター目録検索サービス
　　　计算机公共检索目录服务
　　　　　jìsuànjī gōnggòng jiǎnsuǒ mùlù fúwù
コンピューター閲覧室
　　　电子阅览室　dìanzǐ yuèlǎnshì
〈サ行〉

情報センター
　　　信息咨询中心　xìnxī zīxún zhōngxīn
〈タ行〉
中国語叢書閲覧室
　　中文丛书阅览室 zhōngwén cóngshū yuèlǎn shì
読者倶楽部　读者俱乐部　　dúzhě jùlèbù
読者自習室　读者自习室　　dúzhě zìxí shì
〈ヤ行〉
洋書閲覧室
　　外文图书阅览室　wàiwén túshū yuèlǎn shì

===== ミニ知識 =====

中国の国花

　中国の国土は広大で、各地域の自然や気候が、全く違うところもある。このため、国の花を決めるのは極めて難しい。かつて、国花選定のため、活発な協議を重ねたけれども、最後まで意見の一致を見ることができなかったそうである。

　度重なる協議の中で有力な候補にあがったものは、菊、梅、蓮の花等である。この他、違う地区からは、ハクモクレン、ツツジ、山茶花、キワタノキ、君子ラン、水仙等々が候補にあがった。

　花を選ぶには、個々人それなりの理由があり、その多くが、中国の伝統的な文化と密接に関係している。

　例えば、菊の花を選んだ人は、その気高さを強調し、牡丹を推す人は、「国色天香（国内一の美人）」と異名を取る美しさを崇める。梅の花を選ぶ人は厳しい寒さをも物ともせず、いち早く春の訪れを告げる花として、その気骨のある風格を称える。また、蓮の花を選んだ人は、「泥沼より出でて染まらず、水面に清楚な花を咲かす」という高潔・高邁さに敬意を払う。

　中国の国花は未だ選定されてはいないし、選定できるものかどうかもわからない。しかし、協議の中身を知ることは、中国文化を理解するという点から言っても興味深い。

35 ネットカフェで
在 网吧
Zài wǎngbā

1 会員になりたい／我 想 入会
Wǒ xiǎng rùhuì

田中 あの、メールしたいんですけど。ここでできますか。

Wǒ xiǎng fā diànyóu, zhèr kěyǐ ma?
我 想 发 电邮，这儿 可以 吗？

服务员 ここは始めてですか。

Nín shì dì yī cì lái ba?
您 是 第 一 次 来 吧？

田中 そうです。

Duì, shì dì yī cì.
对，是 第 一 次。

服务员 ここは会員制になってますので、まず、会員になっていただくのに、1元いりますが。会員になられますか。

Wǒmen zhèr shì huìyuán zhì, rùhuì xiān yào jiāo yí kuài qián de rùhuì fèi. Nín rù ma?
我们 这儿 是 会员 制，入会 先 要 交 一 块 钱 的 入会 费。您 入 吗？

田中 はい。

Hǎo ba, wǒ xiǎng rùhuì.
好 吧，我 想 入会。

服务员 では、まず、これに氏名と連絡先を書いてください。今日は身分証明書のようなものを持っていらっしゃいますか。

Qǐng zài zhèi zhāng shēnqǐng biǎo shang tián shang nín de xìngmíng, dìzhǐ hé diànhuà hàomǎ. Jīntiān nín dài shēnfenzhèng lái le ma?
请在这张申请表上填上您的姓名、地址和电话号码。今天您带身份证来了吗?

田中 学生証を持って来ました。

Dài xuéshengzhèng le.
带学生证了。

服务员 ちょっと見せていただけますか。これがカードです。次回からお持ち下さい。

Qǐng gěi wǒ kàn yíxia. Zhè shì nín de huìyuán kǎ, yǐhòu lái de shíhou qǐng dài lai.
请给我看一下。这是您的会员卡,以后来的时候请带来。

田中 コンピュータの使用料はどうなっていますか。飲み物代は。

Diànnǎo de shǐyòng fèi zěnme suàn? Yǐnliào ne?
电脑的使用费怎么算? 饮料呢?

服务员 使用料は1時間4元です。お飲み物は、コーヒー、コーラ、お茶、ミネラル水が2元で飲み放題です。

Yí ge xiǎoshí sì kuài, yǐnliào yǒu kāfēi, kělè, chá, kuàngquánshuǐ, jiāo liǎngkuài qián, suíbiàn hē.
一个小时四块,饮料有咖啡、可乐、茶、矿泉水,交两块钱,随便喝。

田中 わからないことがあったらどうしたらいいですか。

Yǒu wèntí de shíhou zěnme bàn?
有问题的时候怎么办?

服务员 ご質問とお飲み物をご注文されますときは、私どもをお呼びくださっても
いいですし、画面のメニューをクリックされてもいいです。

<small>Yǒu wèntí huò dìng yǐnliào de shíhou jiào wǒmen yě kěyǐ, dān jī huàmiàn
de càidān yě kěyǐ.</small>
有问题或订饮料的时候叫我们也可以，单击画面
的菜单也可以。

田中 支払いはどうするんですか。

<small>Zěnme jiézhàng?</small>
怎么结帐？

服务员 終わりましたら、この伝票をカウンターに出してくださればけっこうです。

<small>Kàn wán le, qǐng bǎ zhèi zhāng chuánpiào gěi fúwùtái jiù xíng.</small>
看完了，请把这张传票给服务台就行。

文法のポイント

有问题或订饮料的时候叫我们也可以，单击画面的菜单也可以。

「…也可以，〜也可以」で「…でもいい、〜でもいい」という意味を表す。
例えば、

<small>Nǐ jīntiān qù yě kěyǐ, míngtiān qù yě kěyǐ.</small>
你今天去也可以，明天去也可以。
／君は今日行ってもいいし、明日行ってもいいです。

<small>Zhèi běn shū méi shénme yìsi, nǐ kàn yě kěyǐ, bú kàn yě kěyǐ.</small>
这本书没什么意思，你看也可以，不看也可以。
／この本は面白くないので、君は読んでも読まなくてもいい。

■ 覚えましょう ■

说 电脑的使用费怎么算？
听 一个小时四块，……。

◆ 注意しましょう ◆

× 我想送电邮。 → 我想发电邮。

2 ちょっと教えてください／请教 一下
Qǐngjiào yíxia

田中 すみません。ちょっと来てもらえませんか。

Máfan nín, qǐng guòlai yíxia.
麻烦 您，请 过来 一下。

服务员 なんでしょうか。

Shénme shìr?
什么 事儿？

田中 メールはどうやったらいいんですか。

Fā diànyóu, zěnme cāozuò hǎo ne?
发 电邮，怎么 操作 好 呢？

服务员 まず、ここのウィンドウを開いて、ヤフーのメールの登録画面が出たら、自分のユーザー名とパスワードを打ちこんでください。

Qǐng xiān dǎ kāi zhèi ge chuāngkǒu, chūxiàn Yǎhǔ de diànyóu zhùcè kuāng yǐhòu,
请 先 打 开 这 个 窗口，出现 雅虎 的 电邮 注册 框 以后，

dǎ jìn zìjǐ de yònghù míng hé ànhào.
打 进 自己 的 用户 名 和 暗号。

田中 わっ、こんな長い中国語読めない。あの、これ日本語のウェブサイトが見られますか。

Wa! Zhème cháng de Zhōngwén wǒ kàn bu dǒng. Qǐngwèn, néng bu néng kàn
哇！这么 长 的 中文 我 看 不 懂。请问，能 不 能 看

Rìyǔ de wǎngyè?
日语 的 网页？

服务员 読めますよ。それなら、この「表示」をクリックして日本語を選んでください。

Dāngrán néng. Qǐng àn "biǎoshì", xuǎn lǐmian de Rìyǔ.
当然 能。请 按 "表示"，选 里面 的 日语。

田中 それと、日本語で入力するにはどうしたらいいですか。

Háiyǒu, zěnme shūrù Rìyǔ?
还有，怎么 输入 日语？

服务员 右下のここのところを日本語に切り替えるといいですよ。

Bǎ yòu xià jiǎo zhèli qiēhuàn chéng Rìyǔ jiù xíng le.
把右下角这里切换成日语就行了。

田中 わかりました。プリントもできますか。

Xièxie. Qǐngwèn néng bu néng dǎyìn?
谢谢。请问能不能打印?

服务员 はい、できます。あちらのプリンターでできますが、プリントされるときは、係りまでお知らせ下さい。

Néng dǎ. Yòng nèibian de dǎyìnjī jiù xíng, nín xiǎng dǎyìn de shíhou qǐng jiào wǒmen.
能打。用那边的打印机就行,您想打印的时候请叫我们。

文法のポイント

还有,怎么输入日语?

「还有」は「それに」「また」という意味の接続詞である。例えば、

Míngtiān nǐ bǎ xuéshengzhèng dài lai, háiyǒu, bié wàng le dài hùzhào.
明天你把学生证带来,还有,别忘了带护照。
／明日、君は学生証をもってくること、また、パスポートも忘れないように。

Wǒ xiǎng qù Tàishān, háiyǒu, Huángshān yě xiǎng qù.
我想去泰山,还有,黄山也想去。
／私は泰山に行きたい、それに、黄山にも行きたい。

■ 覚えましょう ■

说 发电邮,怎么操作好呢?
听 请先打开这个窗口,……。

◆ 注意しましょう ◆

△ 请来一下。 → 请过来一下。

3 どうやって中国語を入力する？／怎么 打 中文？
Zěnme dǎ Zhōngwén?

田中 李君、君はパソコン通でしょう？

Xiǎo Lǐ, nǐ duì diànnǎo nèiháng ba?
小 李, 你 对 电脑 内行 吧？

李平 「通」とまではいかないけど、いつも使ってるから、いくらかわかってると思うよ。どうして。

Tán bu shàng nèiháng, jīngcháng yòng, duōshǎo zhīdao yìdiǎnr. Zěnme?
谈 不 上 内行, 经常 用, 多少 知道 一点儿。怎么？

田中 僕は日本からノートパソコンを持って来ててね、OSは日本語のウィンドウズなんだけど、これで中国語が打てるかな？

Wǒ cóng Rìběn dài lai le yì tái bǐjìběn diànnǎo, OS shì Rìyǔ
我 从 日本 带 来 了 一 台 笔记本 电脑, OS 是 日语
de shìchuāng, yòng tā néng bu néng dǎ Hànyǔ?
的 视窗, 用 它 能 不 能 打 汉语？

李平 打てるけど、中国語のワープロソフトをインストールしなくちゃね。

Néng dàoshi néng, búguò děi ānzhuāng Zhōngwén dǎzì ruǎnjiàn.
能 倒是 能, 不过 得 安装 中文 打字 软件。

田中 どんなソフトがいいのかな？

Zhuāng shénme ruǎnjiàn hǎo?
装 什么 软件 好？

李平 そうだね、例えば、マイクロソフトの中国語ＩＭＥでいいよ。

Ng, bǐfang Wēiruǎn de Hànyǔ IME jiù xíng.
嗯, 比方 微软 的 汉语 IME 就 行。

田中 どこで買えるの？

Zài nǎr néng mǎi dao?
在 哪儿 能 买 到？

李平 買わなくていいさ。ネットからダウンロードできるよ。

Búyòng mǎi, kěyǐ zài wǎng shang xiàzǎi.
不用 买, 可以 在 网 上 下载。

田中 そうなの？ウェブサイトがわかる？

<small>Shì ma? Nǐ zhīdao wǎngzhǐ ma?</small>
是 吗？ 你 知道 网址 吗？

李平 ウェブサイトは検索で調べられるよ。まず、マイクロソフトのダウンロードセンターに行って、それから全部のソフトを調べるんだ。

<small>Wǎngzhǐ kěyǐ yòng suǒyǐn chá, xiān chá dao Wēiruǎn de xiàzǎi zhōngxīn, zài chá</small>
网址 可以 用 索引 查, 先 查 到 微软 的 下载 中心, 再 查
<small>suǒyǒu de ruǎnjiàn.</small>
所有 的 软件。

田中 ほんとにありがとう。すぐやってみて、わからないところがあったらまた教えてもらうね。

<small>Zhēn xièxie nǐ le. Wǒ yíhuìr jiù shì shi. Yǒu wèntí zài qǐngjiào.</small>
真 谢谢 你 了。我 一会儿 就 试 试。有 问题 再 请教。

李平 遠慮しないでいいよ。あ、そう言えば、中国語ＩＭＥには簡体字と繁体字があるから、どっちもダウンロードした方がいいよ。

<small>Béng kèqi. A, duì le, Hànyǔ de IME yǒu jiǎntǐ hé fántǐ liǎng zhǒng, nǐ</small>
甭 客气。啊, 对 了, 汉语 的 IME 有 简体 和 繁体 两 种, 你
<small>zuìhǎo dōu xiàzǎi xia lai.</small>
最好 都 下载 下 来。

田中 ぼくのハードの容量はあまり大きくはないけど、インストールできるだろうか。

<small>Wǒ de yìngpán róngliàng bú tài dà, néng zhuāng xia ba.</small>
我 的 硬盘 容量 不 太 大, 能 装 下 吧。

李平 たぶん大丈夫、どちらもあんまり容量くわないよ、合わせても 10MB ぐらいなもんだよ。

<small>Dàgài méi wèntí, liǎng ge de liàng dōu bú dà, jiā zai yìqǐ yǒu 10MB</small>
大概 没 问题, 两 个 的 量 都 不 大, 加 在 一起 有 10MB
<small>jiù chàbuduō.</small>
就 差不多。

360 どうやって中国語を入力する？（怎么打中文？）

田中 もう少し聞いていいかな、ダウンロードしたあと、どうやってインストールするの？

Wǒ hái xiǎng máfan nǐ, xiàzǎi yǐhòu zěnme ānzhuāng?
我 还 想 麻烦 你，下载 以后 怎么 安装？

李平 それも簡単だよ。ダウンロードしたあと、まず、2つのファイルをデスクトップ上に保存して、それからそのアイコンをクリックして、ウィザードの指示通りにクリックすればいいよ。

Nà hǎo bàn. Xiàzǎi de shíhou nǐ xiān bǎ liǎng ge wénjiàn bǎocún dao
那 好 办。下载 的 时候 你 先 把 两 个 文件 保存 到

zhuōmiànr shang, ránhòu àn tāmen de túbiāo, ànzhào duìhuà kuāng de zhǐshì diǎnjī
桌面儿 上，然后 按 它们 的 图标，按照 对话 框 的 指示 点击

jiù xíng le.
就 行 了。

文法のポイント

① 你对电脑内行吧？

「对～内行」という形で「～に通じている」、「～が専門である」という意味を表す。例えば、

Tā duì qìchē hěn nèiháng, shénme páizi dōu zhīdao.
他 对 汽车 很 内行，什么 牌子 都 知道。
／彼は車のことならとても詳しい。どんなメーカーのものでも全部わかる。

Xiǎo Zhāng xǐhuan gējù, hěn xiǎng zhǎo yí ge duì yīnyuè nèiháng de duìxiàng.
小 张 喜欢 歌剧，很 想 找 一 个 对 音乐 内行 的 对象。
／張さんはミュージカルが大好きで、音楽通の恋人を見つけたいと思っている。

② 我一会儿就试试。

「一会儿」は「すぐ」、「まもなく」という意味で副詞的に用いる。例えば、

Tā yíhuìr jiù lái.
他 一会儿 就 来。／彼は、すぐやって来る。

Huǒchē yíhuìr jiù dào zhàn.
火车 一会儿 就 到 站。／列車は、まもなく駅に着く。

■ 覚えましょう ■

| 说 | ＯＳ是日语的视窗，用它能不能打汉语？ |
| 听 | 能倒是能，不过得安装中文打字软件。 |

◆ 注意しましょう ◆

△ 不能说内行。 → 谈不上内行。

補 充 単 語

〈ア〉
アース	地线	dìxiàn
ＩＳＤＮ	综合服务数字网	zōnghé fúwù shùzì wǎng
アイコン	图标	túbiāo
アイテム	项目	xiàngmù
アウトプット	输出	shūchū
アカウント	记账	jìzhàng
アカウント・ナンバー	账号	zhànghào
明るさ	亮度	liàngdù
空き容量	备用容量	bèiyòng róngliàng
アクセサリ	附件	fùjiàn
アクセス	访问	fǎngwèn
圧縮	压缩	yāsuō
アップグレード	升级	shēngjí
アドレス	地址	dìzhǐ
アナログ	模拟	mónǐ
アナログ／デジタル変換	A-D转换、模数转换	A-D zhuǎnhuàn、móshù zhuǎnhuàn
アプリケーション	应用软件	yìngyòng ruǎnjiàn
アルファベット	字母	zìmǔ
暗号	密码	mìmǎ
暗号化	加密	jiāmì
アンダーライン	下划线	xià huàxiàn
アンチ・ウィルス	防病毒	fáng bìngdú

〈イ〉
イタリック	斜体字	xiétǐzì
インクジェットプリンター	喷墨打印机	pēnmò dǎyìnjī
インストール	安装	ānzhuāng
インターネット	因特网	Yīntèwǎng
インターネット・リレー・チャット	网上对话	wǎng shang duìhuà

〈ウ〉
ウィルス	病毒	bìngdú
ウィンドウ	窗口	chuāngkǒu
ウィンドウズ	视窗	Shìchuāng
ウェブ	网	wǎng

〈エ〉
ＨＴＭＬ	超文本	chāowénběn
エディタ	编辑器	biānjíqì
エディット	编辑	biānjí

日本語	中国語	ピンイン
エラー	错误	cuòwù
エンター・キー	输入键	shūrùjiàn
エンド	终端	zhōngduān

〈オ〉

オフライン	脱机	tuōjī
オンライン	联机	liánjī

〈カ〉

カーソル	光标	guāngbiāo
改行キー	回车键	huíchējiàn
書き換え	重写	chóngxiě
書き込み	写入	xiěrù
拡張メモリ	扩充内存	kuòchōng nèicún

〈キ〉

キー	键	jiàn
キーボード	键盘	jiànpán
キーボード・ロックアウト	键盘锁定	jiànpán suǒdìng
キー・ワード	关键词	guānjiàn cí
ギガ	千兆	qiānzhào
キャンセル	取消	qǔxiāo
行送り	换行	huànháng

〈ク〉

グラフィック	图形	túxíng
クリア	清除	qīngchú
繰り返し	重复	chóngfù
クローズ	关闭	guānbì

〈ケ〉

ケーブル	电缆	diànlǎn

〈コ〉

コネクタ	连接器	liánjiēqì
コピー	复制	fùzhì
コマンド	命令	mìnglìng
コントロール・パネル	控制板	kòngzhìbǎn

〈サ〉

サーバ	伺服器、服务器	sìfúqì, fúwùqì
サイト	位置	wèizhì
サブアドレス	子地址	zǐdìzhǐ
サブ・システム	子系统	zǐxìtǒng
サブタイトル	副标题	fùbiāotí
サブプログラム	子程序	zǐ chéngxù
サポート・システム	支援系统	zhīyuán xìtǒng
サポート・ツール	支援工具	zhīyuán gōngjù

〈シ〉

システム・ダウン	系统故障	xìtǒng gùzhàng
シフト	切换	qiēhuàn
シフト・アウト	移出	yíchū
シフト・イン	移入	yírù
ジャンプ	转移	zhuǎnyí
出力→アウトプット	输出	shūchū
手動入力	人工输入	réngōng shūrù
ショートカット	捷径	jiéjìng
シリコン・バレー	硅谷	Guīgǔ

〈ス〉

ズーム	缩放	suōfàng
スキャナ	扫描仪	sǎomiáoyí
スキャニング	扫描	sǎomiáo
スクリーン	屏幕	píngmù
スクロール	滚动	gǔndòng
スクロール・バー	滚动条	gǔndòngtiáo
スタートアップ	启动	qǐdòng

スタイル	様式、文体	yàngshì.wéntǐ	ツール	工具	gōngjù
スタンダード	标准	biāozhǔn	ツールバー	工具条	gōngjùtiáo
スタンバイ	待用	dàiyòng	〈テ〉		
ステレオ	立体声	lìtǐshēng	ディスク	磁盘	cípán

スピーカー　扬声器　yángshēngqì
スペース　空格　kònggé
スラッシュ　斜线　xiéxiàn
〈セ〉
性能　性能　xìngnéng
セーブ　存储　cúnchǔ
セキュリティ　安全性　ānquánxìng
セクション　节　jié
セクタ　区段　qūduàn
切断モード　断开方式　duànkāi fāngshì
セットアップ　设置　shèzhì
セル　信元　xìnyuán
〈タ〉
ダイヤルアップ　电话拨号　diànhuà bōhào
ダウン　故障　gùzhàng
ダウンサイジング
　　　　　　小型化　xiǎoxínghuà
タグ　标记符、制表键　biāojìfú.zhìbiǎojiàn
タスク　任务　rènwu
ダブル・クリック
　　　　　　双击　shuāngjī
〈チ〉
チャート　图表　túbiǎo
チャイニーズ・ライター
　　　　中文书写器　Zhōngwén shūxiěqì
チャイニーズ・ランゲージ・キット
　　　　　　中文套件　Zhōngwén tàojiàn
チャット　网上闲谈　wǎngshang xiántán
〈ツ〉
通信ソフト　通信软件　tōngxìn ruǎnjiàn
通信モード　通信方式　tōngxìn fāngshì

ディスク・ドライバー
　　　　　磁盘驱动器　cípán qūdòngqì
ディスク・ドライブ
　　　　　磁盘驱动　cípán qūdòng
データ　数据　shùjù
テキスト　文本　wénběn
テキスト・ファイル
　　　　　文本文件　wénběn wénjiàn
デジタル　数字（的）　shùzì (de)
デスクトップ・コンピュータ
　　　　　台式电脑　táishì diànnǎo
デバイス　装置　zhuāngzhì
電子メール・アドレス
　　　　　电邮地址　diànyóu dìzhǐ
〈ト〉
ドキュメント　文档　wéndàng
ドット　点　diǎn
ドメイン　域　yù
ドメイン名　域名　yùmíng
ドライバ　驱动器　qūdòngqì
ドライブ　驱动　qūdòng
ドラッグ　拖动　tuōdòng
ドラッグ＆ドロップ
　　　　　拖放　tuōfàng
トラブル　故障　gùzhàng
トレイ　托盘　tuōpán
〈ネ〉
ネーム・サーバ　名字服务器　míngzi fúwùqì
ネット・サーフィン
　　　　　网际游弋　wǎngjì yóuyì
ノーマル文字　标准字符　biāozhǔn zìfú

〈ハ〉

日本語	中国語	ピンイン
バー・コード	条形码	tiáoxíngmǎ
バージョン	版本	bǎnběn
バージョン・アップ	升级	shēngjí
ハードウェア	硬件	yìngjiàn
ハード・ディスク	硬盘	yìngpán
バイト	字节	zìjié
バイナリ	二进制	èrjìnzhì
ハイフン	连字符	liánzìfú
バグ	错误	cuòwù
パケット	包	bāo
パターン	图样、模式	túyàng.móshì
ハッカー	黑客	hēikè
バックアップ	备份	bèifèn
バックアップ・ディスク	后备磁盘	hòubèi cípán
貼りつけ	粘贴	zhāntiē
パワー・オフ	断电	duàndiàn
パワー・オン	通电	tōngdiàn

〈ヒ〉

日本語	中国語	ピンイン
ＰＰＰ	串列点协议	chuànliè diǎn xiéyì
光ケーブル	光缆	guānglǎn
光ファイバ	光纤	guāngxiān
ビジー	使用中	shǐyòng zhōng
ビッグ５（香港、台湾の漢字コード）	大五码	dàwǔmǎ
ピッチ	字符间距	zìfú jiānjù
ビット	位、比特	wèi.bǐtè
ビュー	查看、视图	chákàn.shìtú

〈フ〉

日本語	中国語	ピンイン
ファイル	文件	wénjiàn
ファイル名	文件名	wénjiànmíng
ファイル・リカバリ	文件恢复	wénjiàn huīfù
ファンクション	功能	gōngnéng
フィードバック	反馈	fǎnkuì
フィールド	字段、域	zìduàn.yù
フォーマット	格式化	géshìhuà
フォルダ	文件夹	wénjiànjiā
フォント	字体	zìtǐ
ブックマーク	书签	shūqiān
プッシュ・ボタン	按钮	ànniǔ
ブラウザ	浏览软件	liúlǎn ruǎnjiàn
ブラウズ	浏览	liúlǎn
フリーウェア	免费软件	miǎnfèi ruǎnjiàn
フリーズリスタート	冷起动	lěng qǐdòng
プルダウン・メニュー	下拉菜单	xiàlā càidān
フレーム	框架	kuàngjià
プログラム	程序	chéngxù
ブロック	块	kuài
フロッピー・ディスク	软盘	ruǎnpán
フロッピー・ディスク・ドライブ	软驱	ruǎnqū
プロテクト	保护	bǎohù
プロトコル	协议	xiéyì
プロバイダ	网络商	wǎngluòshāng
プロパティ	特征	tèzhēng

〈ヘ〉

日本語	中国語	ピンイン
ペイント	绘图器	huìtúqì
ページ	页面	yèmiàn
ページ・レイアウト	页面格式	yèmiàn géshì
ヘッダ	信头	xìntóu

ヘッディング	标题	biāotí
ヘルツ	赫兹	hèzī
ヘルプ	帮助	bāngzhù
編集→エディット		

〈ホ〉

ボイス・メール	语音信箱	yǔyīn xìnxiāng
ホーム・ショッピング	网上购物	wǎngshang gòuwù
ホーム・ページ	主页	zhǔyè
保存→セーブ		
ホット・ライン	热线	rèxiàn
ポップアップ・メニュー	上推菜单	shàngtuī càidān

〈マ〉

マイクロソフト・ネットワーク	微软网	Wēiruǎnwǎng
マイクロフォン	麦克风	màikèfēng
マウス	滑鼠	huáshǔ
マキシム	最大化	zuìdàhuà
マッキントッシュ	麦金塔	Màijīntǎ
マルチメディア	多媒体	duōméitǐ
マルチリンガル機能	多语言功能	duō yǔyán gōngnéng

〈メ〉

メインテナンス	维修	wéixiū
メーリング・リスト	电子信箱用户名簿	diànzǐ xìnxiāng yònghù míngbù
メール・ボックス	电子信箱	diànzǐ xìnxiāng
メッセージ	信息	xìnxī
メモリ	储存器	chǔcúnqì
メモリ・カード	储存卡	chǔcúnkǎ

〈モ〉

モード	模式	móshì
モザイク	马赛克	mǎsàikè
モジュラー・ジャック	模块化插座	mókuàihuà chāzuò
モデム	调制解调器	tiáozhì jiětiáoqì
モニタ	监视器	jiānshìqì
モノクロ	黑白	hēibái

〈ヤ〉

矢印	箭头	jiàntóu
やり直し	重作	chóngzuò

〈ユ〉

URL	标准资源定位符	biāozhǔn zīyuán dìngwèifú
ユーザ	用户	yònghù
ユーティリティ	实用程序	shíyòng chéngxù
ユニコード	统一码	tǒngyī mǎ

〈ヨ〉

読み取り専用メモリ	只读存储器	zhǐ dú cúnchǔqì

〈ラ〉

ラン	运行	yùnxíng
ランダム	随机	suíjī

〈リ〉

リアルタイム	实时	shíshí
リスタート	重新启动	chóngxīn qǐdòng
リスト	清单	qīngdān
リセット	复位	fùwèi
リピート	重复	chóngfù
リプライ	答复	dáfù
リフレッシュ	刷新	shuāxīn
リモート・コントロール	远程控制	yuǎnchéng kòngzhì
リンク	链接	liànjiē

〈レ〉
レーザー・プリンタ　　　激光打印机　jīguāng dǎyìnjī
レコーダ　　　記录器　jìlùqì
レコード　　　記录　jìlù
〈ロ〉
ローカル　　　本地（的）　běndì (de)
ログ・アウト　　退出系統　tuìchū xìtǒng
ログ・イン　　　登录、注册　dēnglù、zhùcè
ログ・オフ→ログ・アウト
ログ・オン→ログ・イン
〈ワ〉
ワード　　　词　cí
ワード・プロセッサ　　　文字处理软件　wénzì chǔlǐ ruǎnjiàn
ワールド・ワイド・ウェブ（WWW）　　　万维网　wànwéiwǎng

===== ミニ知識 =====

中国語の外来語

　日本語と違い、中国語の外来語は比較的少ない。日本語は外来語を片仮名で表すのに対し、中国語は、固有の語彙を作成して用いる。例えば、テレビ—电视、ステレオ—立体声（lìtǐshēng）、パスポート—护照、サンフランシスコ—旧金山（Jiùjīnshān）等のように。

　中国語の外来語は音訳と意訳、また、その両方を合成したものがある。全くの音訳は割に少ない。よく知られているのでは、沙发（shāfā　ソファー）、威士忌（wēishìjì　ウイスキー）、厄尔尼诺（èěrnínuò　エルニーニョ）、的士等がある。意訳の場合は、中国語独自の単語形成方式で作っているので、見ただけではわからない。例えば、热狗（règǒu　ホットドッグ）、超级市场（chāojíshìchǎng　スーパーマーケット）、男朋友、女朋友、鼠标（shǔbiāo　マウス）、宽带网（kuāndàiwǎng　ブロードバンド）等のように。最も中国語の外来語の特徴をよく表しているのは、音訳と意訳を組み合わせたものである。例えば、幽默（yōumò　ユーモア）、可口可乐（kěkǒukělè　コカコーラ）、迷你裙（mínǐqún　ミニスカート）、汉堡包（hànbǎobāo　ハンバーグ）、剑桥（Jiànqiáo　ケンブリッジ）等。

　ここ数年、また新しい種類の外来語が現れた。CD、BP机、CPU、卡拉OK等である。

36 学内銭湯

Xiàonèi yùchí
校内 浴池

1 銭湯に行く／去 浴池

小叶 あれ、山本さん、ここで会うなんて珍しいですね。どうしたんですか。

Ài, Shānběn, nǐ hǎo! Shénme fēng bǎ nǐ gěi guā lai le?
唉，山本，你 好！什么 风 把 你 给 刮 来 了？

山本 あ、葉さんですか。5棟のシャワーが工事のためしばらく使えなくて、お風呂に来たのですよ。

Xiǎo Yè, nǐ hǎo! Wǔ hào lóu de línyù zhèng zài xiūlǐ, zhèi jǐ tiān bù néng yòng, wǒ lái xǐzǎo.
小 叶，你 好！5 号 楼 的 淋浴 正 在 修理，这 几 天 不 能 用，我 来 洗澡。

小叶 そういうことですか。じゃあ中国の銭湯を体験するいい機会ですね。

Shì ma? Nà nǐ zhènghǎo tǐyàn yíxia Zhōngguó de gōnggòng yùchí.
是 吗？那 你 正好 体验 一下 中国 的 公共 浴池。

山本 前から一度ゆっくりはいってみたいと思ってたんです。こっちに来てから、ずっとシャワーだったでしょう。

Wǒ yìzhí xiǎng màn manr pào yí cì, lái Zhōngguó yǐhòu jìng xǐ línyù le.
我 一直 想 慢 慢儿 泡 一 次，来 中国 以后 净 洗 淋浴 了。

小叶 日本人はお風呂好きだと聞いたことがありますよ。

Tīngshuō nǐmen Rìběn rén hěn xǐhuan xǐzǎo.
听说 你们 日本 人 很 喜欢 洗澡。

山本 そうなんです。サウナやマッサージのサービスもあったら最高なんですけどね。

Duì. Yàoshi yǒu sāngnà yù hé ànmó jiù gèng hǎo le.
对。要是 有 桑纳 浴 和 按摩 就 更 好 了。

小叶 それだったら、学校の近くのお風呂屋さんでやってますよ。料金はここよりずっと高いけど。

Dàxué fùjìn de zǎotáng yǒu. Búguò bǐ zhèr guì duō le.
大学 附近 的 澡堂 有。不过 比 这儿 贵 多 了。

山本 高くてもいいです。いつか連れてってくださいね。

Guì yě xíng a. Shénme shíhou nǐ dài wǒ qù yí tàng ba.
贵 也 行 啊。什么 时候 你 带 我 去 一 趟 吧。

山本 お風呂一人。それと、シャンプーもください。

Yào yì zhāng zǎopiào. Hái yào xǐfàjīng.
要 一 张 澡票。还 要 洗发精。

工作人员 国産品と輸入物がありますが、どれにしますか。

Yǒu guóchǎn de hé jìnkǒu de. Nǐ yào něi zhǒng?
有 国产 的 和 进口 的。你 要 哪 种?

山本 国産のその黄色の容器の。

Yào guóchǎn de, nèi ge huáng sè de.
要 国产 的,那 个 黄 色 的。

工作人员 全部で3元4角です。

Yígòng sān kuài sì.
一共 3 块 4。

文法のポイント

要是有桑纳浴和按摩就更好了。

「要是……就……」で「…だったら…」という意味を表す。例えば、

Yàoshi yǒu ràng rén cōngmíng de yào jiù hǎo le.
要是 有 让 人 聪明 的 药 就 好 了。

／賢くなる薬があったらいいのだが。

Zánmen kuài diǎnr zǒu ba, yàoshi chē kāi le jiù zāo le.
咱们 快 点儿 走 吧，要是 车 开 了 就 糟 了。
／もう少し急ごうよ、もしもバスが出てしまったら大変だ。

■ 覚えましょう ■

|说| 什么时候你带我去一趟吧。
|听| 什么风把你给刮来了？

◆ 注意しましょう ◆

△ 这几天不能使用。→ 这几天不能用。

2 美容院で／在 理发 店
Zài lǐfà diàn

山本 パーマをかけたいのですが。

Wǒ xiǎng tàng fà.
我 想 烫 发。

美容师 こちらにおかけください。

Qǐng zhèibianr zuò.
请 这边儿 坐。

山本 今朝シャンプーしてきたんですけど。

Zǎoshang xǐ guo tóu le.
早上 洗 过 头 了。

美容师 どんなふうにしますか。

Nǐ xiǎng tàng shénme yàng de?
您 想 烫 什么 样 的？

山本 始めにゆるめにパーマをかけてから、長さを見てみたいのですけど。

Xiān tàng dà juǎnr, ránhòu kàn kan chángduǎn zài tiáozhěng yíxia.
先 烫 大 卷儿，然后 看 看 长短 再 调整 一下。

美容师 わかりました。パーマ液はどれにしますか。フランスのと国産のがありますけど。

Hǎo. Nín yào něi zhǒng lěngtàngshuǐ? Yǒu Fǎguó de hé guóchǎn de.
好。您要哪种冷烫水？有法国的和国产的。

山本 フランスのはいくらですか。

Fǎguó de duōshao qián?
法国的多少钱？

美容师 10元、12元、15元と3種類あります。

Yǒu sān zhǒng. Shí kuài、shí'èr kuài、shíwǔ kuài de.
有三种。10块、12块、15块的。

山本 じゃあ、12元ので。

Yào shí'èr kuài de.
要12块的。

……

山本 前髪は自然に流れるように、長さは眉のところまでお願いします。少し全体的にすいて、段カットにしてもらえますか。

Qiánmian qǐng zìrán fēnkāi, chángduǎn dào yǎnméi. Zhěnggè dōu jiǎn yìdiǎnr, ránhòu qǐng jiǎn chu céngcì lai.
前面请自然分开，长短到眼眉。整个都剪一点儿，然后请剪出层次来。

美容师 横と後ろの長さはどうしますか。

Zuǒyòu hé hòumian, jiǎn duō cháng?
左右和后面，剪多长？

山本 横は耳が隠れるくらいで、襟足は長めにお願いします。

Zuǒyòu dào ěrduo xiàbian, hòubian shāor cháng diǎnr ba.
左右到耳朵下边，后边稍儿长点儿吧。

……

美容师 はい、終わりました。

Hǎo le.
好了。

山本 ちょっと手鏡を貸してもらえますか。

Qǐng gěi wǒ xiǎo jìngzi kàn kan.
请 给 我 小 镜子 看 看。

美容师 はい、どうぞ。

Gěi nín.
给 您。

山本 後ろをもう少し短く切りそろえてもらえますか。

Máfan nǐ bǎ hòubian zài jiǎn qí xiē, hǎo ma?
麻烦 你 把 后边 再 剪 齐 些, 好 吗?

美容师 このくらいですか。

Zhèiyàng xíng ma?
这样 行 吗?

山本 はい。これでいいです。ありがとうございました。

Xíng, zhènghǎo. Xièxie.
行, 正好。谢谢。

文法のポイント

前面请自然分开, 长短到眼眉。

「长短」のように相反する意味の形容詞を並べて、名詞形を作る。例えば、

Zhèi jiān fángzi búcuò, lí xuéxiào yuánjìn zhèng héshì.
这 间 房子 不错, 离 学校 远近 正 合适。
　　　　／この家はなかなかいい、学校からの距離がちょうどいい。

Tā de gāo'ǎi, gēn nǐ chàbuduō.
他 的 高矮, 跟 你 差不多。／彼の身長は君と同じくらいだ。

■ 覚えましょう ■

说　请给我小镜子看看。
听　你要哪种冷烫水？

◆ 注意しましょう ◆

△ 先烫大卷儿，然后看看长度再调整一下。
→ 先烫大卷儿，然后看看长短再调整一下。

3 トイレが水びたし／厕所 里 泛水 了
Cèsuǒ li fànshuǐ le

田中 もしもし、総合管理センターですか。僕の部屋のトイレがつまって、水がどうしても流れていかなくて、水浸しになってしまったのですが。

Wèi, shì zōnghé fúwù zhōngxīn ma? Wǒ fángjiān de cèsuǒ dǔ le, shuǐ
喂，是 综合 服务 中心 吗？我 房间 的 厕所 堵 了，水
zěnme yě liú bu xia qù, hái wǎng shàng fànshuǐ.
怎么 也 流 不 下 去，还 往 上 泛水。

工作人员 そうですか。すぐに行きますが、あなたは何号棟ですか。部屋番号は？

Shì ma? Wǒmen mǎshàng jiù qù. Nǐ shì jǐ hào lóu? Duōshao hào fángjiān?
是 吗？我们 马上 就 去。你 是 几 号 楼？多少 号 房间？

田中 留学生会館の第二単元、一階の45号です。

Shì liúxuéshēng huìguǎn, èr dānyuán, yī lóu sìshíwǔ hào.
是 留学生 会馆，二 单元，一 楼 45 号。

……

工作人员 いつから詰まるようになったんですか。

Shénme shíhou kāishǐ dǔ de?
什么 时候 开始 堵 的？

田中 昨日の夜は調子よかったんですけど、今朝はもう詰まってました。

Zuótiān wǎnshang hái hǎohāor de, jīntiān zǎoshang jiù dǔ le.
昨天 晚上 还 好好儿 的，今天 早上 就 堵 了。

工作人员 たぶん、上の階の何かが流れて来て、下でつまったのでしょう。早くなおっても1時間くらいかかるでしょう。

Kěnéng shì lóu shang de shénme dōngxi liú dao xiàmian dǔ zhù le. Zuì kuài yě
可能 是 楼 上 的 什么 东西 流 到 下面 堵 住 了。最 快 也
děi yí ge xiǎoshí zuǒyòu néng nòng hǎo.
得 一 个 小时 左右 能 弄 好。

田中 そうですか。僕はまだ授業に出なくてはいけないのですが、どうしましょう。

Shì ma? Wǒ hái děi qù shàngkè. Zhè zěnme bàn ne?
是吗？我还得去上课。这怎么办呢？

工作人员 行ってください。終わったら、ドアに鍵をかけておきますから。

Nǐ qù ba, wán le zhīhòu mén wǒmen gěi nǐ suǒ shang.
你去吧，完了之后门我们给你锁上。

田中 すみません。じゃあお願いしておきます。

Duìbuqǐ, nà jiù bàituō le.
对不起，那就拜托了。

……

李平 あれ、なんで今日は遅刻したの。

Āi, nǐ jīntiān zěnme chídào le?
哎，你今天怎么迟到了？

田中 それは言わないでくれよ。トイレがつまったんだ。ぼくが中国に来てから、一番見慣れないのが、そのトイレだよ。公衆トイレはもちろん、寮のトイレまでも…。

Bié tí le, cèsuǒ dǔ le. Wǒ lái Zhōngguó zuì kàn bu xíguàn de jiù shì cèsuǒ. Gōnggòng cèsuǒ búyòng shuō, sùshè li de yě……
别提了，厕所堵了。我来中国最看不习惯的就是厕所。公共厕所不用说，宿舍里的也……。

李平 君の言うとおりさ。中国のトイレは雑だからなあ。

Nǐ shuō de duì, Zhōngguó de cèsuǒ shì chàjìnr.
你说得对，中国的厕所是差劲儿。

田中 日本では、トイレを使うのに、お金が要るなんて聞いたことないよ。トイレットペーパーがないところもすごく少ないし。

Zài Rìběn, cónglái méi tīng shuō guo shàng cèsuǒ hái yào qián. Méi yǒu zhǐ de cèsuǒ yě hěn shǎo.
在日本，从来没听说过上厕所还要钱。没有纸的厕所也很少。

トイレが水びたし（厕所里泛水了）

李平 うん、何でも改革するというなら、トイレも良くしなくちゃだめだね。

Shì a, shénme dōu gǎigé, cèsuǒ bù gǎi yě bù xíng.
是 啊，什么 都 改革，厕所 不 改 也 不 行。

田中 中国に来て何日もしない時、デパートでトイレに入るのにお金がいるって知らなくてさ、その上、係りの人に怒られたよ。

Gāng lái Zhōngguó hái méi jǐ tiān de shíhou, zài bǎihuò shāngdiàn wǒ jìn
刚 来 中国 还 没 几 天 的 时候，在 百货 商店 我 进
cèsuǒ bù zhīdao děi jiāo qián, hái bèi shǒu ménr de rén yí dùn xùn.
厕所 不 知道 得 交 钱，还 被 守 门儿 的 人 一 顿 训。

文法のポイント

别提了，厕所堵了。

「提」は「話す」や「話題としてとりあげる」という意味である。例えば、

Bié tí le, nèi tiān nǐmen bù dǎ diànhuà jiù lái, nòng de wǒ shǒu máng jiǎo luàn.
别 提 了，那 天 你们 不 打 电话 就 来，弄 得 我 手 忙 脚 乱。
／それは言わないでくれよ、あの日は君達が電話せずに来たものだから、僕は慌ててやってしまったんだ。

Yì tí qi zhèi jiàn shì, wǒ jiù xiǎng qi shàng dàxué de shíhou.
一 提 起 这 件 事，我 就 想 起 上 大学 的 时候。
／この事に触れると、私はすぐに大学時代を思い出す。

■ 覚えましょう ■

说 我房间的厕所堵了。
听 你说得对，中国的厕所是差劲儿。

◆ 注意しましょう ◆

△ 在日本，从来没有听说过用厕所还要钱。
→ 在日本，从来没有听说过上厕所还要钱。

補充単語

〈入浴関連単語〉

温泉	温泉	wēnquán
銭湯	公共浴池	gōnggòng yùchí
番台	收费台	shōufèitái
リンス	护发素、丽丝	hùfàsù、lìsī
タオル	毛巾	máojīn
石鹸	香皂	xiāngzào
洗面器	脸盆	liǎnpén
ボディーシャンプー	洗浴液	xǐyùyè

〈理・美容関連単語〉

蒸しタオル	热毛巾	rè máojīn
カーラー	花色	huāsè
カラーリング	染发	rǎnfà
パック	面膜	miànmó
エステ	美容术	měiróngshù
ダイエット	减肥	jiǎnféi
ひげ	胡子	húzi
もみあげ	鬓角	bìnjiǎo
茶髪	茶发	cháfà
シャワーキャップ・水泳帽	浴帽	yùmào
髭剃り	剃胡子	tì húzi
整髪料	整发液	zhěngfàyè
ヘアースプレー	喷雾式 整发液	pēnwù shì zhěngfàyè
ドライヤー	电吹风	diànchuīfēng

〈髪型〉

（男性）

左右にわけた髪型	分头	fēntóu
スポーツ刈り	运动头	yùndòngtóu
横から分けた	边分	biānfēn
真中から分けた	中分	zhōngfēn
オールバック	背头	bēitóu
角刈り	平头	píngtóu
丸刈り	圆头	yuántóu
七分刈り	寸头	cūntóu
刈り上げ	学生头	xuéshengtóu
坊主刈り	光头	guāngtóu

（女性）

理髪・整髪する	美发、做头发	měifà、zuò tóufa
ショートカット	短发	duǎnfà
セミロング	中长发	zhōngchángfà
ロング	长发	chángfà
襟足に沿って弧を描くように切りそろえた髪型	弧形式	húxíng shì
後をまっすぐに切り揃えた髪型	平直形式	píngzhí xíngshì
段カット	风凉式	fēngliáng shì
びんを角度を付けてカットした髪型	角形式	jiǎoxíng shì
前髪を切り揃え額にばらばらにたらした髪型	刘海式	liúhǎi shì（刘海儿……伝説の仙童の名）
おかっぱ	童花式	tónghuā shì
お下げ	辫子	biànzi
ポニーテール	马尾辫	mǎwěibiàn
まげ	发髻	fàjì
一つの大きなウェーブが額の右（左）端にかかる髪型	单花式	dānhuā shì

二つの大きなウェーブが額の左右端にかかる左右対称の髪型
　　　　　双花式　shuānghuā shì
ウェーブの起伏が鮮明で整然と並んだ髪型　　　波浪式　bōlàng shì
ウェーブが不規則に組み合わさった髪型　　　波涛式　bōtāo shì
大小様々なウェーブを組み合わせ花びらをかたどった髪型
　　　　　花瓣儿式　huābànr shì

ストレートヘア　直发　　zhǐfà
くせ毛　　自来卷儿　zìlái juǎnr
大小様々なウェーブを組み合わせた髪型　　　螺旋式　luóxuán shì
左右に分けた前髪と両脇の髪が後にウェーブした段カットの髪型
　　　　　飞燕式　fēiyàn shì

===== ミニ知識 =====

「细粮」と「粗粮」

　中国では、習慣上、穀物を「细粮」(xìliáng)（小麦粉、米）と「粗粮」(cūliáng)（粟、とうもろこし、高粱、きび、蕎麦などの雑穀）に分ける。

　かつて「细粮」は「粗粮」に比べて値段が高く、また手に入りにくかったので、裕福な人々しか毎日食べることはできなかった。生活が苦しい人達は、「细粮」と「粗粮」を半々に混ぜて食べていた。また、いつもは「粗粮」を食べて、年越しや季節の行事の時だけ「细粮」を食べるという人々もいた。その後経済状態が好転するにつれ、政府が行っていた様々な食糧調節政策により、市況に変化が起こった。

　まず、「细粮」が益々多くなり、各雑穀の価格も「细粮」の価格にいよいよもって近づいた。また、米飯と小麦粉食品だけを食べていたのでは栄養のバランスがとれないし、健康に良くないということが知られるようになってきた。

　今では、「细粮」が毎日の主食になり、「粗粮」は却って高くなった。多くの都市では、「粗粮」を専門に取り扱うレストランまで現れた。粟粥、とうもろこしのビン（丸く平たくして焼いた）、高粱ご飯など、かつては貧しい人々の命をつなぐ日常食だったのが、大人気のグルメ食になってしまった。

37 天気の話題

Tán tiānqì
谈 天气

1 暖房／暖气 Nuǎnqì

田中 おはよう、今日は寒いね。
Zǎoshang hǎo! Jīntiān zhēn lěng a.
早上 好！今天 真 冷 啊。

李平 おはよう。
Nǐ zǎo!
你 早！

田中 暖房いつからはいるか知ってる？
Nǐ zhīdao nuǎnqì cóng shénme shíhou kāishǐ ma?
你 知道 暖气 从 什么 时候 开始 吗？

李平 たぶん11月からじゃない？
Kěnéng shíyī yuè yī hào ba?
可能 11 月 1 号 吧？

田中 えー！11月まで待たなくちゃいけないの？
Éi! Zhème lěng hái děi děng dao shíyī yuè?
诶！这么 冷 还 得 等 到 11 月？

李平 集中方式でスチーム暖房するから、同時に始めなくちゃならないんだよ。
Yīnwèi shì jízhōng gōngrè, děi tóngshí kāishǐ.
因为 是 集中 供热，得 同时 开始。

田中 そうか、日本と違うね。日本では各部屋ごとに暖房するからね。
Shì ma? Hé Rìběn bù yíyàng. Rìběn shì gè ge fángjiān fēnbié qǔnuǎn.
是 吗？和 日本 不 一样。日本 是 各 个 房间 分别 取暖。

李平 エアコンや電気ストーブなら中国もあるけど、みんなにはスチームの方がもっと好まれてるよ。静かで、安いしね。

Zhōngguó yě yǒu kōngtiáo hé diànlú, búguò, dàjiā gèng xǐhuan nuǎnqì, yòu ānjìng yòu shěngqián.
中国 也 有 空调 和 电炉，不过，大家 更 喜欢 暖气，又 安静 又 省钱。

田中 君は、日本のこたつって聞いたことがある？

Nǐ tīngshuō guo Rìběn de zhuōlú ma?
你 听说 过 日本 的 桌炉 吗?

李平 日本の映画で見たことがあるよ。それも"畳文化"の一つだろうね。

Wǒ zài Rìběn de diànyǐng li kàn dao guo. Nà yě shì "tàtàmì wénhuà" de yí bùfen ba.
我 在 日本 的 电影 里 看 到 过。那 也 是 "榻榻密 文化" 的 一 部分 吧。

田中 そうそう、文化と言えば、日本人は、中国人より、天気を話題にするのが好きみたいだよ。

Duì le, shuō qi wénhuà lai, Rìběn rén hǎoxiàng bǐ Zhōngguó rén gèng xǐhuan tán tiānqì.
对 了，说 起 文化 来，日本 人 好像 比 中国 人 更 喜欢 谈 天气。

李平 そうなの、どういうふうに？

Shì ma? Zěnme shuō ne?
是 吗? 怎么 说 呢?

田中 例えば、人に会ったら、よく「今日は暑いですね。」とか言うだろ、すると、相手の人も「そうですね。いつまで続くんでしょうかね。」なんて返すんだよ。

Bǐfang shuō, jiànmiàn de shíhou, cháng shuō: "jīntiān zhēn rè" shénme de. Duìfang yě shuō: "shì a, shénme shíhou cái néng liángkuai ne" děng děng.
比方 说，见面 的 时候，常 说: "今天 真 热" 什么 的。对方 也 说: "是 啊，什么 时候 才 能 凉快 呢" 等 等。

李平 それって、中国の「ご飯食べた？」とちょっと似てるね。民族で習慣が違うって、ほんとにおもしろいなあ。

Zhè dào yǒudiǎn xiàng Zhōngguó de "chī fàn le ma?" Bù tóng de mínzú
这 倒 有点 像 中国 的 "吃 饭 了 吗？" 不 同 的 民族
xíguàn zhēn yǒu yìsi.
习惯 真 有 意思。

文法のポイント

说起文化来，……。

「说起 ～ 来」は「～と言えば」という意味で話題を提起する時に用いる。
例えば、

Shuō qi xíguàn lai, Zhōngguó rén méi yǒu chī shēng cài hé shēng yú de xíguàn.
说 起 习惯 来，中国 人 没有 吃 生 菜 和 生 鱼 的 习惯。
／習慣と言えば、中国人は生野菜と生魚を食べる習慣がない。

Shuō qi huánjìng wèntí lai, fángzhǐ dìqiú wēnnuǎn huà shì zuì zhòngyào de kètí
说 起 环境 问题 来，防止 地球 温暖 化 是 最 重要 的 课题
zhī yī.
之 一。／環境問題と言えば、地球温暖化防止は最重要課題の一つである。

■ 覚えましょう ■

|说| 日本是各个房间分别取暖。
|听| 因为是集中供热，得同时开始。

◆ 注意しましょう ◆

× 日本是各个房间个别取暖。 → 日本是各个房间分别取暖。

2　黄砂／黄沙
Huángshā

田中 昨夜は風がひどくて、なかなか寝着けなかったよ。

Zuótiān wǎnshang fēng zhēn dà, guā de wǒ méi zěnme shuìzháo.
昨天 晚上 风 真 大，刮 得 我 没 怎么 睡着。

李平 そう？そんなに音がうるさかったのかい？

Shì ma? Fēng nàme dà ma?
是吗？风那么大吗？

田中 それもあるけど、吹き始めた黄砂が、窓ガラスにあたって、ずっとザーザーとうるさくてね。

Bùguāng shì fēng dà, guā qi de shāzi dǎ zai chuānghu shang, yìzhí shuā shuā de xiǎng.
不光是风大，刮起的沙子打在窗户上，一直刷刷地响。

李平 へえー、案外デリケートなんだ。僕なんか、寝たが最後、朝まで何にも聞こえなかったよ。

A, méi xiǎng dao nǐ zhème mǐngǎn. Wǒ yí jiào shuì dao tiān liàng, shénme yě méi tīng dao.
啊，没想到你这么敏感。我一觉睡到天亮，什么也没听到。

田中 これじゃ、外に洗濯物も干せないし、外出しても目にすぐ砂がはいるだろうね。

Fēngshā zhème da, wàibian bù néng liàng yīfu, wàichū yě róngyì mí yǎnjing ba.
风沙这么大，外边不能晾衣服，外出也容易迷眼睛吧。

李平 そうだね。女の人はみんな、スカーフで顔全部をすっぽり覆ってるよ。晴れの日はまだいいけど、雨が降ったら、道はどろどろだよ。

Kě bú shì ma, nǚrén dōu yòng fāng tóujīn bǎ liǎn méng shang. Qíngtiān hái hǎo, xià yǔ dehuà, lù shang dōu shì ní.
可不是嘛，女人都用方头巾把脸蒙上。晴天还好，下雨的话，路上都是泥。

田中 そんなにひどいんだ。日本では、よく言うよ。黄砂が来ると春が来るって。

Nàme lìhai a! Zài Rìběn rénmen cháng shuō: "huángshā lái, chūntiān dào."
那么厉害啊！在日本人们常说："黄沙来，春天到。"

李平 最近中国では、砂漠化が深刻で、日本みたいにそんなに風流なものではないよ。

Zhōngguó zuìjìn shāmò huà yuè lái yuè yánzhòng, kě bú xiàng Rìběn nàme
中国 最近 沙漠 化 越 来 越 严重, 可 不 像 日本 那么
làngmàn.
浪漫。

文法のポイント

可不像日本那么浪漫。

「(不) 像 ~ 那么 ~」で「~のように~である（ない)」という意味を表す。
例えば、

Wǒ bú xiàng nǐ nàme xiāngxìn tiānqì yùbào.
我 不 像 你 那么 相信 天气 预报。
　　　　　　　　　　　　　／私はあなたのようには天気予報を信じない。

Xiànzài tā zhǎo duìxiàng bú xiàng yǐqián nàme jiǎngjiu "sāngāo".
现在 她 找 对象 不 像 以前 那么 讲究 "三高"。
／今の彼女は結婚相手を探すのに、以前のようには「三高」にこだわらない。

■ 覚えましょう ■

|说| 风真大，刮得我没怎么睡着。
|听| 我一觉睡到天亮，什么也没听到。

◆ 注意しましょう ◆

× 中国最近沙漠化越来越深刻。→ 中国最近沙漠化越来越严重。

3 天気予報／天气 预报
Tiānqì yùbào

田中 困ったなあ、まだ降ってるよ。

Zēn zāogāo! Yǔ hái bù tíng.
真 糟糕！雨 还 不 停。

李平 どうしたの？

Zěnme huí shì?
怎么回事？

田中 今日、友達と紅葉狩りに行く約束をしてたんだけど。こう止まないのでは行けないよ。

Wǒ gēn jǐ ge péngyou yuē hǎo qù kàn hóngyè. Yǔ bù tíng, jiù qù bu chéng le.
我跟几个朋友约好去看红叶。雨不停，就去不成了。

李平 もう少し、様子をみたら。天気予報では午後は曇り後晴れって言ってたけど。

Zài děng yíhuìr ba. Tiānqì yùbào shuō xiàwǔ yīn zhuǎn qíng.
再等一会儿吧。天气预报说下午阴转晴。

田中 ほんと？じゃあ、時間を午後にするよ。最高気温はなんて言ってた？

Zhēn de? Nàme wǒmen bǎ shíjiān gǎi cheng xiàwǔ ba. Tiānqì yùbào shuō zuìgāo qìwēn shì duōshao dù?
真的？那我们把时间改成下午吧。天气预报说最高气温是多少度？

李平 24度。あんまり暑くはないな。

Èrshisì dù, bú tài rè.
二十四度，不太热。

田中 風は？

Yǒu méi yǒu fēng?
有没有风？

李平 北西の風で、風力は2、3級だったよ。

Xīběi fēng, fēnglì èr、sān jí.
西北风，风力二、三级。

田中 じゃあ、雨さえ止んだら最高の行楽日よりになるね。

Nà, Zhǐyào yǔ yì tíng, kàn hóngyè zuì hǎo bú guò le.
那，只要雨一停，看红叶最好不过了。

李平 そうだね。でも日が落ちたら、急に気温が下がるから、上着を持って行ったら。

Nà shì. Búguò tàiyáng yí luò, qìwēn jiù děi xiàjiàng, nǐ dài shàngyī qù ba.
那 是。不过 太阳 一 落，气温 就 得 下降，你 带 上衣 去 吧。

田中 そうだ、ついでに天気予報の言い方を教えてよ。例えば、「晴れ時々曇りでしょう。」は？

Duì le, nǐ shùnbiàn gàosu wǒ yìxiē tiānqì yùbào li de jùzi. Bǐfang shuō
对 了，你 顺便 告诉 我 一些 天气 预报 里 的 句子。比方 说 "晴れ時々曇りでしょう。"

李平 中国語は「晴有时多云」だよ。

Hànyǔ shuō "qíng yǒushí duō yún".
汉语 说 "晴 有时 多 云"。

田中 それと「午後一時雨でしょう」は？

Zài bǐfang
再 比方 "午後一時雨でしょう"。

李平 「下午有阵雨」。

"Xiàwǔ yǒu zhèn yǔ".
"下午 有 阵 雨"。

田中 どうやら中国語の「雨、雪、風」等についての言い方も日本語と違うようだね。

Hǎoxiàng Hànyǔ duì "yǔ、xuě、fēng" děng de shuōfǎ yě hé Rìyǔ bù yíyàng.
好像 汉语 对 "雨、雪、风" 等 的 说法 也 和 日语 不 一样。

李平 たぶんね。中国語では「雨強」とは言わなくて、「雨大、风大、雨小、风小」と言うし、雪の言い方も同じだね。

Kěnéng ba. Hànyǔ bù shuō "yǔ qiáng", shuō "yǔ dà、fēng dà、yǔ xiǎo、fēng xiǎo", xuě yě shì yíyàng.
可能 吧。汉语 不 说 "雨 强"，说 "雨 大、风 大、雨 小、风 小"，雪 也 是 一样。

384　故郷の気候（故乡的天气）

文法のポイント

雨不停，就去不成了。

「動詞＋（得・不）＋成」の形でその動作が「完成する・しない」とか「実現する・しない」というようにその動作の可能・不可能を表す。例えば、

Zhèi zuò dàlóu niánnèi jiàn bu chéng.
这 座 大楼 年内 建 不 成。／このビルは今年中には完成できない。

Wǒ xiǎng xiě yí bù xiǎoshuō, bù zhīdao néng bu néng xiě chéng?
我 想 写 一 部 小说，不 知道 能 不 能 写 成？
　　　　　／私は小説を書きたいと思うのだが、書き上げられるだろうか。

■ 覚えましょう ■

说　那么我们把时间改成下午吧。
听　天气预报说下午阴转晴。

◆ 注意しましょう ◆

×　气温就得降下。　→　气温就得下降。

4　故郷の気候／故乡的天气
Gùxiāng de tiānqì

高娃　あと2週間で夏休みだけど、山本さんはどうするの。

Lí shǔjià zhǐ yǒu liǎng ge xīngqī le, Shānběn, nǐ yǒu shénme dǎsuan ma?
离 暑假 只 有 两 个 星期 了，山本，你 有 什么 打算 吗？

山本　特に決めてないけど、やはり旅行に行くつもりよ。

Méi shenme tèbié de jìhuà, búguò háishi xiǎng qù lǚxíng.
没 什么 特别 的 计划，不过 还是 想 去 旅行。

高娃　だったら、私の田舎にいっしょに来ない？

Nà nǐ gēn wǒ yìqǐ huí lǎojiā, zěnmeyàng?
那 你 跟 我 一起 回 老家，怎么样？

山本 あなたの故郷はどこだったっけ。

Nǐ de lǎojiā zài nǎr?
你 的 老家 在 哪儿?

高娃 内モンゴルよ。

Zài Nèiménggǔ.
在 内蒙古。

山本 そうなの。私はまだ行ったことがないから、是非行ってみたいな。

Shì ma? Wǒ hái méi yǒu qù guo, zhēn xiǎng qù yí cì.
是 吗? 我 还 没 有 去 过, 真 想 去 一 次。

高娃 あなたが来たら、家の者も大歓迎よ。

Nǐ qù dehuà, bǎozhèng wǒmen quánjiā dōu huānyíng.
你 去 的话, 保证 我们 全家 都 欢迎。

山本 だったら本当にありがたいわ。内モンゴルって夏は涼しいの？

Nà tài xièxie le. Nèiménggǔ xiàtiān liángkuai bu liángkuai?
那 太 谢谢 了。内蒙古 夏天 凉快 不 凉快?

高娃 そうね。私のところは標高が高いから涼しいわよ。曇りの日なんか、どうかすると、半袖では寒いこともあるのよ。

Hěn liángkuai. Yīnwèi nàr hǎibá gāo. Yīntiān chuān duǎnxiù chángcháng juéde lěng.
很 凉快。因为 那儿 海拔 高。阴天 穿 短袖 常常 觉得 冷。

山本 じゃあ夏にはぴったりね。私の故郷は、夏は蒸し暑くてクーラーつけないと眠れないくらいなのよ。それに、梅雨には毎日雨が降って、部屋中がかび臭くなるの。

Nà xiàtiān yídìng hǎo guò. Wǒ de lǎojiā xiàtiān bù kāi kōngtiáo mēnrè de shuì bu zháo jiào. Hái yǒu méiyǔ, měitiān xiàyǔ, fángjiān li yìbān méi wèir.
那 夏天 一定 好 过。我 的 老家 夏天 不 开 空调 闷热 得 睡 不 着 觉。还 有 梅雨, 每天 下雨, 房间 里 一般 霉 味儿。

高娃 そのじめじめする感じってあまりぴんとこないなあ。

Cháoshī dào shénme chéngdù, wǒ xiǎngxiàng bu dào.
潮湿 到 什么 程度, 我 想像 不 到。

故郷の気候（故乡的天气）

山本 そうね、こっちの夏は乾燥してるもんね。あなたのとこ、高原なら蚊も出ないんでしょう？

Zhèr de xiàtiān zhēn gānzào. Nǐ de lǎojiā shì gāoyuán, méi wénzi ba.
这儿 的 夏天 真 干燥。你 的 老家 是 高原，没 蚊子 吧。

高娃 うん、その点はいいわね。うちは戸建てで、四合院のような造りなんだけど、トイレが外にあってね、あなたたち日本人はびっくりするんじゃないかしら。

Duì, méiyou. Wǒ jiā shì dúmén dúhù, yǒu diǎn xiàng sìhéyuàn. Búguò cèsuǒ
对，没有。我 家 是 独门 独户，有 点 像 四合院。不过 厕所
zài wàibian, kǒngpà nǐmen Rìběn rén bù xíguàn ba.
在 外边，恐怕 你们 日本 人 不 习惯 吧。

山本 平気よ、それも、いろんな生活を知るいい機会になると思うな。

Méi guānxi, zhè yě shì shúxī gèzhǒng shēnghuó de yí ge hǎo jīhuì.
没 关系，这 也 是 熟悉 各种 生活 的 一 个 好 机会。

高娃 ところで、日本は四季がはっきりしてるんでしょ。あなたはいつが一番好きなの。

Duì le, Rìběn de sìjì fēn de hěn qīngchu ba. Nǐ zuì xǐhuan něi ge
对 了，日本 的 四季 分 得 很 清楚 吧。你 最 喜欢 哪 个
jìjié?
季节？

山本 やっぱり春かな。特に桜が咲く頃は最高よ。梅の花もすてきだけど、花見のスタイルが全然違うのよ。

Háishi xǐhuan chūntiān. Wǒ tèbié xǐhuan yīnghuā shèngkāi de shíhou. Dāngrán
还是 喜欢 春天。我 特别 喜欢 樱花 盛开 的 时候。当然
méihuā yě hěn měi, kě xīnshǎng de fāngfǎ wánquán bù yíyàng.
梅花 也 很 美，可 欣赏 的 方法 完全 不 一样。

高娃 どう違うの。

Yǒu shénme bù yíyàng?
有 什么 不 一样？

山本 梅の頃はまだ寒いから、ただ見るだけだけど、桜の花見は、お弁当やお酒を持ち寄って木の下に集まるのよ。歌ったり踊ったりして、それは賑やかなの。

Méihuā kāi de shíhou tiān hái hěn lěng, rénmen guāngshì kàn, yínghuā kāi de shíhou, dàjiā dōu dài héfàn hé jiǔ dào shù xia chàng gē, tiào wǔ, fēicháng rènao.
梅花开的时候天还很冷，人们光是看，樱花开的时候，大家都带盒饭和酒到树下唱歌、跳舞，非常热闹。

高娃 チャンスがあったら、私も是非一度体験してみたいな。

Yǒu jīhuì zhēn xiǎng qīnshēn tǐyàn yí cì.
有机会真想亲身体验一次。

文法のポイント

潮湿到什么程度，……。

「～到什么程度」で「どのくらい～か」という意味を表す。例えば、

Guāng tīngshuō nàli de shuǐ hǎo hē, bù zhīdao hǎo hē dào shénme chéngdù.
光听说那里的水好喝，不知道好喝到什么程度。
／あそこの水がおいしいと聞いているだけで、どのくらいおいしいのかわからない。

Kàn nǐ lǎn dào shénme chéngdù le, dōu shí'èr diǎn le, hái bù qǐchuáng.
看你懒到什么程度了，都12点了，还不起床。
／見なさい、君がどんなに怠け者か、もう12時なのにまだ起きないんだから。

■ 覚えましょう ■

| 说 | 这也是熟悉各种生活的一个好机会。 |
| 听 | 保证我们全家都欢迎。 |

◆ 注意しましょう ◆

× 有机会真想亲身经验一次。 → 有机会真想亲身体验一次。

補充単語

長春　小雪から中ぐらいの雪　氷点下2℃から氷点下11℃
Chángchūn xiǎoxuě zhuǎn zhōngxuě língxià èr dù dào língxià shíyī dù
长春　小雪　转　中雪　零下 2 度 到 零下 11 度

ウルムチ　晴れ　氷点下4℃から　氷点下15℃
Wūlǔmùqí qíng língxià sì dù dào língxià shíwǔ dù
乌鲁木齐　晴　零下 4 度 到 零下 15 度

香港　晴れのち曇りがち　10℃から25℃　南東の風　4、5級
Xiānggǎng qíng zhuǎn duō yún shí dù dào èrshiwǔ dù dōngnánfēng sì jí dào wǔ jí
香港　晴 转 多 云 10 度 到 25 度 东南风 4 级 到 5 级

南京　雷一時雨0℃から9℃
Nánjīng léi zhèn yǔ língdù dào jiǔ dù
南京　雷 阵 雨 零度 到 9 度

暑がり	怕热	pà rè	蛍	萤火虫	yínghuǒchóng
あられ	米雪	mǐxuě	蝶	蝴蝶	húdié
大雨	暴雨	bàoyǔ	トンボ	蜻蜓	qīngtíng
霧雨	毛毛雨	máomao yǔ	こおろぎ	蟋蟀	xīshuài
寒がり	怕冷	pà lěng	鈴虫	金钟儿	jīnzhōngr
土砂降り、バケツをひっくり返したよ			バッタ	蝗虫	huángchóng
うな雨	倾盆大雨	qīngpén dàyǔ	ゴキブリ	蟑螂	zhāngláng
雹	雹子、冰雹	báozi、bīngbáo	ハエ	苍蝇	cāngying
みぞれ	雨夹雪	yǔ jiā xuě	蟻	蚂蚁	mǎyǐ
蝉	知了	zhīliǎo			

= ミニ知識 =

北京時間

　中国は広い。緯度的には日本とさほど大きな差はないが、経度で見ると、アメリカ本土とほとんど同じである。アメリカには４つの時間があり、日本と中国の時差は１時間あるのだが、中国国内に時差はなく、北京時間がただ一つあるだけである。

　中国は時差を定めてはいないが、東西の実際の時差は、４時間ほどである。例えば北京と新疆ウイグル自治区区都のウルムチ市とは経度差が30度で、北京で１日の仕事や勉強が始まる時、ウルムチ市の人々は起きたばかりである。北京の人が仕事を終え家路を急ぐとき、ウルムチ市ではまだ仕事中である。これでは不便だと誰でも思うことだ。だから実際には、新疆では飛行機や鉄道は北京時間で動き、人々は地元の時間で動いている。同じ地区で２つの時間を使い分ける。これも新疆の一つの特色になっている。このため、時間の約束をする時、「北京時間？新疆時間？」と確かめることになるのだ。

王府井书店
WANGFUJING BOOKSTORE
书香环绕
甘泉共享

外文書店
FOREIGN LANGUAGES BOOK-STORE
Keon
OLYMPUS

38 呼称
Chēnghu
称呼

1 何て呼んだらいい？／怎么 称呼？
Zěnme chēnghu

李平 田中君、来週の土曜日の夜、何か予定がはいってる？

Tiánzhōng, xià zhōu liù wǎnshang nǐ yǒu shénme ānpái méi yǒu?
田中，下周六晚上你有什么安排没有？

田中 ええと、カレンダー見てみるよ。そうだ、友達の家に行ってわからないことを教えてもらうことにしてたんだけど、まだ決まってないよ。

Ng, wǒ kàn kan rìlì, duì le, wǒ dǎsuan qù péngyou jiā qǐngjiào xiē
嗯，我看看日历，对了，我打算去朋友家请教些
wèntí, búguò hái méi juédìng.
问题，不过还没决定。

李平 どういう質問なの。

Shénme wèntí ya?
什么问题呀？

田中 ぼくは、来てからもうすぐ一年になるんだけど、中国人の呼称についてまだよくわからないんだよ。おととい図書館で、女子学生が本を忘れたから、その人を「小姐」って呼んだら、話がまだ終わりもしないうちに、怒ったらしくてすぐに行ってしまったんだ。まさか僕の呼び方はまちがってたんじゃないだろうね。

Wǒ lái le kuài yìnián le, duì Zhōngguó rén de chēnghu háishi gǎo bu
我来了快一年了，对中国人的称呼还是搞不
qīngchu. Qiántiān zài túshūguǎn, yǒu ge nǚ tóngxué bǎ shū wàng le. Wǒ jiào
清楚。前天在图书馆，有个女同学把书忘了。我叫
le yì shēng "xiǎojiě", huà hái méi shuō wán, tā hǎoxiàng hěn shēngqì, jiù zǒu
了一声"小姐"，话还没说完，她好像很生气，就走

了。难道 是 我 称呼 错 了 吗?

李平 まちがってはいないけど、「小姐」という呼び方は以前だったら受け入れられていたよ。でも、今じゃ悪い意味をもつことばになっちゃったから、「小姐」という呼び方に反感をもってる人がいるんだよ。

错 倒 没 错,"小姐"以前 受 欢迎,不过 现在 有 贬义,
所以, 有 人 对"小姐"这 一 称呼 很 反感。

田中 そういうことだったんだ。中国人の呼称は、日本語とはちょっと違うね。ときどき本当に何て呼んだらいいかわからなくなるよ。

原来 是 这样, 中国 人 的 称呼 跟 日语 的 不 太 一样。
有 时候 真 不 知道 怎么 称呼 才 对。

李平 来週の土曜日、うちの親戚中が集まるんだけど、興味があったら君も来ないかい。ついでに親族呼称なども勉強してみたら。

下 周 六, 我 家 全家 聚会。感 兴趣 的话, 欢迎 你 也 来。
顺便 也 学 学 亲属 称呼 什么 的。

田中 それはいいな。必ず行くよ。

那 太 好 了, 我 一定 去。

文法のポイント

我来了快一年了。

「快～了」で「もうすぐ～する、なる」という意味を表す。例えば、

快 完 了, 你 再 等 一会儿。

／もうすぐ終わるから、もう少し待ってください。

Wǒ děng le kuài yí ge xiǎoshí le.
我 等 了 快 一 个 小时 了。／私はもうすぐ1時間待つことになる。

■ 覚えましょう ■

说 难道是我称呼错了吗？
听 感兴趣的话，欢迎你也来。

◆ 注意しましょう ◆

△ 难道是我的称呼错了吗？ → 难道是我称呼错了吗？

2 親族の呼称／亲属 称呼 (Qīnshǔ chēnghu)

李平 まず紹介します、この方は僕の友人の田中君です。彼は日本から来ました。中国語はとても上手です。

Wǒ xiān lái jièshào yíxia, zhèi wèi shì wǒ de péngyou Tiánzhōng, tā shì cóng
我 先 来 介绍 一下，这 位 是 我 的 朋友 田中，他 是 从

Rìběn lái de, tā de Hànyǔ kě bàng le.
日本 来 的，他 的 汉语 可 棒 了。

田中 そんな、もう、からかわないでくださいよ。僕はただ、日常会話が少しできるだけです。

Nǐ bié ná wǒ kāixīn le, wǒ zhǐ huì shuō diǎnr rìcháng yòngyǔ.
你 别 拿 我 开心 了，我 只 会 说 点儿 日常 用语。

李平 さて、君に今日の主人公—僕のおじさんを紹介しよう。今日はおじさんの70歳の誕生日です。中国では昔から「人生70古来稀なり」と言うんだよ。

Tiánzhōng, wǒ gěi nǐ jièshào yíxia jīntiān de zhǔréngōng— wǒ dàye. Jīntiān
田中，我 给 你 介绍 一下 今天 的 主人公——我 大爷。今天

shì tā qīshí suì shēngrì, Zhōngguó yǒu jù gǔhuà "Rénshēng qīshí gǔláixī".
是 他 70 岁 生日，中国 有 句 古话"人生 七十 古来稀"。

田中 そうなの、日本語にも「古希」という言い方があるよ。おじさん、お誕生日おめでとうございます。本当にすみません、何もお祝いを持って来ていないんです。

Shì ma, Rìyǔ yě yǒu "gǔxī" de shuōfǎ. Zhù nín shēngrì kuàilè! Zhēn bù hǎoyìsi, wǒ méi gěi nín dài lǐwù.
是吗，日语也有"古稀"的说法。祝您生日快乐！真不好意思，我没给您带礼物。

李大爷 ありがとう。君が来てくれてとてもうれしいですよ。気をつかわないで。

Xièxie, nǐ néng lái wǒ jiù hěn gāoxìng le. Bié kèqi.
谢谢，你能来我就很高兴了。别客气。

李平 兄さん、みんなそろったでしょう、料理を出していい？

Táng gē, dàjiā dōu lái qí le ba, kěyǐ shàng cài le ma?
堂哥，大家都来齐了吧，可以上菜了吗？

堂哥 「二婶儿」が、まだ来てないよ。君の一番上のお義姉さんも来てないようだね。

Èr shěnr hái méi lái ne, hǎoxiàng nǐ dà sǎo yě méi lái.
二婶儿还没来呢，好像你大嫂也没来。

李平 僕のお義姉さんは出張で来られないよ。じゃあ、「二婶儿」が来たら始めよう。

Wǒ dà sǎo chūchāi le, lái bu liǎo, nà děng èr shěnr lái jiù kāishǐ ba.
我大嫂出差了，来不了，那等二婶儿来就开始吧。

田中 李平、「二婶儿」って？

Lǐ Píng, "èr shěnr" shì……?
李平，"二婶儿"是……?

李平 「婶儿（おばさん）」は「叔叔（おじさん＝父の弟）」の奥さんのことだよ。「叔叔（おじさん）」と僕の関係はわかるかな。

"Shěnr" shì shūshu de qīzi. Shūshu hé wǒ de guānxi nǐ zhīdao ba?
"婶儿"是叔叔的妻子。叔叔和我的关系你知道吧？

田中 それはわかってるよ。でも、「爷爷」と「大爷」は同じではないでしょ。

Zhīdao. "Yéye" hé "dàye" bú shì yì huír shìr ba.
知道。"爷爷"和"大爷"不是一回儿事儿吧。

李平 うん、「爷爷」はお父さんのお父さんで、「大爷」はお父さんのお兄さんだからね。そうだ、おじさん（父の姉妹の夫）は日本語を勉強してたんじゃないですか、日本語を話してくださいよ。

Bú shì, "yéye" shì bàba de bàba, "dàye" shì bàba de gēge. Duì le,
不 是, "爷爷" 是 爸爸 的 爸爸, "大爷" 是 爸爸 的 哥哥。对 了,

gūfu bú shì xué guo Rìyǔ ma, nín shuō Rìyǔ ba.
姑夫 不 是 学 过 日语 吗, 您 说 日语 吧。

姑父 田中君の中国語がこんなにうまくては、恥ずかしくて日本語は話せないよ。

Tiánzhōng de Hànyǔ nàme hǎo, wǒ kě bù hǎoyìsi shuō Rìyǔ.
田中 的 汉语 那么 好, 我 可 不 好意思 说 日语。

田中 そんなにおっしゃらないでください。僕の中国語はまだまだです。

Nín kě bié nàme shuō, wǒ de Hànyǔ chà de yuǎn ne.
您 可 别 那么 说, 我 的 汉语 差 得 远 呢。

文法のポイント

你别拿我开心了。

「拿」は動作の対象を目的語にする。「〜を〜する」という意味を表す。例えば、

Nǐ kě bù néng ná gōngzuò kāi wánxiào.
你 可 不 能 拿 工作 开 玩笑。
／君は決して仕事を冗談半分にやってはいけません。

Wǒ jiǎnzhí ná tā méi yǒu bànfǎ.
我 简直 拿 他 没 有 办法。／彼にはまったく処置なしだ。

■ 覚えましょう ■

|说| 我只会说点儿日常用语。
|听| 叔叔和我的关系你知道吧？

◆ 注意しましょう ◆

× 真不好意思，我没带给您礼物。 → 真不好意思，我没给您带礼物。

3 一般の人に対する呼称／一般 称呼
Yìbān chēnghu

李平 どう？親族に対する呼び方で、まだわからないのはあるかい？

Zěnmeyàng? Duì jiāzú de chēnghu hái yǒu shénme bù zhīdao de ma?
怎么样？ 对 家族 的 称呼 还 有 什么 不 知道 的 吗？

田中 「堂哥」と「表哥」という呼び方は、どっちを使ってもいいんでしょう？

Chēnghu "tánggē" hé "biǎogē" de shíhou yòng něi ge dōu xíng, shì ba?
称呼 "堂哥" 和 "表哥" 的 时候 用 哪个 都 行，是 吧？

李平 いいや。「堂哥」は父親の兄弟姉妹の息子で、「表哥」は母親の兄弟姉妹の息子なんだよ。父方と母方では呼び方が違うけど、今はみんな一人っ子だから、たくさんの呼称は、使う機会がなくなってしまったね。

Bù xíng. "Tánggē" shì bàba de xiōngdì jiěmèi de érzi, "biǎogē" shì māma
不 行。"堂哥" 是 爸爸 的 兄弟 姐妹 的 儿子，"表哥" 是 妈妈
de xiōngdì jiěmèi de érzi. Fùqin de jiā li rén hé mǔqin de jiā li
的 兄弟 姐妹 的 儿子。父亲 的 家 里 人 和 母亲 的 家 里
rén de jiào fǎ bù yíyàng. Xiànzài, dōu shì dú shēng zǐ nǚ, hěn duō chēnghu
人 的 叫法 不 一样。现在，都 是 独 生 子 女，很 多 称呼
méi jīhuì yòng le.
没 机会 用 了。

田中 本当におもしろいなあ。日本では、父方も母方も同じ呼び方だからね。もうちょっと聞きたいことがあるんだけど。

Zhēn yǒu yìsi, zài Rìběn fùmǔ shuāngfāng de qīnshǔ yòng tóngyàng de chēnghu.
真 有 意思，在 日本 父母 双方 的 亲属 用 同样 的 称呼。
Wǒ hái xiǎng wèn jǐ ge wèntí.
我 还 想 问 几 个 问题。

李平 いいよ。どんなこと？

Hǎo wa, shénme wèntí?
好 哇，什么 问题？

田中 僕たちより少し上の人を、直接名前で呼ぶのは、あまり良くないでしょう。

Duì bǐ wǒmen dà jǐ suì de rén, zhíjiē chēnghu míngzi bú tài héshì ba.
对 比 我们 大 几 岁 的 人，直接 称呼 名字 不 太 合适 吧。

李平 もし、あまり年が変わらない人だったらかまわないさ。前は、自分より2, 3歳上の人だったら、「李大哥（李お兄さん）」とか「李大姐（李お姉さん）」それに「老李（李さん）」とか呼んでいたんだけど、今では5、6歳上の人でも名前で呼ぶよ。たいていの人は「大哥」だの「大姐」だのと呼ばれるのは好きじゃないんだ。お年よりの方たちは「大爷」、「大娘（おばさん）」と呼ぶけど。

Yàoshi dà bú tài duō méi wèntí. Yǐqián, duì bǐ zìjǐ dà liǎng, sān suì de rén jiù jiào "Lǐ Dà gē", "Lǐ Dà jiě" huò "Lǎo Lǐ" shénme de, xiànzài jiùshi dà wǔ, liù suì yě zhíjiē jiào míngzi. Dà bùfen rén bù xǐhuan biérén jiào "dà gē", "dà jiě" shénme de. Duì shàng le niánjì de lǎorén kěyǐ jiào "dàye", "dàniáng".

要是大不太多没问题。以前，对比自己大两、三岁的人就叫"李大哥"、"李大姐"或"老李"什么的，现在就是大五、六岁也直接叫名字。大部分人不喜欢别人叫"大哥"、"大姐"什么的。对上了年纪的老人可以叫"大爷"、"大娘"。

田中 じゃあ、同い年だったら、なんて呼んだらいいの。

Nà duì niánlíng chàbuduō de rén zěnme jiào hǎo?
那对年龄差不多的人怎么叫好？

李平 名前を呼ぶか、苗字の前に「小（君、ちゃん）」か「大（さん）」という字を加えるか、だね。

Jiào míngzi, huòzhě xìng qián jiā "xiǎo" huò "dà" zìr.
叫名字，或者姓前加"小"或"大"字儿。

田中 他に何か、わりと特殊な呼び方がある？

Hái yǒu shénme bǐjiào tèshū de chēnghu ma?
还有什么比较特殊的称呼吗？

李平 以前は、男だろうが女だろうがみんな「同志」って呼んでたけど、今は普通、「趙さん」、「王先生」、「張先生」とか「劉所長」というふうに苗字に職業や肩書きをつけて呼ぶやり方になったよ。

Yǐqián, bùguǎn shì nán de, háishi nǚ de, dōu jiào "tóngzhì", xiànzài yìbān yòng
以前，不管 是 男 的，还是 女 的，都 叫 "同志"，现在 一般 用

"Zhào shīfu", "Wáng lǎoshī", "Zhāng yīshēng", "Liú chùzhǎng" yí lèi xìng jiā zhíyè
"赵 师傅"、"王 老师"、"张 医生"、"刘 处长" 一 类 姓 加 职业

huò zhíwù de fāngfǎ chēnghu.
或 职务 的 方法 称呼。

文法のポイント

不管是男的，还是女的，都叫"同志"，……。

「不管～，都／也～」の形で「～にもかかわらず、～」「～にせよ、～」という意味になる。「不管」の後は「肯定＋否定」か二者択一の文が来て、述べる条件がどうであっても結果が一定であることを表す。例えば、

Bùguǎn shì lǎoshī, háishi xuésheng, dōu yāoqiú cānjiā.
不管 是 老师，还是 学生， 都 要求 参加。
／先生であると学生であるとにかかわらず 全員参加することになっている。

Bùguǎn chéng bu chéng, wǒ yě yào shì yi shì.
不管 成 不 成， 我 也 要 试 一 试。
／できようができまいが、やってみたい。

■ 覚えましょう ■

说 还有什么比较特殊的称呼吗？
听 用"师傅"、……一类姓加职业或职务的方法称呼。

◆ 注意しましょう ◆

× 对比我们几岁大的人直接称呼名字不太适合吧。
→ 对比我们大几岁的人直接称呼名字不太合适吧。

補充単語

〈ア行〉

甥（兄弟の息子）
侄（兄弟 的 儿子） zhí (xiōngdì de ér zi)

甥（姉妹の息子）
外甥（姐妹 的 儿子） wàisheng (jiěmèi de ér zi)

夫
丈夫／爱人 zhàngfu àiren

男の子の孫
孙子 sūnzi

おじ

　父の兄
　伯父、伯伯（爸爸 的 哥哥） bófù, bóbo (bàba de gēge)

　父の弟
　叔父（爸爸 的 弟弟） shūfu (bàba de dìdi)

　父の姉妹の夫
　姑父（爸爸 的 姐妹 的 丈夫） gūfu (bàba de jiěmèi de zhàngfu)

　母の兄、弟
　舅舅（妈妈 的 哥哥、弟弟） jiùjiu (māma de gēge, dìdi)

おば

　父の姉、妹
　姑母、姑姑（爸爸 的 姐姐、妹妹） gūmǔ, gūgu (bàba de jiějie, mèimei)

　母の姉、妹
　姨母、姨（妈妈 的 姐姐、妹妹） yímǔ, yí (māma de jiějie, mèimei)

　父の兄の妻
　伯母（爸爸 的 哥哥 的 妻子） bómǔ (bàba de gēge de qīzi)

　父の弟の妻
　叔母（爸爸 的 弟弟 的 妻子） shūmǔ (bàba de dìdi de qīzi)

　母の兄弟の妻
　舅母（妈妈 的 兄弟 的 妻子） jiùmu (māma de xiōngdì de qīzi)

〈カ行〉

義兄（姉の夫） 姐夫（姐姐 的 丈夫） jiěfu (jiějie de zhàngfu)

義父、義母（妻の親） 岳父、岳母（妻子 的 父母） yuèfù、yuèmǔ (qīzi de fùmǔ)

〈サ行〉

舅、姑（夫の親） 公公、婆婆（丈夫 的 父母） gōnggong、pópo (zhàngfu de fùmǔ)

祖父（母方） 外祖父／老爷 wàizǔfu lǎoye

祖母（母方） 外祖母／姥姥 wàizǔmǔ lǎolao

〈タ行〉

妻 妻子／爱人、太太、夫人 qīzi àiren、tàitai、fūren

〈マ行〉

孫（娘の息子） 外孙、外孙子 wàisūn、wàisūnzi

孫（娘の娘） 外孙女 wàisūnnǚ

孫娘 孙女 sūnnǚ

姪（姉妹方） 外甥女 wàishengnǚ

姪（兄弟方） 侄女 zhínǚ

婿 女婿 nǚxù

〈ヤ行〉

不惑の年 不 惑 之 年 bú huò zhī nián

〈ラ行〉

還暦　　　　　　　　花甲
　　　　　　　　　　huājiǎ

====== ミニ知識 ======

呼び名のいろいろ

　身内に対する呼び名は、日本と同じものもあるし、違うものもある。例えば、中国人の家庭では、身内に対し、「你姐姐」とか「你妈妈」などと言う。日本人が聞くと、まるで、話し手の姉や母親は別の人であるかのような印象を受ける。これとは逆に、中国人から言わせれば、日本人の間で「お母さん」ということばが乱用されているのに違和感を持つという。例えば、父親が子どもに話すとき、「お母さんの言うことを聞きなさい」と言い、自分の妻を呼ぶときにも「お母さん」と呼ぶ。また赤の他人に対しても、「お母さん、今日はねぎが安いよ。」などと声をかけるなどだ。中国人は結婚しても姓が違うので、時には「老刘、小李」などと呼ぶ。また互いの配偶者を他人に紹介するときは、以前はどちらも「爱人」と言っていたのだが、今では、夫を「我先生」とか、妻を「我太太（妻子）」と言って紹介したりする人もいる。

　その他、子供が一般的に年上の人に向かって呼びかける言い方に、「阿姨」（Āyí　おばちゃん）「叔叔」（Shūshu　おじちゃん）がある。また、職場での呼称は、「部长」、「科长」、「处长」等は日本と同じであるが、社長に相当する肩書きになると、会社の規模によって、「董事长」、「总经理」、「经理」という言い方をする。しかし、日本語の「経理」と混同されやすいため、このごろでは「社長」という言い方をそのまま使うようにもなって来ている。

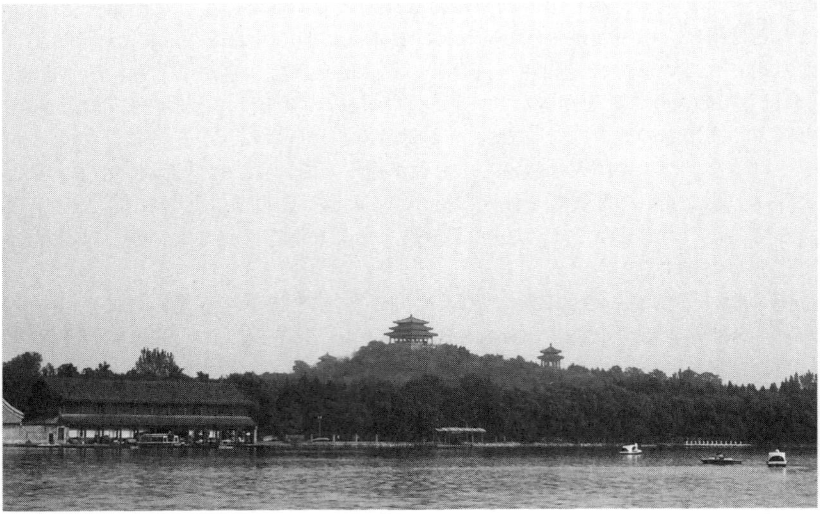

39 結婚式に出席する

参加 婚礼
Cānjiā hūnlǐ

1 招待状を受取って／接到请帖
Jiē dao qǐngtiě

叶 佐藤君、聞いてるかい？周先生の息子さんが日曜日に結婚するそうだよ。

佐藤, 你 听说 了 吗? 周 老师 的 儿子 星期天 结婚。
Zuǒténg, nǐ tīngshuō le ma? Zhōu lǎoshī de érzi xīngqītiān jiéhūn.

佐藤 知ってるよ。ぼくも、出席するよう、周先生から招待状をもらってるから。

听说 了, 周 老师 还 给 了 我 一 张 请帖, 让 我 去 参加 婚礼。
Tīngshuō le, Zhōu lǎoshī hái gěi le wǒ yì zhāng qǐngtiě, ràng wǒ qù cānjiā hūnlǐ.

叶 そうなんだ。ぼくも行くよ。君が中国人の結婚式を見にいくのは、ちょうどいい中国語の勉強になるね。

是 吗, 我 也 去。你 正好 去 看看 中国 人 的 婚礼, 对 学 汉语 也 有 帮助。
Shì ma, wǒ yě qù. Nǐ zhènghǎo qù kàn kan Zhōngguó rén de hūnlǐ, duì xué Hànyǔ yě yǒu bāngzhù.

佐藤 周先生もそう言われたよ。ぼくは初めて中国の結婚式に出るんだけど、どんな贈り物を持って行ったらいいんだろう。

周 老师 也 这么 说。我 是 第 一 次 参加 中国 人 的 婚礼, 带 什么 礼物 好?
Zhōu lǎoshī yě zhème shuō. Wǒ shì dì yī cì cānjiā Zhōngguó rén de hūnlǐ, dài shénme lǐwù hǎo?

叶 僕たちは学生だから、持って行ってもそうでなくてもいいさ。普通の人はたいていお祝い、つまりお金を包むけどね。

Zánmen xuésheng suíbiàn, dài bu dài dōu xíng. Yìbān de rén dàgài sòng
咱们 学生 随便，带 不 带 都 行。一般 的 人 大概 送
hóngbāo, yě jiù shì sòng qián.
红包，也 就 是 送 钱。

佐藤 なら、ぼくもお金にしよう、いくら包めばいいのかな。

Nà wǒ yě sòng qián ba, sòng duōshao hǎo ne?
那 我 也 送 钱 吧，送 多少 好 呢？

叶 学生から先生にお金を贈るのは、逆に先生を困らせてしまうから、何か日本のちょっとした記念品なんかいいと思うな。

Xuésheng gěi lǎoshī sòng qián, fǎndào ràng Zhōu lǎoshī wéinán. Yǒu shénme Rìběn
学生 给 老师 送 钱，反倒 让 周 老师 为难。有 什么 日本
de xiǎo jìniànpǐn zuì hǎo le.
的 小 纪念品 最 好 了。

佐藤 和紙で折ってある人形を持ってるけど、一つ贈った方がいいのか、それとも二つがいいのかな。

Yǒu Rìběn de zhézhǐ xiǎorénr, sòng yí ge hǎo? Háishi sòng liǎng ge hǎo?
有 日本 的 折纸 小人儿，送 一 个 好？还是 送 两 个 好？

叶 中国人は偶数が好きだから、二つがいいよ。

Zhōngguó rén xǐhuan shuāngshù, sòng liǎng ge hǎo.
中国 人 喜欢 双数，送 两 个 好。

佐藤 服装はどうする。背広にネクタイでいいかな。

Chuān shénme yīfu hǎo ne? Xīzhuāng lǐngdài xíng bu?
穿 什么 衣服 好 呢？西装 领带 行 不？

叶 いいさ。僕もスーツを着て行くよ。

Xíng a, wǒ yě chuān xīzhuāng qù.
行 啊，我 也 穿 西装 去。

文法のポイント

…对学汉语也有帮助。

「対～有…」で「～に…がある」という意味を表す。例えば、

我 对 中国 古代 思想 有 兴趣。／私は古代中国の思想に興味がある。
Wǒ duì Zhōngguó gǔdài sīxiǎng yǒu xìngqù.

学生 对 老师 有 很 多 意见。
Xuésheng duì lǎoshī yǒu hěn duō yìjiàn.

／学生は先生にたくさん言いたいことがある。

少量 的 酒 对 身体 却 有 好处。
Shǎoliàng de jiǔ duì shēntǐ què yǒu hǎochu.

／少量のお酒はかえって体にいいところもある。

■ 覚えましょう ■

说 我是第一次参加中国人的婚礼，带什么礼物好？
听 咱们学生随便，带不带都行。

◆ 注意しましょう ◆

× 周老师另给了我一张请帖，……。 → 周老师还给了我一张请帖，……。

2 結婚披露宴に出席する／参加 结婚 宴会
Cānjiā jiéhūn yànhuì

佐藤 おめでとうございます。これは、僕のほんのお祝いの気持ちです。どうぞ。

恭喜 恭喜。这 是 我 的 一点儿 心意。请 收 下。
Gōngxǐ gōngxǐ. Zhè shì wǒ de yìdiǎnr xīnyì. Qǐng shōu xia.

小周 ありがとう。君が来てくれただけでとてもうれしいです。紹介しよう。こちらは、僕の妻の呉東華、こちらは父の生徒さんでもあり、僕の友人でもある佐藤弘君です。

谢谢！你 来 参加 我们 就 很 高兴 了。我 来 介绍 一下。
Xièxie! Nǐ lái cānjiā wǒmen jiù hěn gāoxìng le. Wǒ lái jièshào yíxia.

这 是 我 太太 吴 东华。这 是 我 父亲 的 学生，也 是 我
Zhè shì wǒ tàitai Wú Dōnghuá. Zhè shì wǒ fùqin de xuésheng, yě shì wǒ

de péngyou Zuǒténg Hóng.
的 朋友 佐藤 弘。

吴东华 今日はわざわざおいでくださいまして、ありがとうございます。プレゼントもほんとにすばらしいです。すぐに日本の物だとわかりました。これは、お祝いの飴です。どうぞ。さあ、では一杯、私たちのお酒を受けてください。

Nín hǎo! Xièxie nín tèyì lái, nín de lǐwù zhēn hǎo, yí kàn jiù
您 好！ 谢谢 您 特意 来, 您 的 礼物 真 好, 一 看 就
zhīdao shì Rìběn de. Zhè shì sòng gěi nín de xǐtáng. Lái, qǐng hē yì bēi
知道 是 日本 的。这 是 送 给 您 的 喜糖。来, 请 喝 一 杯
wǒmen de xǐjiǔ.
我们 的 喜酒。

佐藤 ありがとうございます。末永くお幸せに、乾杯！

Xièxie! Wèile nǐmen de xìngfú! Gānbēi!
谢谢！ 为了 你们 的 幸福！ 干杯！

主持人 次に、来賓の方のご祝辞を承りたいと思います。始めに、日本人留学生の佐藤さん、お願いできますでしょうか。

Xiàmian qǐng gèwèi láibīn jiǎng huà, xiān qǐng Rìběn liúxuéshēng Zuǒténg jiǎng jǐ jù
下面 请 各位 来宾 讲 话, 先 请 日本 留学生 佐藤 讲 几 句
hǎo bu hǎo?
好 不 好？

众 お願いします。

Huānyíng, Huānyíng.
欢迎, 欢迎。

佐藤 私は周先生の生徒です。今日は初めて中国の方の結婚式に出席いたしました。とても賑やかで、日本の婚礼とは少し違っていました。いろいろ学べることもあって、参加できて喜んでおります。また、新婦は本当に美しい方で、新郎もハンサムですし、とてもお似合いです。お二人が末長くお幸せでありますようお祈りいたしまして、私のお祝いのことばといたします。

Wǒ shì Zhōu lǎoshī de xuésheng, jīntiān dì yī cì cānjiā Zhōngguó rén de
我 是 周 老师 的 学生, 今天 第 一 次 参加 中国 人 的
hūnlǐ. Zhème rènao, hé Rìběn bú tài yíyàng, wǒ xué dao le bù shǎo
婚礼。 这么 热闹, 和 日本 不 太 一样, 我 学 到 了 不 少

_{dōngxi, hěn gāoxìng. Xīnniáng zhēn piàoliang, Xīnláng yě shì měi nánzi, zhēn shì}
东西，很 高兴。新娘 真 漂亮，新郎 也 是 美 男子，真 是

_{tiānshēng de yíduìr. Zhù tāmen yǒngyuǎn xìngfú.}
天生 的 一对儿。祝 他们 永远 幸福。

文法のポイント

你来参加我们就很高兴了。

　これを複文で言うなら、「只要你来参加，我们就很高兴了。」である。このように複文をまとめて単文形式にしたものを緊縮文という。例えば、

_{Nǐ gāoxìng jiù xíng. (Zhǐyào nǐ gāoxìng, jiù xíng.)}
你 高兴 就 行。(只要 你 高兴，就 行。)／君が喜ぶならそれでいい。

_{Dōngxi bù piányi bù mǎi. (Rúguǒ dōngxi bù piányi, jiù bù mǎi.)}
东西 不 便宜 不 买。(如果 东西 不 便宜，就 不 买。)
　　　　　　　　　　　　　　　　／品物が安くなければ買わない。

■覚えましょう■

说　这是我的一点儿心意。
听　请您喝一杯我们的喜酒。

◆注意しましょう◆

× 我学到了不少事儿。→ 我学到了不少东西。

3　バレンタインデー／情人 节

李平　田中君、チョコレートをどうぞ。

_{Tiánzhōng, qǐng chī qiǎokèlì.}
田中，请 吃 巧克力。

バレンタインデー（情人节）

田中 えっ、なんで突然…？君は確か、甘いものは嫌いだって言ってたと思うけど。

Ái, zěnme tūrán……? Wǒ jìde nǐ hǎoxiàng shuō guo, bù xǐhuan chī tián de.

哎，怎么 突然 ……？我 记得 你 好像 说 过，不 喜欢 吃 甜 的。

李平 昨日はバレンタインデーだったから、これは彼女からもらったんだよ。

Zuótiān shì Qíngrén jié, zhè shì nǚ péngyou sòng de.

昨天 是 情人 节，这 是 女 朋友 送 的。

田中 中国人にもバレンタインデーがあるの？初耳だよ。

Zhōngguó rén yě yǒu Qíngrén jié? Wǒ háishi dì yī cì tīngshuō.

中国 人 也 有 情人 节？我 还是 第 一 次 听说。

李平 前は知ってる人は少なかったんだけど、今の若者はみんな知ってるし、けっこう大切にしてるよ。

Yǐqián zhīdao de rén hěn shǎo, búguò xiànzài de niánqīng rén dōu zhīdao, yě hěn dàng huí shìr.

以前 知道 的 人 很 少，不过 现在 的 年轻 人 都 知道，也 很 当 回 事儿。

田中 そうなの？だけど、中国人が「情人」ということばを使ってるのは、あまり聞かないような気がするけど。

Shì ma? Búguò hǎoxiàng hěn shǎo tīng Zhōngguó rén shuō "qíngrén" zhèi ge cí.

是 吗？不过 好像 很 少 听 中国 人 说"情人"这 个 词。

李平 そうだね。ちょっと古い言い方には「対象」というのがあるし、あとでは「男朋友、女朋友」と言うようになったしね。でも、時には「情」という字も使うよ。例えば、「情人旅館（ラブホテル）、情书（ラブレター）、情侣（カップル）、情歌（ラブソング）、情网（恋のとりこ）」とかね。どっちにしろ、「情」という字を、使ったら、なんだかロマンチックな意味合いが出てくるよ。

Duì, lǎo yìdiǎnr de shuōfa shì "duìxiàng", hòulái shuō "nán péngyou, nǚ péngyou". Búguò, yǒude shíhou yě yòng dao "qíng", bǐfang "qíngrén lǚguǎn,

对，老 一点儿 的 说法 是 "对象"，后来 说 "男 朋友、女 朋友"。不过，有的 时候 也 用 到 "情"，比方 "情人 旅馆、

qíngshū、 qínglǚ、 qínggē、qíngwǎng" shénme de. Fǎnzheng yì tí dao "qíng" zì,
情书、情侣、情歌、情网"什么 的。反正 一 提到"情"字,
jiù yǒu yì zhǒng làngmàn de wèidao.
就 有 一 种 浪漫 的 味道。

田中 ほんとに奥が深いなあ。普通の中国の女の子が恋人にする条件は何なの。

Zhēn yǒu yìsi. Yìbān de Zhōngguó nǚ háizi zhǎo duìxiàng de biāozhǔn shì shénme?
真 有 意思。一般 的 中国 女 孩子 找 对象 的 标准 是 什么?

李平 人それぞれだから、一言で言うのはかなり難しいなあ。君は「二等残廃」という言い方知ってる？

Yīn rén ér yì, yòng jǐ jù huà hěn nán shuō qīng. Nǐ tīngshuō guo "èr děng
因 人 而 异,用 几 句 话 很 难 说 清。你 听说 过"二 等
cánfèi" de shuōfa ma?
残废"的 说法 吗?

田中 えっ、何だって？「二等残廃」ってどんな人なの？

Shénme, shénme? "èr děng cánfèi" shì shénme yàng de rén?
什么,什么?"二 等 残废"是 什么 样 的 人?

李平 たいていの女の子は、恋人の条件として、男の方に最低でも175ｃｍ以上の身長を求めているよ。それで、175ｃｍに達していない男子学生のことを「二等残廃」と呼ぶんだ。

Bù shǎo nǚ háir zhǎo duìxiàng, yāoqiú nánfāng zuì shǎo děi yì mǐ qīwǔ
不 少 女 孩儿 找 对象,要求 男方 最 少 得 1 米 75
yǐshàng. Tāmen guǎn bú dào yì mǐ qīwǔ de nánshēng jiào "èr děng cánfèi"
以上。她们 管 不 到 1 米 75 的 男生 叫"二 等 残废"。

田中 へえ、そいつは厳しいなあ。幸い、僕はどうにか175ｃｍあるけど。

Huò, zhēn gòu lìhai de. Duōkuī wǒ jiāng gòu yì mǐ qīwǔ.
嚯,真 够 厉害 的。多亏 我 将 够 1 米 75。

李平 身長だけではなく、まだ２つの「高い」があるんだよ。つまり「高学歴」と「高収入」のことだよ。

Bùguāng shì shēn gāo, hái yǒu liǎng gāo ne. Jiù shì "gāo xuélì" hé "gāo
不光 是 身 高,还 有 两 高 呢。就 是 "高 学历" 和 "高
shōurù".
收入"。

田中 ほんと？日本とまるで同じだね。どうやら、どこにいても努力しないとだめだってことらしいな。男はつらいよ。

Zhēn de ma? Hé Rìběn wánquán yíyàng. Kàn qi lai, zài nǎr bù nǔlì yě bùxíng a. Dāng nánrén zhēn yàomìng.
真的吗？和日本完全一样。看起来，在哪儿不努力也不行啊。当男人真要命。

文法のポイント

多亏我将够 1 米 75。

「将」は数量、時間、基準などを表すことばの前に置かれ、「やっと」、「どうにか」という意味を表す。「将将」とも言う。例えば、

Shàngcì kǎoshì wǒ jiāng jígé.
上次考试我将及格。／この間の試験に私はどうにか合格した。

Huǒchē shí diǎn wǔshi fēn kāi, wǒmen shí diǎn sìshiwǔ fēn cái dào chēzhàn, jiāng gǎn shang.
火车 10 点 50 分开，我们 10 点 45 分才到车站，将赶上。／汽車が10時50分発のところ、私は10時45分に駅に着いて、やっと間に合った。

■ 覚えましょう ■

|说| 我还是第一次听说。
|听| 因人而异，用几句话很难说清。

◆ 注意しましょう ◆

× …… 也很当事儿。 → …… 也很当回事儿。

補充単語

〈ア行〉
ウェディングドレス
　　　　　　結婚礼服　jiéhūn lǐfú
ウェディングケーキ
　　　　　　婚礼蛋糕　hūnlǐ dàngāo
お祝いの字　双喜字　shuāngxǐ zì
〈カ行〉
冠婚葬祭　　紅白喜事　hóngbái xǐshì
結婚記念写真　結婚照　jiéhūn zhào
結婚証明書　結婚証　jiéhūnzhèng
結婚披露宴
　　喜筵、结婚酒席　xǐyàn, jiéhūn jiǔxí

結婚相談所　婚姻介绍所　hūnyīn jièshàosuǒ
婚姻届　　　結婚登记　jiéhūn dēngjì
婚約指輪　　订婚戒指　dìnghūn jièzhi
〈サ行〉
式服　　　　礼服　　lǐfú
新婚夫婦の部屋
　　　　　　新房、洞房　xīnfáng, dòngfáng
新婚旅行　　蜜月旅行　mìyuè lǚxíng
親戚　　　　亲戚　qīnqī
〈ヤ行〉
嫁入り道具　嫁妆　jiàzhuāng

=== ミニ知識 ===

中国人の結婚式（都市）

　最近都会では、二人の晴れの門出を美しい思い出にするため、ほとんどの人達が結婚記念アルバムを作る。日本では、結婚式当日に記念写真を撮るものだが、中国では、前もって別の日に撮る。撮影の日、新郎新婦はウエディングドレスやチャイナドレス等を着て撮影する。披露宴の一ヶ月前には、アルバムができあがるので、当日にはもう写真をみんなに見せることができる。

　中国人の結婚式は、日本のような神前や教会で行う宗教色の強い結婚式はなく、友人や親戚、同僚などを招いて披露宴だけを行う。近年ある会社がケーキカットや、キャンドルサービスなどの演出を提案し、好評を博している。披露宴のあと、新婚旅行に行くカップルがほとんどだが、このごろでは、東南アジアへの旅行も多い。

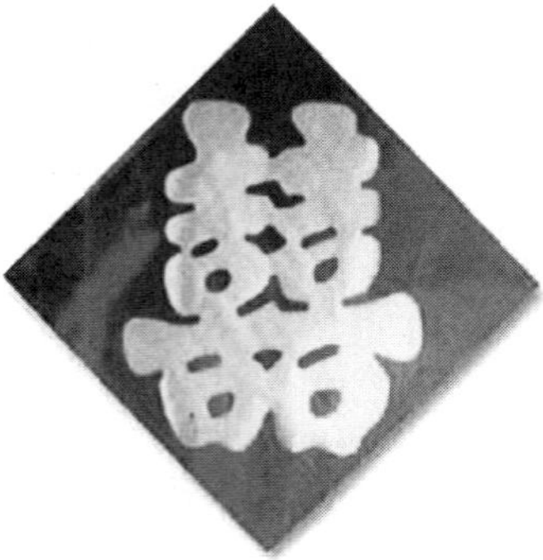
囍

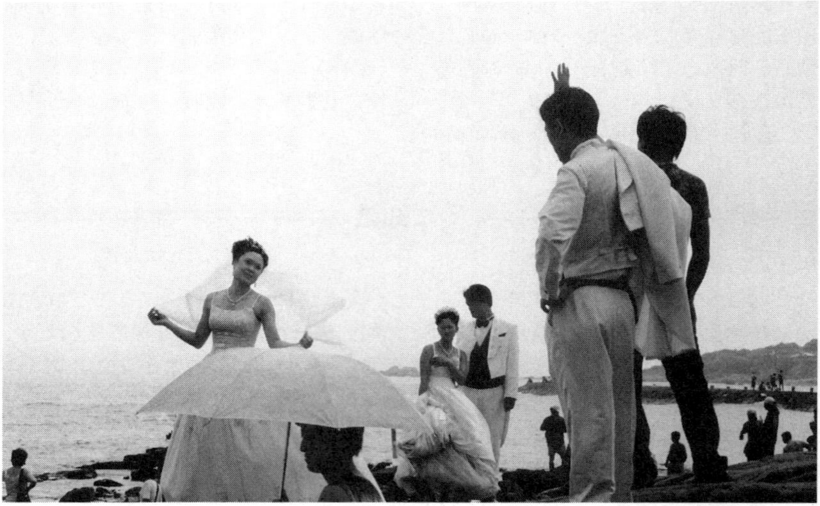

40 帰国

Huíguó
回国

1 先生に別れの挨拶をする／跟 老师 告别
Gēn lǎoshī gàobié

田中 すみません、張先生いらっしゃいますか。

　　Qǐngwèn, Zhāng lǎoshī zài jiā ma?
　　请问，张 老师 在 家 吗？

女儿 いますよ、どうぞ。

　　Zài, qǐng jìn.
　　在，请 进。

田中 張先生、こんにちは。私は、あさって帰国しますのでお別れの挨拶に来ました。

　　Zhāng lǎoshī nín hǎo, wǒ hòutiān jiù yào huíguó le. Lái gēn nín gàobié.
　　张 老师 您 好，我 后天 就 要 回国 了。来 跟 您 告别。

张老师 そうですか。手続はすみましたか。

　　Shì ma? Shǒuxù dōu bàn hǎo le ma?
　　是 吗？手续 都 办 好 了 吗？

田中 大体終わりました。

　　Chàbuduō bàn hǎo le.
　　差不多 办 好 了。

张老师 何か手伝うことがありますか。

　　Yǒu shénme yào wǒ bāngmáng de ma?
　　有 什么 要 我 帮忙 的 吗？

先生に別れの挨拶をする（跟老师告别）

田中 ありません。ありがとうございます。この一年間ご迷惑おかけしましたが、いろいろ勉強になりました。生活面でもお世話していただいて、何とお礼を言っていいか分かりません。

Méi yǒu, xièxie. Zhèi yì nián, gěi lǎoshī tiān le bù shǎo máfan, wǒ xué dao le bù shǎo zhīshi. Zài shēnghuó fāngmiàn yě shòu dao le nín de hěn duō guānzhào, zhēn bù zhīdao zěnme gǎnxiè cái hǎo.

没有，谢谢。这一年，给老师添了不少麻烦，我学到了不少知识。在生活方面也受到了您的很多关照，真不知道怎么感谢才好。

张老师 いやいや、私は何もしていませんよ。すべて君が努力したからです。帰国してからも気を抜かないように。よく聞き、よく話す、ことばはそういうものです。使わないと忘れますよ。

Nǐ tài kèqi le. Wǒ méi zuò shénme, quán kào nǐ zìjǐ nǔlì. Huíguó yǐhòu yě bié sōngjìnr, duō tīng duō shuō. Yǔyán jiù shì zhèiyàng, bú yòng jiù wàng le.

你太客气了。我没做什么，全靠你自己努力。回国以后也别松劲儿，多听多说。语言就是这样，不用就忘了。

田中 私はまだまだですから、機会があったらまた来たいです。

Wǒ de shuǐpíng hái chà de yuǎn ne, yàoshi yǒu jīhuì, wǒ hái xiǎng lái yí cì.

我的水平还差得远呢，要是有机会，我还想来一次。

张老师 いつでもいらっしゃい。

Huānyíng nǐ suíshí zài lái.

欢迎你随时再来。

田中 ありがとうございます、先生どうぞお体にお気をつけください。

Xièxie, qǐng lǎoshī duō bǎozhòng.

谢谢，请老师多保重。

张老师 さようなら、道中無事を祈ってますよ。

Zàijiàn, zhù nǐ yílù píng'ān.

再见，祝你一路平安。

文法のポイント

我还想来一次。

「还+動詞」の形でその動作をまた行う時か、あるいは継続する時に用いる。
例えば、

Wǒ hái xiǎng mǎi yí ge. Yǒu ma?
我 还 想 买 一 个。有 吗？／もう一個買いたいのですが、ありますか。

Nǐ xiān shuì ba, wǒ hái děi fùxí yíhuìr.
你 先 睡 吧, 我 还 得 复习 一会儿。
　　　　　　　　／君は、先に寝てください。私はもうしばらく復習しなくては。

■ 覚えましょう ■

说　手续都办好了吗?
听　差不多办好了。

◆ 注意しましょう ◆

× 要是有机会我再想来一次。　→　要是有机会我还想来一次。

2　友達との別れ／跟 朋友们 告别
　　　　　　　　　　　　　Gēn péngyoumen gàobié

田中 李平、一年間世話になりました。ありがとう。

Lǐ Píng, zhèi yì nián nǐ bāng le wǒ bù shǎo máng, xièxie nǐ.
李 平, 这 一 年 你 帮 了 我 不 少 忙，谢谢 你。

李平 何でもないよ。世話になったのはこっちの方さ、いつも遊びに誘って勉強のじゃましましたしね。

Nǎr dehuà, nǐ yě bāng le wǒ hěn duō. Wǒ zǒng wár, yě yǐngxiǎng nǐ
哪儿 的话, 你 也 帮 了 我 很 多。我 总 玩儿，也 影响 你
xuéxí le.
学习 了。

田中 何を言ってるんだ。君のおかげでいろんな所に行けて、中国の歴史を知ることができたんだよ。

Nǐ shuō shénme ya? Tuō nǐ de fú, yóulǎn le bù shǎo dìfang. Zhīdao le bù shǎo Zhōngguó de lìshǐ.
你 说 什么 呀？托 你 的 福，游览 了 不 少 地方。知道 了 不 少 中国 的 历史。

李平 帰っても僕らのこと絶対忘れるなよ。

Huíqu yǐhòu, kě bié bǎ wǒmen gěi wàng le.
回去 以后，可 别 把 我们 给 忘 了。

田中 忘れるわけないよ。今、日本にはたくさん中国人留学生がいるけど、日本に来るチャンスはないの？

Nǎr néng wàng ne. Ài, xiànzài Rìběn yǒu hěn duō Zhōngguó liúxuéshēng, nǐ méi jīhuì qù ma?
哪儿 能 忘 呢。唉，现在 日本 有 很 多 中国 留学生，你 没 机会 去 吗？

李平 あるけど、多くはないね。

Yǒu shi yǒu, bú tài duō.
有 是 有，不 太 多。

田中 頑張ってチャンスをつかみ取ってくれよ。

Nà nǐ nǔlì zhēngqǔ ya.
那 你 努力 争取 呀。

李平 頑張るよ。明日は何時の飛行機？早めに来て荷物の整理を手伝うよ。

Yídìng nǔlì. Míngtiān shì jǐ diǎn de fēijī? Wǒ zǎo diǎnr lái bāng nǐ shōushi xíngli ba.
一定 努力。明天 是 几 点 的 飞机？我 早 点儿 来 帮 你 收拾 行李 吧。

田中 12時だけど、この上世話になるなんて。大丈夫だよ、自分でやるから。

Shí'èr diǎn. Hái máfan nǐ ya, búyòng le, wǒ zìjǐ lái ba.
12 点。还 麻烦 你 呀，不用 了，我 自己 来 吧。

李平 遠慮するなよ。明日は疲れるだろうから、今日は早く休もう。

Búyòng kèqi, míngtiān yídìng hěn lèi, jīntiān jiù zǎo diǎnr xiūxi ba.
不用 客气,明天 一定 很 累,今天 就 早 点儿 休息 吧。

文法のポイント

可别把我们忘了。

「可」は、ニュアンスを強める副詞でよく「了」と一緒に使われる。例えば、

Tā zuò de cài kě hǎochī le.
他 做 的 菜 可 好吃 了。/彼が作った料理は本当においしい。

Zuótiān de bǐsài kě jīngcǎi le.
昨天 的 比赛 可 精彩 了。/昨日の試合は本当にすばらしかった。

■ 覚えましょう ■

说 还麻烦你呀,不用了,我自己来吧。
听 我早点儿来帮你收拾行李吧。

◆ 注意しましょう ◆

× 你回去以后可别把我们被忘了。→ 你回去以后可别把我们给忘了。

3 空港での別れ／机场 告别
Jīchǎng gàobié

李平 荷物の準備が終わったから、早めに出発しよう。40分ぐらいかかるからね。

Xíngli dōu zhǔnbèi hǎo le, zǎo diǎnr chūfā ba, chàbuduō děi zǒu sìshi fēn
行李 都 准备 好 了,早 点儿 出发 吧,差不多 得 走 40 分

zhōng.
钟。

田中 そうだね、じゃ行こうか。

Hǎo, nà jiù zǒu ba.
好,那 就 走 吧。

李平 忘れ物がないか確認した方がいい。パスポート、チケットや身の回りの物は全部持った？

Zuìhǎo zài kàn kan wàng méi wàng dōngxi, hùzhào, jīpiào hé qítā suíshēn wùpǐn dōu dài zhe ba.
最好再看看忘没忘东西，护照、机票和其他随身物品都带着吧。

田中 うん、みんな持った。

Ng, dōu dài zhe ne.
嗯，都带着呢。

……

李平 荷物見ておくから、先に空港税払って来いよ。

Xíngli wǒmen kān zhe, nǐ xiān qù jiāo jīchǎng fèi ba.
行李我们看着，你先去交机场费吧。

田中 荷物預けないと。全部預けたら重量オーバーするだろうな。

Gāi tuōyùn xíngli le. Zhèixiē dōu tuōyùn dehuà děi chāozhòng ba.
该托运行李了。这些都托运的话得超重吧。

李平 うん、オーバーしたらお金がいるから、この大きいのを預けて、小さいのは持って行ったら。

Duì, chāozhòng le hái děi fù qián. Zhèi dà bāo tuōyùn, xiǎo bāo suíshēn dài zhe ba.
对，超重了还得付钱。这大包托运，小包随身带着吧。

田中 改めて皆さんに感謝します。

Zài yí cì gǎnxiè dàjiā de bāngzhù, xièxie.
再一次感谢大家的帮助，谢谢。

李平 帰ったら手紙を忘れないでくれよ。

Huíqu bié wàng le xiě xìn.
回去别忘了写信。

田中 忘れるもんか、それにEメールも便利だしね。これからもいつも連絡し合おう。

Wàng bu liǎo, zàishuō fā diànzi xìn yě hěn fāngbiàn. Yǐhòu jīngcháng liánxì.
忘 不 了，再说 发 电子 信 也 很 方便。以后 经常 联系。

李平 さようなら、気をつけて。

Zàijiàn, zhù nǐ yílù shùnfēng!
再见，祝 你 一路 顺风！

田中 さようなら、みんな元気で。

Zàijiàn, qǐng dàjiā duō bǎozhòng!
再见，请 大家 多 保重！

文法のポイント

差不多得走40分钟。

「差不多」は副詞として用いられると「大体」、「おおよそ」という意味を表す。この場合、よく数量を表す語句を伴うことがあり、「差不多＋数量詞」の形になる。例えば、

Mǎi zhèi dòng fángzi, chàbuduō huā le tā èrshí nián de cúnkuǎn.
买 这 栋 房子，差不多 花 了 他 20 年 的 存款。
／彼は、この家を買うのに、およそ20年分の貯金を使った。

Rén chàbuduō dōu dào qí le.
人 差不多 都 到 齐 了。／大体人がそろった。

■ 覚えましょう ■

|说| 回去别忘了写信。
|听| 以后经常联系。

◆ 注意しましょう ◆

△ 再见，请大家都注意身体。 → 再见，请大家多保重。

補 充 単 語

〈ア行〉
| 遊び好き | 爱玩儿 | ài wánr |
| 送る | 送行 | sòngxíng |

〈カ行〉
学業達成	学成	xuéchéng
気にかける	关怀	guānhuái
好意	厚意	hòuyì
心にかける	费心	fèixīn
心を込めた接待	热情招待	rèqíng zhāodài

〈サ行〉
| すまないと思う | 过意不去 | guòyì bú qù |

〈タ行〉
| 違い | 差异 | chāyì |

〈ハ行〉
| 訪問する | 看望 | kànwàng |

〈ヤ行〉
| 友情 | 友谊 | yǒuyì |

〈ラ行〉
| リコンファーム | 确认机票 | quèrèn jīpiào |

〈ワ行〉
| 別れをつげる | 告辞 | gàocí |

===== ミニ知識 =====

「莴笋」

　日中貿易の発展に伴い、多くの中国野菜が日本人の食卓に上るようになった今では、両国の野菜の種類にほとんど違いがなくなった。しかし、それでも中国には、日本ではまだ余り見られない野菜がある。「莴笋」（wōsǔn　茎ヂシャ）もその１つだ。

　「莴笋」は、「莴苣」（wōjù）ともいいレタスの仲間だが、レタスと違うのは、葉ではなく茎を食すところである。「莴笋」は３、４cmの太さで長さは30 cm前後でブロッコリーの茎と同じくらいである。

　皮を剥いで削ぎ切り又は千切りにして、豚肉と一緒に炒めて食べるか、きゅうりや生野菜等とのあえものにしてもいい。

　「莴笋」はかすかに甘味があり、淡い緑色のさっくりとした歯触りと、さわやかな香りで誰もが好んで用いる常備野菜である。

50音順キーワード索引

50音順キーワード索引

(ア)

アイコン 360
アイスコーヒー 128
あいにくです 177
アイロンはあまりきかない 113
開いている 82
会えてうれしい 71
青になった 303
灯りを消す 171
あきた 313
あさって入荷する 318
明日また来る 77
後から考える 238
あなたも一緒に一枚どうですか 221
あまり年が変わらない人 397
あまり見たがらない 268
あまりよくない 396
あらためる 49
アレルギーをおこす 160
合わせて 259
案外デリケート 380
暗誦 100
暗証番号 246
安全ベルトをしっかり装着する 34
あんまり容量くわない 359

いい司会振り 236
言い逃れできない 332
いえいえ、とんでもない 236
胃がむかむかする 172
いきなり 305
いくらか手数料がかかります 274

いくらで買ったのか 331
いくらですか 55,110
いくらでもいい 246
よろしく 71
急いでいる 273
急ぐなら 177
いた 303
一時間交代 238
1時間4元 354
一度見ていただく 330
是非一度見に行きたい 268
一日借りる 65
1日3回 163
一回に3個（錠剤） 163
位置について 296
一年間保証 111
一番印象に残ったこと 254
一番重要なこと 254
一番強い 289
一番の流行 110
一番不足している 237
一番流行している曲 118
一枚ください 287
いつが一番好きか 386
一回につき1粒 163
一ヶ月前後 210
いつがご希望ですか 141
いつから始めますか 237
一曲歌って 267
一冊一日につき 351
一週間ぐらい 168
いつ出発するのか 216

いっしょに見に行こうか 268
いつできますか 212
いつ入りますか 318
一泊一人150元 145
一般的に言って 14
いつ返却されてくるんでしょうか 345
いつまで滞在しますか 145
いつまで続く 378
いつもよく見ておく 77
今から伺ってもいいですか 330
今縫い出します 341
今の中国語のレベル 17
今はおつりがない 55
今払う 29,216
今みたいに 237
イヤホーンの差し込み 36
いらっしゃい 69
いらっしゃいませ 123
印鑑を押す 245
印鑑をお土産にしたい 325
インストール 360
インターネット 14

ウィザード 360
ウィンドウ 356
ウィンドウズ 358
ウェブサイト 356
受付時間 25
受取り 277
歌うまい 202
訴える 332
腕を出す 161
うっかりしてたのは悪かったですが 117
裏地はこれにする 338
売り切れ 111,114,126,136

売り切れた 317
噂をすれば影 307

HSK 17
ＡＴＭ 247
えらく難しい 241
選んでください 128,276
襟足は長めにお願いします 370
エレベーター 326
延滞料を払う 350

お祝いのことばといたします 406
応援もすごく効果があった 299
おおいに楽しんでください 235
大きく息を吸って 160
多く聞く 236
多く話す 236
多く読む 236
多め 143
おかげ様で 206
おかげで 416
お金を払う 89
お粥 170
怒ったらしい 391
怒られた 374
押すだけでいい 221
おせち料理 206
遅くても 63
お互い様 242
お誕生日おめでとうございます 394
落ち着く 73,209
お茶でもどうぞ 327
おっしゃる通りです 153
おつりがありません 55
（おつりの）お返しです 278

お手数ですが　254
お年玉をあげる　206
お年よりの方たち　397
同い年　397
お腹がゆるい　160
同じ大学の留学生　305
同じではないでしょ　394
お願いしたい　258
お願いしたいことがある　233
お部屋のナンバーは　152
おめでとう　299
おめでとうございます　405
思いつかなかった　280
重さに応じて　46
おもしろかった　269
オンチ　266

(カ)────────────

カードを通す　85
外貨預金　251
外貨を両替できるホテル　48
外国人っぽさがなくなった　240
外事事務室に行く　74
回数で計算する　231
海賊版　119
書いてみて　253
外国人切符売場　135
返してもらえる　228
返す　74
かえって　405
買えない　285
顔色がいい　174
顔は見ればわかります　195
書きあがったら　253
書留郵便　186

鍵を返す　231
各種の支払い　76
学生食堂　81
学生割引　136
確認をする　24
学費　14
学部のプラカードを掲げる　297
かけてください　159
かしこまりました　38
貸してあげる　258
学校が閉まる前　62
学校に連絡した　228
合唱する　201
勝ったら　202
家庭の事情　209
～かどうか　289
必ず戻って来る　217
カプセル　163
カラー　273
～から招待状をもらう　403
体を大切に　414
カリキュラム　14
カリキュラムを見て決める　90
仮縫い　340
かわいそうだ　172
環境によくない　207
観光バス　215
肝腎なこと　204
がんばれ　299

聞いたことがある　378
聞いている　63
聞いてみる　139
聞いてもわかりません　90
気温が下がる　383

機会があったら 283
機会を作る 234
奇数日 140
基礎固めをする 228
来たばかり 92
貴重品を持つ 217
切手の収集 184
きっとここより安い 178
きっとない 280
きっとやれる 256
規定では 117
来てからもうすぐ一年になる 391
来てくれただけでとてもうれしい 394
来て欲しいと言ってる 326
着てみて 340
気にしないでいい 266
記念写真を一枚お願いします 280
記念品を買う 218
気分はどうですか 167
期末テスト 101
逆に 404
キャスターつき 46
キャッシュカード 246
救急車を呼ぶ 303
急ブレーキを踏む 305
教科書を開く 102
教室がわかる 91
興味はある 268
興味もっている 283
〜局は何チャンネルですか 150
居留証を書きかえる 226
切り替える 357
切りそろえる 371
起立 298
気をつけて 419

気を抜かないように 414

具合の悪いところ 238
具合悪いところはない 174
空港税 418
空港に迎えに行く 20
偶数が好き 404
偶数日 140
薬を飲む 163
具体的なスケジュール 141
口をあけて 160
クリック 356
車をチャーターする 65
クレジットカード 147
黒 111

警察に出頭する 306
警察を呼ぶ 304
計算が速い 316
計算しなおす 153
〜経由〜行き 41
形状記憶 113
ゲームを始める 202
けが 306
劇映画 265
けっこう遠い 58
検温 168
健康証明書 76
健康診断書 17
検査表 161
『現代漢語小辞典』の日本語版 177
原本を調べる 229
〜限目 90

航空便 179

口座開設 245
工事中 367
交渉する 332
声をかけてもらう 56
国産品 368
黒板に書く 102
午後一時雨でしょう 383
ここで会うとは何て珍しい 367
ここに泊まりたい 145
ここは初めてだ 157
ここよりずっと高い 368
心もとない 332
ご自由にどうぞ 220
こちらをご覧下さい 274
国歌斉唱 298
国旗掲揚 298
小包を家まで配達する 183
粉をこねる 203
来なくてもいい 211
この教科書類 94
このくらいですか 371
このまま 41
ご飯にする 38
コピーしてもいい 350
こぶしを握る 161
細かいお金にくずす 49
細かいのはありませんか 55
困った 117
困ったなあ 381
困らせる 404
コメ印 78
ご迷惑おかけしました 351
これが入るぐらいの箱 314
これで決まり！ 238
これと言ってない 236
これにする 111
これらの本を日本に送りたい 177
こんなところ 280
こんな値段では買わなかった 331

(サ)───────
サービスです 280
採血 161,168
最高 386
サイズはいくつ？ 114
再入国ビザの手続をしたい 210
サイン 246
サインをお願いします 146
サウナ 368
探してみる 55
先に背景を決める 280
さすがに疲れた 71
座席の上の棚 33
座席の前のテーブル 37
サッカーチーム 283
さっきからずっとここにいた 305
さっそく 237
サラダ 126
皿をもう一枚くれますか 131
三種類ある 136
残念だ 185
サンプルはありますか 124

仕入れ 119
司会 236
時間が空いている 266
時間がある 93
時間で借りる 65
時間通りに 174
四季がはっきりしてる 386

事故の状況を話す　305
持参する　25,142
自信を持つべき　256
自然な会話を身につけてもらいたい　97
自然に流れるように　370
〜した方がいい　359
〜したらいいのかわからない　254
〜したら最高だ　368
視聴する　118
しっかり立って　280
しっかり学びたい　98
失敗する　296
質問がある　100
〜して見せてください　204
〜しても〜しなくてもいい　404
〜しないといけない　179,286
支払いはどうする　355
しばらくお待ちください　126
自分で書く　17,253
自分で決める　253
自分に自信を持つ　256
自分の母国語　201
自分の目で見る　218
しまった　189
シャープ　78
じゃ、どうぞ　181
写真を撮りたい　273
ジャッキーチェン　263
シャッター押すだけでいいですか　221
シャツを脱いで下着だけになる　162
〜じゃないですか　395
シャンプーする　369
集合時間　217,218
渋滞しやすい　61
16Gはどこですか　33

自由におしゃべりをする　236
自由に使ってください　314
重量オーバーする　418
授業はいつから　89
授業の進め方　100
授業を休む　167
手術をする　209
出身　97
10分ぐらいだ　126
趣味が広い　184
順番は時計回りで　235
準備はいいですか　274
消化がよい　175
上級、中級、初級に分かれている　90
錠剤　163
賞状、賞品を受取る　299
招待状を受取る　403
使用停止申し込み書　191
冗談言った　310
小テストをする　100
賞品がある　202
使用料　354
職員食堂　83
職業や肩書きで呼ぶ　398
食器を持参する　83
ショッピングセンター　109,248
所定の用紙　24
調べてみる　117
資料に明記してある　76
白黒　273
素人　330
シワになり易い　112
進級　101
シングル（部屋）　146
進行　235

申告したもの 43
申告書に記入する 43
親族に対する呼び方 396
診断書をもらって来る 306
真に受けない 310
新年おめでとう 205
新年交歓会 201
新年を迎える 253

随時連絡する 46
スーパー 313
末永くお幸せに、乾杯 406
すぐに日本の物だとわかる 406
すぐ持ってくる 314
すぐわかる 314
すごいじゃない 299
すごいなあ 184
少しサービスする 64
少しずつ変化する 207
少しできるだけです 393
少し古い型 110
少し良くなりましたか 167
少しわかる 268
スタイル 386
ステージに上がる 256
スピーチコンテスト 257
スピーチのタイトル 253
スピード写真 27
すみません、一枚撮っていただけませんか 220
〜するので精一杯だ 328

生活費 14
税金を払わなければならない 44
成績によってクラス分けをする 92
正門の横 219

西洋料理を食べる 123
席を替わる 102
せっかく来た 218
是非一度体験してみたい 387
是非一度見に行きたい 268
是非行ってみたい 385
専攻 98
選手宣誓 298
先生に届ける 328
先生に知らせる 227
先生を困らせる 404
全然違う 218
全然問題ない 89
全体的にすく 370
洗濯物を干す 380
全部貸し出し中 345
全部で五種類の書類が必要 24
前方不注意 305

そいつは厳しいなあ 409
そういうことなら 234
そう言えば 241,359
送金してもらう 249
そうして下さると、本当にうれしいです 234
そうだね 358
そうなの？ 359
送料はサービス 280
ソーダー水 128
その上で 92
その通り 237
その必要はない 19
その日のうちか翌日か 213
ソフト 119
それこそ 333
それぞれ 50

それぞれ一個ずつ下さい　127
それでいいと思う　294
それとも　100,404
それなら　278
それならもっとやりやすい　250
それはよかった　230
それほどでも　184
そんなことできるんですか　332
そんなにあわてなくても　303
そんなにおっしゃらないでください　395
そんなはずは…　333
そんなはずはない　146

(タ)────────────
第一時間目　97
退学願い　228
待機する　42
体験するいい機会　367
対抗試合　289
代行する　258
大丈夫　253,290,303
大丈夫ですか　167
たいていの人　397
だいぶ耳が慣れた　239
代理人が受取る　29
ダウンロード　358
ダウンロードセンター　359
互いに自己紹介をする　97
タクシーを呼ぶ　168
出し物　201
尋ねてみる　45
畳　378
だったら　384
だったら本当にありがたい　385
立てる　304

たとえあっても　309
例えば　14
棚をつめてみる　34
食べてみよう　130
騙せない　333
足りなかったらまた考えましょう　125
誰にご用ですか　18
〜だろうが〜だろうがみんな　398
段カットにする　370

チェックアウト　148,216
地下一階　110
違う　241
知識はあまりない　268
チャーハン　315
チャイナドレスを作る　337
チャンスがあったら　387
チャンスをつかみ取る　416
注意されたことがある　241
中華料理を食べる　123
中間テスト　101
中国語の勉強になる　403
中国語はとても上手　393
中国語を話す機会が少ない　233
中国人学生は日本語で話す　235
中国人と付き合いたい　233
中国の第一印象　256
昼食を運ぶ　37
注目する　202
聴講したい　89,227
調理道具　313
ちょっとした記念品　404
ちょっと高い　110
ちょっと量る　113
ちょっとまけてよ　316

ついうっかり捨ててしまった 116
ついでに 392
ツインルーム 145
通帳 248
通訳をめざす 98
使い捨てのもの 83
使う機会がなくなってしまった 396
つきあたり 314
作り置き 126
つけもの 170
都合が悪い 237
〜って 348,394
連れ 219
連れてってください 368

〜でいいじゃないか 331
ディクテイション 100
手紙を忘れない 418
できることはできる 177
できるだけ 93
デザート（おかし） 128
デザイン 113
デスクトップ 360
手違い 333
手づくりギョーザを作る 203
手間が省ける 258
〜でもあり〜でもある 405
〜でもいいですか 259
テレビをつける 265
電池がなくなってしまった 279
伝票に記入する 179
電話の差し込み 72
電話番号を知りたい 135
電話をつなぐ 16

ドアの上に表札がある 85
と言いますと 249
〜という字が入る 280
〜と言えば 266
どういうふうに決めたらいいか 293
どういうふうに新年を迎えるのか 206
どういうふうに年末を過ごしたのか 205
どういうわけか 149
どう言ったらいいか 317
どう書いたらいいか 17
どうかすると 385
どうしたらいいか 56
どうしたらいいだろう 241
どうしたらいいのか 211
どうしたんですか 209,330
どうしてないんだろう 277
同時に始める 377
〜等賞 257
搭乗のとき 42
どうすればいい 209
どうぞ、よろしくお願いします 98
どうぞお試しください 114
どう違う 158,386
どうにか 409
同封する 226
どうやって探す 15
どうやって日本語を勉強してるんですか 236
通りすぎた 56
ときどき 392
時には 100
時計回りで 235
特に 236
特に聞いてない 233
特に決まってない 384
どこか行ってしまう 277

どこで売っているか　73
どこでお金を払う　111
どこで撮りますか　221
どこで乗り換える　53
どこでバスに乗ったらいいか　53
どこに行くつもりですか　13
どこに止めるか　62
どこに引越しするつもりですか　230
どこの国の方ですか　240
どこの国の人　69
どこのメーカーのもの　279
年越そば　206
図書館利用カードを作る　347
戸建て　386
途中で乗り換える　53
どちらでも　27
どっちにする　65
とっておいて下さい　181
〜と〜どちらにする　85
トップ10　118
〜となると　253
どのくらい要るか　316
どのくらい時間がかかるか　41,61
どのくらいの期間になるのか　210
どのくらいになる　239
どのくらい待つのか　126
〜とは少し違っているし　406
飛び入りさせてもらった　294
〜とまではいかないけど、いくらかわかってる　358
ともかく　304
トラベラーズチェックで払う　77
トランク　45
トランクがずっと出て来ない　45
とりあえず　86
取りにおいで下さい　276

鳥肌がたつ　310
どれでもいい　180
どれどれ　331
トロリーバスに乗る　57
どんな贈り物を持って行ったらいいか　403
どんな生地がいい　337
どんなご用ですか　26
どんな手続がいりますか　225
どんな番組が好き　265
どんなふうにくずす　49
どんなふうにしたいか　369
どんな方法をとったらいい　249
どんなものを申告すればいいのか　43
どんな料理ですか　124

(ナ)────────────
ないととても不便だ　94
長さは眉のところまで　370
なかなか寝着けなかった　379
中身　180
斜め前　251
何言ってるの　203
なんか言い間違った　240
何が一番難しいと思いますか　236
何がおすすめ料理ですか　123
何かご用ですか　225
何か雑誌はありませんか　35
何か証明書が要りますか　183
何か注意することがありますか　174
何か手伝うことがありますか　413
何か欲しいものがないですか　172
何か（用ですか）　149
何か予定がはいってる　391
何事も始めは難しい　93
何もお祝いを持って来てない　394

何も食べたくない 159
何でもない 415
何を買いたいのか 109
何にしますか 128
何になさいますか 123
〜ならいい 147
ならいい 290
慣れてきた 308
慣れる 81
何時に帰ってくるのか 216
何時まで到着すればいいですか 138
何チャンネルありますか 149
何でも言ってください 172
何とお礼を言っていいかわからない 414
なんとも言えない 168
何日かかりますか 179
何日泊まりますか 147
何人様ですか 123

2,3歩行ったところで 305
にせもの 331
にせものかもしれない 330
〜に頼む 258
日時と場所を決める 234
日用品から電気製品まで 110
日程表を配る 217
〜にとても興味がある 184
日本円を人民元に替える 49
日本語にも「古希」という言い方がある 394
日本でも同じ 207
日本と同じ 206
日本と違う 377
荷物の準備が終わった 417
荷物の引換証 45
荷物を預ける 418

入学願書（申込書）が届いた 19
入学通知書の原本 28
入国ビザをもらう 211
入場行進を行う 297
入場料と昼食代込み 216
ニュース番組 150
人気はなかなかのもの 283
人数分焼き増す 280

値切って買う 109
値切るのがうまい 64
値下げする 110
値段の交渉には応じられない 115
値段は同じ 275
熱がある 159
熱っぽい 159
年賀状 187

ノートパソコン 358
のぞいてみる 184
飲み物 142
飲み物は？ 38
〜のようだ 76
乗り換える 41

(ハ)────────

ハード 359
ハーフタイムの時 287
パーマ液 370
バイキング方式 148
倍になる 29
はき心地がいい 115
博学である 184
爆竹を鳴らす 206
はぐれた 219

初めから終わりまで 288
初めて 403
初めて借りる人 346
初めてこんなにたくさんの人の前で歌う 202
始めは不慣れでも、2回目はうまくいく 256
恥ずかしい 395
バスに忘れた 189
バスは何番か 53
パスポート番号 146
パスポートを見せてください 43
パスワード 356
パソコン通 358
8割引きで安くする 333
はっきりしない 172
話がまだ終わりもしないうち 391
話し足りないと思う 238
話し中 18
話にならん 333
早めに 417
払い戻す 333
ばら売り 316
晴れ時々曇り 383
半額になる 266
反感を持つ 392
ハンサム 406
パン食にするか、ご飯にするか 37
反対方向のバスに乗る 58

ビール一本 126
日が落ちたら 383
飛行機に酔う 36
飛行機を降りる 42
ビザの申請手続に来る 26
ビザの申請はどうしたらいいか
　教えてもらいたい 23

ビザを取る 19
びっくりする 386
引越し業者 230
ピッタリだ 115
必要な書類を言う 23
必要なら 278
ビデオコンパクトディスク 119
人から頼まれたもの 277
人それぞれ 409
一言で言うのがかなり難しい 409
一つ一つのことばを覚える 242
ひととおり 236
一人ずつになっている 293
一人っ子 396
ビニール袋 116
日にちを変える 66
ひびが入っている 314
ヒモがある 115
ヒモがないもの 115
100メートル走 296
病院に行かないと 304
病院に連れて行ってくれますか 167
表彰式を行う 299
ビン入りのコショウ 317
ぴんとこない 385
ピンボケ 278

ファイル 360
封をした 180
二人部屋 69
普通預金 245
船便 179
振り込む 250
プリントができる 357
プレイヤー 119

プロのサッカーチーム 283
フロント 149
文房具 94

ベッドに横になってください 170
ヘッドホンをかける 118
別にお金を払う 89
別のことだ 290
別のものを見る 114
部屋を出る 230
勉強になった 414
変更や取消の時 138
弁償する 46
返品したい 116
返品する 333
返品できる 116

他に 397
他にないですか 125
他にもある 241
他の授業の聴講をする 89
僕たちより少し上の人 396
僕ちょっと緊張している 256
保証カード 111
保証金 348
ボタンを押してください 170
ホットコーヒーのおかわりをください 38
本機はまもなく離陸する 34
本当ですか 268
本当に面白い 396
本当に何て呼んだらいいかわからなくなる 392
本当に申し訳ない 84
本当に申し訳ございません 153
ほんのお祝いの気持ち 405

(マ)
まあいいでしょう 146
まあ見てごらんよ 203
マイクロソフト 358
マウンテンバイク 110
前(胸)をあけて 160
前から一度〜してみたいと思っていた 367
前払いで払う 212
前もって必ず連絡する 66
負けた人はバツゲームをする 202
まずこれだけにしよう 125
まだ決まってない 391
まだ何か 128
まだ降ってる 381
まだまだ 414
まだまだです 236,395
まだわからないのはありますか 396
まちがいない 305
まちがいなく 332
街に買い物に行く 109
マッサージ 368
まっすぐ立って 339
〜までの切符 136
〜まで待たなくちゃいけない 377
窓側 33
窓口 245
学ぶことも少なからずある 406
〜万元でも買えない 331

見せてください 112
見慣れない 373
道の向こう側 58
三つ目の角 178
皆によろしく言っといて 172
身分証明書を見せる 26

身分を証明するものを持ってる 277
耳が隠れるぐらい 370
民族で習慣が違う 379
みんなそろった 394
みんなそろったのか 218

難しいけどおもしろい 98

名簿順に自己紹介する 97
メーカーはどこですか 193
メーターで計算する 63
メールしたい 73, 353
目にすぐ砂がはいる 380
メニューが読めない 124
メモの用意をする 23
免許証 305

〜もあれば十分だ 338
もう、からかわないでください 393
もう一度ここへ来なければならない 211
もう一度調べてみる 49
もう一度調べてください 146
もう一度確かめる 50
もう一度よく探す 189
儲けもの 332
もう少しスピードを上げる 62
もうそろそろ三ヶ月になる 239
毛布はありますか 36
モーニングコール 150
模擬試験 92
もしも何かあるなら 66
もしよかったら 276
持ち帰る 126
もちろん 289
もちろん高い 331

もっとがんばらなくちゃ 242
もっと早くできませんか 274
もっと安いのがいい 110

(ヤ)————————————
やけに安い 119
野菜と肉を切る 203
安くさせる 331
安くてうまい 130
安くできる 115
屋台の食べ歩きに行こう 129
やってみよう 290
やってみる 294
やっぱり 189
やっぱり、そうですか。 331
やっぱりちょっと 64
ヤフー 356
ヤフージャパン 15
ヤフー中国 15
やらせてもらえばいい 294

夕刊をとる 258
有効期間 288
有効期限が1年しかない 31
ユーザー名 356
ゆっくり休んでください 174
輸入物 368

用事がある 263
よーい、ドン 296
よかったら 237
よくがんばりました 257
よく聞く 414
よく来てくれましたね 327
よく知ってる曲 118

よくできた複製だ 331
よくなった 171
よく話す 414
よく見えない 102
よくわからない 113,391
よくわかりません 250
呼びかける 234
予約しなければならない 215

(ラ)───────────
来学期 225
来週月曜日 89
ラッシュ 61

リストを調べる 250
リストを作る 313
リターンビザ 209
留学生は中国語で話す 235
両替したい 48
領収書 332
領収書を無くしてしまった 229
領収書を発行する 111
料理を出してもいい 394
両脇をあける 339
旅行で来る 61
リンゴジュースをもう一杯ください 38

ルームサービス 151

レシートがまだある 116
レジでいっしょに払ってください 318
レモンティー 128
練習したかいがあった 299
連続ドラマ 265
レントゲンを撮る 161

連絡先 45

(ワ)───────────
ワープロソフト 358
わからないこと 354
わからないところがあったら
　また教えてもらうね 359
別れの挨拶に来た 413
別れの時間がきた 238
忘れた 36
忘れないように 34
私はてっきり…… 35
私一人だけです 123
笑って、チーズ 221
笑われる 266
割高だ 177
わりと特殊な呼び方 397
割り箸 151
悪い意味を持つことば 392

著　者

王　占華（おう　せんか）
北九州市立大学大学院助教授

水本敬子（みずもと　けいこ）
北九州市立大学大学院在学

G・アナトラ（艾乃吐拉・古力加娜提）
北九州市立大学大学院在学

中国留学会話百科
―留学準備から帰国まで―
定価（本体2,800円＋税）

©Wang Zhanhua・Keiko Mizumo・Ainaitula Gulijianati

2002.11.10　初版第1刷発行

発行者　井　田　洋　二

発行所　株式会社　駿河台出版社
〒101-0062　東京都千代田区神田駿河台3丁目7番地
電話　東京03(3291)1676(代)番
振替　00190-3-56669番　FAX03(3291)1675番
E-mail：edit@surugadai-shuppansha.co.jp
URL：http://www.surugadai-shuppansha.co.jp

電算写植　㈱フォレスト

ISBN4-411-01885-3　C1087　¥2800E　Printed in Japan

中国語基本ワードバンク〈改訂増補版〉

矢野光治・星野明彦・翠川信人　著
中野　達・周　国強

B6 判・300 頁　本体 2000 円
C-120（吹込／王軍，白井香菜子）

　辞書と単語ノートの機能を兼ね備えた中国語入門の必携書です。
テキストの副読本として大変役に立ちます。
　★小型で中 → 日，日 ← 中などの綜合的辞典の機能を備えています。★単語を学習段階別に覚えられます。★中国語検定試験 3 級，HSK（中国語能力認定試験）6 級に対応できます。★日本人の姓，都道府県名，主要都市名，大学名，世界の国名などの発音が簡単に引けます。
(1896)

すぐに役に立つ
〈例文中心〉　中国語手紙実例集
日常交際手紙・商業手紙編

邢　鑑生　著
A5 判・245 頁　本体 2300 円
　日中経済文化交流が日増しに深まり社会全体がレベルの
高い中国語の学力，作文力が必要となる。そのための実例手紙文です。初心者の学習の便宜を考えて，105 編の実例文，そして，参考例文 427 項を挙げ，1013 項の語句に注釈を施した。
(1956)

日・中 手さぐり単語帳
―表現中国語の試み―

國弘正雄
趙 京華
桑島由美子 編著
李 少勤
葛谷 登

A5判・256頁　**本体2300円**

　新しい言葉を学び始めるときから日本語の基礎的な表現語彙を身につける。あるいは覚え込む，はたまた親しむということが必要でしょう。そのような日本語の基礎的な表現語彙に対応するような表現を異なる言語の中から探し出している國弘正雄著『和英発想別分類動詞辞典』を基として，中国語の表現を「手探り」で編集したものです。

　新しい言葉を学ぶということは自分の心のなかに新しい言葉を育て，さらに心を育てることです。本書を活用して日常使われる中国語の生きた表現を実感して下さい。

　生き生きと中国語を話すための発想別分類表現手帳目次。1. プラスイメージ / 2. マイナスイメージ / 3. 対人関係 / 4. 対物関係 / 5. 動作・自然，に分類した。

(1899)

ローマ字中日漢字読み方字典

趙　基天／利波雄一　編
B6判変形・300頁　**本体2800円**

　漢字の読み方に重要な中日音韻知識をローマ字表記しまとめた。中日字音字典と日中字音字典の機能を兼ね備え，両字音の対応関係がはっきりとわかる。中国語字音の読み方を日本語字音の読み方に対応させてたやすく覚えられるようにした。

(1894)